SZCZYTOWE STANY ŚWIADOMOŚCI

Tom I

PEAK STATES OF CONSCIOUSNESS
THEORY AND APPLICATIONS

Volume I

Breakthrough Techniques
for
Exceptional Quality of Life

First Edition

Grant McFetridge
with
Jacquelyn Aldana
Dr. James Hardt

Grant McFetridge Ph.D.
oraz
Jacquelyn Aldana
James Hardt

SZCZYTOWE STANY ŚWIADOMOŚCI
TEORIA I ZASTOSOWANIA

Przełomowe techniki osiągania
wyjątkowej jakości życia

Tom I

Wydanie pierwsze polskie

Institute
for the Study
of Peak States

Metody fundamentalnych zmian w psychice ludzkiej

Tytuł oryginału:
Peak States of Consciousness: *Volume 1, Breakthrough Techniques for Exceptional Quality of Life.*
Copyright 2004 by Grant McFetridge. All rights reserved. Published in Canada. No part of this book may be used or reproduced in any manner whatsoever without written permission of the Institute for the Studies of Peak States Press, except in the case of brief quotations embodied in critical articles and reviews.

First Edition
First printing, 2004

National Library of Canada Cataloguing in Publication

Peak states of consciousness: theory and applications / Grant McFetridge ... [et al.].
Includes index. Contents: v. 1. Breakthrough techniques for exceptional quality of life
ISBN 0-9734680-0-9

1. Consciousness. 2. Peak experiences. 3. Mental health. I. McFetridge, Grant, 1955-
BF311.P3175 2004 153 C2004-900146-9

© Copyright for the Polish edition 2004 by Grant McFetridge

ISBN 978-0-9734680-4-5

Tłumaczenie: Piotr Niedzieski
            Anna Niedzieska (rozdziały 5–6, 12, Słownik)

Redakcja i korekta: Grażyna Niedzieska
Projekt okładki: StarLove
Zdjęcie na okładce: Tantra Besko
Projekt graficzny i skład: Piotr Kawecki

Institute for the Study of Peak States Press
3310 Cowie Road
Hornby Island, British Columbia, V0R 1Z0
Canada

www.peakstates.com

SPIS TREŚCI

Wstęp do pierwszego wydania tomu I 7
Podziękowania 13
Umowa o odpowiedzialności prawnej 15

ROZDZIAŁ 1
Wyjątkowa jakość życia i zdrowie psychiczne – obecne paradygmaty ... 17

ROZDZIAŁ 2
Szczytowe stany świadomości – źródło wyjątkowej jakości życia
i zdrowia psychicznego 37

ROZDZIAŁ 3
Techniki osiągania szczytowych stanów świadomości 57

ROZDZIAŁ 4
Model zdarzeń rozwojowych dla doświadczeń, zdolności
i stanów szczytowych 77

ROZDZIAŁ 5
Stany świadomości trójni mózgu i diagram Perry 101

ROZDZIAŁ 6
Wydarzenia rozwojowe dla stanów fuzji trójni mózgu 133

ROZDZIAŁ 7
Zastosowanie modelu zdarzeń rozwojowych – czakry, meridiany,
przeszłe żywota, warstwy aury, archetypy, starzenie się 163

ROZDZIAŁ 8
Szczytowe stany świadomości – podejście oparte na traumie
Regresja do zdarzeń rozwojowych trójni mózgu 185

ROZDZIAŁ 9
Szczytowe stany świadomości – podejście oparte na traumie
Proces Wewnętrznego Spokoju 217

ROZDZIAŁ 10
Szczytowe stany świadomości – podejście oparte na wyborze
15-minutowy Cud (*Jacquelyn Aldana*) 241

ROZDZIAŁ 11
Szczytowe stany świadomości – podejście medytacyjne
Biofeedback mózgu (*James Hardt*) 261

ROZDZIAŁ 12
Szczytowe stany świadomości. Indywidualne relacje 285

DODATEK A
Indeks szczytowych stanów świadomości 303

DODATEK B
Chronologia wydarzeń rozwojowych 321

Słownik 329

WSTĘP DO PIERWSZEGO WYDANIA TOMU I

Drodzy czytelnicy!

Witajcie w nowej, ekscytującej dziedzinie badań nad szczytowymi stanami świadomości!

W chwili, gdy czytacie te słowa, na całym świecie dokonują się przełomowe odkrycia w tej nowej i szybko rozwijającej się dyscyplinie. Nazywam się Grant McFetridge, jestem dyrektorem ds. badań i współzałożycielem Institute for the Study of Peak States (Instytutu Badań nad Stanami Szczytowymi). Od dwudziestu lat pracujemy nad tematem jakości życia i szczytowych stanów świadomości, i w ciągu tego okresu dokonaliśmy odkryć, które pozwoliły nam zastosować nowe podejścia w tej dziedzinie oraz stworzyć nowy paradygmat. Mam nadzieję, że lektura tej książki da wam poczucie niezwykłości obecnego momentu w historii, z całym jego klimatem serdecznej koleżeńskiej współpracy i związanej z nią ekscytacji. Rosnąca liczba osób pracujących nad rozwojem nowych technik dokonuje przełomowych odkryć i dzieli się z nami swoimi wynikami. To właśnie dzięki ich bezinteresownym wysiłkom dyscyplina ta stale się rozwija.

Niniejsza książka jest rodzajem prezentacji tej dyscypliny, którą kierujemy do zainteresowanego nią laika. Jest także głębszym spojrzeniem na niektóre dostępne dziś najważniejsze podejścia do szczytowych stanów świadomości, a także podręcznikiem szkoleniowym wykorzystywanym w projektach realizowanych przez Instytut. Książka ta w swej pierwszej wersji była po prostu zbiorem wykładów dla studentów, które później opracowaliśmy z myślą o publikacji dla osób zainteresowanych tymi zagadnieniami. Mamy nadzieję, że korzystając z tej książki, ulepszycie wyniki naszych badań, zastosujecie zawarte w niej metody w innych procesach, a przede wszystkim znacząco poprawicie życie własne i waszych klientów.

Książka ta jest zarówno pracą teoretyczną, jak i praktyczną. Przedstawiliśmy w niej stosowane przez nas procesy oraz zawarliśmy opisy doświadczeń innych ludzi. Nie chcąc, by publikacja ta była tylko suchą listą faktów i procesów, podzieliliśmy się także naszymi doświadczeniami – opisujemy, jak bazując na różnych eksperymentach i odkryciach, tworzyliśmy nowy model – który jest jedną, spójną całością.

W TOMIE I WYJAŚNIAMY PODSTAWOWE MECHANIZMY WIELU SZCZYTOWYCH STANÓW ŚWIADOMOŚCI.

Jedną z najważniejszych kwestii poruszanych w tej książce jest prosty model, w którym stany szczytowe, doświadczenia szczytowe, stany odmienne, biologia, religia, duchowość, szamanizm i psychologia łączą się w ramach jednego prostego systemu. Dotychczas różne typy informacji i wymiary ludzkiego doświadczenia traktowano jako osobne dziedziny, zaś dane z innych dyscyplin były zazwyczaj ignorowane i traktowane przez badaczy jako mało istotne. Nasz model wielokrotnie umożliwił nam przewidywanie procesów i zjawisk, o których wcześniej nie słyszeliśmy lub których nie odkryliśmy. Nasz system określamy mianem „Modelu zdarzeń rozwojowych dla stanów, doświadczeń i zdolności szczytowych" lub krótko: „Modelem zdarzeń rozwojowych". W niniejszym tomie koncentrujemy się na zdarzeniach rozwojowych dla szczytowych stanów świadomości trójni mózgu.

W TOMIE I PRZEDSTAWIAMY WSZYSTKIE OBECNE ZNANE NAM METODY OSIĄGANIA STANÓW SZCZYTOWYCH.

Poza tym przedstawiamy nową generację od niedawna dostępnych technik. Bardzo nas cieszy, że mogliśmy włączyć także rozdziały autorstwa osób, które opisują swoje nowatorskie procesy i stosowane przez nich metody. W chwili powstawania książki nie znaliśmy żadnych innych procesów poza technikami przedstawionymi w tym opracowaniu, choć bez wątpienia w tej szybko rozwijającej się i zmieniającej dyscyplinie istnieją takie, o których nam nie wiadomo.
    Ze względu na to, że dyscyplina ta jest tak młoda, nasi autorzy koncentrują się na własnych procesach i modelach – nie ma więc elementów, które by je integrowały. Z czasem ten stan rzeczy ulegnie zmianie – wymiana posiadanej wiedzy między badaczami pozwoli na opracowanie nowych i lepszych procesów.

NIE TRZEBA POSIADAĆ WIEDZY NA TEMAT ŻADNEJ KONKRETNEJ TERAPII, BY ZROZUMIEĆ TĘ KSIĄŻKĘ.

Choć większość materiału przedstawionego w książce jest rezultatem przełomowych odkryć wykorzystujących nowe formy terapii mocy, świadomie zdecydowaliśmy, że ma to być książka o stanach szczytowych, a nie o terapii i technikach terapeutycznych. Opisana w tej książce metoda osiągania stanów szczytowych – Proces Wewnętrznego Spokoju, skutecznie wykorzystuje taką formę terapii. Jest nią prosta terapia meridianowa o nazwie EFT (Emotional Freedom Technique), do której podręcznik można znaleźć pod adresem internetowym www.emofree.com.

WIELE OPISANYCH W TEJ KSIĄŻCE PROCESÓW MA CHARAKTER EKSPERYMENTALNY I NIEKTÓRE Z NICH SĄ POTENCJALNIE NIEBEZPIECZNE.

To książka o najnowszych osiągnięciach w dziedzinie wywoływania i badania szczytowych stanów świadomości. Omówiliśmy skończone i zbadane metody, takie jak 15-minutowy Cud czy Proces Wewnętrznego Spokoju, które zostały uznane za bezpieczne i skuteczne. Opisaliśmy także procesy stosowane przez Instytut, które nadal są w fazie eksperymentów. Ponieważ ciągle prowadzimy badania i stosujemy narzędzia pierwszej generacji, wiele z tych technik nie zostało zweryfikowanych i zoptymalizowanych tak, by można je było stosować na szerszą skalę. Zdecydowaliśmy się je opisać z myślą o badaczach tej dziedziny, z nadzieją na dalszy jej rozwój.

Procesy eksperymentalne zatem nie zostały sprawdzone na odpowiednio dużej liczbie osób, należy je więc uznać za potencjalnie niebezpieczne. Zawarliśmy je w tej książce wyłącznie w celach edukacyjnych. Należy do nich przystępować jedynie pod superwizją odpowiednio przeszkolonej osoby, przyjmując do wiadomości, że postępuje się na własne ryzyko i odpowiedzialność.

TWORZYMY WŁASNĄ KONWENCJĘ NAZEWNICZĄ STANÓW SZCZYTOWYCH.

Zazwyczaj staraliśmy się wybrać nazwy, które odzwierciedlałyby najbardziej oczywistą lub dominującą cechę stanu. Mogliśmy nazwać stany w oparciu o przyczyny ich powstawania wtedy, gdy je znaliśmy, lub też mogliśmy użyć nazwy określającej podstawową zdolność, jaką dany stan ujawniał. Zdecydowaliśmy jednak, że najważniejsze jest to, by nazewnictwo było rozpoznawalne z punktu widzenia ogólnego odbiorcy.

W przypadkach istnienia różnic między cechami stanu (stopniem ich natężenia) u kobiet i mężczyzn, dość dowolnie zdecydowaliśmy się na cechę dominującą u mężczyzn, nawet jeśli u kobiet dominowała inna cecha. Przykładem tutaj może być Stan Podskórnego Szczęścia, który u obu płci objawia się fundamentalnym poczuciem szczęścia wraz z towarzyszącym mu uczuciem miłości, jednak u mężczyzn dominuje szczęście, zaś u kobiet uczucie miłości.

W przypadkach, w których stan w połączeniu z innymi stanami nabiera innych cech, wybieraliśmy cechę, która występuje najczęściej w ogólnej populacji. Przykładem jest Stan Światłości Mózgów, który odbierany jest przez większość ludzi jako poczucie delikatnego światła wewnątrz ciała, jednak w połączeniu ze Stanem Świętości Ciała powstaje jasne, fluorescencyjnie czarne światło wewnętrzne.

Niekiedy stan miał już dobrze znaną nazwę, jak na przykład Stan Ścieżki Piękna, wywodzący się z tradycji Indian amerykańskich. I choć kusiło nas, by nadać mu własną nazwę, zastosowaliśmy starsze, przyjęte już określenie.

ISTNIEJĄ JUŻ TRZY TOMY W TEJ SERII PUBLIKACJI.

W tomie II (*Peak States of Consciousness, Theory and Applications – Extraordinary Spiritual and Shamanic States*) omawiamy wyjątkowe duchowe i szamańskie stany świadomości oraz fundamentalne kwestie dotyczące Boga i świadomości planetarnej, którą zwiemy Gają. W książce tej opisujemy wiele stanów, które rzadko występują w ogólnej populacji. Pokazujemy, jak je stosować, by wywołać proste procesy uzdrawiania i stany szczytowe, które mogą być stosowane przez osoby o przeciętnej świadomości.

Tom III (*Peak States of Consciousness, Theory and Applications – Applying Peak States to Research and Healing*) poświęcony jest zaawansowanym technikom leczenia. Omawiamy w niej określone stany szczytowe świadomości i możliwości ich skutecznego wykorzystania. Ta część powstała z myślą o osobach, które stosują nasze odkrycia w leczeniu problemów emocjonalnych i fizycznych lub też odkrywają przyczyny niektórych poważnych procesów chorobowych. Książka ma być uzupełnieniem treści publikacji *The Basic Whole-Hearted Healing Manual* Granta McFetridge'a i Mary Pellicer, którą można ściągnąć z naszej strony internetowej www.peakstates.com.

W PRZYSZŁOŚCI POJAWIĄ SIĘ NOWE, UZUPEŁNIONE WYDANIA.

Ponieważ praca nad stanami szczytowymi dopiero się rozwija, więc niniejszą publikację należy traktować jako w pewnym sensie „nieskończoną". Wszystkie trzy tomy przedstawiają wyniki najnowszych, przełomowych prac badawczych. W naszym odczuciu weszliśmy w niezwykły, nowy obszar badań, dotychczas zupełnie nieznany, który przez najbliższe lata wciąż będzie jeszcze w fazie początkowego rozwoju. Mając to na względzie, w niniejszej książce staraliśmy się zaznaczyć nasze wątpliwości co do istoty niektórych rezultatów lub zaproponować alternatywne hipotezy. Spodziewamy się jednak, że z upływem czasu okaże się, czy popełniliśmy błędy. Niekiedy jesteśmy jak ślepcy dotykający słonia i próbujący dokładnie owo zwierzę opisać. Zatem w przyszłości należy oczekiwać kolejnych wydań książki z aktualnym (nowym) stanem wiedzy, z poprawionymi błędami, z uzupełnionymi brakami i uaktualnionym nazewnictwem.

Grant McFetridge
Hornby Island, Kolumbia Brytyjska, Kanada

*Dedykuję tę książkę mojemu ojcu, Johnowi McFetridge,
których pełne miłości wsparcie i pomoc finansowa
we wczesnych etapach pracy sprawiły,
że wszystko stało się możliwe.*

PODZIĘKOWANIA

Niniejsza książka powstała w wyniku pracy dosłownie tysięcy ludzi – przyjaciół, współpracowników i klientów – dzięki ich entuzjazmowi, a także walce i cierpieniu. Chciałbym w szczególności podziękować niżej wymienionym osobom.

Wszystkim obecnym i dawnym ochotnikom pracującym w Instytucie – Frankowi Downeyowi, który wierzył we mnie, poświęcił czas, by udzielić mi swojego wsparcia oraz zachęcał mnie do dalszej pracy mimo braku postępów; Kate Sorensen z Trauma Relief Services, która pracowała ze mną na samym początku i razem ze mną ekscytowała się pierwszymi odkryciami; Wesowi Gietzowi, którego pionierskie prace zweryfikowały hipotezę o kluczowych zdarzeniach rozwojowych w stanach szczytowych; dr Deoli Perry, która przetestowała na sobie większość metod przedstawionych w tej pracy i opracowała diagram Perry, obrazujący stany fuzji trójni mózgu; dr Marie Green, której wsparcie finansowe i osobiste oraz entuzjazm umożliwiły prace w tej dziedzinie i dzięki której zakwestionowanie istniejącego paradygmatu było dla nas także zabawą; dr Mary Pellicer, mojej współinstruktorce z warsztatów; dr Adamowi Waiselowi, który przetestował wszystkie metody na sobie podczas prac w wirtualnym odosobnieniu od nas wszystkich podczas ostatnich kilku lat; Prestonowi Howardowi, który znalazł klucz do Stanu Pełni; Mattowi Foksowi, który nadal stosuje wyniki naszych prac; Joelowi Sandersowi, który poświęcił swój czas na opracowanie pierwszej strony internetowej Instytutu, dzięki której odnalazło nas wielu nowych przyjaciół i kolegów.

A także wszystkim członkom pierwszych zajęć z radykalnego fizycznego uzdrawiania, którzy wytrwale testowali za pośrednictwem e-maila i telefonu podstawowe lekcje z tej książki, i których wkład finansowy umożliwił jej powstanie – szczególnie dziękuję Adamowi Waiselowi, Eddiemu Kendrickowi, Jorge Aldanie, Maartenowi Willemsenowi oraz Richardowi Huntowi.

Wszystkim uczestnikom warsztatów Uzdrawiania Całym Sercem (Whole-Hearted Healing, WHH), którzy zgodzili się, by przetestować na nich opracowywane przez nas procesy – szczególnie zaś Jerry'emu Pegdenowi, który testował wyniki naszych prac, dokonał znacznych darowizn pieniężnych i nadal udziela nam wsparcia; oraz Colleen Engel, która również testowała wyniki mojej pracy i udzieliła wsparcia finansowego.

Moim współautorom tego tomu – Jacquelyn Aldanie, której entuzjazm jest dla nas prawdziwą inspiracją, i która jest autorką rozdziału na temat stosowanych przez nią metod; oraz Jimowi Hardtowi, który wiele lat temu dał mi nadzieję, że to, nad czym prowadzę badania, da się wyjaśnić w sposób racjonalny i naukowy.

Wszystkim profesjonalistom, z którymi z radością dzieliłem się pomysłami przy tworzeniu nowych metod i którzy są pionierami ogromnych zmian w dziedzinie psychologii – Gary Craigowi, autorowi metody Emotional Freedom Technique (EFT), która zmieniła spojrzenie na zagadnienie leczenia; Larry'owi Nimsowi, wynalazcy BSFF, którego przyjaźń jest dla mnie bardzo ważna i który pokazał mi, jaką wartość ma słuchanie; Geraldowi Frenchowi z TIR Institute, który pokazał mi podobieństwa pomiędzy TIR i WHH, i który ma wspaniałe poczucie humoru; Terry Larimore za jej przyjaźń i prace nad stadiami prenatalnymi i traumą; dr Davidowi McQuarrie z ośrodka „A Place Two Be", który niezależnie przetestował Proces Wewnętrznego Spokoju; Haroldowi McCoyowi z Ozark Research Institute za jego sympatię i możliwość wykładania w prowadzonym przez niego instytucie; oraz Melvinowi Suhdowi, którego Association for the Whole Person umożliwiło nam stworzenie ram prawnych, abyśmy mogli kontynuować naszą pracę.

Ochotnikom i redaktorom, bez których ta książka by nie powstała – Pauli Courteau za przetestowanie procedur opisywanych w tym tomie, dokonanie nowych odkryć oraz pomoc w stworzeniu dającego się czytać tekstu; Dhyani Jo Sinclair, która nieodpłatnie zredagowała tekst (jakiekolwiek błędy są wynikiem wprowadzonych w ostatniej chwili zmian i nie świadczą w żaden sposób o jej pracy!); Sudhi Putnam, drogiej przyjaciółce, która również nieodpłatnie zredagowała tekst; Starowi Love, który zaprojektował okładkę; oraz Tantrze Bensko, która jest autorką zamieszczonego na okładce zdjęcia; Maurze Hoffman, Janet Taylor, które podzieliły się swoją wiedzą na temat innych procesów stanów szczytowych; Jimowi Bisakowskiemu, który pracował nad ostatecznym układem graficznym i wprowadził mnie we wszelkie pozostałe arkana wydawania książek; Bruce'owi Rawlesowi, który na wiele sposobów wspierał nasze działania, począwszy od słów zachęty po opracowanie strony internetowej i pomoc w dziedzinie oprogramowania; Fredowi i Lorraine Lepper oraz Danowi Bruigerowi, posiadaczom pięknych wyspiarskich domów, w których powstała większa część niniejszej pracy; oraz wreszcie wielu osobom, które podzieliły się swoimi osobistymi doświadczeniami opisanymi w tej książce.

UWAGA!
PROSIMY PRZECZYTAĆ NINIEJSZY TEKST PRZED DALSZĄ LEKTURĄ!

UMOWA O ODPOWIEDZIALNOŚCI PRAWNEJ

Materiały zawarte w niniejszej książce mają charakter eksperymentalny i w wielu przypadkach nie były testowane na większych grupach osób. Książka powstała jedynie w CELACH EDUKACYJNYCH i nie jest przeznaczona do użytku publicznego jako podręcznik do samodzielnego stosowania. Procesy zawarte w tej książce są przeznaczone dla profesjonalistów badających opisywane zjawiska i nie mogą być stosowane przez zwykłych ludzi bez NADZORU KOMPETENTNEGO I WYKWALIFIKOWANEGO TERAPEUTY. Ponieważ pole naszych badań jest względnie nowe i ma charakter specjalistyczny, nawet najlepsi licencjonowani specjaliści nie posiadają odpowiedniego wykształcenia i praktyki w psychologii prenatalnej i perynatalnej oraz w zakresie terapii mocy.

Podczas wykorzystywania procesów z tej książki jest możliwe, a w niektórych przypadkach nawet prawdopodobne, że będziecie odczuwać przez krótszy lub dłuższy czas silny dyskomfort. Tak jak w przypadku innych intensywnych procesów psychologicznych, mogą pojawić się zagrażające życiu problemy, chociażby na skutek przeciążenia słabego serca, aktywacji uczuć samobójczych lub innych przyczyn. Mimo że staraliśmy się wskazać bardziej ryzykowne procesy oraz te, które są względnie bezpieczne, nie oznacza to, że nie mogą wystąpić poważne lub zagrażające życiu problemy w przypadku każdego procesu opisanego w tej książce. ISTNIEJE również prawdopodobieństwo śmierci w wyniku zastosowania tych procesów.

Zważywszy wszystko, co zostało powiedziane powyżej, poniższe stwierdzenia ustanawiają między nami umowę prawną. Stosuje się ona do wszystkich, zarówno profesjonalistów, jak i laików. Prosimy zapoznać się uważnie z następującymi stwierdzeniami:

> • Ja, oraz inne osoby związane z Instytutem Badań nad Stanami Szczytowymi (Institute for the Study of Peak States), oraz inni autorzy wymienieni w książce, nie mogą i nie biorą odpowiedzialności za to, co zrobisz z przedstawionymi w niej technikami.

> • W przypadku stosowania tych procesów lub ich odmian wymagane jest, abyś przyjął pełną odpowiedzialność za własny stan emocjonalny i fizyczny.

- Wymagane jest, abyś poinformował osoby, na których zamierzasz zastosować te procesy lub wykorzystać jakiekolwiek ich odmiany, że osoby te są całkowicie odpowiedzialne za swój stan fizyczny i psychiczny.

- Używaj tych technik pod nadzorem wykwalifikowanego terapeuty lub lekarza.

- Zgadzasz się na nieobarczanie winą mnie ani innych osób związanych z niniejszym tekstem lub z Instytutem Badań nad Stanami Szczytowymi (Institute for the Study of Peak States) i niestawianie żadnych zarzutów przez jakąkolwiek osobę korzystającą z poniższych procesów, w tym ciebie.

Kontynuowanie lektury niniejszego tekstu oznacza ustanowienie między nami umowy prawnej i zgodę na powyższe warunki. Dziękuję za zrozumienie.

Rozdział 1

WYJĄTKOWA JAKOŚĆ ŻYCIA I ZDROWIE PSYCHICZNE

OBECNE PARADYGMATY

1.1. WPROWADZENIE

Instytut Badań nad Stanami Szczytowymi (ISPS), zajmując się całkowicie nową dziedziną wiedzy, osiągnął przełom w badaniach nad szczytowymi stanami świadomości – obszarem właściwie dotychczas nieznanym, którego istnienia nie podejrzewano w dominującym paradygmacie naszej kultury. Żaden z obecnych społecznych i akademickich modeli psychologii i zachowań człowieka nie bierze pod uwagę faktu, że wielu ludzi funkcjonuje na co dzień w odmiennych stanach świadomości, przewyższających te, w których znajduje się większość z nas. Nasz Instytut określa owe rodzaje świadomości mianem „stanów szczytowych", które są zróżnicowane. To jeden z naszych przełomowych konceptów, które umożliwiły zrozumienie dotychczas niewiązanych ze sobą zjawisk z zakresu psychologii, duchowości, uzdrawiania i szamanizmu w całkiem nowy sposób.

W niniejszym rozdziale omówimy podstawowe kwestie związane z tym zagadnieniem – po wielu latach pracy ze zwykłymi ludźmi i uzdrowicielami, stwierdziłem, że to absolutna konieczność. Wielu ludzi ma różne, często sprzeczne przekonania co do zagadnień poruszanych w tej książce. Jeśli nie odniesiemy się do tych przekonań, czytelnicy będą ignorować, zniekształcać lub zaprzeczać danym i doświadczeniom związanym z tym zagadnieniem. Również uświadomienie sobie owych sprzecznych paradygmatów, pomoże zrozumieć i przyswoić materiał, który chcemy przekazać. Zachęcam czytelników, by spróbowali znaleźć tu własne przekonania. W niniejszym rozdziale postaram się odnieść do owych, często nieświadomych, sprzeczności w przekonaniach. W niektórych przypadkach sprzeczności te są oczywiste, w innych jednak nie są tak widoczne i zrozumienie braków w tych paradygmatach będzie wymagało przeczytania kolejnych rozdziałów.

Czasami ludzie wychodzą z moich wykładów, gdyż treść tam przekazywana jest sprzeczna z ich przekonaniami religijnymi – niektórzy z nich to chrześcijanie, niektórzy są zwolennikami różnych guru. Inni odchodzą, gdyż koncepcje te wywołują w nich obawy, których nie mogą wytłumaczyć. Część z tych osób to psychologowie, którzy twierdzą, że treść tych wykładów nie może być prawdą, gdyż unieważniłoby to podejmowane przez nich wysiłki badawcze w ciągu lat działalności w tej dyscyplinie. Niezależnie od powodu, problem ten dotyczy większości słuchaczy. Niewielu ludzi jest w stanie od razu przyjąć przekazywaną wiedzę.

W niniejszym rozdziale krótko opiszemy różne zagadnienia pochodzące z wielu tradycji odnoszących się do kwestii istnienia stanów szczytowych. Proszę zauważyć, być może na podstawie własnego doświadczenia, że każda z tych grup ignoruje sprzeczne dane podawane przez inne grupy, a mało komu zależy na stworzeniu jednolitej wiedzy (całości).

PRZYKŁAD

> W szkole psychologii, w której studiowałem, uczono ponad 30 różnych i często sprzecznych modeli psychologicznych. Żaden z nich nie wyjaśnia całości zagadnień psychologii, nie obejmuje zagadnień tradycji szamańskich czy duchowych i trudno je z powodzeniem stosować w leczeniu chorób psychicznych. Obecnie nie ma zunifikowanej teorii psychologii, a najbliższy takiej unifikacji jest prawdopodobnie model Stanislava Grofa, który jednak nie istnieje w programach studiów uniwersyteckich ponieważ obejmuje doświadczenia szamańskie i duchowe.

PARADYGMAT – definicja

Rdzeniem każdej teorii lub światopoglądu są aksjomaty, założenia i z góry przyjęte osądy. Paradygmat to wzorzec lub przykład czegoś. Słowo to przywodzi na myśl także idee obrazu umysłu oraz wzorce myślenia. Thomas Kuhn użył tego słowa, określając model popierany przez naukowców w danej dyscyplinie nauki. W swoim słynnym dziele *Struktura rewolucji naukowych* Kuhn opisuje swój pogląd dotyczący etapów, które pokonuje nauka, przechodząc od jednego paradygmatu do następnego. Proces widzenia rzeczy w ramach paradygmatu jest „wbudowany w samą naturę procesu postrzegania", twierdzi Kuhn, odnosząc się do eksperymentu związanego z kartami do gry. W eksperymencie tym zamieniono kolory kompletów kart do gry i nikt tego nie dostrzegł. Kuhn twierdzi, że „gdy teoria naukowa uzyska status paradygmatu, może zostać uznana za nieważną tylko w momencie pojawienia się alternatywnej kandydatki na jej miejsce". Wewnętrzne siły psychiczne sprawiają, że człowiek odrzuca lub ignoruje dane nie pasujące do podświadomie wyznawanego przez niego paradygmatu, ustalając tym samym sposoby, jakie stosuje w rozwiązywaniu problemów oraz kwestii naukowych.

1.2. WYJĄTKOWA JAKOŚĆ ŻYCIA W PSYCHOLOGII

W tej części opisujemy wydarzenia, które ukształtowały zmieniające się paradygmaty dotyczące wyjątkowej jakości życia oraz osób cieszących się wyjątkowym zdrowiem psychicznym. Skupimy się bardziej na nowych paradygmatach, które wyłoniły się wraz z większą dostępnością nowych, rewolucyjnych technik oraz danych.

Na początek powinniśmy dokonać istotnego rozróżnienia pomiędzy wyjątkową „jakością życia" a wyjątkowym „zdrowiem psychicznym". Dawniej psycholodzy akademiccy postrzegali doświadczenia wewnętrzne człowieka z jednolitej perspektywy słabego, normalnego lub wyjątkowego „zdrowia psychicznego". Uznawano, że osoba odznaczająca się wyjątkowym zdrowiem psychicznym w zasadzie posiada wszystkie cechy umożliwiające osiągnięcie powodzenia i nie podkreślano żadnych elementów odróżniających ją od innych. W ostatnich latach uzupełniono tę ideę koncepcją wewnętrznej „jakości życia", niezależnej od okoliczności zewnętrznych (przejawiającej się na przykład stałym odczuwaniem radości, szczęścia, spokoju, optymizmu). Wewnętrzna jakość życia jest determinowana tym, jak dobrze ludzie czują się wewnątrz samych siebie. Dla tych ludzi koncepcja jakości życia często ma większe znaczenie i jest bardziej pożądana niż abstrakcyjne idee wyjątkowego zdrowia psychicznego.

W kolejnych rozdziałach często będziemy stosować konwencję historyczną, odnosząc się do wyjątkowego zdrowia psychicznego równoznacznego z wyjątkową wewnętrzną jakością życia lub będącego jego przyczyną. Moim zdaniem obie koncepcje w takim kształcie, w jakim definiuje je obecnie psychologia, nie są tożsame, choć w niektórych okolicznościach takie mogą być. Dana osoba może doświadczać wyjątkowej jakości życia, mając jednocześnie problemy emocjonalne, zawodowe lub dotyczące związków, które wymagają uzdrowienia. Rzecz jasna, wyjątkowa wewnętrzna jakość życia ułatwia radzenie sobie z tymi problemami. Można też spotkać osobę o wyjątkowym zdrowiu psychicznym, bez problemów natury emocjonalnej, osobistej lub zawodowej, a jednak pozbawionej wspomnianych wcześniej odczuć wewnętrznych. Osoby takie nadal w pewien subtelny sposób będą odczuwały brak zadowolenia z życia, gdyż to nie brak cierpienia sprawia, że warto żyć, ale obecność owych wspaniałych przeżyć wewnętrznych.

WEWNĘTRZNA JAKOŚĆ ŻYCIA – definicja

Pojęcie to odnosi się do osoby, która odczuwa jedno z wielu przeżyć wewnętrznych doświadczanych jako przyjemne i które sprawiają, że warto żyć, na przykład szczęście, spokój, radość itp. Prawie każdy szczytowy stan świadomości (zob. Dodatek A) przynosi ludziom poczucie wyjątkowej jakości życia.

1.2.1. Początki psychologii humanistycznej

W psychologii – podobnie jak w medycynie – przyjmowano założenie, że zdrowie to brak choroby (i model ten nadal dominuje). W latach 60. pojawiła się jednak nowa koncepcja mówiąca, że zdrowie psychiczne należy rozumieć inaczej – nie jako brak choroby, lecz posiadanie wyjątkowego stanu zdrowia. Do zmiany myślenia na temat zdrowia przyczyniło się wielu psychologów, z których najbardziej znany jest Abraham Maslow, jeden z twórców psychologii humanistycznej. To on, badając jednostki o wyjątkowym zdrowiu psychicznym, zaobserwował i opisał zjawisko, które nazwał „stanami szczytowymi".

Czy w swoim życiu doświadczyliście momentu, w którym czuliście się zupełnie inaczej... wspaniale, gdy wszystko wydawało wam się doskonałe, czas biegł wolniej, zupełnie jak wtedy, gdy byliście dziećmi, lub też jakiś inny aspekt wydarzenia zdawał wam się tak niezwykły i wyjątkowy, że nigdy go nie zapomnieliście? Maslow definiuje owe stany szczytowe jako zdarzenia, które cechują następujące (choć niekoniecznie wszystkie jednocześnie) zjawiska:
- bardzo silne lub głębokie emocje bliskie ekstazie,
- głębokie poczucie spokoju,
- poczucie zgodności, harmonii, jedności z wszechświatem,
- poczucie głębszej wiedzy lub głębokiego zrozumienia,
- poczucie, że przeżywa się doświadczenie tak niezwykłe, że dokładne opisanie go słowami jest trudne lub zgoła niemożliwe.

Doświadczenia te mogą pojawiać się spontanicznie w momencie obcowania z wyjątkowym pięknem, podczas wydarzenia o charakterze fizycznym, jak np. udział w wyścigu, albo też z innych przyczyn lub całkowicie bez powodu. Maslow odkrył, że istnieje cały szereg różnych stanów szczytowych i wszystkie sprawiały, że przeżywająca je osoba czuła się lepiej niż zazwyczaj... i to o wiele lepiej. Ogólnie rzecz ujmując, psychologia humanistyczna powstała po to, by przyjrzeć się temu zjawisku oraz kwestii wyjątkowego zdrowia psychicznego – by podjąć próbę poprawy życia ludzi. Tak narodził się „ruch na rzecz potencjału ludzkiego", w którym zakłada się, że każdy człowiek posiada ogromny potencjał, który należy albo rozwijać, albo odblokować.

Choć z tego ruchu rozwinęło się wiele technik, metod, praktyk i terapii, badacze nadal nie rozumieli źródeł stanów szczytowych. Nie rozumieli też, dlaczego niektórzy doświadczali takich stanów, a inni nie, a także sposobu szybkiego i stałego wywoływania ich u konkretnej osoby. W ogóle wątpiono w to, czy doświadczenia te da się przeżywać w sposób trwały – wiele osób było zdania, że życie w permanentnym „doświadczeniu szczytowym" byłoby ograniczeniem w codziennym życiu. Krótko mówiąc, podejście psychologii humanistycznej w kwestii stanów szczytowych nie przyniosło głębokiej przełomowej wiedzy na ten temat.

1.2.2. Zmiany kulturowe i psychologia transpersonalna

Wraz z pojawianiem się coraz nowszych danych pochodzących z różnych grup: duchowych, religijnych, psychologicznych i szamańskich, można było zaobserwować rosnącą dezorientację co do doświadczeń i stanów, których powinna oczekiwać zdrowa osoba. W tym samym czasie w kulturze pojawiła się koncepcja „odmiennych stanów świadomości" – stanów będących wynikiem przebywania w wannie deprywacyjnej oraz eksperymentów z narkotykami – wraz z przekonaniem, że stany wykraczające poza przeciętną, czuwającą świadomość są dysfunkcjonalne w życiu codziennym. W naszej pracy odkryliśmy, że ludzie często mylą „stany szczytowe" ze „stanami odmiennymi".

Poza psychologią, tacy pisarze jak Carlos Castaneda i Michael Harner spopularyzowali tradycje szamańskie, które wiązały się z niezwykłymi doznaniami. Było to jedno z wielu różnych podejść do niezwykłych stanów świadomości, które pojawiły się w tym okresie.

PRZYKŁAD
Dr Michael Harner za pomocą gry na bębnach wprowadza studentów w stan transu, który nazywa „szamańskim stanem świadomości". Osiągnąwszy już taki stan, mogą oni poprowadzić świadomość w kierunku innych „szamańskich" światów lub też wokół naszego świata.

PRZYKŁAD
Robert Monroe był pionierem w dziedzinie badań nad doświadczeniami przebywania poza ciałem. Wykorzystywał on dźwięki o nieco odmiennych częstotliwościach podawanych do obu uszu, by wprowadzić ludzi w stan świadomości, w którym potrafiliby oni wyjść poza swoje ciało. Doświadczenia te pozwalały na podróże po naszym świecie i po innych „wymiarach" bytu.

PRZYKŁAD
D. E. Harding, podczas wspinaczki w Himalajach, stracił poczucie posiadania głowy z krwi i kości. Wygłosił na ten temat kilka wykładów i opisał to doświadczenie w swojej książce pt. *On Having No Head*.

Ludzie uzyskali dostęp do całego bogactwa starodawnych i nowoczesnych tradycji duchowych. Rozmawiano o doświadczeniach i stanach duchowych, często jednak nie było zgody co do tego, czym właściwie te doświadczenia były, czy można mówić o więcej niż jednym takim doświadczeniu, oraz co do wyższości jednych nad drugimi. Pojawiło się przekonanie (w duchu Nowej Ery), że wszyscy stosujący praktyki duchowe – podobne i różniące się od siebie – dotrą do tego samego stanu. Lecz można wykazać fałszywość takiej interpretacji – wystarczy w ramach różnych praktyk duchowych dotrzeć do owego „najwyższego" stanu. Trudno wyjaśnić ów konflikt między tradycjami, jako że osoby prowadzące poszukiwania duchowe w ramach różnych tradycji rzadko docierają na tyle daleko w rozwoju, by napotkać ten problem. Ponadto, w większości tradycji (jeśli nie we wszystkich) oczekuje się od ucznia, że będzie wykonywał odgórne zalecenia bez poddawania ich w wątpliwość lub analizowania.

Coraz powszechniejsze stały się też przypadki wykorzystywania uczniów przez nauczycieli duchowych – rzecz trudna do zrozumienia i zaakceptowania, zwłaszcza w obliczu faktu, że wielu ludzi uważało, iż rozwój duchowy jest płynnym przejściem od stanu „przeciętności" do stanu „oświecenia".

PRZYKŁAD
> *Samadhi* w niektórych hinduskich tradycjach jogicznych oznacza „wyższy" stan świadomości. Choć od wieków istnieje problem dokładnego opisu tego – i innych – pojęć „duchowych", w tym przypadku istnieje ogólna zgoda co do tego, że *samadhi* to stan wyjątkowego spokoju, poczucia bezczasowości oraz radykalnego spadku potrzeby oddychania. A jednak w tradycji zen stan ów jest uważany za problematyczny i uczy się uczniów, aby go unikać (zob. rozdział 5, w którym opisujemy przyczyny pojawiania się tego stanu).

PRZYKŁAD
> W jodze kundalini wykorzystuje się podniesienie poziomu energii kundalini zgromadzonej w podstawie kręgosłupa, by wspomóc rozwój duchowy. Inne tradycje nie znają tego doświadczenia i ignorują je, jeśli wystąpi ono u ich uczniów.

Wraz z pojawieniem się w kulturze zachodniej technik medytacyjnych służących usuwaniu stresu i rozwojowi osobistemu, wielu ludzi zaczęło doświadczać niezwykłych przeżyć duchowych i innych doznań, które nie pasowały do *żadnego* istniejącego modelu ani w psychologii, ani w tradycjach duchowych. W rezultacie powstała nowa dziedzina psychologii zwana psychologią transpersonalną, która miała zająć się badaniem owych niewiarygodnych doświadczeń i stanów. Jedną z najważniejszych postaci tego ruchu był dr Stanislav Grof, który w swych badaniach wykorzystywał eksperymenty z LSD i pracę z oddechem.

Jak można zaobserwować, w latach 70. i 80. było ogromne zainteresowanie pracami nad wyjątkowymi doświadczeniami, ale już w latach 90. sytuacja uległa zmianie. Początkowy entuzjazm dla rozumienia i doświadczania przeżyć szczytowych zaczął słabnąć, zaś pionierzy ruchu dochodzili do wniosku, że dotarli do granic swoich badań – oczekiwane rezultaty nie pojawiły się. Z punktu widzenia Instytutu stało się tak dlatego, że wczesne modele, opracowane lub zapożyczone od różnych tradycji religijnych, miały fundamentalne wady i nie można było ich zastosować do rozwiązania podstawowych problemów.

SPRZECZNE PRZEKONANIA

- Permanentne „doświadczenie szczytowe", w momencie jego uzyskania, pełni w życiu człowieka rolę dysfunkcyjną.
- Techniki humanistyczne i transpersonalne mogą wywoływać stany szczytowe, ale będą one tylko tymczasowe, nie można oczekiwać więcej.
- Od przeciętnej świadomości można odejść jedynie za pomocą technik szamańskich lub chemicznych – wchodząc w stany zwane „odmiennymi stanami" świadomości. Stanów tych nie da się pogodzić z codziennym życiem.
- Zdrowa osoba cieszy się przeciętną świadomością, posiada jednak zdolność do okresowego doświadczania odmiennych rodzajów świadomości.
- Ludzie są w zasadzie tacy sami, z wyjątkiem osób chorych psychicznie.
- Stany duchowe są wyłączną domeną istot oświeconych. Gdy takowe wystąpią, przeciętna osoba doznaje „wniebowzięcia" lub zwyczajnie znika z powierzchni ziemi.
- Prawdziwi nauczyciele duchowi nigdy nie skrzywdziliby żadnego ucznia – a jeśli by to uczynili, pomogłoby to uczniowi w rozwoju.

1.2.3. Rozwój „terapii mocy"

Do lat 90. dokonały się zmiany poza obszarem psychologii humanistycznej i transpersonalnej, co było związane z pojawieniem się wyjątkowo skutecznych terapii uzdrawiania emocjonalnego i fizycznego. Niezależnie od siebie pojawiły się różne metody terapeutyczne. Dr Charles Figley z Florida State University (twórca terminu „zespołu stresu pourazowego") w 1995 r. wymusił na psychologii głównego nurtu przyjęcie niektórych form tych terapii i nazwał je „terapiami mocy". Obejmowały one EMDR (Eye Movement Desensitization and Reprocessing), TIR (Traumatic Incident Reduction), VKD (Visual Kinesthetic Disassociation) oraz TFT (Thought Field Therapy). Od tego czasu pojawiły się różne terapie pochodne, z których najlepiej znana jest metoda

EFT (Emotional Freedom Technique, Technika Wolności Emocjonalnej). W psychologii nadal istnieje zamieszanie w związku z tymi terapiami, gdyż konwencjonalnie szkoleni terapeuci oraz psychologowie akademiccy opierają się nowym procesom, a to z prostego powodu – z tradycyjnego punktu widzenia działają zbyt dobrze, by mogły być prawdziwe.

Owe nowe metody terapii spowodowały fundamentalną zmianę w obecnym paradygmacie psychologii. Terapie te nie tylko pozwalają na radzenie sobie z chorobami, których skuteczne leczenie nie było wcześniej możliwe, ale także czas trwania takiej terapii ulega znacznemu skróceniu: do kilku minut lub najdłużej do kilku godzin. Metody te koncentrują się na uzdrawianiu traum, które – jak dowiedziono empirycznie – stanowią przyczynę większości problemów umysłowych i wielu schorzeń fizycznych u ludzi. Znaczenie traumy jest całkowicie ignorowane przez dominujący model. W ciągu trzech lat moich studiów doktoranckich o występowaniu traum wspomniano może raz lub dwa, i to tylko w ograniczonym kontekście zespołu stresu pourazowego.

Terapie mocy zmieniły pogląd na temat tego, co – zdaniem terapeutów – było możliwe do osiągnięcia w zakresie uzdrawiania fizycznego i emocjonalnego, a czego nie osiągnęły psychologia humanistyczna i transpersonalna. Narzędzia te są niewiarygodnie szybkie, proste i skuteczne, i ludzie zaczynają kwestionować przyjęte wcześniej założenia kulturowe z powodu nowych zadziwiających doświadczeń osobistych. Owa zmiana w oczekiwaniach wywarła także wpływ na nasz Instytut, stworzyła bowiem zupełnie nowy klimat wśród terapeutów i innych osób zajmujących się uzdrawianiem, którzy chętnie przyglądają się temu, co można uzyskać dzięki technice Uzdrawiania Całym Sercem (Whole-Hearted Healing, w skrócie WHH) i... stosują ją, gdyż spełnia ona ich oczekiwania.

Jednak większość uzdrowicieli wykorzystujących terapie mocy nie szuka stanów szczytowych – najprawdopodobniej nie wierzą, że ich osiągnięcie jest możliwe. Według dominującego obecnie modelu ludzie będą się czuć coraz lepiej wraz z uzdrawianiem kolejnych traum – i jest w tym trochę prawdy. Jednak techniki te sprawiają, że ludzie czują się lepiej przez dłuższy czas, niż można by to przypisać usunięciu istniejących bolączek. Podczas sesji terapeutycznej, lub krótko po jej zakończeniu, wielu klientów odnotowuje różnego rodzaju doświadczenia duchowe lub szamańskie, o których nigdy wcześniej nie słyszeli i w które nie wierzyli. Jednak te cudowne chwile prawie zawsze szybko mijają.

SPRZECZNE PRZEKONANIA
- Terapeuci pracują nad tym, by przywrócić ludziom stan przeciętnej świadomości, który pojawia się w momencie, gdy trauma jest niewielka lub stłumiona.

- Można oczekiwać najwyżej przeciętnego stanu świadomości.
- Nie ma innego sposobu na poprawę samopoczucia ludzi niż wyeliminowanie traum jedna po drugiej.
- Trauma nie ma związku z większością problemów ludzi.
- Zdrowienie psychiczne to powolny i trudny proces, często zakończony niepowodzeniem.

1.3. ZJAWISKA DOTYCZĄCE WYJĄTKOWEJ JAKOŚCI ŻYCIA

Przyjmowane przez psychologię założenia dotyczące zdrowia psychicznego (opisane w poprzednim podrozdziale) miały wpływ zarówno na pytania, jakie zadawali sobie ludzie odnośnie dostrzeganych przez nich zjawisk, jak też na proponowane przez nich modele. W niniejszym podrozdziale chciałbym przeanalizować istotne zjawiska, które są często ignorowane nawet w psychologii, gdyż nie pasują do istniejących wzorców przekonań.

1.3.1. Spontaniczne doświadczenia szczytowe

Przyjrzyjmy się bliżej zagadnieniu „doświadczeń szczytowych" badanych przez Maslowa. Skoncentrujemy się bardziej na doświadczeniach pojawiających się samoistnie, a nie na tych wywołanych technikami popularnymi w psychologii humanistycznej i transpersonalnej. Spontaniczne doświadczenia szczytowe pojawiają się w momencie doznawania przyjemności, obcowania z pięknem natury, intensywnego kryzysu lub niekiedy z niejasnych powodów. Fakt spontanicznego występowania owych doświadczeń jest zarówno wskazówką możliwych przyczyn ich pojawiania się, jak też przeszkodą w zrozumieniu tego zagadnienia. Dlaczego przeszkodą? Ponieważ wielu ludzi, którzy przeżyli owe niespodziewane chwile, zazwyczaj zakłada, że są one wynikiem jakiejś „łaski" lub też że pewnych rzeczy we wszechświecie po prostu nie da się objąć rozumem. Ponadto, łatwo przyjąć założenie, że skoro doświadczyli stanu szczytowego, nie robiąc nic specjalnego, więc starania, by do niego wrócić, nie są właściwym podejściem – podjęte wysiłki są niewspółmierne do tychże doświadczeń.

Przeprowadzono wiele badań, które miały na celu kategoryzację tych stanów, częściowo po to, by uzyskać wystarczającą ilość danych, pozwalających dostrzec wzorce i przyczyny tych doświadczeń. Ale to podejście zawiodło.

Choć istnieje całe bogactwo doświadczeń szczytowych, mają one jedną wspólną cechę – charakteryzuje je *niższy poziom* napięcia od normalnie występującego u ludzi. Jest to, jak się wydaje, główny trop pozwalający zrozumieć te zjawiska.

PRZYKŁAD

Pewna kobieta biorąca udział w moich warsztatach, która nigdy wcześniej nie przeżyła doświadczenia szczytowego, nie miała pojęcia, o czym mówię. Przeprowadziłem ją przez Proces Wewnętrznego Spokoju (technika wprowadzania ludzi w określone stałe „doświadczenie szczytowe") i trudno jej było opisać to radykalne doświadczenie. Warto zauważyć, że po tym doświadczeniu kobieta spała bardzo głęboko przez kilka kolejnych nocy, gdyż zniknęło napięcie, które towarzyszyło jej w życiu.

SPRZECZNE PRZEKONANIA
- Stanów szczytowych nie należy rozumieć, po prostu są dostępne dla szczęśliwych wybranych.
- Wszystko, co wiąże się z bólem, dyskomfortem lub wysiłkiem nie ma nic wspólnego z doświadczeniami szczytowymi.

1.3.2. Doświadczenia szczytowe jako produkt uboczny uzdrawiania psychologicznego

Jak już wspomniałem, niektórzy terapeuci w końcowym etapie pracy z klientami są świadkami przeżywania przez nich doświadczeń szczytowych. Niekiedy ma to miejsce w intensywnych terapiach opartych na doświadczaniu, takich jak praca z oddechem, głęboka praca z ciałem lub terapia regresji. Zjawiska takie zdarzają się o wiele częściej w przypadku zastosowania nowych terapii mocy. Na przykład po sesjach terapii Uzdrawiania Całym Sercem (WHH) często byłem świadkiem przeżywania przez moich klientów doświadczeń szczytowych, niekiedy bardzo dramatycznych, które trwały od kilku minut do kilku dni. Jednak owe doświadczenia szczytowe nie były stanem trwałym. Gdy starałem się zrozumieć, o co chodzi, zebrałem bardzo dziwne informacje – uzdrowienie traumy może *czasami* wprowadzić osobę w stan szczytowy, ale najprawdopodobniej nie na długo. Starałem się uważnie zapisywać, co zostało uzdrowione, że wywołało ów stan, ale wtedy nie dostrzegłem jeszcze żadnych oczywistych wzorców.

Krótka dygresja dla terapeutów: chciałbym zauważyć, że przy zastosowaniu terapii mocy – jeśli terapeuta prawidłowo wykonał swoją pracę – klient pod koniec uzdrawiania sekwencji traum *powinien* wejść w stan szczytowy zwany Stanem Wewnętrznego Spokoju. Osiągnięcie tego stanu jest dobrym sposobem weryfikacji, czy praca nad uzdrowieniem traumy została ukończona. Stan ów można scharakteryzować jako uczucie spokoju, harmonii i lekkości (*calm, peace, lightness*, w skrócie CPL), przy czym lekkość można określić jako uczucie, którego doświadczamy po zdjęciu ciężkiego plecaka.

Zadziwia więc fakt, że badacze z dziedziny psychologii nie rozpoznają ani nie omawiają kwestii istnienia doświadczeń szczytowych u klientów, nawet jeśli takie zjawisko dzieje się na ich oczach! Jak już wspominałem, osoby stosujące terapie mocy nieustannie są świadkami doświadczania takich krótkotrwałych stanów przez ich klientów, a jednak ignorują je jako niespójne lub nieznaczące. Uważają je za element różnorodności ludzkiej kondycji, zamiast postrzegać je jako krok w kierunku osiągania odmiennego stanu świadomości.

Na początku, aby zbadać tajemnice szczytowych stanów świadomości, opracowałem terapię mocy WHH – Uzdrawiania Całym Sercem (osoby zainteresowane mogą ściągnąć podręcznik z naszej strony internetowej: www.peakstates.com), której zastosowanie doprowadziło do pierwszych niezwykłych odkryć odnośnie stanów szczytowych. Teraz, gdy już rozumiemy, do czego dążymy, stosujemy w pracy różne terapie mocy, które umożliwiły nam osiągnięcie przełomu w rozwiązaniu tajemnicy szczytowych stanów świadomości.

Z punktu widzenia naszego Instytutu, uzdrawianie traum przypomina wyciąganie wideł z ludzi znajdujących się w piekle – gdy już tego dokonamy, nadal znajdują się w piekle, tyle że jest im tam nieco wygodniej. Proszę mnie źle nie zrozumieć – praca wykonywana przez owych pionierskich terapeutów i uzdrowicieli ma ogromne znaczenie i jest niezbędna milionom ludzi. Ale tak naprawdę chcielibyśmy znaleźć taki sposób dokonywania zmian, by ludzie znajdowali się w ciągłym stanie szczytowym, stanie wyższego funkcjonowania niż normalne. Chcielibyśmy najpierw umieścić ludzi w apartamentowcu w niebie, a potem zająć się tym, co pozostało...

SPRZECZNE PRZEKONANIA
- Terapeuci stosujący terapie mocy starają się przywrócić ludzi do zdrowia definiowanego jako „przeciętny" stan świadomości. Doświadczenia wychodzące poza ową „przeciętność" są ignorowane jako chwilowe odchylenia.

1.3.3. Doświadczenia i stany religijne

W kręgu zachodniej kultury sposób myślenia o stanach szczytowych został zdominowany przez historię związaną z wierzeniami chrześcijańskimi oraz kilkoma innymi dominującymi religiami świata. Według przekonań w istniejącym modelu wychowania niewielu ludzi żyje w szczytowych stanach świadomości i są to niezwykłe zjawiska. Mówi się nam o świętych i innych wyjątkowych ludziach będących wybrańcami Boga, którzy po latach zmagań (prawdopodobnie zesłanych przez Boga, by sprawdzić, jak wiele są warci) zdobywają w końcu nagrodę w postaci osiągnięcia „stanu duchowego".

Przypominamy sobie historię Jezusa, który spędził czterdzieści dni na pustyni, lub Buddy siedzącego siedem dni pod drzewem *bodhi*. Nasze osobiste doświadczenia i obserwacje innych ludzi potwierdzają przekonanie, że stan „duchowy" jest trudny do osiągnięcia – pomimo najlepszych starań, niekiedy niemal heroicznych wysiłków, nie potrafimy go uzyskać sami i często nie osiągamy naszego ideału cnotliwego zachowania. Widzimy, jak ludzie wraz z wiekiem stają się coraz bardziej wewnętrznie ograniczeni i w coraz mniejszym stopniu ucieleśniają ideał religijnych cnót, zaczynamy więc wierzyć, że po prostu takie jest życie – przekleństwo starzenia się.

Tak więc w wyniku nastawienia będącego rezultatem religijnego i społecznego wychowania nieświadomie zakładamy, że owe „duchowe" stany są udziałem osób wyjątkowo godnych takich doświadczeń lub osób, które potrafią takimi się stać. A to oznacza, że jeśli będziemy ciężko pracować, będziemy mili dla innych ludzi, będziemy dużo się modlić – przy odrobinie łaski również staniemy się ludźmi szczęśliwymi, dobrymi i błogosławionymi. I właśnie owe nieświadome przekonania utrudniają zrozumienie przyczyn stanów szczytowych.

Dodatkowo kwestię tę komplikują kulturowe tradycje Zachodu, gdzie wychowanie kulturowo-religijne łączone jest z silną etyką pracy. A stąd płynie przekonanie, że wyjątkowo pozytywne stany świadomości – szczególnie te posiadające aspekt „duchowy" – można osiągnąć jedynie ciężką pracą lub też w wyniku bezpośredniej interwencji, „łaski" płynącej z jakiegoś wyższego źródła, zazwyczaj pojmowanej jako nagroda za to, że byliśmy dobrymi ludźmi. Niektórzy zakładają, że są „złymi" ludźmi, więc nie wierzą, że mogą uzyskać lub że w ogóle zasługują na lepsze stany świadomości. Często owe sprzeczne przekonania można obserwować u jednej i tej samej osoby.

PRZYKŁAD

> Jedna z moich klientek, mormonka, podczas mojego szkolenia rozwinęła w sobie zdolność do osiągania niezwykłych stanów duchowych. Lecz próbowała je zablokować, gdyż w jej tradycji kobiety nie miały prawa do takich przeżyć, toteż klientka ta obawiała się ekskomuniki, gdyby wyszło na jaw, że posiada owe zdolności.

PRZYKŁAD

> Moja przyjaciółka, kobieta wykorzystywana seksualnie w dzieciństwie, wyznawała nauki Yoganandy. Odmawiała spróbowania jakiejkolwiek metody, która mogłaby przynieść uzdrowienie tamtej traumy, wiążącej się z bólem i dyskomfortem, ze względu na swe religijne przekonania – że ów uraz odejdzie, jeśli tylko będzie wystarczająco mocno wierzyć, modlić się, śpiewać i poświęcać swej wierze. W ciągu piętnastu lat naszej znajomości nie udało się usunąć problemów związanych z ową wczesną traumą.

SPRZECZNE PRZEKONANIA
- Wyższe stany są wynikiem łaski, a człowiek nie może nic zrobić, by je osiągnąć – być może z wyjątkiem prowadzenia cnotliwego życia.
- Większość ludzi, takich jak my, nie powinna żywić nadziei na dotyk łaski – byłoby to arogancją w stosunku do Bóstwa.

1.3.4. Doświadczenia i stany duchowe

Jedną z kategorii doświadczeń szczytowych, często ignorowaną przez ludzi zajmujących się uzdrawianiem psychiki, można zaklasyfikować jako doświadczenia (i stany) „duchowe". Doświadczenia duchowe są ignorowane lub odrzucane przez zdecydowaną większość psychologów, gdyż wykraczają one poza dominujący paradygmat i nie ma odpowiedniego modelu, który pozwoliłby zrozumieć to zjawisko. Choć psychologia transpersonalna powstała właśnie w celu zbadania tej dziedziny, trudno zrozumieć opisy i schematy klasyfikacyjne przez nią stosowane, i do tej pory nie powstał żaden pełny model. Stanislav Grof starał się stworzyć taki pełny model psychologii i duchowości, jednak – choć był to duży krok naprzód – brakowało w nim elementu rozwiązania (nie pozwala on na przykład na rozwiązanie głównych problemów chorób psychicznych). Największym jednak niedopatrzeniem modelu Grofa było niedostrzeżenie znaczenia trójni mózgu, bez którego nie da się zrozumieć wielu mechanizmów. Schematy klasyfikacyjne, jak choćby schemat Kena Wilbera, okazały się bezużyteczne przy próbach zrozumienia przyczyn osiągania tego rodzaju stanów oraz rozwoju zdolności ich uzyskiwania.

Podobnie jak wielu z was, gdy próbowałem zrozumieć zjawisko stanów szczytowych oraz wyjątkowego zdrowia psychicznego i fizycznego, prowadziłem wiele doświadczeń w ramach klasycznych i współczesnych ścieżek duchowych, takich jak zen, joga, prace Almaasa i innych. I za każdym razem, gdy opisywałem swoim nauczycielom osiągane przeze mnie doświadczenia i stany świadomości, patrzyli na mnie nie wiedząc, o co mi chodzi. Co gorsza, wszyscy moi nauczyciele uważali, że doświadczenia, których nie rozpoznają, są mało istotne. Ponadto, każdy z nich – wywodzący się z innej tradycji niż pozostali – uważał za ważne zupełnie *inne* stany. I wreszcie, trudnym zadaniem było określenie cech charakterystycznych pożądanych przez nich stanów. Nigdy nie mogłem stwierdzić, czy chodziło im o stworzenie mistycznej otoczki wokół ich nauki, czy też sami ich nie doświadczyli – i nadal nie potrafię tego powiedzieć. Jednak z własnego doświadczania rozmaitych stanów duchowych wiem, że wszystkie można w pewien sposób opisać, nawet jeśli jest to tylko opis ich wpływu na działania danej osoby. Niektóre z tych stanów przynoszą radykalne zmiany fizjologiczne, inne z kolei mocne efekty psychologiczne, i tak dalej. Na przykład pojęcie „oświecenia", choć często stosowane w naszej kulturze, nie ma żadnych wyrazistych określeń z nim powiązanych, i tym samym nie ma żadnego rzeczywistego znaczenia. Nasza kultura przypisuje mu znaczenie oparte na z góry przyjętych przez nas osądach dotyczących duchowości.

PRZYKŁAD

> Pamiętam swoje zaskoczenie, gdy wszedłem w stan *samadhi* i – pozostając w nim przez cztery dni oraz prowadząc w tym czasie wykłady z elektrotechniki – odkryłem, że nie potrzebowałem wcale powietrza, by mówić – brałem tylko niewielki wdech co 15–20 minut! Stan był stabilny, ale w końcu wymyśliłem sposób powrotu do normalnego stanu świadomości.

PRZYKŁAD

> Przez pierwsze 30 lat mego życia, gdy zamykałem w nocy oczy, wnętrze mojej głowy było w całości wypełnione biało-złotym światłem o intensywności blasku słońca na Hawajach. Światło promieniowało z mojego ciała na odległość do dziesięciu centymetrów. Zakładałem, że to normalne i w ogóle go nie zauważałem, aż do momentu, gdy światło zaczęło gasnąć – w kilka miesięcy po tym, jak ukończyłem trzydzieści lat. Dopiero wtedy kontrast wynikający z tej zmiany zwrócił moją uwagę na istnienie tamtego światła.

SPRZECZNE PRZEKONANIA
- Doświadczenia duchowe to złudzenia.
- Stany duchowe nie mogą współistnieć z chorobami psychicznymi.
- Nauczyciele duchowi wiedzą wszystko o znaczących stanach i doświadczeniach duchowych.
- Wszystkie praktyki duchowe mają wprowadzić nas w stan oświecenia.

1.3.5. Kryzysy duchowe

Przyjrzyjmy się teraz pewnemu obszarowi badań, mającemu bezpośredni wpływ na naszą pracę i który – w przeciwieństwie do stanów duchowych w ogólności – został dobrze udokumentowany z punktu widzenia opisów i doświadczenia. Chodzi o zagadnienie kryzysów duchowych, które jako pierwszy badał w latach 80. Stanislav Grof. Doświadczenia te wykraczają poza normy naszej kultury i albo stanowią kryzys same w sobie (np. opętanie przez demona), albo powodują tak ogromną zmianę w danej osobie, że mogą wywołać stan kryzysowy – stąd nazwa „kryzys duchowy". Wewnętrzne cierpienie osoby może dotyczyć na przykład konfliktu z głębokimi przekonaniami religijnymi, ale też może wiązać się z problemami wychodzącymi poza system przekonań dominującej kultury. Inną przyczyną przemiany doświadczenia duchowego w kryzys jest sytuacja, w której dana osoba po wyjściu z jednego z owych duchowych stanów „szczytowych" odczuwa wszechobejmujące uczucie straty i rozpaczy, ma wrażenie, że powrót do przeciętnej świadomości to jak pójście do piekła oraz odczuwa rozpacz, że ów stan nigdy już nie powróci. Gdy tego rodzaju doświadczenia przebiegają stopniowo, nie powodują aż takiego cierpienia, gdyż osoba ma czas na przystosowanie się do nowej sytuacji. Więcej informacji na ten temat można znaleźć w książkach poświęconych kwestii kryzysu duchowego, podanych na końcu rozdziału. Nasz pogląd na tę kwestię, często niezgodny z innymi badaczami, przedstawiamy w naszej książce *The Basic Whole-Hearted Healing Manual* oraz na stronie internetowej instytutu ISPS – www.peakstates.com.

PRZYKŁAD

Spiritual Emergence Network, uruchomiona przez Christinę i Stanislava Grofów, to darmowa infolinia, w której pracujący tam ochotnicy odbierają telefony od osób znajdujących się w tego typu kryzysach. Zgłaszały się osoby z bardzo różnymi problemami. Na przykład pewna osoba zadzwoniła, gdyż słyszała myśli innych ludzi i nie była w stanie ich zagłuszyć. Kilku moich kolegów z kursu psychologii było spontanicznymi „kanałami" i nie potrafili tego kontrolować ani zatrzymać.

PRZYKŁAD

Problemem może być tempo, w jakim pojawia się pozytywne doświadczenie duchowe. Pewien człowiek nagle zdał sobie sprawę, że wszyscy jesteśmy jednością. Zrzucił z siebie ubranie i pobiegł w dół ulicy, wykrzykując tę myśl. Policja zabrała go do szpitala. Tego rodzaju świadomość przyszła zbyt nagle i była zbyt silna, by ów człowiek mógł dobrze sobie z tą sytuacją poradzić. Na szczęście badający go psychiatra rozpoznał ten stan i nie przepisał mu żadnych leków. Trzy dni później mężczyzna czuł się już dobrze i odnalazł równowagę między tym doświadczeniem a codziennym życiem.

PRZYKŁAD

Często ogromne zakłócenia wprowadza doświadczenie przebudzenia energii kundalini, stan który osiągnęła moja dziewczyna. Symptomy były tak dziwne, że obawiała się, iż może mieć bardzo poważny problem medyczny. Prawie nie mogła spać przez niemal sześć miesięcy. Doświadczenie to okazało się piekłem dla niej i dla mnie, ponieważ nie mieliśmy tak naprawdę pojęcia, co właściwie się dzieje.

Ponieważ przebudzenie kundalini przeżywało wielu ludzi, w latach 80. opracowano znakomite kryteria diagnostyczne. Tu należy się czytelnikowi pewne ostrzeżenie przed tym konkretnym doświadczeniem – wiele osób piszących na ten temat ignoruje owe kryteria i praktycznie każdy stan wrzuca do worka z napisem „kundalini". Tendencja ta, co jest rzeczą zastanawiającą, występuje szczególnie silnie u autorów, którzy sami go przeżyli. Według mojego doświadczenia, kundalini – choć jest to niezwykły stan – trudno uznać za stan szczytowy, gdyż jest wywoływany nieświadomie przez ludzi podejmujących próbę samoleczenia. Kundalini często jednak może wywoływać niezwykłe chwilowe doświadczenia szczytowe.

Struktura klasyfikacyjna kryzysów duchowych Grofa obejmuje wiele kategorii, które trudno uznać za stany szczytowe, jak na przykład opętanie przez demona, channeling, uprowadzenie przez obcych, przeszłe życia, doświadczenia bliskie śmierci. Jedna z kategorii – otwarcie psychiczne – zawiera zdolności psychiczne będące prawdopodobnie produktem ubocznym stanów szczytowych. Mogą one przybrać formę kryzysu, jeśli osoba posiadająca owe umiejętności straci nad nimi kontrolę. Inne kategorie to kryzysy bezpośrednio wiążące się ze stanami szczytowymi, takie jak kryzys szamański, świadomość jedności oraz psychiczna przemiana będąca wynikiem aktywacji centralnego archetypu.

Owe stany „kryzysów duchowych" są często rezultatem medytacji, choć mogą je też wywołać inne czynniki, takie jak wydarzenia zagrażające życiu, stany ekstremalnego wyczerpania fizycznego, pozbawienie snu, narodziny dziecka, seks, strata oraz niepowodzenie życiowe – to jedne z najważniejszych przyczyn. Kryzysy duchowe rzadko pojawiają się spontanicznie.

SPRZECZNE PRZEKONANIA
- Stany duchowe to coś dla ludzi wyjątkowych, ale nie dla wszystkich.
- Stany duchowe można otrzymać tylko od Boga, według „jego" wyboru, my nie możemy nic zrobić.
- Stany duchowe będą nam ofiarowane, jeśli będziemy ciężko pracować praktykując cnoty.
- Rozwijamy się z poziomu przeciętnej świadomości w kierunku stanów duchowych i doskonałości.
- Ludzie nie urodzili się po to, by funkcjonować w stanach duchowych.

1.3.6. Niezniszczalne dzieci

Czy zauważyliście, że istnieją ludzie, którzy wydają się szczęśliwi, zdrowsi, którzy osiągają sukcesy i lepiej znoszą wzloty i upadki życia, niż wy? Chyba wszyscy to dostrzegamy i oczywiście istnieją różne ku temu powody. Według obecnego paradygmatu psychologicznego, ludzie ci mieli lepsze dzieciństwo, przeżyli mniej traum, mają lepsze dziedzictwo genetyczne, lepszych przyjaciół i tak dalej. Według tego modelu, wszystko się sprowadza do dwóch rzeczy – lepszych genów i lepszego otoczenia. Ostatnio doszedł trzeci element: lepsza opieka prenatalna.

Jednak istniejąca w naszej kulturze koncepcja dominującego wpływu wychowania na stan zdrowia psychicznego okazała się błędna w momencie, gdy przeprowadzono obserwacyjne badania dzieci znajdujących się w „grupie ryzyka" ze względu na traumatyzujące otoczenie we wczesnych latach ich życia (bieda, zaniedbanie, wykorzystywanie). Badania przeprowadzone w latach 60., 70. i 80. wykazały – całkowicie wbrew temu, czego można by oczekiwać – że niewielka grupa dzieci z grupy ryzyka, mimo koszmarnego dzieciństwa, znakomicie radziła sobie w życiu. Choć z badań tych trudno ustalić konkretne dane statystyczne, liczba dzieci „radzących sobie" wahała się pomiędzy 1/10 a 1/3 badanej grupy ryzyka. Określono je mianem „niezniszczalnych dzieci" (później zaczęto stosować termin „odporne na stres" lub po prostu „odporne dzieci"). Wywołało to ogromne poruszenie, gdyż niektórzy zinterpretowali ten fakt jako dowód na to, że próby pomocy dzieciom z grupy ryzyka były pozbawione sensu, gdyż najwidoczniej otoczenie nie miało żadnego znaczenia (rzecz jasna, argument ten należy uznać za niepoważny, gdyż w tej kategorii znalazła się mniejszość dzieci).

Można by przypuszczać, że owe niezniszczalne dzieci wygrały po prostu los szczęścia w loterii genetycznej, ale jeszcze bardziej zadziwiający był fakt, że niektóre z tych dzieci niekiedy nagle przestawały cechować się ową odpornością i miały te same trudności, co osoby nie należące do tej grupy. Sytuacja ta podważyła wyjaśnienia o podłożu genetycznym, gdyż geny przecież nie uległy zmianie. Nie znaleziono żadnego wyjaśnienia tego zjawiska, choć według przypuszczeń teorii konwencjonalnej być może istnieje pewien próg akumulacji traumatycznych doświadczeń – dla każdego człowieka inny – na zasadzie kropli przelewającej czarę goryczy. Jednak niektóre z tych dzieci, już jako dorośli, żyły potem w całkiem dobrych warunkach i nie byli wystawiani na działanie znaczących traum – co podważyło wyżej wspomnianą hipotezę. Po odkryciu istnienia „niezniszczalnych dzieci" powstała ogromna ilość prac, w których próbowano dopasować ten fakt do dominującego modelu, jednak zastosowane w nich kryteria oraz uzyskane wyniki dowodzą, że w tym modelu nie jest to możliwe.

Zjawisku „niezniszczalnych dzieci" w ogóle nie poświęca się uwagi na zajęciach uniwersyteckich z psychologii – prawdopodobnie dlatego, że znajduje się ono całkowicie poza obecnym paradygmatem (z tego samego powodu w szkołach medycznych ignoruje się efekt placebo).

Doświadczenia prowadzone na zwierzętach dotyczące „wyuczonej bezradności" są zaskakująco podobne do zjawiska niezniszczalnych dzieci. W pierwszych eksperymentach, prowadzonych przez Steve'a Maiera, Bruce'a Overmiera i Martina Seligmana, aplikowano psom wstrząsy elektryczne, przed którymi nie mogły uciec. Gdy zwierzęta nauczyły się, że nie mogą nic w takiej sytuacji zrobić, nie próbowały już uciekać przez wstrząsami, nawet gdy taka możliwość w końcu się pojawiła. Jednak około jednej trzeciej badanych szczurów i psów nie wykazywała owej bezradności i nigdy się nie poddawała – niezależnie od tego, co się z nimi działo. Czy owe proste testy wstrząsowe na psach i szczurach można porównać do złożonych sytuacji u osób z grupy ryzyka? Być może tak, a co ciekawe, w obu przypadkach odsetek niezniszczalnych dzieci i nastawionych optymistycznie zwierząt jest zadziwiająco podobny.

SPRZECZNE PRZEKONANIA
- Złe otoczenie z czasów dzieciństwa zawsze będzie powodem późniejszych problemów z zachowaniem lub z osobowością.
- Poziom opieki nad dziećmi i opieki prenatalnej, jakości genów determinuje stan zdrowia i poziom stabilności psychicznej.

NAJWAŻNIEJSZE IDEE

Ludzie żyją z pewnym zestawem przekonań filtrujących to, co chcą dostrzec i określających działania, które mogą przyjąć. Ignorują nawet oczywiste sprzeczności. Każdy z owych zestawów przekonań to paradygmat.

W ciągu ostatnich pięćdziesięciu lat pojawiło się kilka paradygmatów dotyczących zdrowia psychicznego w wyniku rozwoju nowych technik i przyjęcia ignorowanych wcześniej danych.

W ciągu ostatnich dwudziestu lat zgromadzono dane dotyczące kryzysów duchowych, „odpornych dzieci", doświadczeń szczytowych i stanów duchowych, których nie da się wytłumaczyć w ramach obecnych paradygmatów.

SUGEROWANA LEKTURA I STRONY INTERNETOWE

NIEZNISZCZALNE DZIECI

- E.J. Anthony i B.J. Cohler (red.), *The Unvulnerable Child*, Guilford, 1987.
- E.E. Werner i R.S. Smith, *Vulnerable but Invincible: A longitudinal study of resilient children and youth*, McGraw-Hill, 1982.

DOŚWIADCZENIA SZCZYTOWE, ZDOLNOŚCI SZCZYTOWE, NIEZWYKŁE STANY ŚWIADOMOŚCI

- The Exceptional Human Experience Network na stronie: www.ehe.org – badania dotyczące niezwykłych doświadczeń wraz z recenzjami odpowiednich prac.
- Stanislav Grof, *Przygoda odkrywania samego siebie*, Gdynia 2000 – wymiary świadomości oraz nowe perspektywy w psychoterapii i odkrywania samego siebie; dobre omówienie prac Grofa w zakresie traumy narodzin oraz doświadczeń transpersonalnych, dla laików i profesjonalistów.
- Stanislav Grof, *The Cosmic Game: Explorations of the frontiers of human consciousness*, State University of New York Press, 1998 – doskonałe spojrzenie na fundamentalne zagadnienia z wielu lat pracy Grofa.
- Stanislav Grof, *LSD Psychotherapy*, Hunter House, 1980 – dla profesjonalistów, dogłębne omówienie niezwykłych doświadczeń przeżywanych w ramach terapii psychodelicznej.
- D.E. Harding, *On Having No Head: Zen and the rediscovery of the obvious*, revised edition, Inner Directions Foundation, 2002 – opis uczuć towarzyszących wrażeniu zaniku granic skóry.
- Abraham Maslow, *Religions, Values and Peak Experiences*, 1976 – pozycja klasyczna w tej dziedzinie, jedna z książek, które zapoczątkowały powstanie psychologii humanistycznej.
- Raymond Moody Jr., *The Light Beyond*, Bantam 1988 – dalszy ciąg pracy *Życie po życiu*; obie pozycje dotyczą doświadczenia bliskiego śmierci, autorstwa człowieka, który jako pierwszy opisał to zjawisko; lektura dla ogólnego odbiorcy.
- Raymond Moody Jr., *Reunions: Visionary Encounters with departed loved ones*, Ivy Books, 1994 – fascynująca opowieść o odkryciu i dostosowaniu do współczesnych warunków greckiego procesu komunikacji ze zmarłymi.
- Michael Murphy, *The Future of the Body: Explorations Into the Further Evolution of Human Nature*, Jeremy P. Tarcher, 1992 – zbiór materiałów z różnych źródeł dotyczących niezwykłych zdolności i doświadczeń z lat 80.

TERAPIE MOCY

- Artykuły poświęcone terapiom mocy i terapiom energetycznym na stronie www.psychinnovations.com.
- Leslie Bander, *Solutions: Practical and effective antidotes for sexual and relationship problems*, Real People Press, 1985 – praca poświęcona terapii mocy VKD metodą programowania neurolingwistycznego.
- Gerald French i Chrys Harris, *Traumatic Incident Reduction (TIR)*, CRC Press 1999 – dobrze napisany podręcznik o terapii mocy TIR.
- Fred Gallo, *Energy Psychology: Explorations at the Interface of Energy, Cognition, Behavior, and Health*. CRC Press, 1998 – jedna z pierwszych książek przeglądowych w tej dziedzinie.
- Grant McFetridge i Mary Pellicer MD, *The Basic Whole-Hearted Healing Manual*, The Institute for the Study of Peak States Press, 2000 – praca poświęcona terapii regresji WHH.

- Francis Shapiro i Margot Forrest, *EMDR: The Breakthrough Therapy for overcoming anxiety, stress and trauma*, Basic Books, 1998 – praca poświęcona terapii mocy EMDR.

Stany szamańskie

- Foundation for Shamanic Studies, organizacja założona przez Michaela Harnera – strona internetowa: www.shamanism.org.
- Tom Brown Jr., *Awakening Spirits*, Berkley, 1994 – jego jedyna jak dotąd książka poświęcona technikom szamańskim, oparta na pierwszym poziomie szkole; zalecana lektura.
- Michael Harner, *Droga szamana*, Wrocław 2007 – klasyczna pozycja w tej dziedzinie, opisuje znaczenie podróży szamańskiej w szamanizmie.
- Sandra Ingerman, *Soul Retrieval: Mending the fragmented self through shamanic practice*, Harper, 1991 – praca koleżanki Harnera, doskonałe omówienie zjawiska kradzieży i utraty duszy.
- Hank Wesselman, *Spiritwalker: Messages from the future*, Bantam, 1995 – dobrze napisana relacja antropologa i współczesnego szamana komunikującego się z przyszłym życiem.

Kryzysy duchowe

- Spiritual Emergence Network, www.ciis.edu/comserv/sen.html – przykłady leczenia oraz opisy kryzysów duchowych.
- Przykłady leczenia i materiały referencyjne dla Kanadyjczyków dotyczące kryzysów duchowych można znaleźć w Internecie na stronie Canadian Spiritual Emergence Service, www.spiritualemergence.net/pages/home.html.
- Emma Bragdon, *A Sourcebook for Helping People in Spiritual Emergency*, Lightening Up Press, 1988 – praca poświęcona procedurom pomagania ludziom w kryzysach duchowych.
- Stanislav Grof, *Spiritual Emergency: When personal transformation becomes a crisis*, Jeremy P. Tarcher, 1989 – wpływowa książka w tej dziedzinie, z artykułami różnych ważnych autorów.
- Yvonne Kason, *A Farther Shore: How new-death and other extraordinary experiences can change ordinary lives*, HarperCollins, 1994 – dobrze napisana praca poświęcona kryzysom duchowym.

Rozdział 2

SZCZYTOWE STANY ŚWIADOMOŚCI
ŹRÓDŁO WYJĄTKOWEJ JAKOŚCI ŻYCIA I ZDROWIA PSYCHICZNEGO

Nigdy nic nie da się zmienić, walcząc z istniejącą rzeczywistością. By naprawdę coś zmienić, należy zbudować nowy model, który unieważnia model istniejący.

– R. Buckminster Fuller

2.1. WPROWADZENIE

W pierwszym rozdziale przyglądaliśmy się danym/zjawiskom o charakterze anomalii lub zaprzeczającym powszechnie przyjętym przekonaniom. W tej części opisujemy koncepcję, która bardzo dobrze wyjaśnia owe zjawiska, a mianowicie – przełomową ideę szczytowych stanów świadomości.

Zgodnie z tą nową ideą, wyjątkowe zdrowie psychiczne pojawia się w wyniku wystąpienia jednego lub więcej szczytowych stanów świadomości. Stany te charakteryzują się identycznymi cechami u każdej doświadczającej ich osoby, która może funkcjonować w tych stanach przez cały czas, nawet od momentu narodzin. Koncepcja ta może wydawać się trywialna, ale właśnie nieuwzględnianie jej przez psychologię blokuje osiąganie postępów w zakresie poprawy życia ludzi.

HISTORIA GRANTA
Dlaczego zająłem się badaniem szczytowych stanów świadomości
Skąd się wzięło moje zainteresowanie szczytowymi stanami świadomości? Do 29. roku życia żyłem w stanie psychicznym zdecydowanie różnym od tego, którego doświadcza większość ludzi. I ponieważ zawsze w nim funkcjonowałem, uważałem to za normalne zjawisko i nie czułem się inny niż pozostali ludzie – raczej byłem tak samo świadom własnych ułomności, jak większość z nas. W okresie dzieciństwa moja odmienność nie wyróżniała się w żaden szczególny sposób, ale wraz z wiekiem stawała się coraz bardziej oczywista. Na przykład z upływem lat rosła moja frustracja, gdyż nie byłem w stanie pojąć ani przewidzieć reakcji innych ludzi na pewne rzeczy – ich zachowania nie miały dla mnie sensu. Próbowałem je zrozumieć i w pewnym przełomowym momencie, w wieku 24 lat, nagle pojąłem, że ludzie odczuwają lęk, i że ten zgeneralizowany lęk projektują na wszystko, co dzieje się

w ich życiu, a to z kolei wpływa na ich zachowanie. Trudno mi było to zrozumieć, gdyż ja w ogóle takich stanów nie doświadczałem.

Starałem dzielić się z innymi swoim sposobem funkcjonowania w świecie, szczególnie z moją żoną, jednak bez większego powodzenia. Nie potrafiłem pomóc innym ludziom, tak by żyli w podobny sposób do mojego, co mnie bardzo przygnębiało. Ponieważ nie miałem dostępu do żadnego modelu, który by to wyjaśniał, założyłem, że źródłem muszą być różnice kulturowe (byłem Kanadyjczykiem mieszkającym w USA, a moja żona była Amerykanką), na które nakładało się uczestnictwo w ruchu na rzecz alternatywnego stylu życia.

I wszystko zmieniło się, gdy ukończyłem 29 lat. W trakcie rozwodu całkowicie utraciłem mój stan. Różnica była tak dramatyczna, iż miałem wrażenie, jakby wykopano mnie z nieba i wrzucono do piekła. Zrozumiałem, jak pełna udręki i bolesna jest przeciętna świadomość. Dotychczas zakładałem, że dana osoba może „odpuścić" swoje problemy zawsze, jeśli naprawdę tego chce. Nie miałem pojęcia, że dla większości ludzi taka opcja po prostu nie istniała. I teraz nagle stałem się taki jak inni, i nie było sposobu, by wrócić do poprzedniego stanu.

Różnice były oczywiste i radykalne. Nagle moja przeszłość zaczęła zawierać mnóstwo bolesnych pod względem emocjonalnym wspomnień. Zacząłem co noc miewać sny, co wcześniej nigdy mi się nie zdarzało. Zniknęło poczucie bycia żywym człowiekiem i odczuwania życia wokoło. Prawdy duchowe, które wcześniej zdawały mi się tak oczywiste, że nie rozumiałem, czemu ludzie w ogóle o nich tyle rozprawiają, nagle stały się czymś, o czym trzeba mi było opowiadać i co należało zapamiętać. Cały czas odczuwałem niepokój i brak wewnętrznego bezpieczeństwa. Zacząłem oceniać ludzi zamiast interesować się tym, co robili. Z obecnej perspektywy wiem, że utraciłem wtedy stan zwany Ścieżką Piękna (Beauty Way – nazwa wywodząca się z kultury Indian amerykańskich).

W ciągu kolejnych dziesięciu lat starałem się odzyskać to, co utraciłem. Była to dla mnie ogromna strata, kilkakrotnie rozważałem popełnienie samobójstwa – uważałem bowiem, że nie warto żyć w przeciętnym stanie świadomości. Ponieważ ów stan wiązał się z intuicyjną znajomością prawd duchowych, założyłem, że w różnych tradycjach duchowych znajdę odpowiedź na nazwanie tego, co utraciłem oraz sposób na odzyskanie tego stanu. Okazało się to nieprawdą, gdyż żaden z nauczycieli, z którymi pracowałem, nie wiedział, o czym mówię. W zasadzie próbowali mnie przekonać, że to, czego szukałem, było bez wartości i rozpraszało uwagę, że jeśli miało to jakąkolwiek wartość, stanowiło to tylko pewien etap, który należy zostawić za sobą. Wreszcie okazało się, że stan ów rozpoznają szamani, ale nie dysponują żadnymi dobrymi metodami wywołania go lub jego przywracania.

Przez kolejne lata dalej szukałem rozwiązania. W końcu pojąłem, że jeśli mam zrozumieć, co utraciłem, i znaleźć sposób na odzyskanie tamtego stanu, muszę to zrobić sam. Nie było nikogo, kto mógłby mi to dać. Tak narodził się Instytut Badań nad Stanami Szczytowymi (ISPS).

Dzięki funkcjonowaniu w bardzo radykalnym stanie szczytowym przez większość mego życia miałem pewną przewagę nad innymi, a mianowicie nie tylko lepiej rozumiałem takie stany, ale też mogłem zignorować dominujący paradygmat, gdyż z własnego doświadczenia wiedziałem, że jest on nieprawdziwy. Po pierwsze, wiedziałem, że istniały stabilne stany świadomości wychodzące daleko poza normę. Po drugie, wiedziałem, że nie trzeba „praktykować", „być miłym", „modlić się" lub „być dobrym", nie trzeba robić niczego, zwłaszcza by uzyskać lub utrzymać szczytowe stany świadomości. Przecież jako dziecko często biłem się z bratem i siostrą, nie byłem wcale miły dla rodziców, nie chodziłem do kościoła ani nie wierzyłem w Boga – nie robiłem żadnej z tych rzeczy, dzięki którym – w powszechnym mniemaniu – człowiek staje się godny osiągnięcia stanu szczytowego (szczególnie tych o silnym wydźwięku duchowym, gdyż znałem prawdy duchowe, nie włożywszy w ich studiowanie żadnego wysiłku, na co inni poświęcali całe życie!). Wiele lat później, podczas przeprowadzania eksperymentów, wchodziłem w najróżniejsze stany świadomości i – ku mojemu zdziwieniu – odkryłem, że było ich wiele, i co więcej – różniły się od siebie.

Intuicja podpowiadała mi, że kluczem do zrozumienia braku stanów szczytowych u ludzi była trauma. Aby lepiej poznać to zagadnienie, opracowałem terapię Uzdrawiania Całym Sercem (WHH) i stosowałem ją, by zrozumieć i wyeliminować traumę z mojego życia. Zrozumiałem, że ponieważ nie byłem w stanie rozwiązać problemu w akcie jednorazowego przebłysku geniuszu, muszę wyeliminować z mojej świadomości całość traumatycznego materiału i wtedy – być może – odpowiedź przyjdzie sama. I tak właśnie było – moje intuicyjne założenie sprawdziło się (co opiszę w rozdziale 4).

2.2. NATURALNE STANY SZCZYTOWE

Przyjrzyjmy się teraz, jak możemy odpowiedzieć na pytanie: „Dlaczego niektórzy ludzie cechują się wyjątkowym zdrowiem psychicznym?". Przypomnijcie sobie jakiś niezwykły, pozytywny stan, którego doświadczyliście w życiu. Czyż nie byłoby wspaniale, gdyby można było przeżyć życie, doświadczając takiego stanu na co dzień, a nie tylko przez ów krótki czas? Co by było, gdyby wiele z tych osób, cechujących się wyjątkowym zdrowiem psychicznym (lub niezniszczalnych dzieci, o których czytaliście wcześniej) znajdowali się w ciągłym stanie szczytowym? Z pewnością dzięki temu byliby bardzo odporni i szczęśliwsi niż większość z nas (choć tego rodzaju wyjaśnienie trzeba by zweryfikować). Zamiast wyjaśniać zjawisko „odporności" owych niezniszczalnych dzieci jako rodzaj zaburzeń dysocjacyjnych, proponujemy tezę, że dzieci te są mentalnie zdrowsze od przeciętnych ludzi. Okazuje się, że niewielki odsetek ogólnej populacji – nie tylko osoby poddane ekstremalnym sytuacjom stresowym w dzieciństwie – żyje niemal w ciągłym doświadczeniu szczytowym, określanym przez nas mianem „stanu szczytowego". Istnienie owych szczytowych stanów świadomości to jedno z naszych najważniejszych odkryć. Drugim elementem jest odkrycie, że istnieje duża liczba całkowicie różnych stanów szczytowych, i że każdy z nich charakteryzuje się cechami *identycznymi w przypadku każdej osoby*. Owe niezniszczalne dzieci, prawdopodobnie, znajdowały się w długotrwałym (choć pewnie nie przez cały czas) szczytowym stanie świadomości, czyli w stanie, w którym trauma nie miała na nie takiego wpływu, jaki wywiera na „przeciętnych" ludzi.

W naszej kulturze panuje przekonanie o sekwencyjnym przechodzeniu przez stany szczytowe, w pewnej kolejności, tak aby na koniec osiągnąć stan wyjątkowego zdrowia psychicznego. I tak miałoby się porzucać poprzednie stany lub budować na nich następne – podobnie jak zdobywa się kolejne poziomy podczas kursu matematyki dla zaawansowanych. Takie hierarchiczne ujęcie stanów szczytowych jest jednak błędne (za wyjątkiem stanów trójni mózgu opisanych w rozdziale 5). W rzeczywistości istnieją różne niepowiązane ze sobą stany wyjątkowego zdrowia psychicznego, które człowiek może osiągnąć. A to dlatego, że istnieje wiele niepowiązanych ze sobą szczytowych stanów świadomości, które znacząco się od siebie różnią. Stany te można uzyskać także w różnych kombinacjach – podobnie jak w grze w kulki – można ograniczyć się do jednego albo stworzyć całą kolekcję.

Istnienie naturalnych stanów szczytowych często umyka naszej uwadze. Niektórzy ludzie (niewielki odsetek populacji) posiedli dar wchodzenia w różne stany szczytowe, nie zrobiwszy nic w tym kierunku – szczególnie od momentu narodzin! Są to ludzie, którzy wydają nam się szczęśliwi, zdrowi, lepiej funkcjonujący w świecie – ich życie jest po prostu lepsze, są milsi niż większość ludzi... Jestem przekonany, że każdy z was może podać kilka przykładów takich osób ze swojego otoczenia. Ponieważ ludzie ci przebywali w tych stanach od wczesnego dzieciństwa, wyraźnie widać, że wszelkie modele i przekonania związane z „rozwojem wewnętrznym" nie mają tu żadnego zastosowania – ci ludzie posiadali owe stany, zanim jeszcze zaczęli mówić! Nie może to być również kwestia genetyki, czego dowodzi utrata „niezniszczalności" przez niektóre osoby dorosłe (źródła występowania stanów szczytowych omawiamy w rozdziale 4).

Co ciekawe, zazwyczaj wcale nie zauważamy, że osoby te funkcjonują w stanach szczytowych – one same zresztą też nie. Ponieważ nasza kultura nie potrafi rozpoznać tego zjawiska, przypisujemy je pozytywnemu otoczeniu we wczesnym dzieciństwie, dobrym genom, przebyciu niewielu traum życiowych dobrej osobowości itp. – zgodnie z modelem dobrego środowiska wzrostu. Funkcjonowanie w stanach szczytowych niektórzy czasem pojmują jako „odrzucenie" przez takie osoby prawdziwego życia – inaczej mówiąc uważają, że ludzie doświadczający na co dzień stanów szczytowych nie żyją naprawdę.

PRZYKŁAD

Pewna kobieta po pięćdziesiątce mieszkała z mężem i siostrą. Jej mąż był zadowolony z życia a siostra była osobą akceptującą i łatwą w pożyciu. Kobieta, którą stale nawiedzały bolesne uczucia i wspomnienia, była przekonana – na podstawie własnego doświadczenia – że tych dwoje wypierało się własnego życia. Próbowała im pomóc „nawiązać kontakt z własnymi uczuciami", by stali się bardziej podobni do niej. Po osiągnięciu Stanu Wewnętrznego Spokoju nagle zdała sobie sprawę, że mąż i siostra nie funkcjonowali wcale w stanie zaprzeczenia, ale żyli w inny sposób niż ona, wspanialszy.

Jak widzimy, jeden z konfliktów paradygmatu instytutu ISPS z dominującymi założeniami kulturowymi wynika z rozpoznania przez nas faktu, że niektórzy ludzie funkcjonują w stanach szczytowych obejmujących część lub całość ich codziennego życia. Co zadziwiające, zarówno psychologia humanistyczna, jak i transpersonalna, całkowicie przeoczyły istnienie tego zjawiska! (psychologia tradycyjna w ogóle zaprzecza istnieniu – lub możliwości występowania – doświadczeń szczytowych). Nie wiem, dlaczego tak się dzieje, i dlaczego *w ogóle* nie prowadzi się prac nad sposobami identyfikacji osób żyjących w ciągłych stanach szczytowych.

Oczywiście w literaturze psychologicznej opisano przypadki osób, które robiły niezwykłe rzeczy (na przykład Jack Schwartz potrafił przebić ramię drutem do robótek nie czując żadnego urazu), ale badacze milcząco zakładali (przeprowadzając jedynie test fal mózgowych), że takie osoby są zjawiskiem absolutnie wyjątkowym, albo są tacy jak inni, tyle że posiadają jakąś wyjątkową zdolność – na przykład słuch absolutny – która ujawnia się tylko od czasu do czasu. Nikt nie brał pod uwagę możliwości, że osoby te mogły być w jakimś permanentnym stanie szczytowym.

Gdy zdamy sobie sprawę z istnienia stanów szczytowych i z faktu, że ludzie czasami w nie wchodzą i z nich wychodzą, możemy łatwo zidentyfikować osoby, które w nich przebywają przez większość czasu lub przez cały czas. Ludzie ci często nie wiedzą, że funkcjonują w stanie szczytowym, po prostu uważając, że tak wygląda ich życie, choć są świadomi faktu, że życie innych ludzi jest nieco bardziej skomplikowane.

W rozdziale 12 zamieściliśmy kilka osobistych relacji dotyczących szczytowych stanów świadomości. W Dodatku A przedstawiamy listę stanów szczytowych, które dotychczas udało nam się zdefiniować, oraz nasze oszacowania częstotliwości ich występowania. Dwa najbardziej oczywiste i najważniejsze z naturalnie występujących stanów szczytowych to Stan Wewnętrznego Spokoju oraz Stan Podskórnego Szczęścia. Stan Wewnętrznego Spokoju charakteryzuje kilka rzeczy, ale najważniejszą z nich jest fakt, że ludzie, którzy ten stan posiadają, mogą spoglądać na swoją przeszłość bez nadmiernego emocjonalnego pobudzenia. Doświadczają teraźniejszości z głębokim poczuciem spokoju, harmonii i lekkości, które utrzymuje się nawet podczas przeżywania emocji. Taki stan znacząco poprawia jakość życia, niezależnie od obecnych lub przeszłych okoliczności. Natomiast Stan Podskórnego Szczęścia umożliwia osobie w nim przebywającej stałe odczuwanie szczęścia, a u kobiet dodatkowo towarzyszy temu silne uczucie miłości.

SPRZECZNE PRZEKONANIA
- Ludzie, którzy zazwyczaj są szczęśliwi lub wyjątkowi, zaprzeczają istnieniu problemów w ich życiu. Według terminologii psychologicznej, występuje u nich dysocjacja od prawdziwego życia.

2.3. ŚCIEŻKA PIĘKNA – PRZYKŁAD TRWAŁEGO STANU SZCZYTOWEGO

Bruce posiada Stan Ścieżki Piękna (złożony stan obejmujący Stan Wewnętrznego Spokoju) odkąd pamięta. Stan ten daje mu poczucie spokoju bez odczuwania żadnych emocji w stosunku do przeszłych traum oraz poczucie, że jest żywą istotą, podobnie jak otaczający go świat. Bruce posiada także pewne elementy Stanu Podskórnego Szczęścia, choć jego zdaniem elementy Ścieżki Piękna przeważają. Pracowaliśmy razem przez kilka lat i z mojej perspektywy była to nie tylko wielka przyjemność, ale i ulga – Bruce był spokojny i wesoły, bez względu na to, co dookoła niego się działo – w przeciwieństwie do innych kolegów pracujących w sytuacji dużego stresu. Aby lepiej rozpoznać jego stan, zadaliśmy mu kilka pytań.

Jak opisałbyś ten stan?
Trudno powiedzieć... to jak niewzruszona pogoda ducha, która nie zależy ani od czynników zewnętrznych, ani od wewnętrznych.

Dlaczego ludzie mieliby chcieć żyć w takim stanie?
Stan ten pozwala mi odczuwać współczucie dla prawdziwych ludzkich wyzwań, ale jednocześnie nie są one dla mnie większą przeszkodą. Przez

większość czasu potrafię czuć zatroskanie, staram się robić, co w mojej mocy, by naprawić sytuację (czyli reagować na nią całym sercem) i następnie zająć się sytuacją bieżącą.

Gdy osiągnąłeś ten stan, czy był on zawsze elementem twojego doświadczenia?
Mam wrażenie, że stan ów ewoluował przez całe życie i nadal się zmienia, przede wszystkim cały czas ulegając pogłębieniu.

Jak można określić różnice między tobą a osobą bez tego stanu?
W zasadzie nie ma większych różnic – ja po prostu niezależnie od okoliczności odczuwam większy spokój.

Jakie problemy mogą wyniknąć z posiadania tego stanu?
Czasami innym może się wydawać, że nie mam uczuć, a ja w rzeczywistości mogę swobodnie odczuwać wszystko głębiej. Po prostu nauczyłem się, by nie przywiązywać się do tych uczuć i pozwalać im spontanicznie przeze mnie przepływać, a ów spokój ducha stale jest gdzieś w tle.

Czy poleciłbyś ów stan innym, i w jakim stopniu?
Zdecydowanie, w stu procentach.

Czy dzięki temu stanowi czujesz się kimś szczególnym, wyjątkowym, odosobnionym?
Nieszczególnie, choć czasami widzę, jak inni ludzie pozwalają, aby wydarzenia nimi manipulowały (nie odczuwając tak naprawdę tego, co się dzieje). Czuję się nieco odosobniony, ale nie w jakimś rzeczywistym sensie, ponieważ doświadczam współodczuwania, także dla samego siebie.

Czy twój stan miał jakiś wpływ na twoje zdrowie, np. na proces starzenia, na to, jak często chorujesz?
Choruję rzadko, zaś jakikolwiek dyskomfort odbieram jako uruchomienie mechanizmu informacji zwrotnej od Stwórcy – jako boskie błogosławieństwo, nad którym należy natychmiast się zastanowić. Zazwyczaj zwlekałem z reakcją, ale teraz, gdy czuję chwilowe „ukłucie", zwracam na nie uwagę i odpowiednio zmieniam kierunek.

2.4. DOŚWIADCZENIA, STANY I ZDOLNOŚCI SZCZYTOWE

Zanim przejdziemy do dalszych rozważań, chciałbym wyjaśnić kilka kwestii odnośnie słownictwa, aby uniknąć pomyłek. W niniejszym tekście rozróżniamy doświadczenia szczytowe od stanów szczytowych i od zdolności szczytowych.

DOŚWIADCZENIE SZCZYTOWE to krótkie doświadczenie o wyjątkowo pozytywnym lub podnoszącym na duchu charakterze, poza zakresem przeciętnych doświadczeń, jak to opisaliśmy w poprzednim rozdziale.

ZDOLNOŚĆ SZCZYTOWA to zdolność o charakterze fizycznym lub „duchowym", która także wykracza poza zakres przeciętnego doświadczenia.

STAN SZCZYTOWY to *długotrwałe* doświadczenie szczytowe, istniejące w codziennym życiu, stąd zastosowanie słowa „stan", sugerującego stabilność i ciągłość doświadczenia.

Gdy mowa o stanach szczytowych, czasami używamy przymiotnika „stabilny" lub „niestabilny".

STABILNY STAN SZCZYTOWY to stan, który dana osoba utrzymuje bez żadnego wysiłku lub stosowania określonej techniki. Jeśli osoba ów stan traci, zazwyczaj w wyniku stresu, utrata ma jedynie charakter tymczasowy i stan automatycznie powraca bez stosowania dodatkowych technik – wystarczy usunąć czynnik powodujący stres.

NIESTABILNY STAN SZCZYTOWY to stan, którego utrzymanie wymaga zastosowania pewnej techniki lub wystąpienia określonych okoliczności zewnętrznych. Jeśli ów stan zostanie utracony, jego odzyskanie wymaga interwencji, która może polegać na spędzeniu czasu na łonie natury, na skoncentrowaniu się na miłości lub rzeczach boskich, itp. Termin ten odnosi się także do stanu szczytowego, którego dana osoba po utracie nie odzyskała, co sugeruje, że osoba ta nie znała sposobu możliwej interwencji.

Choć wszystkie krótkotrwałe stany szczytowe można uznać za doświadczenia szczytowe, jednak nie wszystkie doświadczenia szczytowe będą stanami szczytowymi. Istnieje bowiem bardzo wiele doświadczeń szczytowych, które nie zmieniają niczego w naszym wewnętrznym „ja" – raczej są jego działaniami lub doświadczeniami. Na przykład możemy przeżyć pewne doświadczenie przebywania poza ciałem, w którym zostajemy zabrani do niefizycznego, niesamowicie pięknego „miejsca". Po czymś takim najprawdopodobniej każdy z nas by powiedział, że przeżył niesamowite doświadczenie szczytowe. Nie będzie to jednak stan szczytowy, gdyż nie wiąże się on z długotrwałą zmianą w świadomości w rzeczywistym świecie. Doświadczenie polegało na chwilowym przeniesieniu się w inne miejsce, a nie na czymś, co stało się trwałym elementem życia. Nawet gdyby takie doświadczenie nabrało stałego charakteru, taka osoba i jej rodzina nazwałyby je raczej katastrofą, a nie stanem szczytowym!

Gdzie w tym wszystkim jest miejsce zdolności szczytowych? Zauważmy, że w powyższym przykładzie, taka osoba potrzebowała zapewne stanu szczytowego (nawet jeśli miałby to być tylko stan tymczasowy), by posiąść ową szczególną umiejętność wyjścia poza swoje ciało. Określone zdolności szczytowe pojawiają się wraz z wystąpieniem określonych stanów szczytowych. Podejrzewamy jednak, że w pewnych przypadkach można posiąść zdolność szczytową bez towarzyszącego jej stanu szczytowego. Okazuje się, że w dość prosty sposób można wyjaśnić współwystępowanie doświadczeń transpersonalnych oraz duchowych doświadczeń, stanów i zdolności, ale temat ten omówimy szczegółowo w rozdziale 4.

2.5. ZDROWIE PSYCHICZNE A STANY SZCZYTOWE

Jak już wcześniej wspomniałem, często pojawia się nieporozumienie dotyczące kwestii zdrowia psychicznego, co ma związek z założeniami dotyczącymi zdrowia psychicznego, dominującymi w naszej kulturze. Większość ludzi zakłada, że zdrowie psychiczne oznacza brak wyraźnej choroby psychicznej i że ludzie „zwyczajni" lub „przeciętni" to osoby zdrowe psychicznie. Z naszego modelu wynika, że właśnie ową zwyczajną lub przeciętną świadomość można by uznać za przykład braku zdrowia psychicznego. Omówimy tę kwestię szczegółowo w rozdziałach 4 i 5, na razie ograniczymy się do stwierdzenia, że stany szczytowe nie są jakąś dodatkową jakością w stosunku do zwyczajnej świadomości – *stany szczytowe to nasze przyrodzone prawo*. Jako gatunek zostaliśmy zaprojektowani tak, by owe stany były naszym zwyczajnym sposobem istnienia w świecie. Niestety, ponieważ ludzie posiadający stany szczytowe stanowią mniejszość, przekonania naszego społeczeństwa na temat zdrowia psychicznego zostały ukształtowane przez zakłócony obraz rzeczywistości. To trochę tak, jakby pacjenci szpitala psychiatrycznego, obserwując siebie nawzajem, określili, czym jest zdrowie psychiczne i pracowników szpitala uznali za osoby o wyjątkowym zdrowiu psychicznym – może to nieco przesadne porównanie, ale potrzebne dla jasności wywodu.

W niniejszej pracy używamy słów „przeciętny" i „zwyczajny" dla określenia osób pozbawionych stanów szczytowych. Słowo „normalny" stosujemy w odniesieniu do osoby posiadającej kilka lub wszystkie możliwe stany szczytowe – gdyż naszym zdaniem taką sytuację należy uznać za zdrowie psychiczne. Używamy tych pojęć w taki sam sposób, w jaki używa ich okulista – wzrok 20/20 jest uważany za normalny (tzn. gdy oczy działają poprawnie), jednak przeciętna osoba potrzebuje szkieł korygujących.

PRZYKŁAD

Pewna kobieta przez lata pracowała nad uzdrowieniem samej siebie. Gdy zaproponowałem jej możliwość wejścia w stan szczytowy, w którym bolesna przeszłość mogłaby zniknąć, odmówiła. Uważała, że byłoby to oszustwo względem jej wewnętrznej pracy nad sobą, i że osoba zdrowa ich nie potrzebuje.

PRZYKŁAD

W trakcie konferencji pewna głęboko religijna kobieta tak zareagowała na paradygmat o stanach szczytowych: „Ludzie przyszli na ziemię, by cierpieć – to ma ich czegoś nauczyć. Nawet jeśli możemy wprowadzić ich w stan spokoju, braku cierpienia i wysiłku, byłoby to rzeczą złą". Powiedziałem jej, że choć na początku mojej pracy podzielałem jej obawy, nie znalazłem nigdzie dowodów na poparcie tej idei. Jednak – ku mojemu zaskoczeniu – odkryłem, że zamiast czegoś się nauczyć, jesteśmy tu po to, by osiągnąć pewien cel. W niektórych przypadkach, z którymi się zetknąłem, stan szczytowy był konieczny, by mieć choćby nadzieję na realizację tego celu. I choć nie wiem, czy coś wynikło z naszej rozmowy, mam nadzieję, że dałem tej kobiecie nadzieję na lepsze życie.

SPRZECZNE PRZEKONANIA
- Stanem zdrowia psychicznego jest przeciętna świadomość.
- Stan szczytowy oznacza unikanie rozwoju duchowego.

2.6. ZASTOSOWANIE TEORII STANÓW SZCZYTOWYCH

Niektórzy badacze – zamiast bezpośrednio doświadczać i próbować osiągać stany szczytowe – obserwowali ludzi będących w tych stanach i starali się opisać, jak ci ludzie uczyli innych, przeciętnych ludzi zachowań mogących poprawić ich życie. Najlepszym znanym mi przykładem jest proces skutecznego rozwiązywania konfliktów interpersonalnych Marshalla Rosenberga, opisany w książce *Porozumienie bez przemocy: o języku serca*. Rosenberg odnalazł ludzi będących w tych niezwykłych stanach, obserwował ich naturalne interakcje z ludźmi, i z tych obserwacji wyprowadził pewne reguły kierujące normalnym zachowaniem związanym z tym stanem.

Innym rozwiązaniem jest stosowanie stanów świadomości bez uświadomienia sobie ich istnienia. Gay i Kathlyn Hendricks opracowali terapię skoncentrowaną na ciele, która wykorzystuje Stan Podskórnego Szczęścia, by ułatwić zmiany u swoich klientów. Stosują oni w terapii różne techniki, które zostały opisane w książce *At the Speed of Life*. Wprowadzają klientów w odpowiedni stan ucząc ich, jak kochać samych siebie. Znakomicie opisują, jak to robić (i w rezultacie wprowadzając klientów w pożądane stany) w książce *Learning to Love Yourself* i w uzupełniającym ją tomie *The Learning to Love Yourself Workbook*.

Innym zastosowaniem stanów szczytowych jest wykorzystywanie terapii Uzdrawiania Całym Sercem do uzdrawiania traum. Terapię tę mogą stosować osoby o przeciętnej świadomości, wykonując pewne kolejne kroki. Kroki te symulują znacznie szybszy i prostszy proces uzdrawiania, wykorzystujący stan szczytowy nazywany Stanem Pustej Wewnętrznej Przestrzeni. Terapię tę opisano w książce Granta McFetridge'a i Mary Pellicer pt. *The Basic Whole-Hearted Healing Manual* oraz na stronie internetowej ISPS: www.peakstates.com.

2.7. KONFLIKTY Z NOWYM PARADYGMATEM

W Instytucie Badań nad Stanami Szczytowymi mamy szczególne podejście do naszej pracy, które zalecałbym także innym. Jesteśmy grupą zdecydowanych sceptyków, jednak gotowych przyjrzeć się każdej rzeczy, która mogłaby przybliżyć nas do rozwiązania problemu – zrozumienia i osiągania stanów szczytowych. Podstawowe pytanie brzmi: „Czy to działa?" – cała reszta to już tylko szlifowanie. To nasze jedyne kryterium. Nikt z nas nie czuje się komfortowo w obliczu niektórych uzyskiwanych przez nas rezultatów – w końcu także podzielamy zachodni paradygmat – ale czy tego chcemy, czy nie, wyniki te pojawiają się. A zatem – bądźcie sceptyczni. Ale porzućcie uprzednie przekonania i wypróbujcie nowe idee. Jeśli się sprawdzą, coś w nich musi być.

Oto sedno zmiany paradygmatu. Paradygmat pokazuje nam, jak żyć i rozwiązywać problemy, mówi nam także, co należy ignorować jako nieistotne lub fałszywe. To się sprawdza, dopóki rzeczywiście służy rozwiązywaniu problemów. Nowy paradygmat pojawia się w momencie, gdy stary nie potrafi rozwiązać istotnego problemu lub nie pozwala z powodzeniem zareagować na zmieniające się warunki otoczenia. Stało się to udziałem szwajcarskich producentów zegarków, którzy wynaleźli zegarek na baterię, tyle że zupełnie nie pasowało to do ich paradygmatu zegarka jako urządzenia mechanicznego. I dziesięć lat później cała branża w Szwajcarii została praktycznie wyeliminowana przez japońskich i amerykańskich producentów półprzewodników, którzy tego paradygmatu nie podzielali.

Trudno jednak stwierdzić, że funkcjonuje się w jakimś paradygmacie, ponieważ wydaje się nam on prawdziwy i oczywisty. Opiszę to obrazowo. Wyobraźcie sobie, że pojechaliście do południowoamerykańskiej dżungli na wieść o pewnym szamanie, który potrafi leczyć nieuleczalne choroby. Jedziecie tam i faktycznie widzicie, że ludzie zdrowieją – zjawisko, które w waszym przekonaniu było niemożliwe. Oto pierwszy konflikt z paradygmatem. Gdy pierwszy szok minie, zaczynacie obserwować działania szamana. Wybieracie pewne elementy, takie jak śmierdzące wywary, gdyż zgodnie z waszym paradygmatem lekarstwa leczą. Odkrywacie, jak się je robi, i wypróbowujecie.

Jeśli działają – znakomicie, to pasuje do waszego paradygmatu i idziecie dalej swoją drogą. Jeśli nie, popadacie w kolejny konflikt. Przyglądacie się dalej pracy szamana i zauważacie, że dużo śpiewa. W desperacji wypróbowujecie i ten element, który łamie wasz paradygmat, i stwierdzacie, o dziwo, że działa. Gdy już to „przetrawicie", w końcu odkrywacie całkowicie nieznane zjawisko, które określacie mianem „hipnozy", i teraz rozumiecie, że wywar miał za zadanie wprowadzić pacjenta w stan relaksacji. Wymyśliłem ten przykład, ale w XIX wieku hipnoza była zjawiskiem zupełnie wychodzącym poza uznawany wówczas paradygmat i jestem pewien, że dla ludzi tamtej epoki była takim samym wstrząsem, jakimi teraz dla nas są sprzeczności z obecnym paradygmatem. Zauważcie, że nie było konieczne, by badacz porzucił cały swój paradygmat, a jedynie te jego elementy, które były przeszkodą w zrozumieniu tego, co naprawdę dookoła niego się działo. Szwajcarzy, którzy stracili miejsca pracy, nie porzucili wcale elementów paradygmatu, które mówiły im, jak jeść, chodzić do pracy i płacić rachunki – musieli zrezygnować z tych aspektów, które określały najlepszy sposób produkcji zegarków.

2.8. PARADYGMAT INSTYTUTU BADAŃ NAD STANAMI SZCZYTOWYMI (ISPS)

Jak dotąd zidentyfikowaliśmy wiele sprzecznych przekonań dotyczących szczytowych doświadczeń i stanów świadomości. Jaki jest jednak *nasz* paradygmat? Oto w skrócie jego elementy.

- Ludzie mogą osiągać doświadczenia szczytowe w sposób ciągły.
- Niektórzy ludzie mogą osiągnąć stan szczytowy, niczego nie uzdrawiając.
- Nie trzeba pracować nad osiągnięciem stanów szczytowych, tak jak pracuje się nad uzyskaniem stopnia naukowego czy nad zdobyciem nagrody za cnotliwe życie – stany szczytowe to naturalne stany człowieka.
- Nawet jeśli dana osoba jest w stanie szczytowym, musi nauczyć się skutecznego wykorzystywania jego dobrych stron.
- Żaden stan szczytowy nie czyni z człowieka osoby doskonałej. Inni nie muszą wcale zauważyć, że jest ona w stanie szczytowym. Taka osoba nadal w pewnych obszarach będzie działała dysfunkcjonalnie, do momentu osiągnięcia stanu braku jakichkolwiek traum.
- Wszystkie dane z zakresu biologii, psychologii i doświadczeń duchowych/szamańskich muszą idealnie do siebie pasować. Wszystko powinno dać się wyjaśnić za pomocą jednego podstawowego modelu.
- Metoda naukowa idealnie nadaje się do rozwiązania tego problemu, który wymaga stawiania hipotez, eksperymentowania, tworzenia modeli, weryfikacji, prognozowania i CIĄGŁEGO sprawdzania jego zgodności z rzeczywistością.

- Praktycznie wszystko, co mówią ludzie w tej kwestii, jest błędne.
- Powodem, dla którego ludzie nie doświadczają stanów szczytowych, są konkretne rodzaje traum (źródła stanów szczytowych wyjaśnimy szczegółowo w rozdziale 4).
- Każdy może posiadać trwałe stany szczytowe, to tylko kwestia eliminacji odpowiedniego rodzaju traumy.
- Nawet prawidłowe uzdrowienie podstawowych problemów nie utrzyma człowieka na stałe w stanach szczytowych. Pozostałe problemy, zaktywowane przez czynniki wewnętrzne lub zewnętrzne, mogą na jakiś czas daną osobę z tych stanów wytrącić.
- Prawdopodobnie każdy człowiek doświadczył większości lub wszystkich stanów szczytowych w łonie matki – tyle że po prostu o nich zapomniał.

2.9. KONFLIKTY Z PARADYGMATEM STANÓW SZCZYTOWYCH

W tej części chciałbym omówić niektóre obawy i wątpliwości odnośnie naszego paradygmatu stanów szczytowych, o których mówili uczestnicy naszych warsztatów i konferencji. Wiele z nich sami kiedyś podzielaliśmy i dopiero z czasem zmieniliśmy nasze przekonania. Mam nadzieję, że takie zestawienie owych kwestii będzie dla was użyteczne.

2.9.1. Sprzeczności z ogólnymi założeniami kultury zachodniej

Z powodu przedmiotu naszej pracy w Instytucie ludzie czasami zakładają, że nie podzielamy codziennych przekonań kulturowych. Nic dalszego od prawdy! Zanim zająłem się psychologią, pisałem doktorat z elektrotechniki na Uniwersytecie Stanforda, zaś kilku moich wspólników to lekarze. Do paradygmatu opisanego w niniejszej książce dochodziliśmy powoli i z wielkimi oporami. By stworzyć modele opisujące rzeczywisty świat i oferujące praktyczne rozwiązania, musieliśmy przyjrzeć się całości posiadanych danych, a nie tylko temu, co nam pasowało. Po 15 latach pracy nad stanami szczytowymi i uzdrawianiem trudno mi przyjąć panujące powszechnie założenia dotyczące zdrowia psychicznego. I ciągle jestem pod wrażeniem osób, które spotykając się z wynikami naszej pracy po raz pierwszy, są w stanie „odsunąć" własne przekonania, by nas wysłuchać.

Jakie wątpliwości pojawiają się u osób poznających nowy paradygmat? Jedną z nich jest sama koncepcja stanów szczytowych – niektórzy ludzie nigdy takiego stanu nie odczuwali i nie mają pojęcia, o czym w ogóle mówimy. Jeśli nie doświadczyli niczego podobnego, trudno im zaakceptować samą ideę. Kolejna sprawa wiąże się z charakterystyką naszej pracy. Na szczęście model wydarzeń rozwojowych dla stanów szczytowych trójni mózgu jest spójny z głównym nurtem przekonań kulturowych Zachodu. Jednak jego szczegóły mogą być problemem dla niektórych osób. Najnowsze przełomowe techniki pracy z traumami, które miały miejsce w łonie matki, oraz traumami plemnika lub jajeczka są dla większości ludzi obce. Fakt, że płód, sperma i jajeczko mają samoświadomość i mogą cierpieć, wychodzi dalece poza to, czego ludzi uczono. Ale ciekawe, że wiele osób, zwłaszcza nie zajmujących się medycyną i psychiatrią, nie ma problemu z przyjęciem tej tezy.

Największe trudności napotykamy, gdy zaczynamy mówić o kwestiach poruszanych dotychczas jedynie w tradycyjnych kontekstach duchowych lub ruchu Nowej Ery, czyli o doświadczeniach związanych z poprzednim życiem, o czakrach, meridianach, o widzeniu Stwórcy w sytuacji doświadczenia bliskiego śmierci, o Gai. Jedynym sposobem przełamania oporu jest podanie ludziom przykładów osobistych doświadczeń. Odczuwaliśmy pokusę, by usunąć owe zagadnienia z tej książki, która przeznaczona jest dla szerszej publiczności. Jednak prostota oraz pewnego rodzaju elegancja naszego modelu, a także sposób, w jaki obejmuje on wszelkie znane nam nadzwyczajne zjawiska w ramach jednego prostego systemu, ma ogromne znaczenie dla osób zajmujących się tą dziedziną. Zdecydowałem więc, że zawrzemy w tej książce całość materiału, akceptując fakt, iż z tego powodu niektórzy tej książki nie przeczytają.

2.9.2. Ocena wiarygodności nowego paradygmatu

Jak można ocenić naszą wiarygodność? Ja, gdy słyszę o czymś od wielu ludzi, których znam i którzy są gotowi za to ręczyć, jestem skłonny poświęcić tej sprawie nieco uwagi. Niestety, w naszym przypadku jest to niemożliwe, gdyż nasza praca jest zbyt nowatorska i zbyt przełomowa – zna ją zaledwie kilku specjalistów z tej dziedziny.

Innym sposobem zyskania wiarygodności jest ustalenie wysokich cen. Zdecydowaliśmy jednak, że udostępnimy wyniki naszych prac albo za darmo w Internecie, albo za niewielką cenę w postaci książki lub warsztatów. Niestety w naszej kulturze istnieje przekonanie, że cena i wartość idą ze sobą w parze, nawet jeśli intelektualnie wiemy, że to nieprawda. Nieświadome założenie brzmi: „To dużo kosztuje, a zatem musi mieć dużą wartość", i odwrotnie: „To rzecz za darmo, więc pewnie jest bezwartościowa".

Ciekawa odmiana tego kulturowego założenia dotyczącego pieniędzy występuje w powiązaniu ze ideami dotyczącymi duchowości. Pewna kobieta podczas konferencji wyraziła swoje przekonanie, że nasze idee dotyczące stanów szczytowych muszą być nieprawdziwe z oczywistego dla niej względu – ponieważ nie zarabiamy na tym dużych pieniędzy, więc nasza praca jest mało ważna. Uważała, że gdybyśmy naprawdę potrafili wprowadzać ludzi

„w natychmiastowe stany duchowe", jak interpretowała naszą pracę, zadziałałoby natychmiast „siedem praw duchowego sukcesu" Deepaka Chopry i wszyscy bylibyśmy bogaci. My nie zauważyliśmy, by ludzie posiadający stany szczytowe byli wyjątkowo zamożni, choć odnoszą sukcesy w życiu – każdy na swój unikalny sposób. Niektóre stany pojawiają się, by pomóc ludziom zrealizować to, czego chcą od życia – czy będą to pieniądze, czy cokolwiek innego (zob. opis techniki mającej często wpływ na tę sferę życia w rozdziale 10). Żywię nadzieję, że zaoferowanie ludziom szybkich i prostych procesów, które faktycznie działają i potrafią wprowadzić ludzi w stany szczytowe, sprawi, że ludzie przemyślą dobrze całą sprawę.

2.9.3. Sprzeczności z konkretnymi ścieżkami duchowymi

Na konferencjach często spotykamy ludzi, którzy porzucili kulturowe założenia głównego nurtu i zaczęli podążać za jedną lub kilkoma tradycjami duchowymi, religijnymi lub szamańskimi. Choć można by oczekiwać, że nasza praca znajdzie u tych osób uznanie, często bywa inaczej.

Mój bliski przyjaciel nie wykazał żadnego zainteresowania szczegółami związanymi z moją pracą – gdyż z jego perspektywy naszemu podejściu brakowało serca i wolał pozostać przy medytacjach *bhakti*. W naszej pracy rzeczywiście przyjmujemy typowo zachodnie podejście naukowe – wykorzystujemy statystykę, narzędzia pomiarowe i procesy poddające się testowaniu. Ponieważ w zasadzie pracujemy jak departament badań i rozwoju, niewielu ludzi posiada temperament i wiedzę pozwalające im na współpracę z nami. Jednak pracujemy również nad prostymi sposobami uzyskania tych samych rezultatów bez konieczności poznawania szczegółów naszej pracy – dobrze ilustruje to proces opisany w rozdziale 9. Podstawą naszej pracy jest miłość i współodczuwanie, ale tu potrzeba czegoś więcej niż samej tylko miłości. Matka Teresa kochała ludzi, którym pomagała, wykorzystywała jednak także praktyczne umiejętności, by pomagać im w fizyczny, namacalny sposób.

Inny człowiek, dla którego żywię ogromny szacunek ze względu na jego wkład w dziedzinie uzdrawiania, był zdania, że nasza praca nie może być prawdziwa, gdyż sama idea stanów szczytowych jest sprzeczna z jego rozumieniem *Kursu Cudów*. Uważał, jak wynikło z naszej rozmowy na ten temat, że jeśli to, co mówimy, jest prawdą, osoba funkcjonująca w takich stanach po prostu zniknęłaby z powierzchni ziemi. Choć nie mógł tego wiedzieć, większości możliwych stanów szczytowych doświadczamy już w łonie matki. To ogromne szczęście, gdyż gdybyśmy mieli badać stany szczytowe tak, jak uczymy się rachunku różniczkowego, ile osób byłoby na to gotowych? A w rzeczywistości musimy po prostu odzyskać to, co utraciliśmy – a to zupełnie odmienny rodzaj procesu.

2.9.4. Konflikty z koncepcjami oświecenia i samoaktualizacji

Kolejny generalny zarzut w stosunku do naszego modelu stanów szczytowych ma związek z koncepcjami oświecenia i samoaktualizacji. Niektórzy mówili, że nie są zainteresowani naszą pracą, gdyż interesowały ich wyłącznie inne cele – nasza praca wydawała się im w tym kontekście bez znaczenia. A więc jakie cele próbują realizować takie osoby? Na początek przyjrzyjmy się pojęciu „oświecenia". W naszej kulturze wyznajemy pewną niejasną koncepcję dotyczącą istnienia tego niezwykle wartościowego celu – czyli oświecenia, jednak niestety nikt ze znanych mi osób nie potrafił podać jasnej, dającej się zweryfikować definicji tego pojęcia. Dziś jest to pojęcie bez żadnego rzeczywistego znaczenia.

Sytuacja robi się jeszcze bardziej zagmatwana, gdy dana osoba stosuje kilka różnych duchowych praktyk. Różne grupy nauczające duchowości nie zgadzają się co do celu, do którego należy dążyć, i nie uznają sensu istnienia pozostałych tradycyjnych ścieżek duchowych. Z naszej perspektywy widzimy wiele całkowicie różnych i istotnych stanów oraz to, iż poszczególne tradycje duchowe koncentrują się na każdym z nich z osobna z pominięciem pozostałych. Na przykład cel Gurdżijewa jest inny niż cel indiańskiego szamana, który z kolei różni się od celu, do którego dąży mnich zen. Jeszcze inny cel stawia sobie taoistyczny uzdrowiciel. I tak jogini koncentrują się na uzyskiwaniu stanów duchowych, ale umierają na różne straszne choroby. Szamani leczą choroby i łączą się ze świadomością planety, ale zupełnie ignorują istnienie stanów, nad którymi pracują jogini. Buddyści koncentrują się na umyśle Buddy, ignorując zupełnie taoistyczne praktyki długowieczności i uzdrawiania. I tak dalej.

Zastanówmy się przez chwilę nad wyjątkowymi czasami, w których żyjemy. Dwudziesty wiek przyniósł ogromne zmiany w ścieżkach duchowych na całym świecie, umożliwiając dokładną analizę różnic między nimi. Nie jesteśmy już ograniczeni do jedynej możliwej do przyjęcia religii na małym obszarze geograficznym.

Z naszych badań wynika, że osoby znajdujące się na ścieżce duchowego rozwoju przechodzą przez wiele różnych szczytowych stanów świadomości. Z naszego punktu widzenia stany te powinny się akumulować. W momencie pisania tej książki nasza koncepcja stanu końcowego to nie jeden stan, ale raczej kombinacja „końcowych" stanów z wielu różnych tradycji. O ile nam wiadomo, nasza koncepcja głosząca, że celem praktyki duchowej jest osiągnięcie wielu różnych stanów, jest wyjątkowa.

Koncepcja oświecenia może zagmatwać dyskusję o paradygmacie stanów szczytowych w jeszcze inny sposób. Wielu ludzi nadal nieświadomie zakłada, że istnieje naprawdę tylko jeden stan szczytowy, choć cały czas podkreślamy, że *istnieje wiele całkowicie odmiennych stanów tego rodzaju*. Ludzie zakładają, że mówimy o różnych poziomach wewnętrznej pogody ducha, niezależnej od tego, co dzieje się w życiu człowieka. Choć istnieją takie stany, jest też całe bogactwo innych stanów szczytowych, które akurat tego uczucia nie przynoszą. Mogę z łatwością podać przykłady ludzi znajdujących się w stanach szczytowych, w których czują się cały czas szczęśliwi, a jednocześnie mogą być wściekli czy smutni. Uświadomienie sobie tej różnicy bardzo ułatwia przyswojenie nowego paradygmatu.

Co zaś tyczy się samoaktualizacji, pojęcie to posiada bardziej obiektywną definicję. Ludzie znajdujący się w różnych stanach szczytowych przejawiają cechy opisywane w literaturze dotyczącej tej koncepcji. Najwidoczniej jednak nasze podejście osiągnięcia samoaktualizacji, coś w rodzaju wejścia tylnymi drzwiami, na początku trudno ludziom pojąć. Stany szczytowe przejawiają te jakości – wejście w określone stany szczytowe pozwala uzyskać pewne cechy związane z samoaktualizacją bez konieczności bezpośredniej pracy nad ich osiągnięciem.

2.9.5. Konflikty z paradygmatem duchowych nauczycieli

Inna grupa ludzi silnie reagująca na naszą pracę to wyznawcy różnych nauczycieli lub guru – nadal żyjących lub zmarłych – którzy aktywnie realizują praktyki duchowe i innego rodzaju procesy samodoskonalenia.

Wielu ludzi poświęciło całe lata na naukę procesu lub poznawanie duchowej ścieżki i nawiązanie osobistej relacji z nauczycielem. Inni nigdy nie nawiązali takiej relacji, ale opierają się na pismach nauczyciela. Ludzie ci czasami mają poczucie, że jeśli to, co mówimy, miałoby być prawdą, ich nauczyciel już dawno by im o tym powiedział. Dla niektórych osób samo wysłuchanie nas odczuwają jako zdradę w stosunku do nauczyciela. A jeśli dojdą do wniosku, że możemy mieć rację, będą mieli poczucie, że zmarnowali lata ciężkiej pracy. Albowiem, gdy już zaufało się nauczycielowi, oczekuje się od niego lub od niej – w jak najlepszym interesie ucznia – posiadania pełnej wiedzy i kompetencji. Szczególnie w przypadku tradycyjnych praktyk duchowych myśl, że całe pokolenia nauczycieli mogły nie wiedzieć wszystkiego wydaje się być świętokradztwem.

Jednak nawet najlepsi nauczyciele duchowi to specjaliści jak wszyscy inni – często trudno im być na bieżąco z wiedzą wykraczającą poza obszar ich specjalizacji. To jak udanie się po poradę do lekarza – jeśli jeden lekarz nie potrafi nam pomóc, idziemy do innego, który może wiedzieć więcej lub który przeszedł inny rodzaj szkolenia. Na przykład dwadzieścia lat temu Stanislav i Christina Grof zwrócili uwagę na problem „kryzysów duchowych". Nadal jednak wielu nauczycieli medytacji jest nieświadomych faktu, że medytacja może wywołać tego rodzaju stan. Na świecie ciągle opracowywane są nowe metody rozwiązywania problemów i uzdrawiania ludzi – metody, o których nigdy wcześniej nie słyszeliśmy. Dokonuje się synteza na skalę światową, która wcześniej nie była możliwa, i – podobnie jak w dziedzinie medycyny – zalew informacji stał się ogromnym problemem.

Wielu ludzi zetknęło się z tego rodzaju konfliktem między nauczycielem a własnym doświadczeniem. Gdy poszukujemy prawdy czy drogi, jakkolwiek to nazwiemy, zaczynamy od tradycyjnych ofert. Ja sam przeżyłem podobny konflikt między tym, co odkryłem, a tym, co mówili moi nauczyciele. Jeśli też macie ten dylemat, mogę tylko zasugerować sposób działania, który sprawdził się w moim przypadku – podejście zdroworozsądkowe. Analizując poglądy nauczyciela lub idee danej drogi duchowej, szukam niespójności z tym, czego nauczyłem się gdzie indziej. Staram się także spojrzeć na sprawę z dystansu – widzę wtedy większy obraz. Czy nauczyciele rzeczywiście są spójni pod względem duchowym, emocjonalnym i fizycznym? Czy ich związki z ludźmi oraz małżeństwa są znakomite? Czy wnoszą jakiś wkład, pracują, bawią się, czerpią radość z życia? Czy chorują? Czy umieją leczyć siebie i innych? I tak dalej.

2.9.6. Utrata nadziei na głęboką przemianę wewnętrzną

W ciągu lat pracy spotkałem wielu zmotywowanych, oddanych sprawie ludzi, którzy brali udział w warsztatach, uczyli się rozmaitych technik, podążali wieloma różnymi ścieżkami duchowymi, a mimo to nadal mieli poczucie, że nic w ich przypadku nie działa. Towarzyszyło im uczucie beznadziei i w momencie zetknięcia się z naszą pracą chcieli – całkiem zresztą rozsądnie – wiedzieć, czym nasza praca różni się od innych. Po pierwsze, chodzi nie tylko o „nasze" techniki – ale raczej o nowe spojrzenie na to, czego ludzie naprawdę szukają. W niniejszej książce omawiamy szereg różnych technik opracowanych przez ludzi stosujących różne metody, starając się osiągnąć podobny cel – życie w stanach szczytowych. Jak powiedzieliśmy, w porównaniu z poprzednią generacją technik, nowe metody mają o wiele dłuższą listę osiągnięć na swoim koncie. Jednak nawet te nowe niesamowite procesy nie zadziałają w każdym przypadku. Ta dziedzina badań jest nadal w powijakach, a sukces nie jest wcale rzeczą pewną. Być może najlepszym sposobem jest wypróbowanie różnych technik osiągania stanów szczytowych, by zwiększyć szanse sukcesu. Pojawiają się organizacje, które zamierzają testować różne procesy pod kątem skuteczności, tak by każdy mógł wybrać metody o największych szansach powodzenia, jednak ruch ten dopiero zaczyna się rozwijać. Mamy nadzieję, że w ciągu kilku lat każdy będzie mógł sprawdzić każdy z tych procesów w swoistych „raportach konsumenckich" dla procesów psychologicznych, jednak obecnie nie ma takiej możliwości.

Pozwólcie, że ujmę tę kwestię w nieco inny sposób – tak jak patrzymy na to w naszym Instytucie. Odmienność naszego podejścia – czyli modelu zdarzeń rozwojowych – polega na tym, że szukamy podstawowej teorii stanów szczytowych – tego, jak je tracimy i jak je odzyskać. Każdy może o tym poczytać, nauczyć się tego i nawet samodzielnie wynaleźć całkowicie nowe techniki pozwalające rozwiązać odkryte przez nas problemy. Nie zaczęliśmy od techniki, która działała, zaczęliśmy od badania problemów, z którymi borykają się ludzie, odkryliśmy podstawowe mechanizmy i następnie opracowaliśmy techniki pozwalające rozwiązać te problemy. Spodziewamy się, że z czasem opracujemy – my albo inni ludzie – szybsze i prostsze techniki. Nasza praca ma jednak charakter analityczny i nadal pozostaje na etapie badań i rozwoju. Niektórych może to zniechęcać, mogą mieć wrażenie, że przypomina to bardziej naukę elektrotechniki niż zwyczajne włączenie światła przełącznikiem dzięki odkryciom z dziedziny elektryczności. Na szczęście, tak samo jak inżynierowie w końcu wynaleźli przełączniki, których stosowanie nie wymaga znajomości rachunku różniczkowego, również my opracowujemy proste procesy, które będzie mógł stosować każdy.

Nasza koncentracja na podstawowych mechanizmach ma jeszcze jedną zaletę. Człowiek to istota złożona, istnieje więc wiele różnych przyczyn, dla których może mieć trudności z uzyskaniem stanów szczytowych. Ponieważ wiemy, co chcemy uzyskać i rozumiemy wiele z podstawowych mechanizmów, możemy usiąść i opracować sposób rozwiązania każdego wyjątkowego problemu z osobna. Albo każdy może to zrobić dla siebie, co – jak sądzę – daje ogromne poczucie mocy.

NAJWAŻNIEJSZE IDEE

Jednym z najważniejszych elementów tej książki jest stwierdzenie, że szczytowe „stany" świadomości istnieją. Dominujący paradygmat, zarówno w kulturze jak i psychologii Zachodu, nie pozwala ludziom uznać szczytowych stanów świadomości jako sposobu wyjaśnienia różnych osobistych i zawodowych doświadczeń. Przekonania ludzi, niezależnie od zebranych danych, stałyby w sprzeczności z tego rodzaju wyjaśnieniem, gdyby im je przedstawić.

Każda z tradycji psychologicznych, duchowych czy religijnych koncentruje się na różnych aspektach lepszego zdrowia psychicznego i ignoruje bądź odrzuca dane zebrane przez pozostałe tradycje. Większość ludzi akceptuje ten stan rzeczy jako normalny. Nie ma publicznie dostępnego unifikującego wyjaśnienia teoretycznego, które obejmowałoby wszystkie znane ludziom zjawiska.

Stan szczytowy to doświadczenia szczytowe o długotrwałym, choć niekoniecznie ciągłym charakterze.

Ludzie mogą trwać we względnie trwałych szczytowych stanach świadomości od chwili narodzin.

Istnieje duża liczba możliwych stanów szczytowych o odmiennych cechach charakterystycznych.

Każdy stan szczytowy ma u każdego identyczne cechy.

Stany szczytowe to stany lepszego zdrowia psychicznego.

SUGEROWANA LEKTURA I STRONY INTERNETOWE

O OBECNYCH ZASTOSOWANIACH SZCZYTOWYCH STANÓW ŚWIADOMOŚCI

▲ Gay i Kathlyn Hendricks, *At the Speed of Life: A New Approach to Personal Change Through Body-centered Therapy*, Bantam, 1993 – doskonałe omówienie technik terapii skoncentrowanej na ciele; zalecana lektura.

▲ Grant McFetridge i Mary Pellicer, *The Basic Whole-Hearted Healing Manual*, wydanie trzecie, Institute for the Study of Peak States Press, 2003 – podręcznik szkoleniowy dla profesjonalistów i laików omawiający opracowany przez Instytut Badań nad Stanami Szczytowymi proces regresji służący do uzdrawiania traum.

▲ Marshall Rosenberg, *Porozumienie bez przemocy: o języku serca*, Warszawa 2003 – najlepszy znany mi proces rozwiązywania konfliktów; dodatkowe informacje i materiały szkoleniowe można znaleźć także na stronie: www.cnvc.org.

Rozdział 3

TECHNIKI OSIĄGANIA SZCZYTOWYCH STANÓW ŚWIADOMOŚCI

3.1. WPROWADZENIE

Jesteśmy obecnie świadkami dokonywania się spokojnej rewolucji – na całym świecie powstają nowe metody osiągania szczytowych stanów świadomości. Wiele osób opracowujących te procesy już przyjęło koncepcję stanów szczytowych jako element osobistego paradygmatu. Opierają się oni na tradycyjnych metodach i przełomowych odkryciach poprzedniej generacji, a także na starszych technikach, zazwyczaj nieznanych większości profesjonalistów i laików. Techniki nowej generacji są szybsze, skuteczniejsze, bardziej stabilne i sprawdzają się w przypadku większego odsetka ogólnej populacji. W przeciwieństwie do starszych technik, wiele obecnie stosowanych procedur nowej generacji pozwala rozwiązać problem w ciągu kilku godzin lub dni, inne zaś wymagają zaledwie krótkich sesji podtrzymujących, przeprowadzanych od czasu do czasu. Kilka najlepszych procesów najnowszej generacji przedstawiają ich twórcy w rozdziałach 8–11.

W niniejszym rozdziale krótko omówimy znane nam starsze i nowsze techniki. Materiał ten będzie miał szczególne znaczenie dla profesjonalistów, gdyż da im obraz najnowszych osiągnięć w tej dziedzinie. Pozwoli także osobom pracującym nad nowymi technikami przyjrzeć się innym metodom i odmiennym zjawiskom oraz – być może – włączyć je do swojej pracy. Spodziewamy się także, że czytelnik, którego dana technika zaintryguje, będzie chciał ją zastosować. Ponieważ dziedzina ta podlega szybkim zmianom, stale powstają nowe metody, stare zaś są ulepszane, dobrze więc – przed wykorzystaniem informacji zawartych w tym rozdziale – sprawdzić, czy twórca procesu nie dokonał w nim zmian.

Spodziewamy się, że w najbliższych latach będziemy mogli nadać procesom nazwy, podać dane o stanach szczytowych, na których osiągnięcie pozwala dana technika, odsetek ogólnej populacji, w przypadku której owa technika się sprawdza, oraz stopień trwałości stanów. Na razie jednak dziedzina ta jest zbyt nowa i podlega zbyt szybkim zmianom. Zmieniają się bowiem nawet najprostsze rzeczy, takie jak nazwy stanów i ich cechy. Nadal pracujemy nad metodami określania stanów, które wywołuje dana technika i mierzenia ich skuteczności. Często także nie rozumiemy mechanizmów działania tych technik.

Poniżej przedstawiamy techniki, zgrupowane ze względu na metody, którymi posługują się owe techniki, aby osiągnąć pożądany efekt. Pozwoli to laikowi przyjąć perspektywę historyczną, a osobom opracowującym nowe techniki uświadomić sobie istnienie innych metod. Co ciekawe, choć w wielu przypadkach metody te można łączyć, dzięki czemu mogą działać szybciej i z większą skutecznością, zazwyczaj tego się nie robi. Stosowane podejścia można ogólnie sklasyfikować następująco: 1) podejście świadomego wyboru (psychologiczne); 2) praktyki medytacyjne (religijne); 3) techniki indukcyjne (szamańskie); 4) metoda umysł/ciało; 5) podejście polegające na uzdrawianiu traum oraz 6) podejście rozwiązywania dualizmów. Można określić także inne podejścia, jednak na użytek niniejszej książki podane kategorie wystarczą.

3.2. KRYTERIA WYBORU TECHNIKI

Podejmując decyzję o wyborze technik osiągania stanów szczytowych do niniejszego rozdziału, bazowaliśmy na doświadczeniach naszych kolegów i studentów oraz na dyskusjach z ludźmi pracującymi ze świadomością. Ponieważ ta dziedzina badań jest nowa, był to jedyny sposób, by ustalić, jakie techniki w ogóle są dostępne! Tam, gdzie było to możliwe, starałem się ustalić, czy technika sprawdziła się w przypadku wielu uczestników, nawet jeśli nie zadziałała u konkretnej osoby. Arbitralnie wykluczyłem techniki, które – jak się zdawało – nie zadziałały i efektów nie dało się zaobserwować u uczestników, chyba że tę technikę opracowano z myślą o rzadkim i trudnym do osiągnięcia stanie. Rzecz jasna, takie podejście sprawiło, że nasza lista faworyzuje nową generację technik, choć zawarłem także starsze, mniej skuteczne metody, jeśli moim zdaniem były one historycznie ważne lub opierały się na wartościowym podejściu. Jeśli ominąłem waszą ulubioną metodę czy też uznałem ją za mniej skuteczną, lub odwrotnie – określiłem jako bardzo skuteczną technikę, której nie znosicie – proszę wziąć poprawkę na ograniczony charakter tych danych.

Techniki opracowane w konkretnym celu osiągania stanów szczytowych są nieliczne i łatwo je wyodrębnić. Istnieje jednak duża liczba technik uzdrawiania i niektóre z nich czasami pozwalają osiągnąć stan szczytowy jako produkt uboczny procesu. Jednak z powodu dominującego obecnie paradygmatu większość twórców terapii uzdrawiania nie uznaje faktu istnienia stanów szczytowych ani tego, że ich uzyskanie jest pożądane, i takie właśnie podejście odzwierciedlają ich techniki. Z tego właśnie względu musiałem pominąć niemal wszystkie procesy terapii uzdrawiania jako nieistotne z punktu widzenia tematu tej książki. Spodziewamy się, że wraz z dojrzewaniem tej dziedziny niektórzy twórcy zmienią nastawienie i uznają istnienie stanów szczytowych.

Wykluczyłem także listy guru lub nauczycieli, w obecności których można niekiedy osiągnąć stan szczytowy, prawdopodobnie podczas praktyki duchowej. Poza rzadkimi przypadkami, działanie takiego stanu jest chwilowe i prowadzi do problemu uzależnienia od swojego guru.

3.3. KLASYFIKACJA STANU JAKO „DUCHOWY" LUB „SZAMAŃSKI"

Stany, które próbuje się osiągnąć różnymi metodami, można zaliczyć do jednej z dwóch grup, które (dla prostoty wywodu) możemy określić mianem stanów „duchowych" (bądź też religijnych) – i są to stany związane z zewnętrzną koncentracją na Bogu, lub stanów „szamańskich" – i są to stany związane z koncentracją na wnętrzu ciała. Stany duchowe mają związek z nieśmiertelnym Ja „duchowym" i wymiarem, z którego ono pochodzi. Na przykład praktyki jogiczne, buddyjskie, sufi i chrześcijańskie koncentrują swą uwagę na tego rodzaju stanach. W przeciwieństwie do nich, stany szamańskie wiążą się z ciałem i rzeczywistym, żywym światem fizycznym. Przykładów tych stanów dostarcza nam taoizm, tradycje Indian amerykańskich, praktyki skierowane na osiągnięcie świadomości Ziemi jako żywej istoty oraz fizyczne metody uzdrawiania, takie jak Chi-Lel Qigong.

Rzecz jasna, każdy praktyk może doświadczyć różnych stanów, jednak owe tradycje zazwyczaj preferują jedną lub drugą grupę jako bardziej istotną lub znaczącą. Ponadto, każda z tradycji zazwyczaj będzie się specjalizowała w podgrupie stanów dostępnych w ramach danej orientacji. Szamani w większym stopniu koncentrowali się na zdrowiu i przetrwaniu plemienia. Praktyki duchowe koncentrowały się bardziej na kwestiach nie związanych bezpośrednio z przetrwaniem – wywodziły się bowiem ze społeczeństw, w których łowiectwo i zbieractwo zostało zastąpione przez rolnictwo i społeczności osiadłe. Tak więc, w każdej z tych grup owe potrzeby są odzwierciedlane w osiąganiu pożądanych stanów.

Która grupa stanów jest ważniejsza? Z perspektywy Instytutu wszystkie są w pewnym stopniu ważne. Różne stany pozwalają nam inaczej odczuwać, przyjąć inny rodzaj percepcji lub robić inne rzeczy. Na szczęście, stany te mogą się „akumulować" – nie musimy wybierać jednego z nich kosztem utraty pozostałych. Zalecałbym jednak zarówno laikom, jak i profesjonalistom, by zaczęli od osiągnięcia stanów fuzji trójni mózgu, które można znaleźć w tradycjach szamańskich (stany te opisujemy w rozdziale 5). Moim zdaniem nawet cząstkowe wersje tych stanów mają największy wpływ na jakość codziennego życia, co może być szczególnie ważne dla osób odwiedzających gabinety psychologów i psychiatrów (stany fuzji trójni mózgu są także podstawą wielu zaawansowanych technik uzdrawiania opisanych w tomie III). Zalecałbym także dodawanie ograniczonych wersji zaawansowanych stanów duchowych i szamańskich opisanych w tomie II, które pozwalają na znaczne wzmocnienie stanów trójni mózgu. Na przykład technika 15-minutowego Cudu Jacquelyn Aldany (opisana w rozdziale 10) jest zrównoważoną kombinacją stanów szczególnie użytecznych w manifestowaniu rzeczy w świecie rzeczywistym. Pełne wersje stanów z tomu II mogą mieć tak duży wpływ na doświadczenie jaźni danej osoby, że generalnie odradzamy zaczynanie praktyki od tych właśnie stanów. Nawet stany trójni mózgu mogą być dużą zmianą dla wielu osób, a przyzwyczajenie się do efektów ich działania może trochę potrwać.

Techniki opisane w tym rozdziale – choć zazwyczaj służą do osiągania stanów albo szamańskich, albo duchowych – często można zaadaptować do obu orientacji ze względu na ich korzenie historyczne. Z tego względu dokonałem kategoryzacji technik pod względem zjawisk wykorzystywanych do osiągania stanów szczytowych, a nie na podstawie typów stanów, które miały wywoływać. Poza tym, realnie podchodząc do sprawy, określenie konkretnych stanów, które może przynieść dana technika, znacznie przekracza nasze ograniczone możliwości. Mam nadzieje, że przedstawiona poniżej klasyfikacja pomoże twórcom nowych technik i osobom je stosującym łączyć różne metody, co umożliwi wzrost skuteczności, wydajności i poszerzy zakres ich stosowania.

3.4. KLASYFIKACJA TECHNIK STANÓW SZCZYTOWYCH ZE WZGLĘDU NA STOSOWANE METODY

Metody (lub podejścia) wykorzystywane w większości technik stanów szczytowych podzieliliśmy na sześć kategorii. Gdy pisaliśmy tę książkę, nie znaliśmy żadnej techniki, która obejmowałaby dwie metody (lub więcej) jednocześnie, choć spodziewamy się, że nastąpi to w przyszłości.

3.4.1. Praktyki świadomego wyboru (podejście psychologiczne)

Metoda świadomego wyboru, czasami zwana podejściem psychologicznym, ma kilka odmian i korzysta z niej kilka technik. W najprostszej postaci są to techniki opracowane przez jednostki, które określiły pewną cechę, jakość lub atrybut pożądanego stanu szczytowego (czy to na podstawie lektury, obserwacji innych ludzi lub własnych chwilowych doświadczeń szczytowych), aby potem podjąć wysiłek zmierzający do doświadczenia tej właśnie cechy – w tym podejściu cechą zazwyczaj jest jakieś uczucie. Osoby te, zamiast posiąść ów stan i doświadczać jego atrybutów, postępują odwrotnie. Celowo wybierają i kładą nacisk na pewną cechę stanu, co z kolei przenosi ich dalej w kierunku stanu kompletnego. Podejście to jest bardzo proste i dla wielu ludzi może być użyteczne.

Z naszej perspektywy wada tego rodzaju techniki polega na tym, że sprawdza się tylko w przypadku ludzi, którzy są już blisko osiągnięcia określonego stanu docelowego i mogą rozpoznać jego cechy z własnego przeszłego doświadczenia. Ponieważ zdolność do odczucia danej cechy stanu zależy od tego, czy był on na tyle intensywny, by dało się go przywołać, większość osób nie będzie mogła osiągnąć bardziej nietypowych stanów za pomocą tej metody – przywołanie uczucia może być trudne nawet w przypadku pomniejszych stanów. Inną wadą tej metody jest nietrwałość stanu – w przypadku wielu ludzi stan musi być utrzymywany poprzez praktykę. W gruncie rzeczy wygląda to jak walka z tendencją do powrotu do przeciętnej świadomości. Ponadto, metoda ta czasami nie zdaje egzaminu w przypadku ludzi „dalekich" od osiągnięcia stanu docelowego – zamiast doświadczać określonej cechy stanu mogą próbować represjonować pojawiające się (zazwyczaj nagle) uczucia przeciwne do owej cechy.

PRZYKŁAD

Pewien znany mi mężczyzna zdecydował, że po prostu wybierze bycie szczęśliwym (czyli stan szczytowy będący wynikiem fuzji mózgu ciała i mózgu serca). Inny mężczyzna, po powrocie do Stanów z wojny w Wietnamie był tak szczęśliwy z tego powodu, że żyje, że wszedł w niemal trwały stan Ścieżki Piękna (fuzji mózgu umysłu i mózgu serca).

PRZYKŁAD

Stosując bardziej konwencjonalne podejście „psychologiczne", Mary Pellicer z naszego Instytutu zdecydowała, że przestanie oceniać innych, i po kilku miesiącach praktyki osiągnęła Stan Wewnętrznego Spokoju.

PRZYKŁAD

Inna kobieta zdecydowała, że przyjrzy się wszystkim powodom, dla których nie funkcjonowała w teraźniejszości. Wprowadziło ją to w stan Ścieżki Piękna. Uświadomienie sobie przyczyn własnego funkcjonowania doprowadziło ową kobietę do osiągnięcia stanu szczytowego, przynajmniej na kilka miesięcy.

W ramach tej kategorii można wyróżnić szereg różnych technik. Przedstawiamy znane nam techniki, choć pewnie istnieją też inne.

Klasyczna orientacja religijna proponuje nam techniki, w których mnich lub osoba świecka otrzymuje polecenia ucieleśnienia cechy pożądanego stanu szczytowego. Dobrymi przykładami mogą być buddyzm tybetański i medytacje o cechach określonych bóstw, albo chrześcijaństwo ze swoimi nakazami modlitwy, medytacji i odczuwania miłości Boga. Podejście to jednak wiąże się z takimi samymi problemami jak opisane niżej praktyki medytacyjne.

Szaman Tom Brown Jr wykorzystuje ciekawą wariację tej techniki, której naucza i którą nazywa „oddychaniem ku sercu" (*breath to heart*). W technice tej szaman celowo przenosi centrum świadomości (więcej na temat centrum świadomości piszemy w tomie II) do splotu słonecznego, co naszym zdaniem wywołuje stan szczytowy trójni mózgu. Technika ta wykorzystuje unikalną cechę stanu, związaną z ulokowaniem centrum świadomości szamana, zamiast bardziej typowej cechy o charakterze emocjonalnym.

Gay i Kathlyn Hendricks nauczają metody wykorzystującej uczucie miłości do samego siebie i wprowadzają klientów w stan, który nazywamy Podskórne Szczęście. Gay znakomicie opisał tę technikę w książkach *Learning to Love Yourself* i *The Learning to Love Yourself Workbook*. Jak wspomnieliśmy w poprzednim rozdziale, wykorzystują ją przede wszystkim jako wsparcie dla technik uzdrawiana w ramach terapii skoncentrowanej na ciele, a nie jako cel sam w sobie. O ile mi wiadomo, ich zdaniem szczęście nie jest osobnym stanem świadomości. Choć efekt jest tylko czasowy, stosowana przez nich metoda jest dość skuteczna. Proponują oni także dobre techniki alternatywne dla osób, które nie są w stanie zastosować podstawowego procesu.

Martin Seligman, inspirujący twórca procesów ze świata akademickiego jest autorem książek *Optymizmu można się nauczyć* i *Prawdziwe szczęście*. Proponuje on metody osiągania optymizmu i szczęścia, choć pisząc te słowa nie wiedziałem, do jakiego stopnia są one skuteczne. Z perspektywy Instytutu jego prace są również cenne, ponieważ zawierają kwestionariusze oceny poziomu optymizmu i szczęścia. O ile mi jednak wiadomo, Seligman nie jest świadom faktu, że jakości te są wynikiem określonych stanów szczytowych, i postrzega je przez obecny pryzmat psychologiczny jako normalną odmianę ludzkich emocji. Jego prace zapoczątkowały nowe podejście psychologiczne zwane w kręgach akademickich „psychologią pozytywną".

Ostatnio Eckhart Tolle wywołał poruszenie swoją książką *Potęga teraźniejszości*. Przedstawia on czytelnikom ideę dostępnego i wyjątkowego stanu świadomości, i pod tym względem robi coś wspaniałego. Jednak według skromnych danych zwrotnych, które uzyskałem, jego techniki najprawdopodobniej nie są szczególnie skuteczne.

Kurs Avatar Harry Palmera to prawdopodobnie najbardziej znany proces z tej kategorii. Jego książka wprowadzająca ma tytuł *Living Deliberately: The Discovery and Development of Avatar*. Kursy są dość drogie (około 2500 dol. za warsztaty na trzech poziomach), zaś ich treść jest tajna. Nie znamy danych odnośnie skuteczności tej metody. Od ludzi, którzy brali udział w kursie, wiemy, że koncentruje się on przede wszystkim na idei, że nasze przekonania tworzą nasze doświadczenie. Procesy, których naucza się na kursach, mogą wywołać stany szczytowe jako produkt uboczny. Według naszych źródeł stany te nie są trwałe, zaś procesy należy praktykować regularnie.

Najlepszą znaną mi metodą jest 15-minutowy Cud – metoda szybka, prosta i przyjemna, która szczególnie dobrze nadaje się do zamanifestowania pozytywnych doświadczeń w życiu. Jacquelyn Aldany – autorka tego podejścia – opisuje je w książce *The 15-Minute Miracle*, i jej nauki zdecydowanie mogę polecić (w rozdziale 10 Aldana szczegółowo omawia ten proces). *Przewodnik po życiu: jak spełnić swoje marzenia?* Lynn Grabhorn zawiera bardzo podobny materiał w nieco odmiennym ujęciu, które niektórym osobom bardziej odpowiada.

3.4.2. Praktyki medytacyjne (religijne)

Kategoria, którą określamy mianem praktyk medytacyjnych, obejmuje m.in. medytacje, modlitwy, dobre uczynki, błogosławieństwa guru, pokrywając się częściowo z innymi praktykami. Techniki te przeważnie wykorzystywane są przez grupy religijne lub duchowe. Jednak ich poważną wadą jest fakt, że względnie niewiele osób potrafi je skutecznie stosować. Nawet w przypadku ludzi, którzy je z powodzeniem wykorzystują, owe techniki wymagają zaangażowania ogromnej ilości czasu i energii. Kolejną niedogodnością jest konieczność ciągłego praktykowania, by utrzymać osiągnięty stan.

Ponieważ większość tych metod pochodzi z tradycji religijnych, istnieje jeszcze jeden poważny problem. Jak już wcześniej wspomniałem, różne grupy koncentrują się na różnych rodzajach stanów, uznając je za najważniejsze, często ignorując lub pomniejszając znaczenie innych stanów jako rozpraszających uwagę. Problem polega na tym, że procesy niekiedy wywołują różne stany, będąc źródłem konfliktu między praktykującym a jego organizacją. Co gorsza, kryteria określające pożądany stan często nie są w ogóle ustalane ani określane. I wreszcie, grupy te popularyzują koncepcję, że tylko ciężko pracujący lub wybrani mogą doświadczyć tych stanów, co u przeciętnej osoby może wywoływać wewnętrzny konflikt dotyczący osiągnięcia stanu – na przykład, większość ludzi czułaby, że dążenie do stanu, który był udziałem Jezusa lub Buddy, to arogancja i egotyzm.

Typowy proces stosujący tę metodę jest zazwyczaj mieszanką zaleceń medytacji i modlitwy. Zasadniczo podejście to wymaga relaksacji i uspokojenia, by móc wprowadzić się w dany stan, co dla większości może być problemem. Nauczyciele duchowi opierają swoje nauki na doświadczeniu własnym i innych nauczycieli – dla nich to było proste, więc czemu miałoby być trudne dla innych? Jak dobrze wiemy, takie podejście nie sprawdza się w przypadku większości ludzi.

Szaman zazwyczaj stosuje proces medytacyjny, by utrzymać zdolność do skutecznego stosowania procesów indukcyjnych, gdy zachodzi taka potrzeba (zob. następną kategorię). Wiąże się to zazwyczaj z pozostaniem w jednym ze stanów fuzji trójni mózgu, opisanych dalej w tej książce. Według mojego doświadczenia, medytacje te wiążą się z działaniami na łonie natury, co jest zrozumiałe zważywszy źródło pochodzenia tych technik. Dla przykładu, kluczowa medytacja Toma Browna to „szerokie widzenie" – praktyka polegająca na stosowaniu widzenia peryferyjnego w połączeniu ze „spacerem lisa" – sposobem poruszania się, który zapobiega zranieniom w trakcie przechodzenia przez las (szczegółowy opis znaleźć można w jego książce *Awakening Spirits*). Co ciekawe, buddyzm zen także kładzie nacisk na nieukierunkowane widzenie podczas medytacji w ruchu.

PRZYKŁAD

> Wes Gietz, szaman z Zachodniego Wybrzeża, tak to skomentował: „Choć łatwiej jest utrzymać owe szamańskie zdolności pozostając w środowisku naturalnym, powrót do miasta niekoniecznie musi powodować ich utratę. Ważniejsza jest – jak się wydaje – ciągła praktyka (pod tym względem techniki te podobne są do tych, które pozwalają osiągnąć lub utrzymać świadomość duchową poprzez praktykę). Jednak z mojego osobistego doświadczenia wynika, że półtorej godziny samotnej bezcelowej przechadzki po lesie wprowadza mnie w stan szczytowy".

Inną odmianą tego podejścia jest wykorzystanie wpływu nauczyciela, by uzyskać stan szczytowy. I znowu, jego osiągnięcie jest kwestią przypadku, zaś – zgodnie z moim doświadczeniem – oddalenie się od nauczyciela na jakiś czas niemal we wszystkich przypadkach powoduje utratę stanu. Wiemy, że istnieje sposób wprowadzania ludzi w te stany na stałe, podejrzewam jednak, że taka wiedza nie jest dostępna nauczycielom duchowym.

Współczesną wersją wykorzystania medytacji do wprowadzenia się w stan szczytowy jest zastosowanie metody biofeedbacku mózgu (biologicznego sprzężenia zwrotnego fal mózgowych). Moim zdaniem, liderem w tej dziedzinie w zakresie stanów i doświadczeń szczytowych jest dr James Hardt, który prowadzi szkolenia za pośrednictwem swojej firmy, Biocybernaut Inc. Po treningu metodę można stosować w dowolnym momencie, nie wywołuje ona zastrzeżeń typowych dla tego rodzaju praktyk – jest szybka, łatwo dostępna i nie wiąże się z żadnymi uprzedzeniami czy stygmatami (więcej szczegółów o metodzie w rozdziale 11).

3.4.3. Techniki indukcyjne (szamańskie)

Ta kategoria technik wykorzystuje procesy, w ramach których praktyk jest niejako „wpychany" w dany stan świadomości, zazwyczaj tylko na jakiś czas. Procesy takie wywołują nie tylko stany szczytowe, ale także inne doświadczenia, które w literaturze i w powszechnym języku opisywane są jako stany „odmienne". Techniki te generalnie nie sprawdzają się w przypadku ogólnego odbiorcy, ale są bardzo użyteczne dla uzdrowicieli i badaczy. Choć istnieją osoby, które stosując tego rodzaju techniki uzyskały trwały stan szczytowy, jest to rzadkość i zazwyczaj zdarza się po długim i trudnym okresie nauki.

Najbardziej znane przykłady tej klasy technik możemy znaleźć w szamanizmie. Metody te obejmują grę na bębnach, narkotyki, środki wizyjne oraz inne techniki skierowane w swoim działaniu na ciało. Pracę z oddechem także możemy zaliczyć do tej grupy, choć należy ona także do grupy technik uzdrawiania ciała/umysłu. Stosując różne praktyki, szamani wprowadzają się w rozmaite stany świadomości. Szaman, i antropolog jednocześnie, Michael Harner nazwał te stany „szamańskimi stanami świadomości". Po treningu stany te można wykorzystywać do osiągnięcia dowolnego celu. Szamanizm jest bardzo praktycznym podejściem, a jego techniki mają rozwiązywać rzeczywiste, życiowe problemy – jak znaleźć zwierzynę lub utracony przedmiot, jak przetrwać, jak uzdrawiać ludzkie ciała i dusze.

Praktyki szamańskie zazwyczaj należą do jednej z dwóch grup – zależnie od celu, jaki mają osiągnąć. Różnią się wtedy stanami docelowymi. Podejście Michaela Harnera wykorzystuje techniki pozwalające osiągnąć stany szczytowe, które można zastosować, by uzyskać pomoc „zwierząt mocy" bądź „duchów". Tom Brown Jr, szaman pochodzenia kaukaskiego przeszkolony przez Apaczów, jest dobrym przykładem innego podejścia. Naucza on metod wprowadzania się w stany, w których można bezpośrednio wykonać pracę w oparciu o rozpoznanie esencji własnej jaźni. Techniki obu podejść często się pokrywają, ale nie w tak dużym stopniu, jak można by tego oczekiwać.

Podejście szamańskie wiąże się z kilkoma problemami. Po pierwsze, techniki te zazwyczaj działają tylko w przypadku niewielkiej grupy osób. Ludzie będący wyjątkowymi szamanami należą do rzadkości. Generalnie rzecz biorąc, najlepsi szamani i tak już osiągnęli potrzebny im stan (lub stan do niego zbliżony) i potrzebowali jedynie szkolenia w zakresie sposobu jego wykorzystania. Tak naprawdę życie w jednym z bardziej zaawansowanych stanów szczytowych, w których można robić różne rzeczy na życzenie, jest rzadko spotykane. Po drugie, techniki te mają tę samą wadę co metody świadomego wyboru i medytacyjne – w przypadku większości ludzi prawie zawsze wymagają ciągłej praktyki. Dla przykładu, opuszczenie lasu na dłuższy czas przez uczniów Toma Browna Jra pogarsza skuteczność technik indukcyjnych i powoduje utratę lub znaczne osłabienie szamańskich zdolności.

Szamańskie gry na bębnach wykorzystywano od tysięcy lat, by wywoływać szczytowe zdolności, doświadczenia i krótkotrwałe stany szczytowe. Michael Harner opublikował znakomitą kolekcję nagrań mających wywoływać

„szamańskie stany świadomości". Ale istnieje też nowoczesna technika (jak przystało na czasy zaawansowanych technologii) – *binaural beat* (efekt binauralny), która pozwala osiągnąć podobne rezultaty, działa szybciej i sprawdza się w przypadku większego odsetka ogólnej populacji. Polega ona na tym, że osobie podaje się przez słuchawki dźwięki, przy czym częstotliwość dźwięków w jednej słuchawce różni się nieco od częstotliwości dźwięków w drugiej. Powstaje wtedy „ton uderzeniowy" wywołujący synchronizację fal mózgowych obu półkul. Najlepszym znanym przykładem tej techniki jest proces Hemi-Sync stosowany w Monroe Institute.

3.4.4. Podejście ciało/umysł

Ta kategoria technik wykorzystuje powiązania między ciałem fizycznym a stanami szczytowymi.

Jedno z podejść ciało/umysł stosuje pewna sekta suficka, która wykorzystuje pozycje ciała i ruchy mające prowadzić do szybkiego rozwoju „duchowego" (tj. stanów szczytowych). Metody tej naucza Adnan Sarhan z Sufi Foundation of America. Wiem, że sprawdza się ona w przypadku wielu ludzi, ale nie umiem powiedzieć, czy utrzymanie tego stanu wymaga ciągłej praktyki, ani jaki odsetek populacji stosuje ją z powodzeniem. Jednak sprawdza się ona w przypadku badanych przeze mnie osób.

Stosowanie praktyk ciało/umysł jako stylu życia stanowi podstawę kilku tradycji. Dan Millman, autor *Drogi miłującego pokój wojownika*, jest dobrym przykładem tego rodzaju myślenia. Kolejnym przykładem mogą być sportowcy, którzy wchodzą „w strefę" podczas intensywnej rywalizacji fizycznej.

Do kategorii tej należą także praktyki tantryczne i taoistyczne, które koncentrują się na ciele.

3.4.5. Podejście oparte na leczeniu traum

Ta grupa technik zakłada, że osiągnięcie stanów szczytowych jest blokowane przez traumy. Istnieją dwa główne modele podejścia do uzdrawiania traum. Starszy model zakłada, że podstawową blokadą w osiągnięciu szczytowych stanów świadomości jest ogólny wpływ wszystkich traum danej osoby. Innymi słowy, całkowity traumatyczny „ładunek" obciąża osobę i utrzymuje ją w zblokowanym lub też sub-funkcjonalnym stanie. Nowszy model zakłada, że tylko konkretne rodzaje traum blokują przebywanie w szczytowych stanach świadomości. Istnieje kilka odmian nowszego modelu, zależnie od tego, jaki rodzaj materiału traumatycznego, który należy uzdrowić, twórca danej techniki uznał za kluczowy. Niektóre techniki wykorzystujące nowszy model mogą pochwalić się radykalnymi i szybkimi rezultatami.

Wiele z tych metod kiedyś rozczarowywało pod względem uzyskiwanych wyników, a działo się tak na skutek powolnych i niewłaściwych procesów zdrowienia. Jednak w ciągu ostatniego dziesięciolecia nowa generacja „terapii mocy" radykalnie zmieniła tę sytuację – najnowsze techniki wykorzystują ten przełom w zakresie tempa i skuteczności uzdrawiania. Rzecz jasna nie każda technika została zaktualizowana i tym samym nie każda z nich wykorzystuje nowe, przełomowe procesy uzdrawiania.

Starszy, prosty model „ogólnego ładunku" traum ma poważne braki z kilku powodów. Po pierwsze, z czysto praktycznego punktu widzenia – grupy, które stosują ten model, nadal wykorzystują techniki pracochłonne i umiarkowanie skuteczne. Po drugie, uzdrowienie całkowitej liczby traum u typowego człowieka jest niezwykle pracochłonne – a niektóre z nich mogą opierać się wszystkim metodom. Po trzecie, najważniejsze traumy powstają w łonie matki, z którymi większość technik nie radzi sobie zbyt dobrze. Zważywszy wszystkie te czynniki, prosty model może zadziałać u niektórych ludzi, jeśli będą mieli szczęście i przez przypadek uleczy on kluczowy materiał blokujący stan szczytowy, szczególnie jeśli zostaną zastosowane nowoczesne terapie mocy. I rzecz jasna, poczują się oni o wiele lepiej, gdyż liczba bolesnych spraw się zmniejszy. Opierając się jednak na statystycznym prawdopodobieństwie jest oczywiste, że jedynie bardzo zaangażowana i zdeterminowana osoba o dużej ilości wolnego czasu będzie miała jakiekolwiek szanse powodzenia. Prawdopodobnie najbardziej znanym przykładem, gdzie stosuje się ten prosty model, jest kościół scjentologiczny, którego nie polecam z wyżej podanych powodów, a także ze względu na ich nacisk na tajność i przywiązanie do pieniędzy.

Poza prostym modelem znamy też techniki, które działają w przypadku problemów osobistych w bardziej skoncentrowany sposób. Przykładem mogą być uczniowie Gurdżijewa, którzy łączą rozwiązywanie konkretnych problemów z metodami ciało/umysł podobnymi do techniki Sarhana. Metoda ta wydaje mi się szczególnie ciekawa, gdyż ludzie ci opracowali troistą naturę mózgu. Zainteresowanym polecam kilka książek jego uczniów albo film *Meetings with Remarkable Men* o życiu Gurdżijewa. Nie polecam tej metody w jej obecnej postaci. Wymaga ona zaangażowania się w tę pracę na całe życie, gdyż oczekiwany czas wystąpienia stanu szczytowego nie jest określony. O ile mi wiadomo, grupa ta nie unowocześniła swoich metod w oparciu o najnowszą generację technik uzdrawiania.

Inna organizacja, utworzona przez A.H. Almaasa (pseudonim literacki A. Hameeda Aliego), stosuje metodę zwaną przez nich podejściem diamentowym (*Diamond Approach*). Jest to połączenie technik sufickich, Gurdżijewa i starszych technik uzdrawiania, które mają uzdrawiać blokady dla określonych emocji i jakości życia. Podstawowym problemem, na którym się koncentrują, jest istnienie doświadczeniowych „dziur" w ciele. Choć jest to względnie nieznane zjawisko, wszystkie nowe skuteczne techniki uzdrawiania co jakiś czas (przypadkiem) uświadamiają nam ten problem. Ich podejście jest powolne i kosztowne, wymaga działań ze strony przeszkolonych terapeutów przez wiele miesięcy bez żadnej gwarancji sukcesu, toteż nie polecam tej metody. Materiały na ten temat są jednak dostępne i jeśli organizacja ta uwzględni nowe procesy uzdrawiania, może ich metody staną się doskonalsze.

Podejście przyjęte przez nasz Instytut należy również do grupy metod uzdrawiania traum. Kierujemy nasze działania na określone traumy powstałe w łonie matki, które blokują osiąganie stanów szczytowych. Nasz model nazwaliśmy „modelem zdarzeń rozwojowych stanów szczytowych" lub krócej: modelem zdarzeń rozwojowych (szczegółowo omawiamy go w rozdziałach 4–9). Choć zaczynaliśmy od technik uzdrawiania opartych na regresji, które są dość powolne i nie nadają się dla szerokiej grupy odbiorców, z czasem opracowaliśmy prostsze techniki wykorzystujące terapie meridianowe, w których używa się kluczowych zdań uzdrawiających traumy konkretnych zdarzeń rozwojowych w łonie matki. Proces ten zwany Procesem Wewnętrznego Spokoju jest dostępny dla ogólnego odbiorcy (opisujemy go w rozdziale 9) za darmo, trwa zaledwie godzinę i wywołuje trwałe skutki w przypadku około 40% ogólnej populacji (rozszerzoną wersję procesu, wprowadzającą w stany szczytowe trójni mózgu opisaliśmy w tomie II).

3.4.6. Podejście rozwiązywania dualizmu

Ta kategoria technik uzdrawia skutki kontrastu lub polaryzacji, co pozwala osiągnąć stan. Koncepcja ta jest wykorzystywana w praktyce jogi i vedanta. Jednak w ostatnich latach pojawiły się nowe, skuteczne techniki, które wykorzystują tę koncepcję w nowy sposób. Podejście to ma ogromne i wyjątkowe znaczenie i spodziewamy się, że można zrobić o wiele więcej w tej dziedzinie.

Istnieje pewna ciekawa i prosta technika zwana *Ascension Process*, w której wykorzystuje się skupienie przez pewien czas uwagi na serii słów przeciwstawnych, np. „duży" i „mały", co ma zmienić stan świadomości człowieka. Pierwsze stadium procesu może pochwalić się dobrymi wynikami, gorzej jest na kolejnych poziomach. Podobnie jak Avatar, techniki tej można nauczyć się za opłatą. Choć zważywszy sposób jej realizacji, można by tę technikę uznać za medytacyjną, jednak u podłoża tego podejścia leży model zawarty w tej kategorii.

3.5. MATERIAŁY DODATKOWE I INNE METODY

Chciałbym też omówić kilka technik, o którym mało wiem, które nie mają wywoływać stanów szczytowych oraz te, które z jakiegoś powodu nas interesują.

Dość dobrze znana jest metoda zapoczątkowana przez Lestera Levensona, twórcę metody Sedona. Lester koncentrował się na wykorzystaniu miłości w celu uzdrawiania i zmieniania przeszłości. Metodę tę można potraktować jako mieszankę techniki uzdrawiania i techniki stanów szczytowych, choć według mojej (ograniczonej) wiedzy technika ta nie koncentruje się wprost na zastosowaniu stanów szczytowych. Co ciekawe (o ile wiem) technika, której nauczają uczniowie Lestera, nie powiela tego, przez co Lester sam przeszedł, by osiągnąć swój stan szczytowy (na stronie www.sedona.com można znaleźć nagrania, książkę na ten temat oraz warsztaty).

Byron Katie opracowała technikę uzdrawiania, która często wprowadza ludzi tymczasowo w stan bezwarunkowej miłości. Opiera się ona na metodach uzdrawiania neurotycznych projekcji na innych ludzi. Jej książka, *What Is*, opisuje tę metodę. Jednak technika ta nie została opracowana po to, by wprowadzać ludzi w stany szczytowe, a raczej by wykorzystać działanie takiego stanu.

Neil Slade napisał kilka książek, w tym *Frontal Love Supercharge* oraz *Cosmic Conversations*, ma też swoją stronę internetową: www.neilslade.com. Nie mam żadnych osobistych doświadczeń z jego pracą, ale słyszałem, że według jego koncepcji w momencie doświadczania przyjemności, szczególnie podczas słuchania muzyki, dochodzi do fuzji trzech mózgów. Slade oparł swoje prace na koncepcjach T.D. Lingo. Nie dysponuję żadnymi szacunkami skuteczności tych metod.

Laurel Nellin w swej książce *The Pathway: Follow the Road to Health and Happiness* koncentruje się na zmienianiu ludzi w trudnym lub depresyjnym stanie, i jego proces umożliwia osiągnięcie stanu szczytowego jako produktu ubocznego. Pobieżnie wspomina w niej o potrójnej naturze mózgu i efektach ich fuzji, dlatego też o niej wspominam. Nie posiadam jednak żadnych danych na temat jej skuteczności.

Poniżej przedstawiamy listę książek, które w jakiś sposób mają związek z tym, co nazywamy szczytowymi stanami świadomości. Niektóre książki zawierają podstawowe informacje na temat ewolucji technik stanów szczytowych. Gdy pisałem tę książkę, żaden z tych autorów nie dysponował jeszcze żadną znaną techniką lub metodą, choć kilka z nich jest dość intrygująca.

MATERIAŁY DODATKOWE
    Thomas Cleary, *Zen and the Art of Enlightenment*.
    Flora Courtois, *An Experience of Enlightenment*.

POTENCJALNE PROCESY STANÓW SZCZYTOWYCH
    Andrew Cohen, *Embracing Heaven and Earth*.
    Lee Coit, *Being: How to Increase Your Awareness of Oneness*.

Douglas Harding, *On Having No Head*.
David Hawkins, *Power Versus Force*.
Leonard Jackobson, *Words from Silence: An invitation to spiritual awakening*.
Tony Parsons, *As It Is*.
Tarthang Tulku, *Hidden Mind of Freedom*.

3.6. UZDRAWIANIE PSYCHOLOGICZNE A TECHNIKA STANÓW SZCZYTOWYCH

W jakich sytuacjach zdecydować się na technikę uzdrawiania, a w jakich na technikę stanów szczytowych? Czy jedna z nich może zastąpić drugą? Odpowiedź na te pytania jest dość złożona.

Rzecz jasna, jeśli w twoim życiu wszystko układa się pomyślnie, wybór samego procesu stanów szczytowych miałby sens. To jak przeprowadzka z szałasu do lepszego domu. Ale gdy już tam jesteś, mogą zacząć pojawiać się w twoim życiu kolejne sprawy natury fizycznej lub emocjonalnej, i w tym momencie lepiej byłoby zastosować terapię uzdrawiania. Przypomina to wezwanie hydraulika, by naprawił zatkany odpływ kanalizacyjny w nowym, pięknym domu. Ponieważ tego rodzaju problemy mogą być bardzo bolesne i spowodować utratę stanu, uzdrawianie ich jest zdecydowanie dobrym pomysłem. A to z kolei jest jak konieczność wyprowadzenia się z nowego domu z powodu przeciekającego dachu, do którego natychmiast musi przyjechać ekipa remontowa.

Z mojej perspektywy, przygotowania do procesów uzdrawiania mają sens niezależnie od stanu szczytowego, w którym możemy się znajdować lub nie. Jednak na pewno, jeśli musimy coś uzdrowić, zalecam wykorzystywanie *najpierw* najnowszej generacji „terapii mocy" (zob. rozdział 1) – stosowanie innych technik jest zazwyczaj mniej skuteczne, choć w każdym przypadku istnieją wyjątki. Niektórzy z was mogą być nieświadomi faktu, że wiele terapii mocy można przeprowadzić samemu w domu, choć czasem możecie potrzebować pomocy w zakresie trudniejszych problemów. W szczególności zalecałbym techniki EFT, BSFF i TAT, choć ciągle pojawiają się nowe metody. Powracając do naszej analogii, właściciel domu powinien chociaż wiedzieć, jak używać młotka, piły i śrubokrętu, by samemu dokonywać napraw, nawet jeśli nie zamierzamy zostać hydraulikiem albo dekarzem.

Co jednak z osobami, które zaczynają od poważnych problemów fizycznych lub psychologicznych? Mówiąc o trudnościach psychologicznych mam na myśli takie problemy, jak: fobie, wspomnienia molestowania, problemy ze związkami, i w zasadzie wszystkie sprawy, w odniesieniu do których nie odczuwamy spokoju, harmonii i lekkości. Znaczenie problemów fizycznych powinno być dość jasne. Zauważcie, że od kilku lat nowa generacja technik terapeutycznych pozwala wyeliminować wiele problemów uważanych dotychczas za czysto fizyczne. Zalecałbym stosowanie jednej lub kilku technik stanów szczytowych najnowszej generacji przy jednoczesnej pracy nad uzdrawianiem i nie czekać, aż problem zniknie – kto wie, kiedy to nastąpi? Istnieją dwa istotne ku temu powody – w wielu przypadkach stan szczytowy może sprawić, że problem zniknie bez konieczności dalszej nad nim pracy, co daje podwójną korzyść posiadania stanu bez problemu. Jednak równie często zdarza się, że problem utrzymuje się mimo osiągnięcia stanu szczytowego, ale ponieważ ogólna jakość życia danej osoby bardzo się poprawia, problem ów nie ma tak silnego wpływu jak wcześniej (zależy to oczywiście od uzyskanego stanu szczytowego).

Niestety, w niektórych przypadkach problem wymagający uzdrowienia blokuje zdolność uzyskania stanu szczytowego. W takim przypadku nie da się tego obejść – należy uzyskać kompetentną pomoc w celu uzdrowienia problemu. Czasem po przeprowadzeniu procesu stanu szczytowego wydaje się, że się go nie osiągnęło, ale dana osoba może automatycznie wejść w ów stan szczytowy, gdy tylko uzdrowi problem blokujący ów stan. Tak z pewnością dzieje się w przypadku Procesu Wewnętrznego Spokoju, opracowanego przez nas Instytut.

A co z technikami uzdrawiania, których stosowanie pozwala osiągnąć stan szczytowy jako produkt uboczny? Czy korzystanie z nich nie obejmuje obu przypadków? Po pierwsze, zależy to od wyboru procesu uzdrawiania – niektóre z nich wywołują najwyżej tymczasowe stany szczytowe. Po drugie, jak już wspomniałem, te techniki uzdrawiania/stanów szczytowych nie są tak skuteczne jak terapie mocy, toteż nadal ma sens nauczenie się terapii mocy lub poddanie się takiej terapii.

3.7. REKOMENDACJE TECHNIK DLA OGÓLNEGO ODBIORCY

W pierwszej kolejności zalecałbym wypróbowanie technik najnowszej generacji. Wyróżnia je szybkość, skuteczność i wysoki odsetek osób, u których działają – idealne dla osób, które oczekują dobrych rezultatów przy minimalnym nakładzie czasu. Co ciekawe, wszystkie te techniki różnią się zasadami, według których działają, a to oznacza, że w najbliższej przyszłości będziemy świadkami powstania technik kombinowanych. Z pewnością do momentu publikacji tej książki prawdopodobnie pojawią się nowe lub ulepszone procesy, które nie znalazły się na tej liście.

Według stanu wiedzy na 2003 rok, zalecałbym wypróbowanie połączenia procesów. Ponieważ żaden z nich nie działa u wszystkich, przeprowadzenie więcej niż jednego zwiększa prawdopodobieństwo sukcesu. Ponieważ techniki te wywołują odmienne stany, dzięki wykorzystaniu kilku z nich można osiągnąć więcej stanów. Choć generalnie rzecz biorąc, im więcej stanów szczytowych tym lepiej, nie zalecam ogólnemu odbiorcy, by wchodził w główne stany opisane w tomie II, aż do momentu oswojenia się ze stanami opisanymi w niniejszym tomie. Dla przykładu, pracowałem z kilkoma osobami, które nie miały wcześniejszych doświadczeń w tym zakresie. Pytały mnie, jak zatrzymać „w pół drogi" proces osiągania Stanu Pustej Wewnętrznej Przestrzeni opisany w tomie II, by mogli oswoić się ze zmianami w zakresie doświadczania emocji i otaczającego świata. Podobnie kilku uczestników warsztatów poprosiło o szczegółowy opis tego, czego należy oczekiwać od Stanu Pustej Wewnętrznej Przestrzeni, by nie zaskoczyły ich nowe jakości pojawiające się w życiu po osiągnięciu tego stanu. Sugerowałbym pewne samoograniczenie – w pozycjach poświęconych kryzysom duchowym opisano przykłady problemów przystosowawczych w sytuacji zbyt nagłego uzyskania najważniejszych nowych stanów.

Być może konieczna będzie pewna selektywność w wyborze technik. Niektóre techniki opisane w tym rozdziale mają wywołać specjalistyczne stany, od których – moim zdaniem – lepiej nie zaczynać pracy. Na przykład praca Toma Browna Jra specjalizuje się w zastosowaniach szamańskich lub w zakresie przetrwania, ale z tego względu wcale nie są mniej cenne. Podobnie uczucie „istnienia bez głowy" Hardinga (opisane dokładniej w tomie II) może okazać się doświadczeniem, które lepiej poznać po oswojeniu się z mniej radykalnymi stanami szczytowymi.

Zalecałbym stosowanie technik w przedstawionej poniżej kolejności. Staraliśmy się zawrzeć przede wszystkim niedrogie i łatwe w przeprowadzeniu techniki, które mogą ogólnemu odbiorcy przynieść użyteczne stany szczytowe.

> PROCES WEWNĘTRZNEGO SPOKOJU – wprowadza w niewielki stan przynoszący uczucie wewnętrznego spokoju i eliminuje wszelkie emocjonalne treści będące wynikiem traumy z przeszłości (co jest przyczyną dużej części codziennego cierpienia i tendencji do aktywacji w sytuacjach interpersonalnych). Technika ta jest szybka, prosta, nie trzeba jej powtarzać, jest ogólnie dostępna i każdy może przeprowadzić ją sam w domu. Obecnie istniejący proces działa w całości jedynie w przypadku 40% populacji.

> 15-MINUTOWY CUD Jacquelyn Aldany to równoważny proces. Jej metoda ma tę zaletę, że pomaga ludziom jasno określić własne pragnienia i zdolności do doświadczenia pozytywnych wydarzeń w świecie. Jej drobną wadą jest konieczność przeprowadzania cudu codziennie przez pewien czas – stąd jego nazwa. Jeśli styl tej techniki nie przemawia do was, istnieją inne, podobne metody, które można zastosować zamiast 15-minutowego Cudu, jak np. metoda Lynn Grabhorn.

> Którakolwiek (bądź wszystkie) metoda „świadomego wyboru": technika kochania siebie Gaya Hendricksa, techniki optymizmu i szczęścia Seligmana.

Zacznijcie najpierw od swobodnie dostępnych, samodzielnych technik – i pamiętajcie, że koszt i wartość niekoniecznie idą w parze.

Stosujcie nowe terapie mocy do wyeliminowania każdego problemu z waszego życia. Zalecałbym techniki, które można samemu stosować w domu, takie jak terapie energii EFT i BSFF. Poprawią one jakość waszego życia i niekiedy mogą przynieść dodatkowy bonus w postaci jednego lub kilku stanów szczytowych. To także dobry wybór, jeśli pozostałe techniki w waszym przypadku nie działają. Ponadto byłem świadkiem przypadkowego uzdrowienia spraw, które blokowały przeprowadzenie procesów stanów szczytowych.

Proces treningu biofeedbacku fal mózgowych dra Jamesa Hardta w Biocybernaut Institute. W przeciwieństwie do innych technik, technika ta jest raczej powolna (trwa tydzień) i znacznie droższa ze względu na koszty pracy personelu i wyposażenia (wymaga użycia specjalistycznego sprzętu). Jednak może zadziałać w przypadku osób, które nie reagują na inne metody. Jest także szczególnie użyteczna dla osób zajmujących się badaniem świadomości.

Wiele innych technik opisanych w tym rozdziale, a przynajmniej techniki opracowane w ciągu ostatnich dwudziestu, trzydziestu lat, są zazwyczaj dość szybkie i skuteczne w przypadku znacznego odsetka osób w porównaniu ze znanymi procesami tradycyjnymi. Jeśli jednak techniki najnowszej generacji nie zadziałają lub nie macie do nich dostępu, zalecałbym wypróbowanie starszych technik, gdyż i tak wszystkie te techniki mają na celu radykalną poprawę jakości życia człowieka poprzez wprowadzenie go w stany szczytowe (w jeden lub więcej). Jak wspomnieliśmy, dziedzina ta stale ulega przemianom, toteż każda technika może już zostać ulepszona, zanim zaczniecie ją testować.

3.8. ORGANIZACJE OCENIAJĄCE TECHNIKI STANÓW SZCZYTOWYCH

Z przykrością muszę stwierdzić, że – przynajmniej w chwili, gdy pisaliśmy tę książkę – nie ma żadnej publikacji, czasopisma, strony internetowej ani artykułu, który podsumowałby techniki stanów szczytowych lub podejmowałby próby oceny ich skuteczności. Istnieje kilka książek, które popularyzują niewielkie obszary dziedziny stanów szczytowych, jak np. książka Michaela Hutchisona *Megabrain Power*, która koncentruje się na metodach efektu binauralnego i biofeedbacku mózgu. Z kolei czasopismo *What is Enlightenment?* („Czym jest oświecenie?") to przyjemna publikacja omawiająca kilka z omówionych metod, szczególnie starsze tradycyjne techniki duchowe.

Sytuacja może jednak ulec zmianie, i to wkrótce. W ciągu ostatnich kilku lat powstało kilka organizacji akademickich, które zajmują się „jakością życia" – jedną z nich jest International Society for Quality of Life Studies w Virginia Polytechnic Institute and State University. Powstają także inne grupy o podobnych zadaniach w innych rejonach świata. Nie zajmują się one szczytowymi stanami świadomości, gdyż wiele z nich zaledwie intuicyjnie wyczuwa istnienie takich stanów, ale i tak kierunek rozwoju jest wielce obiecujący. Terminologia i narzędzia pomiaru dopiero powstają, a z ruchu rozwijającego się na całym świecie nie ukształtował się jeszcze żaden konkretny układ.

Inna grupa zasługująca na wzmiankę to grupa „psychologów pozytywnych" Martina Seligmana (www.positivepsychology.org), która zajmuje się także szczytowymi stanami świadomości, choć według mojej skromnej wiedzy nie sformułowali oni swych prac w sposób, w jaki robimy to w naszej książce. Na rynku ukazało się kilka książek na ten temat – w szczególności zalecałbym prace Seligmana pt. *Optymizmu można się nauczyć* oraz *Prawdziwe szczęście*. Również Mihaly Csikszentmihaly, autor książki *Przepływ: jak poprawić jakość życia, psychologia optymalnego doświadczenia*, prowadzi ciekawe badania nad psychologią pozytywną w The Quality of Life Research Center w Claremont Graduate University.

Pozostałe organizacje dopiero powstają, na przykład w trakcie formowania jest Life Quality Enhancement Organisation w Szwajcarii. Organizacja ta ma zajmować się oceną technik uzdrawiania i procesów stanów szczytowych, a także zamierza stać się czymś w rodzaju wydawcy „Raportów konsumenta" w tej dziedzinie.

Wszystkim tym organizacjom życzę powodzenia!

NAJWAŻNIEJSZE IDEE

Można wyróżnić dwa rodzaje stanów szczytowych: stany „duchowe", którymi zajmują się organizacje duchowe lub religijne, i które mają związek z fundamentalnymi zjawiskami egzystencjalnymi, takimi jak Stwórca lub Pustka; oraz stany „szamańskie", które dotyczą zjawisk na planie biologicznym, mających związek z ciałem fizycznym, takich jak system trójni mózgu albo Gaja.

Techniki stanów szczytowych można stosować, by uzyskać którykolwiek z dwóch typów stanów szczytowych, choć zazwyczaj nie są one w ten sposób wykorzystywane.

Dla potrzeb niniejszej publikacji dokonaliśmy ogólnej klasyfikacji technik stanów szczytowych w ramach następujących kategorii: praktyki świadomego wyboru, praktyki medytacyjne, praktyki indukcyjne, metody ciało/umysł, metody uzdrawiania traum oraz metody rozwiązywania dualizmów. Kategorie te niekiedy się na siebie nakładają, gdyż różne procesy mogą obejmować więcej niż jeden typ metod.

Różne metody uzyskiwania stanów szczytowych albo wymagają stałej praktyki, jak w przypadku medytacji, albo wystarczy je zastosować kilka razy, by uzyskać w miarę stabilny stan bez konieczności jego regularnego podtrzymywania, jak to ma miejsce w przypadku metod uzdrawiania traum.

W dziedzinie stanów szczytowych pojawiło się kilka nowych organizacji. Terminologia i techniki oceny nadal są we wczesnym etapie powstawania. W kołach akademickich prace tego rodzaju otrzymują różne nazwy, takie jak „jakość życia" czy „psychologia pozytywna".

SUGEROWANA LEKTURA I STRONY INTERNETOWE

Procesy stanów szczytowych

- Jacquelyn Aldana, *The 15-minute Miracle Revealed*, Inner Wisdom Publications, 2003 – wykorzystuje celową manifestację, aby wprowadzić się w stany szczytowe; zob.: www.15minutemiracle.com.

- A.H. Almaas, *The Diamond Heart Book 1: Elements of the Real in Man*, 1987 – jest też kilka książek uzupełniających; szkoła ta ma swoją stronę internetową: www.ahalmaas.com.

- *Ascension Process* opisany na: www.ishaya.com – wykorzystuje medytowanie nad kluczowymi słowami przeciwstawnymi.

- Hale Dwoskin i Lester Levenson, *Happiness is Free: And It's Easier Than You Think!*, Sedona Press, 2002 – jest również strona internetowa: www.sedona.com.

- Lynn Grabhorn, *Przewodnik po życiu: jak spełnić swoje marzenia?* Gliwice 2008.

- Dr James Hardt i strona: www.cybernaut.com – wykorzystuje metodę biofeedbacku mózgu.

- Gay Hendricks, *Learning to Love Yourself: A Guide to Becoming Centered*, Simon & Schuster, 1982.

- Gay Hendricks, *The Learning to Love Yourself Workbook*, Simon & Schuster, 1990 – zawiera prostą metodę tymczasowego odczucia stanu miłości i szczęścia.

- Byron Katie i Stephen Mitchell, *Loving What Is: Four Questions that Can Change your Life*, Crown Publishing Group, 2002 – strona internetowa: www.byronkatie.com.

- David Lang (red.), *Face to No Face: Rediscovering our Original Nature*, Inner Directions Foundation, 2000 – zbiór rozmów i metoda Douglasa Hardinga.

- Adnan Sarhan na stronie: www.sufifoundation.org

- wykorzystanie muzyki i postawy ciała w technice opartej na tradycjach sufickich.

▲ Martin Seligman, *Prawdziwe szczęście. Psychologia pozytywna a urzeczywistnienie naszych możliwości trwałego spełnienia*, Free Press, 2002 – jego strony internetowe: www.psych.upenn.edu/seligman oraz www.authentichappiness.org, zawierają bardzo dobre narzędzia oceny tych stanów szczytowych.

▲ Martin Seligman, *Optymizmu można się nauczyć*, Poznań 1993.

▲ Eckhart Tolle, *Potęga teraźniejszości*, Kraków 2003.

▲ Eckhart Tolle, *Practising the Power of Now: Essential Teachings, Meditations and Exercises for Living the Liberated Life*, New World Library, 2001.

TECHNIKI WPŁYWANIA NA AKTYWNOŚĆ MÓZGU (TAKIE, JAK EFEKT BINAURALNY CZY BIOFEEDBACK MÓZGU)

▲ Michael Hutchison, *Megabrain Power: Transform your Life with Mind Machines and Brain Nutrients*, New York: Hyperion, 1994.

▲ Robert Monroe, *Podróże poza ciałem*, Bydgoszcz 1994.

▲ Robert Monroe, *Dalekie podróże*, Bydgoszcz 1994.

ORGANIZACJE BADAŃ I TESTOWANIA METOD POPRAWY JAKOŚCI ŻYCIA

▲ The International Society for Quality of Life Studies; www.isqols.org

▲ The Life Quality Enhancement Organisation; www.lqeo.org.

▲ The Quality of Life Research Center w Claremont Graduate University; www.qlrc.cgu.edu/about.htm.

PSYCHOLOGIA POZYTYWNA

▲ Martin Seligman Research Alliance, www.positivepsychology.org.

▲ Lisa G. Aspinwall i Ursula M. Staudinger (red.), *A Psychology of Human Strengths*, American Psychological Association, 2002.

▲ Mihaly Csikszentmihaly, *Przepływ: jak poprawić jakość życia: psychologia optymalnego doświadczenia*, Warszawa 1996.

▲ Corey L.M. Keyes i Jonathan Haidt (red.), *Flourishing: Positive Psychology and the Life Well-Lived*, American Psychological Association, 2003.

▲ Karen Reivich i Andrew Shatté, *The Resilience Factor: 7 Essential Skills for Overcoming Life's Inevitable Obstacles*, Broadway Books, 2002.

▲ C.R. Snyder i Shane J. Lopez (red.), *Handbook of Positive Psychology*, Oxford University Press, 2001.

Rozdział 4

MODEL ZDARZEŃ ROZWOJOWYCH
DLA DOŚWIADCZEŃ, ZDOLNOŚCI I STANÓW SZCZYTOWYCH

Jestem zdania, że tego, nad czym pracujemy, nikt nigdy dotąd nie robił. To nieco przerażające i ekscytujące zarazem.

– Wes Gietz o pracach Instytutu

4.1. WPROWADZENIE

W niniejszym rozdziale przedstawiamy – opracowany przez ISPS – model zdarzeń rozwojowych dla stanów, doświadczeń i zdolności szczytowych, opisując go bardziej szczegółowo w kolejnych rozdziałach.

Ludzie, którzy zajmowali się badaniem kwestii wyjątkowego zdrowia psychicznego i fizycznego, często zadawali pytanie: „Gdzie leży przyczyna wyjątkowego zdrowia?" oraz wynikające z niego drugie pytanie: „Jak można je osiągnąć?". Odpowiedź jakoś nie nadchodziła, częściowo dlatego, że samo pytanie opierało się na fałszywym założeniu, iż wyjątkowe zdrowie to coś, nad czymś musimy pracować – toteż problemu nie dało się rozwiązać. Natomiast prawidłowo sformułowane pytanie brzmi: *„Co blokuje stan wyjątkowego zdrowia?"*, które bazuje na założeniu, że *wyjątkowe zdrowie psychiczne i fizyczne jest naszym przyrodzonym prawem i naturalnym stanem*. Ta niewielka zmiana w sformułowaniu pytania ma podstawowe znaczenie dla rozwiązania problemu.

Odpowiedź na to pytanie ma związek z traumami oraz normalnymi stadiami rozwojowymi i wydarzeniami, które mają miejsce przed i w trakcie naszych narodzin. W łonie matki doświadczamy większości, jeśli nie wszystkich szczytowych stanów świadomości. Gdy przechodzimy przez pewne wydarzenia rozwojowe o kluczowym znaczeniu, i jeśli ma tam miejsce trauma, reakcja na ową traumę zostanie zatrzymana, i nie jest w pełni aktywizowana, gdy nadal jesteśmy w łonie matki. Po narodzinach traumy te są „uruchamiane" i stale pobudzane, i tym samym tracimy stany oraz zdolności będące naszym naturalnym prawem. Stąd płynie wniosek, że uzdrowienie tych kluczowych zdarzeń rozwojowych może przynieść szczytowe stany świadomości i w przypadku większości ludzi rzeczywiście tak jest. Model ten sugeruje także inny sposób osiągania stanów szczytowych, który też się sprawdza – osłabienie lub eliminację mechanizmów „stymulowania" traumy, które są „uruchamiane" podczas narodzin (mechanizmy te omawiamy w tomie II).

Wreszcie istnieją jeszcze inne mechanizmy blokujące występowanie szczytowych stanów świadomości u niektórych ludzi – ale jest to dziedzina, którą obecnie badamy, a omawiamy ją w tomie III.

Nasz sposób rozumienia kwestii stanów szczytowych został opracowany i przetestowany najlepiej jak można – poprzez weryfikację w praktyce, czyli sprawdzenie, czy procesy oparte na tej teorii działają. Chciałbym wyraźnie podkreślić, że najpierw opracowaliśmy teorię, a potem metody jej stosowania. Nie potrafię wyrazić mojego przyjemnego zaskoczenia, gdy okazało się, że działają zgodnie z oczekiwaniami! By zademonstrować prawdziwość naszej teorii, w rozdziale 9 opisujemy szybki, prosty i skuteczny Proces Wewnętrznego Spokoju. Inne zastosowania modelu, pozwalające osiągnąć stany, doświadczenia i zdolności szczytowe, opisujemy w różnych miejscach wszystkich trzech tomów na temat stanów szczytowych.

HISTORIA GRANTA
Nowe podejście do zagadnienia stanów szczytowych

Jak pisałem w rozdziale 2, w wieku 29 lat utraciłem Stan Ścieżki Piękna. Zacząłem coraz częściej chorować, a w pewnym momencie niemal otarłem się o śmierć. Już wtedy uczyłem się różnych technik duchowych, by odzyskać stan szczytowy, i choroba zmusiła mnie, bym zaczął uczyć się technik fizycznego i emocjonalnego uzdrawiania. Odkryłem, że owe praktyki duchowe nie miały żadnego wpływu na moją chorobę, choć moi nauczyciele twierdzili, że jest inaczej. Omal nie umarłem i dopiero mój przyjaciel uzdrowił mnie za pomocą zmodyfikowanej wersji Holotropicznej Pracy z Oddechem™. Okazało się, że przyczyną mojej choroby była głęboka rozpacz, której doświadczyłem w wieku 29 lat, oraz przekonanie, że nigdy nie mogę mieć w życiu tego, czego chcę, i że nie było sensu dalej żyć. Uczuć tych – ku mojemu zaskoczeniu – w ogóle sobie nie uświadamiałem. Ich uwolnienie spowodowało zniknięcie choroby w ciągu kilku tygodni.

Doświadczenie to sprawiło, że zdałem sobie sprawę, jak ważne jest uzdrawianie emocjonalne. Sześć miesięcy później zacząłem tracić uczucie radości życia. W końcu dotarło do mnie, że na poziomie podświadomości zadaję sobie pytanie: „Gdybym naprawdę siebie kochał, co bym robił?". Miesiąc później przyszła odpowiedź – uzdrowiłbym wszystko, a nie tylko to, co mnie zabijało. Ale jak tego dokonać? Zacząłem pracę z uzdrowicielem i przyjacielem, który uratował mi życie, Sheelo Bohmem, oraz z Ronem Miedem, uzdrowicielem poznanym na konferencji dla szamanów. Intuicja mi podpowiadała, że trauma miała kluczowe znaczenie w procesie uzdrawiania, a zarówno Ron, jak i Sheelo, znali procesy zajmujące się traumami. Nie znałem innych technik, które byłyby na tyle skuteczne, by udało mi się osiągnąć swój cel, toteż wykorzystałem obserwacje Rona dotyczące pozacielesnych obrazów traumatycznych i opracowałem technikę Uzdrawiania Całym Sercem (Whole-Hearted Healing).

Intuicja mi podpowiadała, że jeśli chodzi o stan szczytowy, który próbowałem odzyskać, trauma miała kluczowe znaczenie. I co dziwne, prawie każdy znajomy starał się mnie przekonać, jak bardzo się mylę. Nawet dane zebrane przez grupy zajmujące się traumą, jak Primal Institute i otoczenie Stanislava Grofa, raczej nie popierały tej koncepcji. Trudno mi było stawić czoła własnym wątpliwościom oraz nie ulec sugestiom znajomych, usiłujących wepchnąć mnie na ścieżkę, którą sami bez powodzenia przeszli – w wielu przypadkach musiałem zakończyć te znajomości i iść za tym, co podpowiadał mi mój wewnętrzny głos. Wraz z postępami w zdrowieniu, kontynuacja rozpoczętej drogi stawała się coraz łatwiejsza. Eksperymentowałem i miałem coraz więcej niezwykłych doświadczeń i stanów duchowych. Wszedłem w stan, w którym osiągnąłem wewnętrzne światło i odkryłem, że mogłem swobodnie uzyskać dostęp do wspomnień sprzed porodu. Zostawiłem wszystkich swoich nauczycieli za sobą i wkroczyłem na zupełnie nowe terytorium.

Pewnego dnia, w momencie gdy znów w traumatyczny sposób kończyłem kolejny związek, straciłem owo wewnętrzne światło i nie byłem w stanie kontynuować swoich badań. Zwróciłem się więc do ludzi posiadających takie zdolności, proponując im udział w moich eksperymentach jako podmioty badań. Praca ta nie byłaby możliwa bez pomocy owych niezwykle odważnych ochotników, a w szczególności Kate Sorensen, Wesa Gietza, dr Deoli Perry i dr Marie Green. W końcu udało nam się rozwiązać podstawowy problem. Wtedy nagle zdałem sobie sprawę z tego, że wszystko co przeżyłem i o czym czytałem, idealnie do siebie pasuje. To był jeden ze szczytowych momentów w moim życiu! Wreszcie zrozumiałem, co było przyczyną powstawania wszystkich pozostałych stanów i doświadczeń.

Gdy czytamy książki takie jak ta, czasami trudno nam wyobrazić sobie ból i wysiłek, dzięki którym odkrycia te były możliwe. W naszej pracy, w powolnym badaniu nieznanego terytorium, mieliśmy chwile triumfu oraz okresy głębokiego bólu i cierpienia. Poniżej przytaczamy opis pewnego doświadczenia, które było udziałem Wesa Gietza podczas badań.

Pierwszy raz spotkałem Wesa w 1996 roku w Victorii, w Kolumbii Brytyjskiej. Ponieważ posiadał on Stan Wewnętrznego Światła oraz doświadczenia z szamanizmem, przekonałem go, by zaczął ze mną badać moje koncepcje dotyczące szczytowych stanów świadomości i zdarzeń rozwojowych. To on pierwszy odkrył ogromne znaczenie wydarzenia rozwojowego, jakim jest poczęcie, dla Stanu Ścieżki Piękna. Razem czuliśmy niezwykłe podekscytowanie, gdy dokonywaliśmy odkrycia za odkryciem. Kulminacyjnym okresem naszej współpracy były warsztaty w okolicach Salt Lake City, w stanie Utah, poświęcone opracowywanym wtedy przez nas zaawansowanym technikom uzdrawiania, w których brali także udział Kate Sorensen, dr Perry, dr Green i ja. Jednak po jakimś czasie Wes miał dość – jego czas w naszych pracach badawczych kończył się, choć fakt ten nie zmienił naszej przyjaźni. Oto jego historia.

HISTORIA WESA GIETZA
„Śmierć w monolicie, czyli dlaczego nie mogę tego kontynuować."
Byłem królikiem doświadczalnym nr 2. Zaczynaliśmy od najwcześniejszych chwil egzystencji jednostki ludzkiej. Badaliśmy dwa elementy – plemnik i jajeczko. Życie plemnika jest dość krótkie – zaczyna się w momencie, gdy plemnik powstaje w ciele ojca dziecka, a kończy się wraz z jego śmiercią w momencie poczęcia (oto całe doświadczenie plemnika). Byt jajeczka zaczyna się w łonie babci, gdy płód, czyli nasza mama, zaczyna produkować jajeczka – a wśród nich jest jedno, z którego my powstaniemy.

Pamiętam, jak cofnąłem się do momentu fizycznego powstania jajeczka. Znalazłem się w miejscu świetlistej ciemności, o długich, powolnych falach czegoś, czego nie potrafiłem określić. Teraz, gdy to piszę, zaczynam zdawać sobie sprawę, że poruszały się w kierunku fizycznej manifestacji. Płynąłem na jednej z tych fal w stronę fizycznej rzeczywistości, stając się jajeczkiem wraz z powstawaniem mózgów jajeczka.

Następnie pracowaliśmy nad traumami, które były udziałem plemnika i jajeczka (pracowaliśmy nad nimi oddzielnie). Jak się pewnie domyślacie, jajeczko doświadcza o wiele większej ilości traum niż plemnik, gdyż jego czas życia – do momentu poczęcia – jest setki razy dłuższy niż czas życia plemnika, i ponieważ jajeczko przechodzi przez ciążę i traumy narodzin swojej matki.

Zajmowaliśmy się szeregiem traum związanych z rozwojem, aż do traumy śmierci plemnika. Zdarzenie to ma niemal paradoksalną moc – dla plemnika oznacza ono śmierć, ale dla jajeczka jest zarazem dopełnieniem i inwazją. Trauma, której plemnik doświadcza jako śmierci, przenosi się na jajeczko, gdy mózgi plemnika łączą się z mózgami jajeczka. (Gdyby chodziło tylko o wchłonięcie plemnika przez jajeczko, jako coś w rodzaju przyjęcia pokarmu, traumy te nie przetrwałyby w rozwijającym się organizmie).

Do tego momentu poczęcie było dla mnie największą traumą. To był także pierwszy raz, gdy umarłem w monolicie... Jakieś 25 lat temu czytałem opowiadanie science-fiction, w którym fabuła dotyczyła odkrycia bezkształtnego monolitu po drugiej stronie księżyca. Astronauci, którzy ów obiekt odkryli, w końcu znaleźli wejście do środka przez pozornie matową ścianę. Jak się jednak okazało, gdy tylko weszli do środka, coś ich zabijało i powracali do określonego miejsca na Ziemi. Na szczęście, ludzi tych udało się przywrócić do życia. Badacze postanowili jednak sprawdzić, co takiego znajduje się wewnątrz monolitu. Wysłali więc ochotników, którzy odkryli, że niektóre ruchy wewnątrz monolitu zabijały, inne zaś pozwalały posuwać się do przodu. Celem ekspedycji było opracowanie mapy wnętrza monolitu. Za każdym razem, gdy ochotnik umierał i był odsyłany na Ziemię, po reanimacji proszono go, by dodał coś od siebie do mapy wnętrza monolitu.

Nie pamiętam, jak skończyła się cała opowieść, ale przypominam sobie, że nikogo nie udało się namówić na wejście do monolitu i doświadczenie śmierci częściej niż trzy-cztery razy. Analogia między tą opowieścią a moimi badaniami jest jasna, z tą różnicą, że choć traumy, których doświadczyły jajeczko, plemnik i płód nie zabijały mnie dosłownie, czułem się emocjonalnie lub duchowo rozrywany na kawałki. Nie byłem w stanie dalej przeżywać tego rodzaju traum. Ale – podobnie jak ochotnicy, którzy pomagali opracowywać mapę monolitu – mam nadzieję, że ból, jakiego ja doświadczyłem, nie stanie się udziałem innych osób idących tą drogą.

W trakcie rozwoju zapłodnionego jajeczka mogą mieć miejsce inne traumy związane z takimi wydarzeniami, jak: zagnieżdżenie jajeczka, pierwszy podział komórki, urazy płodu wynikające z przeżyć matki oraz sam poród. Doświadczenie porodu obejmuje prawdopodobnie najgorsze traumy doświadczane przez człowieka w całym jego życiu. To chwila, w której otrzymuje komunikat nakazujący oddzielenie się od matki, to pierwsze skurcze, opuszczenie łona matki, śmierć łożyska oraz pierwszy szok w zetknięciu ze światem zewnętrznym – z innymi istotami ludzkimi i zimnem nowego środowiska. Owe pierwsze etapy porodu były dla mnie drugim i trzecim przypadkiem śmierci w monolicie.

Po tych przeżyciach i towarzyszącym im silnym bólu odkryłem, że teraz jestem w stanie przeżyć każde traumatyczne lub duchowe doświadczenie. Jednocześnie, po kilku przypadkach „śmierci w monolicie", doszedłem do wniosku, że nie mogę tego dalej ciągnąć. Teraz wartościowe jest dla mnie to, co wnoszę w innego rodzaju działaniach – zajmuję się nauczaniem i uzdrawianiem metodą zgodną z tradycjami Toma Browna Jra, praktykuję i nauczam EFT oraz stosuję koncepcję mentoringu w kształcie opracowanym przez Johna Younga oraz Wilderness Awareness School.

Gdybym wiedział, na co się ważę i w co wchodzę, nie wiem, czy miałbym siłę to ciągnąć. Jednak patrząc na całą tę przygodę z obecnej perspektywy, to doświadczenie miało dla mnie ogromną wartość. Radykalnie pogłębiło moje rozumienie życia z duchowego punktu widzenia, dało mi znacznie większą moc i przyniosło dużo większe zdolności współczucia dla mnie samego i dla wszystkich ludzi.

4.2. TEORIA I MODELE

Gdy ktoś tworzy jakiś model, ma nadzieję zebrać dużo zdawałoby się niepowiązanych ze sobą danych w ramach jednej podstawowej struktury. Na przykład przewrót kopernikański – przed tą rewolucją ludzie spoglądali na niebo nocą i dostrzegali bardzo złożone ruchy gwiazd, planet i Księżyca. Historyczne ilustracje teoretycznych maszyn próbujących modelować ruch nieboskłonu były bezsensownie skomplikowane. Ponieważ przyjmowano założenie (teorię), że ziemia była centrum wszechświata, ludzie nie dostrzegali prostoty struktury i nie byli zdolni do przewidywania niezaobserwowanych dotychczas zjawisk. Wraz z powstaniem teorii prawidłowo ujmującej istotę rzeczy, ze Słońcem w centrum naszego układu, przewidywanie ruchów gwiazd i zrozumienie różnicy między ruchami planet i gwiazd stało się banalne. Oto podstawa dobrej teorii:
1) prawidłowy model wyjaśnia *wszystkie* dane,
2) prawidłowy model pozwala *przewidywać* istnienie nieodkrytych jeszcze zjawisk.

Wzrost szczegółowości modelu pozwala umieścić w nim coraz więcej subtelnych zjawisk. W celu uzyskania wyników przybliżonych stosuje się prosty model, gdy zaś chcemy uzyskać bardziej dokładne obliczenia, zawiera się w nim subtelne szczegóły. Wybór poziomu modelu, na którym chcemy pracować, zależy od stopnia dokładności, którego potrzebujemy. W poprzednim przykładzie ruch planet na poziomie najprostszego modelu przedstawia się za pomocą kul poruszających się po okręgach wokół Słońca. Jeśli potrzebujemy jednak dokładniejszych wyników, włączymy do modelu ruch po orbicie eliptycznej.

Można też na to spojrzeć jak na arytmetykę. Mamy pewien prosty proces dodawania liczb – zapamiętywanie każdej możliwej kombinacji sum (surowych danych), na których chcemy pracować, byłoby przecież niezwykle trudne. Zamiast tego dysponujemy pewnym prostym modelem, który pozwala nam przeprowadzić tę operację w kilka chwil.

Podstawowym założeniem niniejszej książki jest twierdzenie, że istnieje względnie prosty model podstawowy, który jest w stanie wyjaśnić wszystko, co się dzieje: model obejmujący dane fizyczne, doświadczenia duchowe oraz rezultaty osiągane przez szamanów – wszystko. I jeśli istnieje jakiś fakt, którego nie da się dopasować do modelu, musimy zweryfikować model w poszukiwaniu błędów lub obszarów, które należy uzupełnić. Jeśli znacie się na psychologii lub duchowości, to dobrze wiecie, że to ostatnia rzecz, jaką zajmują się obecnie badacze – każdy model wyjaśnia jakiś element problemu i ignoruje osiągnięcia całej reszty (o czym już wspominałem). Sytuacja przypomina rozmowę ślepców, którzy pomacawszy słonia opisują jego wygląd innym ludziom – jako węża, jeśli dotknąć jego trąby, jako słup, jeśli dotkniemy nogi, i tak dalej. Co gorsza, ślepcy ci zaczynają się kłócić i ignorują zupełnie to, co mają do powiedzenia pozostali! My nie chcemy robić tego samego – zdecydujcie sami w trakcie lektury, czy są jakieś obszary waszego doświadczenia, których model zdarzeń rozwojowych stanów szczytowych najwyraźniej nie opisuje?

Nowe modele są często akceptowane, gdy umożliwiają przewidywanie dotychczas nie odkrytych zjawisk lub opracowanie na ich podstawie praktycznych, działających technik. *Jeśli teoria (model) pozwala wyjaśnić wszystkie znane dane i ponadto przewidywać coś, czego dotychczas nie zaobserwowano, a co zostaje odkryte, gdy ludzie zaczynają tego szukać, teoria z dużym prawdopodobieństwem będzie prawidłowa.* Na przykład teoria względności Einsteina została w końcu przyjęta, gdyż przewidywała nieznane wcześniej zjawiska, takie jak zakrzywienie ruchu światła (kilka lat po tym, jak Einstein to przewidział, odkryto dowód na potwierdzenie tego faktu). Wcześniej nikomu nie przyszło do głowy, by sprawdzić występowanie takiego fenomenu, gdyż żaden z pozostałych modeli nie przewidywał jego istnienia.

My także testujemy model, szukając dowodów na potwierdzenie dziwnych, nieoczekiwanych zjawisk przewidywanych przez nasz model, zjawisk których nikt dotąd nie zaobserwował (gdyż nikt nie podejrzewał ich istnienia). Dla przykładu, prosty model Uzdrawiania Całym Sercem (WHH) przewiduje, że ludzie niewidomi mają „wizualne" obrazy traum, i kilka lat później psycholog Kenneth Ring opisał to zjawisko. Zachęcam was zatem, by przyjrzeć się modelowi stanów szczytowych opracowanego przez nasz Instytut i zastanowić się nad jego implikacjami – jakie zjawiska ów podstawowy model przewiduje, których nie znano wcześniej, gdyż nikt ich nie poszukiwał?

4.3. KONCEPCJA TRAUMY

Z punktu widzenia doświadczenia ludzkiego *trauma to zdarzenie, które nie zostało w pełni przeżyte przez organizm człowieka*. Odpowiedź na to zdarzenie jest przechowywana i ponownie odtwarzana, gdy w teraźniejszości pojawiają się wrażenia podobne do pierwotnej traumy. Choć trauma często wiąże się z bólem, ku zdziwieniu wielu ludzi niektóre traumy mogą sprawiać wrażenie przyjemnych. Dzieje się tak, gdy odczucie przyjemności jest zbyt wszechogarniające lub gdy człowiek doświadcza przyjemności akurat w momencie pojawienia się bolesnej traumy i wtedy tworzy skojarzenia między tymi dwoma doświadczeniami. Podsumowując, z traumą mamy do czynienia wówczas, gdy reakcja na daną sytuację staje się automatyczna i obecne (w pewnym sensie przyszłe) wydarzenia przywołują ową wcześniejszą reakcję, nieadekwatną do teraźniejszej sytuacji i okoliczności.

Dla przykładu, gdy mysz widzi cień jastrzębia i skacze na prawo, by uratować życie, można z dużym prawdopodobieństwem przypuszczać, że została straumatyzowana – w tym przypadku śmiertelnie przerażona. W przyszłości, gdy pojawi się podobne uczucie, na przykład gdzieś przemknie cień jastrzębia, mysz będzie nadal skakać w prawo, niezależnie od tego, czy ma to sens, czy nie – dzieje się tak, gdyż to traumatyczna reakcja na obecne wydarzenie (podobne do wcześniejszego) każe jej zachować się w ten sposób. Z punktu widzenia biologii, w przypadku myszy może to być dobra strategia, która pozwala jej przetrwać. Jednak w przypadku ludzi i naszego o wiele bardziej skomplikowanego życia, automatycznie wyzwalane traumatyczne reakcje – na pozór bezsensowne – to katastrofa.

Choć uważamy zazwyczaj, że traumatyczne przeżycie rozciąga się w czasie, w rzeczywistości na traumę składają się pojedyncze chwile. Momenty te często tworzą łańcuch traumatycznych zdarzeń powiązanych ze sobą tą samą treścią emocjonalną. Istnieje kilka terapii wykorzystujących ten fakt, jak Terapia Skoncentrowana na Ciele (Body Centered Therapy) Gaya Hendricksa, Redukcja Zdarzeń Traumatycznych (Traumatic Incident Reduction) Franka Gerbode i mojego autorstwa – Uzdrawianie Całym Sercem (WHH). Alternatywna definicja traumy mówi, że jest to każdy moment w czasie, którego obraz przechowywany przez nasz organizm widziany jest spoza naszego ciała (definicję tę wykorzystuje terapia Uzdrawiania Całym Sercem jako podstawę procesu uzdrawiania traumy).

Traumatyczne wydarzenie może być wynikiem urazu lub innego rodzaju wpływu, który na pierwszy rzut oka nie wydaje się mieć działania traumatyzującego. Trauma pokoleniowa, „skorupa" osobowościowa, źle zrozumiane polecenia Gai oraz konflikty z tożsamościami trójni mózgu to przykłady bardziej subtelnych przyczyn traumy, które opisujemy w tomach II i III. Trauma może powodować występowanie kolejnych traum, gdy sprawia, że jednostka „pakuje się" w sytuacje, które są przyczyną następnych traumatycznych przeżyć. Znane przykłady to projekcja i powtarzanie wzorców dysfunkcjonalnych.

Traumę można zdefiniować jeszcze w inny, bardziej fundamentalny sposób. W stanie świadomości, który określamy Stanem Przestrzenności, traumę można postrzegać jako zagęszczenie lub zakłócenie w medium stanowiącym podstawę bytu fizycznego (w tomie III omawiamy szczegółowo wykorzystanie tego podejścia w uzdrawianiu).

Gdy trauma zostanie uzdrowiona, nie ma już wpływu na teraźniejszość i – gdy przypomnimy sobie związane z nią zdarzenie – nie odczuwamy żadnych negatywnych lub pozytywnych emocji.

4.4. MODEL ZDARZEŃ ROZWOJOWYCH DLA STANÓW, DOŚWIADCZEŃ I ZDOLNOŚCI SZCZYTOWYCH

To w zasadzie bardzo prosty model, który wyjaśnia wszystkie dane dotyczące stanów szczytowych, doświadczeń szczytowych i wyjątkowych zdolności. Na ów model składają się trzy elementy: 1) występowanie traumy, 2) krytyczne zdarzenia rozwojowe w łonie matki, 3) nabycie „fałszywego ja" lub „skorupy" podczas narodzin, co daje ludziom poczucie posiadania granic skórnych (opisujemy to w tomie II). Dla potrzeb niniejszej analizy zignorujemy pozostałe czynniki, które nie odgrywają aż tak dominującej roli (opisujemy je w tomach II i III).

Podczas zdarzeń rozwojowych, przez które wszyscy przechodzimy na drodze naszego rozwoju (przede wszystkim w macicy oraz w jajnikach mamy i jądrach taty), w pewnych momentach wydarzają się pewne doświadczenia duchowe i/lub zdolności i/lub manifestują się pewne stany. Dla większej jasności – przykładami takich zdarzeń rozwojowych są poczęcie i zagnieżdżenie się jaja w macicy (choć owe zdarzenia są często w badaniach rozwoju płodu nazywane „stadiami rozwojowymi", w niniejszej pracy będziemy nazywać je „zdarzeniami rozwojowymi" w celu podkreślenia faktu, że kluczowe momenty inicjujące nowy etap trwają bardzo krótko). Jeśli ów rozwojowy „kamień milowy" zostanie osiągnięty bez reakcji traumatycznej, owo doświadczenie duchowe, stan lub zdolność są dla nas osiągalne po narodzinach (niektóre rodzaje stanów i zdolności wymagają wystąpienia pewnej liczby zdarzeń rozwojowych).

Jeśli w trakcie krytycznego zdarzenia rozwojowego w łonie matki wystąpi trauma, płód na ogół nadal będzie osiągać stan lub zdolność będącą wynikiem wzrostu złożoności organizmu. Jednak podczas narodzin pojawiają się niektóre rodzaje doświadczeń, które stale aktywują reakcje traumatyczne z czasu życia płodowego. W szczególności reakcje traumatyczne, które wystąpiły w momencie zdarzeń rozwojowych o kluczowym znaczeniu dla stanów/zdolności, o które nam chodzi, będą odciągać dziecko od jego naturalnych funkcji. Zamiast pozwalać działać organizmowi dziecka w sposób, w jaki ma działać, reakcje traumatyczne pokonają naturalne działania dziecka, zastępując je reakcjami, które wystąpiły w wyniku traumy. Dziecko wtedy traci ów stan/zdolność (przyczyny takiej sytuacji opisujemy w tomach II i III).

Do niedawna trudno było dowieść działania tej zasady, gdyż nie było metod pozwalających uzyskać dostęp do owych doświadczeń z życia płodowego. Ponadto, ponieważ badacze-terapeuci nie zdawali sobie sprawy, jakie znaczenie mają owe zdarzenia rozwojowe w życiu płodowym, badali je tylko biolodzy. Ta niewielka liczba terapii, która umożliwia uzyskanie dostępu do doświadczeń z życia płodowego, nie przygląda się zdarzeniom rozwojowym, chyba że z jakiegoś względu wypłyną one na powierzchnię. Jeśli pragniecie dowiedzieć się czegoś więcej o zdarzeniach rozwojowych, polecam lekturę prac psychoterapeuty Williama Emersona, który – o ile mi wiadomo – nie dokonał jeszcze koncepcyjnego przełomu w odniesieniu do stanów szczytowych (co stało się naszym udziałem), ale jest już bardzo blisko jego osiągnięcia.

Model zdarzeń rozwojowych wyjaśnia istnienie wielu różnych stanów szczytowych:

– po pierwsze, różne zdarzenia rozwojowe wywołują różne rodzaje stanów ze względu na określone zmiany organizmu;

– po drugie, wraz z rosnącą złożonością organizmu niektóre stany zaczynają bazować na poprzednich stanach. Tym samym niektóre z nich występują często lub łatwo je osiągnąć, gdyż wymagają przejścia przez najwyżej dwa zdarzenia rozwojowe przy minimalnej traumie. Inne stany wymagają przejścia przez większą liczbę trudnych zdarzeń rozwojowych bez traumy i dlatego występują znacznie rzadziej;

– po trzecie, dlatego właśnie ludzie doświadczają często stanów cząstkowych (wchodzą w nie i z nich wychodzą), gdyż odpowiednie zdarzenia rozwojowe nie były całkowicie pozbawione traum. Różne okoliczności mogą aktywować więcej lub mniej reakcji traumatycznych, odciągając osobę od osiągnięcia pełnego stanu.

4.5. UZYSKIWANIE STANÓW TRWAŁYCH – IMPLIKACJE MODELU

Jakie naturalne implikacje może mieć model zdarzeń rozwojowych stanów szczytowych? Jako pierwszy nasuwa się wniosek, że jeśli uzdrowimy odpowiednie zdarzenia rozwojowe, powinniśmy uzyskać odpowiedni stan szczytowy, za który owe zdarzenia są „odpowiedzialne". Drugi wniosek: uzdrawianie zdarzeń rozwojowych może przynieść stany lub zdarzenia o charakterze trwałym. I, rzecz jasna, takie podejście w przypadku większości naszych klientów się sprawdza! – w przeciwieństwie do innych rodzajów procesów, które głównie próbują uwolnić reakcję traumatyczną i muszą być stale „praktykowane".

Ten zadziwiający rezultat pracy nad modelem oznacza, że jeśli chcemy osiągnąć określony stan, zdolność lub doświadczenie duchowe, możemy dojść do odpowiedniego krytycznego momentu rozwojowego i go uzdrowić – i że owe momenty rozwojowe *są takie same u każdego człowieka*. Gdy tylko pozna się „mapę drogową" ze wszystkimi istotnymi zdarzeniami rozwojowymi oraz sposobem dotarcia do nich i ich uzdrowienia, w większości przypadków natychmiast uzyskuje się pożądany rezultat. To bardzo, bardzo proste. W trakcie naszych prac zlokalizowaliśmy niektóre z owych „kamieni milowych", ale spodziewam się w przyszłości badać i znajdować nowe.

Traumy niezwiązane z owymi krytycznymi zdarzeniami rozwojowymi w życiu płodowym, generalnie rzecz biorąc, nie mają wpływu na stan jednostki. Jedyny wyjątek, z jakim się spotkaliśmy, i który oparty jest na doświadczeniu pewnej grupy ludzi, których wprowadzaliśmy w stany szczytowe, to wpływ czegoś, co nazwaliśmy „traumą dominującą". Jest to jakieś zagadnienie z ich życia, które ma na nich tak ogromny wpływ, że gdy przeprowadzamy te osoby przez proces mający wywołać stan szczytowy, nic się nie dzieje – aż do momentu uzdrowienia tej dominującej traumy. Gdy to się uda, osoby te natychmiast „wskakują" w docelowy stan. Według moich szacunków ów problem dominującej traumy dotyczy mniej niż 10% badanych przez nas ludzi.

Zrozumienie powiązań między traumami ma znaczenie w opracowywaniu techniki wprowadzającej w stany szczytowe. Jeśli nie jesteście obeznani z terapiami regresyjnymi, takimi jak Redukcja Zdarzeń Traumatycznych (TIR) lub Uzdrawianie Całym Sercem (WHH), wyjaśnię to dokładniej. Dzięki stosowaniu tych i innych technik wiemy, że wydarzenia traumatyczne, które łączy wspólny wątek związany z podobnymi odczuciami, gromadzą się razem (jakby nabudowywały się na tej samej nici). Te późniejsze traumy mają zazwyczaj charakter traumatyzujący tylko dlatego, że pierwsza trauma udziela swojego „uderzenia" obecnemu doświadczeniu o charakterze traumatycznym. Każdy określony materiał traumatyczny, połączony podobieństwem wątku emocjonalnego, dr Stanislav Grof nazywa „coex" (*condenced experience*). Od momentu, gdy odkryto, że uzdrowienie najwcześniejszej (przyczynowej) traumy „rozpuszcza" pozostałe, bez konieczności uzdrawiania każdego zdarzenia z osobna, terapeuci wykorzystują w praktyce tę zasadę, by skrócić czas terapii. Istnieje jednak pewien wyjątek od tej reguły. Jeśli późniejsza trauma wiąże się także z urazem fizycznym, należy ją uzdrowić jako osobną traumę. Tak więc w przypadku naszej metody wywoływania stanów szczytowych powinniśmy odnaleźć i uzdrowić owe późniejsze powiązane traumy o charakterze fizycznym. Na szczęście nie występują one zbyt często – większość traum występujących po narodzinach ma charakter emocjonalny, a nie fizyczny.

PRZYKŁAD

Wiele ścieżek duchowych wykorzystuje różne techniki dostępu do czegoś, co nazywają Bogiem lub Stwórcą. Okazuje się, że w niektórych momentach rozwojowych, takich jak zapłodnienie i zagnieżdżenie jajeczka, pewne elementy owej świadomości „Stwórcy" zostają włączone w proces powstawania bardziej złożonego organizmu. To oznacza, że można dotrzeć do Stwórcy w każdym momencie, w którym uda nam się powrócić do momentu rozwojowego, kiedy owe elementy świadomości Stwórcy stają się naszą częścią (każdej jednostki ludzkiej). Jeśli ów moment zostanie w pełni uzdrowiony, jednostka może uzyskać dostęp do tego duchowego doświadczenia (zdolności duchowej). Gdy zostanie uzdrowiony cały traumatyczny materiał związany z danym wydarzeniem, nie musimy nawet cofać się w przeszłość do owego momentu rozwojowego, by uzyskać dostęp do tej zdolności, gdyż będzie ona stale dostępna nam w teraźniejszości.

PRZYKŁAD

Jednym ze sposobów połączenia się z przeszłymi (i przyszłymi) żywotami i utrzymania ich świadomości jest powrót do momentu pokrycia się jajeczka powłoką w chwili opuszczenia jajnika, i uzdrowienie odpowiedniej traumy (kwestię tę omawiamy szczegółowo w rozdziale 7).

Pragnę podkreślić raz jeszcze – nie musimy uzdrawiać wszystkiego, by uzyskać pożądaną zdolność/doświadczenie/stan – wystarczy uzdrowić kilka *właściwych* traum! Traumy te występują *w określonych przełomowych zdarzeniach rozwojowych – takich samych dla każdej jednostki ludzkiej*. Oto podstawa jednej z metodologii stosowanych przez Instytut Badań nad Stanami Szczytowymi. Oczywiście niektórzy ludzie w późniejszym życiu doświadczają komplikujących traum, podobnej do traumy narodzin, które działają jak dodatkowe blokady. Jednak nie ma ich tyle, ile można by oczekiwać, gdyż w momencie uzdrowienia traumy źródłowej kolejne traumy automatycznie zostaną rozpuszczone – za wyjątkiem traum związanych z urazem fizycznym.

4.6. MODEL ZDARZEŃ ROZWOJOWYCH A ZAOBSERWOWANE DANE

Po pierwsze – w jaki sposób model wyjaśnia istnienie osób, które funkcjonują w naturalnych stanach szczytowych? Względnie proste stany, takie jak Ścieżka Piękna, wymagają pomyślnego przejścia jednego-dwóch przełomowych zdarzeń rozwojowych, toteż z pewną niewielką częstotliwością (według naszych szacunków około 8%) występują w ogólnej populacji. Jednak bardziej radykalnie ulepszone stany wymagają udanego ukończenia pewnej liczby zdarzeń rozwojowych. Statystycznie rzecz biorąc, jest mało prawdopodobne, by dana osoba prawidłowo przeszła przez jakiekolwiek przełomowe zdarzenie rozwojowe bez traumy. Potrafimy przypisać prawdopodobieństwo, z jakim każde pomyślnie zakończone zdarzenie rozwojowe (na przykład poczęcie lub zagnieżdżenie jajeczka) występuje w przeciętnej populacji. Im „wyższy" stan, tym większa liczba owych zdarzeń musi zakończyć się powodzeniem. Jeśli przemnożyć owe prawdopodobieństwa (by uzyskać prawdopodobieństwo całkowite), średnia liczba osób posiadających takie stany spada do prawie zera (zob. Dodatek A, w którym szacujemy prawdopodobieństwo występowania tych stanów).

Najprostszy model zakłada, że każde zdarzenie rozwojowe może przebiegać pomyślnie, czyli bez traumy, albo – gdy coś idzie nie tak – wystąpi trauma. Na tej podstawie można obliczyć, jaki odsetek populacji funkcjonuje w danym stanie szczytowym. Innymi słowy, można określić, jak wielu ludzi nie ma traum blokujących wystąpienie stanów szczytowych. Wyjaśnia to względnie małą liczbę ludzi funkcjonujących przez cały czas w naturalnych stanach szczytowych. Może przedstawimy to za pomocą analogii – w grze we flipera rzadko zdarza się, że kula (czyli ty) spadnie na sam dół bez uderzenia w którąś z przeszkód (traum występujących podczas przełomowych zdarzeń rozwojowych). W im więcej bramek uderzy kula, tym mniej zdolności i stanów posiadamy, choć ważne jest, w które bramki uderzymy – za niektóre z nich dostajemy więcej punktów karnych niż za inne...

Czas nieco skomplikować nasz model, by zwiększyć jego dokładność. Można czasem spotkać ludzi, którzy w ciągu tygodnia wchodzą i wychodzą z danego stanu szczytowego, a to oznacza, że dana osoba nie przeszła danego zdarzenia rozwojowego z pełnym sukcesem (całkowicie bez traumy), ale też nie poniosła całkowitej porażki. Dzieje się tak dlatego, gdyż trauma, która wystąpiła podczas zdarzenia rozwojowego, była mało znacząca oraz/lub dlatego, że reakcja traumy blokującej wystąpienie danego stanu wywoływana jest tylko przez niektóre okoliczności zewnętrzne. Możemy zatem skomplikować nasz model, wprowadzając prawdopodobieństwo niewielkiego znaczenia traumy, która nie powoduje, że osoba przez większość czasu traci ów stan (prawdopodobieństwo to możemy oszacować – zob. Dodatek A).

PRZYKŁAD

> Zawsze w momentach, gdy czułem dezaprobatę ze strony kobiety, traciłem Stan Ścieżki Piękna i trwało to aż do chwili, gdy sytuacja uległa zmianie – to ona wywoływała u mnie reakcję traumatyczną.

Przyjrzyjmy się teraz temu, w jaki sposób nasz model wyjaśnia owe metody osiągania tymczasowych szamańskich lub duchowych stanów lub doświadczeń szczytowych opisanych w rozdziale 3. Jak te metody działają? Pamiętajcie, że przyczyną blokady owych stanów lub zdolności jest trauma. Jeśli zastosujemy proces, w którym udaje się zrelaksować organizm do tego stopnia, że nie wywołujemy reakcji traumatycznej u danej osoby, stan ów automatycznie się pojawia – *ponieważ jest to nasz naturalny stan, nasze przyrodzone prawo!* Zostaliśmy stworzeni, by mieć dostęp do tych doświadczeń i by żyć w najwyższym możliwym stanie. Tym samym techniki, które przynoszą odprężenie określonych części organizmu, pozwalają na tymczasowe uzyskanie stanu aż do momentu, w którym stan odprężenia znika i przechowywane informacje o traumie (które zabraniają organizmowi funkcjonowania w naturalnym stanie pozbawionym napięcia) są na nowo odgrywane w organizmie.

Model ten wyjaśnia także, dlaczego w przypadku niektórych osób pewne praktyki szamańskie lub duchowe sprawdzają się, choć dla większości z nas są zupełnie bezużyteczne. Ci „niektórzy" albo potrafią wyjątkowo dobrze rozluźnić reakcje traumatyczne, lub też reakcje te mają pomniejsze znaczenie i osoby te znajdują się prawie w pożądanym stanie. Tłumaczy to także, dlaczego zdecydowana większość ludzi nie może z powodzeniem stosować tych technik – bowiem mają problemy ze zdarzeniami rozwojowymi. Jeśli tak jest w twoim przypadku, to nieważne jak dużo będziesz medytował – i tak ci to nie pomoże. Albo jesteś naturalnym szamanem lub nauczycielem duchowym (tj. masz niewiele wczesnych traum), albo nie – albo już jesteś we właściwym stanie i musisz tylko wiedzieć, jak go używać, albo możesz z powodzeniem stosować te techniki, by utrzymać ów właściwy stan. Tak więc do rzadkości należą ludzie, którzy osiągnęli bądź potrafią uzyskać bardziej „zaawansowane" stany lub zdolności (tzn. tacy, którzy mają odpowiednio dużo pomyślnie zakończonych zdarzeń rozwojowych).

Jak to wszystko się ma do „kryzysów duchowych", o których była mowa w rozdziale 1? Z punktu widzenia modelu zdarzeń rozwojowych osoby w drodze do stanów szczytowych mogą przejść przez piekło, gdyż często uruchamiane są poważne traumy owych zdarzeń. Ponieważ normalnym ludziom brak doświadczenia pozwalającego rozpoznać wczesne traumy lub traumy z życia płodowego, większość z nich nigdy nie korzysta z nowszych terapii mocy – po prostu prowadzi próby i stara się wszystko jakoś znieść licząc, że samo przejdzie. Inny rodzaj kryzysu duchowego pojawia się w momencie, gdy jednostka traci stan szczytowy. Jak już wspomniałem, towarzyszy temu uczucie, jakby zostało się „wykopanym z nieba", co prowadzi do depresji i nastrojów samobójczych. Sytuacja taka pojawia się wtedy, gdy aktywowana zostanie stłumiona wcześniej trauma związana ze zdarzeniem rozwojowym, blokując tym samym stan szczytowy (inne przyczyny tego problemu omawiamy w tomie III).

Wykorzystując nasz model, możemy także wyjaśnić, jak działają techniki szamańskie, takie jak *vision quest* (rytuał poszukiwania wizji), gry na bębnie czy środki odurzające. Otóż metody te tymczasowo blokują niektóre reakcje traumatyczne, co umożliwia organizmowi wejście w stan szczytowy. Praktyk często nie jest świadom tego, co zrobił, ponieważ jednocześnie przeżywa różnego rodzaju doświadczenia na różnych poziomach istnienia. Mówiąc codziennym językiem, może „rozpętać się piekło", tak więc powiązanie między mniejszą liczbą traum a tym doświadczeniem nie jest oczywiste. Przykładami innych poziomów świadomości (z twoich własnych doświadczeń) mogą być doświadczenia Stwórcy albo Pustki oraz wiele innych, które opisujemy w tomie II jak Święte Istoty lub Archetypy. Ponadto, podczas tych praktyk zdarzają się sytuacje doświadczania części nieuzdrowionych traum rozwojowych – wtedy rezultaty mogą być trudne i bolesne. Takie traumy często są chronicznie ponownie przeżywane, gdyż nie zostały rozpoznane jako traumy z czasu życia płodowego i uzdrowione.

PRZYKŁAD

> Hank Wesselman w książce *Spiritwalker* opisuje uczucie ciśnienia w momencie, gdy jego świadomość przenosi się wprzód w czasie. Choć istnieje kilka możliwych wyjaśnień tego zjawiska, najprawdopodobniej z tą zdolnością związana została trauma z życia płodowego, która za każdym razem jest ponownie przeżywana.

4.7. INNE BLOKADY STANÓW SZCZYTOWYCH

Jeśli chcielibyśmy dalej skomplikować nasz model w celu uzyskania większej dokładności, moglibyśmy przyjrzeć się *rodzajom* traum, które mogą wystąpić podczas zdarzenia rozwojowego. Trauma może mieć poważniejszy charakter, na przykład w sytuacji, gdyby dany organ nie rozwijał się prawidłowo, lub gdyby powstała „dziura", lub doszłoby do ingerencji ze strony mózgu Buddy/korony (wyjaśnienie tych ostatnich terminów czytelnik znajdzie w publikacji *The Basic Whole-Hearted Healing Manual*). W takich przypadkach konieczne będzie zastosowanie procesu uzdrawiania, takiego jak WHH, bardziej ukierunkowanego na tego rodzaju problemy, niż proste procesy typu EFT lub TAT.

Ponadto wiemy, że trauma, która wystąpiła w bardzo wczesnych kluczowych zdarzeniach rozwojowych (opisanych w rozdziale 6) „buduje" predyspozycje organizmu do niepowodzenia w kolejnych zdarzeniach rozwojowych. Odkryliśmy taką sytuację u kilku ochotników, którym nie udało się pomyślnie przejść niemal żadnego zdarzenia rozwojowego – to, że przeżyli, jest prawdziwym cudem. Zidentyfikowaliśmy kilka takich traumatycznych wydarzeń i okazało się, że uzdrowienie ich w pierwszej kolejności zwiększyło skuteczność naszych procesów.

Istnieją też inne niezwykle ważne przyczyny traum jajeczka, plemnika i płodu podczas zdarzeń rozwojowych – są to nabyte traumy pokoleniowe ze strony matki lub ojca (w tomie III opisujemy, jak je uzdrawiać). Niekiedy matka lub ojciec nieświadomie zakłócają stadia rozwoju plemnika, jajeczka lub płodu. Zakłócenia te towarzyszą poważnym uszkodzeniom mechanicznym, takim jak zatrucie, próba usunięcia ciąży, urazy w wyniku uprawiania seksu podczas ciąży, itp. Nasi klienci nie mieli do czynienia z owymi nieświadomymi zakłóceniami tak często, jak to miało miejsce w przypadku poprzednich problemów (omawiamy ten temat szczegółowo w tomach II i III). Mamy też dowody na istnienie odwrotnej zależności – matka lub ojciec będąc w stanie szczytowym nieświadomie „pomagają" plemnikowi, jajeczku lub płodowi w przebyciu zdarzeń rozwojowych bez traumy. Ten mechanizm, tudzież brak zakłócających traum pokoleniowych, wyjaśniałby zjawisko – które wydaje się mieć miejsce – częstego dziedziczenia stanów i zdolności szczytowych w ramach rodziny. Stąd można wysnuć wniosek, że matki proaktywnie mogą pomóc nienarodzonym jeszcze dzieciom, poprawiając własny dobrostan.

Wreszcie można zauważyć, że w pozbawionych traum wspomnieniach z czasów życia płodowego lub życia jako jajeczko i plemnik, znajdujemy się w stanach szczytowych, nawet jeśli podstawowe momenty traumy rozwojowej nie zostały uzdrowione. I potem, po porodzie (jak każdy inny ssak) tracimy stany szczytowe. Istnieje kilka przyczyn tego zjawiska: po pierwsze – w łonie matki płód czuje się dość bezpiecznie, co łagodzi traumatyczne reakcje, za wyjątkiem chwil, w których występują zdarzenia traumatyzujące. Po drugie – nabywana w momencie porodu „skorupa" aktywuje wcześniejsze traumy. Istnieje jednak jeszcze jeden fundamentalny powód, który – zgodnie z przewidywaniami modelu – ma wiele wspólnego ze zdarzeniem rozwojowym, którego większość ludzi nie przechodzi prawidłowo. Ma ono miejsce w pierwszej chwili, gdy płód i matka rozpoczynają proces narodzin, nawet jeszcze przed pierwszym skurczem (w tomie II opisujemy to zjawisko szczegółowo, wyjaśniając traumatyczną „siłę" tego zdarzenia).

4.8. „MUZYKA" W TRAKCIE ZDARZEŃ ROZWOJOWYCH

Każdemu zdarzeniu rozwojowemu towarzyszy określony rodzaj „muzyki", którą można „usłyszeć" w procesie regresji do zdarzeń, które miały miejsce przed narodzinami. Choć muzyka ta nie jest obecna fizycznie i można powiedzieć, że istnieje na poziomie „duchowym", niektóre rodzaje muzyki akustycznej dobrze naśladują ową muzykę duchową. W rzeczywistości „muzyka" ze zdarzeń rozwojowych prawdopodobnie dla wielu twórców jest źródłem inspiracji.

To spostrzeżenie włączyliśmy do naszych procesów. Aby pomóc klientowi w dotarciu do określonego zdarzenia rozwojowego z życia płodowego, wybieramy muzykę zbliżoną do muzyki „duchowej", towarzyszącej danemu zdarzeniu – na szczęście muzyka jest taka sama dla wszystkich (oczywiście w ramach danego zdarzenia rozwojowego).

Można by powiedzieć, że istnieje coś, co przypomina „muzykę sfer" z tradycji starożytnych Greków. Jednak „muzyka sfer" dotyczy archetypów, nie ma w niej harmonii (gdyż każdy ton jest całkowicie niezależny od pozostałych) – i nie ma związku z opisaną wyżej muzyką „duchową".

PRZYKŁAD
Spostrzeżenie dotyczące muzyki zdarzeń rozwojowych mogłoby wyjaśniać, czemu takie techniki, jak Oddychanie Holotropiczne wymaga określonych

rodzajów muzyki, by skutecznie działać. Muzykę tę wybiera się albo puszczając wybrane wcześniej standardowe utwory, albo doświadczony praktyk wybiera ją kierując się intuicją, a czasami sam klient wie, jaka muzyka mu pomoże.

PRZYKŁAD

W naszej praktyce terapeutycznej mieliśmy do czynienia z klientami, których pociągał określony utwór muzyczny. Często tak się dzieje z powodu występowania traumy rozwojowej, która próbuje przedostać się do świadomości – muzyka, na której koncentrują się klienci, jest bliską analogią do muzyki „duchowej" z danego momentu rozwojowego.

4.9. TRUDNOŚCI W OKREŚLANIU ISTOTNYCH ZDARZEŃ ROZWOJOWYCH DLA STANÓW SZCZYTOWYCH

W pracy badawczej często przeprowadzamy regresje do momentów życia płodowego i wcześniejszych zdarzeń rozwojowych, by określić, z którymi stanami, zdolnościami lub doświadczeniami szczytowymi mają one związek. Czasami wychodzimy od docelowego stanu szczytowego i próbujemy znaleźć odpowiednie momenty rozwojowe. Rzecz jasna, pierwszą główną przeszkodą jest znalezienie momentów, które mają znaczenie dla stanu, który chcemy uzyskać. Istnieją jednak także inne, mniej oczywiste przeszkody utrudniające określenie zdarzeń rozwojowych.

Po pierwsze, w momencie gdy wy lub wasi klienci przeprowadzacie regresję do określonego zdarzenia, dochodzi do ponownego doświadczenia tego, co wtedy miało miejsce. W tym momencie większość terapeutów zakłada, że to co przydarzyło się owej wczesnej jaźni/postaci Ja było tym, co miało się zdarzyć – przy udziale lub bez udziału traumy. W rzeczywistości jednak pełna przemiana, która powinna nastąpić podczas zdarzenia rozwojowego jest blokowana przez traumę. Jeśli stosujemy terapię mocy, taką jak WHH, w momencie uzdrowienia owych traumatycznych momentów okazuje się, że zdarzenie z przeszłości się zmienia. Często duże zmiany podczas wydarzenia mają miejsce tylko wtedy, gdy zostanie rozpuszczona ostatnia trauma. W trakcie eksperymentów przechodzimy wielokrotnie do przedziału czasowego zdarzenia rozwojowego, za każdym razem niejako „na nowo" go uzdrawiając, gdyż za każdym razem występuje coraz więcej zmian. Innymi słowy, za każdym razem, gdy stosowaliśmy terapię mocy, by uzdrowić tę samą traumę, działo się coś nowego. Po kilku powtórzeniach czasami trudno było sobie wyobrazić, że chodzi o to samo wydarzenie! Ta zmiana doświadczenia to coś, czego inni badacze mogą się nie spodziewać i może im to przeszkadzać w analizie danych zdarzeń rozwojowych.

Drugi problem jest jeszcze dziwniejszy – dotyczy stanów szczytowych, które opierają się na sekwencji zdarzeń rozwojowych. Jeśli wcześniejsze, podstawowe zdarzenia rozwojowe nie zostały przebyte poprawnie, badane przez nas zdarzenie rozwojowe (późniejsze) zmieni się tylko do pewnego momentu – potencjalny rezultat tego etapu nie zostanie w pełni doświadczony. Niezależnie od długości procesu uzdrawiania dojdzie tylko do doświadczenia cząstkowego. To oznacza, że przerobienie w pierwszej kolejności wcześniejszego zdarzenia rozwojowego (jeśli się wie, gdzie ono jest) umożliwia inny sposób rozwiązania późniejszych zdarzeń. Można to zaobserwować, gdy najpierw uzdrawiamy późniejszy etap, następnie wcześniejszy, a potem znowu wracamy do późniejszego, i wtedy tam dostrzegamy zmiany, które dokonały się bez naszego działania. Oczywiście niektóre stany/doświadczenia/zdolności szczytowe opierają się na jednym (pojedynczym) zdarzeniu rozwojowym i wcześniejsze traumy związane ze zdarzeniami nie mają tu znaczenia.

Ogólnie rzecz biorąc, określanie stadiów rozwojowych i realizacja ich pełnego potencjału to dość trudna praca. Mapa tych etapów określająca, co kiedy powinno się zdarzyć, pozwoliłaby zaoszczędzić mnóstwo czasu – często chcielibyśmy móc ją, ot tak, kupić od kogoś innego!

4.10. WYKORZYSTYWANIE RÓŻNYCH RODZAJÓW TERAPII UZDRAWIANIA TRAUM

Istnieją różne terapie „mocy" i terapie „energetyczne", pozwalające uzdrawiać owe zdarzenia rozwojowe. Odsyłamy czytelnika do listy lektur zamieszczonej na końcu rozdziału lub do naszego *Basic Whole-Hearted Healing Manual*, w którym także jest o nich mowa. W szczególności podręcznik WHH kładzie nacisk na uzdrawianie różnych wyjątkowych doświadczeń mających znaczenie w tej pracy.

Prawdopodobnie największą przeszkodą w stosowaniu tych terapii jest zregresowanie klienta do właściwego zdarzenia rozwojowego (w rozdziale 9 omawiamy metodę pozwalającą ominąć ten problem). Kolejna przeszkoda polega na tym, że jeżeli terapeuta nie wie dokładnie, co na danym etapie rozwojowym powinno się wydarzyć, często zbyt wcześnie kończy proces uzdrawiania, zanim pojawią się bardziej radykalne zmiany.

Innym problemem w przypadku niektórych terapii skierowanych na eliminację reakcji traumatycznej (takich jak TFT i EFT) jest możliwość odwrócenia owych reakcji. Oznacza to, że w danym momencie możemy wyeliminować traumę, ale jakieś późniejsze zdarzenie w życiu danej osoby może tę traumę przywrócić. To trochę tak, jakby działanie terapii spowodowało wymazanie książki na karcie bibliotecznej – tak by jednostka nie miała już dostępu do traumy. Jednak książka nadal jest w księgozbiorze, toteż jeśli dawne wymazanie zostanie przywrócone, książka znów będzie dostępna. Niemniej jednak terapie te są niezwykle użyteczne, szybkie i proste, i często nie ulegają odwróceniu, toteż stosujemy je w wielu naszych procesach.

Jedną z przyczyn nieodwracalności działania niektórych terapii mocy – takich jak TIR i WHH – jest fakt, że *wraz z uzdrowieniem traumy zmieniają one przeszłość*. Na szczęście każda metoda uzdrawiania eliminująca reakcję traumatyczną także przynosi pożądany rezultat, nawet jeśli nie zmienia przeszłości. Przykładem tego typu terapii, która nie zmienia przeszłości, ale dla naszych celów sprawdza się w większości sytuacji, jest EFT. Koncepcja zmiany przeszłości przekracza, rzecz jasna, granice naszego pojmowania, ale pojawia się w momencie doświadczania niektórych zaawansowanych stanów, które opisujemy w dalszych rozdziałach (pełny opis doświadczenia i zrozumienia zjawiska zmiany przeszłości przedstawiamy w rozdziale opisującym Wymiar Świętości w tomie II).

PRZYKŁAD

> Gdy doświadczamy przeszłego życia, czasami okazuje się, że możemy zmieniać bieg zdarzeń lub też kontaktować się z osobami zaangażowanymi w zmianę biegu zdarzeń. Choć można twierdzić, że nie ma sposobu na udowodnienie tego, możliwa jest także sytuacja odwrotna, która ma wpływ na nasze życie – nasze przeszłe życia także mogą się z nami komunikować i wywierać wpływ na nasze decyzje. To ostatnie zdarzenie może nas zaskoczyć, gdy się pojawi. Hank Wesselman opisuje tego typu sytuację w swoich książkach i czasami dostrzegamy ją u naszych klientów (omawiamy tę kwestię szczegółowo w rozdziale 7).

Wraz z poprawą stanu świadomości uzdrawianie traum jest coraz łatwiejsze, a to oznacza, że dobrze jest jak najszybciej uzyskać stany szczytowe, by ułatwić procesy uzdrawiania cięższych traum.

Pracując z klientami odkryliśmy, że trudno uzdrowić zdarzenie rozwojowe, jeśli sami jako terapeuci mamy związaną z tym zdarzeniem traumę. Gdy klient mierzy się ze swoją traumą, zwykle szuka w terapeucie bezpieczeństwa. Tak więc, jeśli w terapeucie zostanie uruchomiona reakcja traumatyczna w tym właśnie zdarzeniu rozwojowym – nawet jeśli wyprze ją ze świadomości – klient to wyczuje i będzie wzbraniał się przed konfrontacją z tą traumą. Dlatego podstawowym wymogiem jest wykonanie tej pracy *najpierw* na sobie. Jeśli posiadasz zdolność lub stan szczytowy, w który chcesz wprowadzić klienta, istnieje szansa, że w danym momencie masz niewiele lub nie masz żadnej traumy. Gdy mamy dane stany szczytowe, możemy względnie łatwo wprowadzać w nie innych, gdyż wiemy, gdzie leżą właściwe traumy i już nie "przekazujemy" klientowi nieświadomego komunikatu, by uniknął bólu związanego ze zdarzeniem rozwojowym.

Niestety, istnieją też inne przyczyny „nieświadomego" blokowania klientów przed wejściem w stan szczytowy, nawet jeśli sami mamy ten stan. Odkryłem u niektórych moich studentów, że można mieć inne traumy, które sprawiają, iż chcemy zablokować postępy innych ludzi w dążeniu do danego stanu szczytowego.

Można też uzdrowić odpowiednie traumy u innej osoby bez ich świadomego udziału, jeśli tylko wiemy, co uzdrawiać i jeśli posiadamy odpowiednią do tego zdolność szczytową – to najszybszy i najbardziej efektywny sposób prowadzenia sesji indywidualnych. Jednak tego podejścia nie da się zastosować na grupach ludzi, jak również nie oferuje ono metod do samodzielnej pracy ze sobą.

4.11. O CZYM JESZCZE NIE WSPOMNIELIŚMY

Nie omówiliśmy jeszcze wszystkich podstawowych elementów modelu. Jeśli chcecie zastanowić się nad elementami, które omawiamy w tomie II, zadam wam kilka pytań, by wprowadzić was w ten temat:
– dlaczego prawie wszystkie ssaki i ludzie tracą stany szczytowe w trakcie swoich narodzin;
– co oznacza „święty" (*sacred*) i czym różni się od „świętości" (*the holy*);
– co uruchamia poród;
– co daje nam wrażenie posiadania granicy skóry;
– czym jest owo „ja", które doświadcza różnych przeżyć w stanie bliskim śmierci?

NAJWAŻNIEJSZE IDEE

Kluczowym zagadnieniem omawianym w tej książce jest fałszywe założenie współczesnego paradygmatu, które nakazuje takie podejście do problemu szczytowych stanów świadomości, że nie przynosi ono rozwiązania problemu. Zamiast pytać: „Jak można uzyskać lub nauczyć się szczytowych stanów świadomości?", prawidłowo sformułowane pytanie brzmi: „Co sprawia, że jednostka traci stany szczytowe, które są jej przyrodzonym prawem?". Takie pytanie uświadamia nam, że ludzie doświadczają wszystkich stanów szczytowych w łonie matki i zazwyczaj tracą je podczas narodzin. To z kolei przynosi niespotykane wcześniej rozwiązania.

Dziecko w łonie matki posiada większość lub wszystkie stany i zdolności szczytowe. Jego świadomość różni się od świadomości dziecka po narodzinach.

Dziecko traci większość stanów i zdolności w trakcie narodzin. Od tego momentu traumy rozwojowe, blokujące stany i zdolności szczytowe, są aktywowane prawie stale w życiu jednostki.

Jedynie *niektóre* rodzaje traumatycznych zdarzeń stanowią źródłową przyczynę blokującą stany, doświadczenia i zdolności szczytowe. Traumy te pojawiają się w określonych momentach rozwojowych w życiu człowieka i choć trauma po narodzinach pogłębia problem, większość bloków pojawia się przed narodzinami lub w ich trakcie. Momenty te są identyczne dla każdej osoby, choć treść traum może się radykalnie różnić.

Istnieją różne stany szczytowe, gdyż prowadzą do nich różne zdarzenia rozwojowe. Ponadto bardziej „zaawansowane" stany szczytowe wymagają pomyślnego przejścia przez różne zdarzenia rozwojowe. Dobrą analogią jest stół do gry we flipera – rzadko się zdarza, by kula w drodze na sam dół ominęła wszystkie przeszkody, i tak samo rzadko można spotkać człowieka, który przeszedłby przez wszystkie zdarzenia rozwojowe bez uszczerbku.

Zdolności szczytowe i doświadczenia „duchowe" można odzyskać dzięki regresji do odpowiednich zdarzeń rozwojowych i uzdrowieniu traumy, która wtedy wystąpiła. Można potem przeżyć to doświadczenie ponownie poprzez regresję do tego momentu, choć wraz z dalszym rozwojem można wracać do tych doświadczeń w dowolnej chwili, bez konieczności stosowania regresji.

Choć nie jest to pewny fakt, jesteśmy przekonani, że jeśli rodzice, a w szczególności matka, znajdowali się w odpowiednio intensywnym stanie szczytowym, dziecko urodzi się w co najmniej tak samo dobrym stanie, gdyż matka zadbała o to, by dziecko przeszło przez poród bez traumy. Podejrzewamy, że nawet gdy nie jest w stanie bezpośrednio pomóc jajeczkom i płodowi, to jeśli ona sama przeszła przez zdarzenie we właściwy sposób (lub uzdrowiła to zdarzenie później), płód prawdopodobnie też będzie w stanie przejść przez nie bez uszczerbku. Odwrotne działanie jest także prawdziwe – zaobserwowaliśmy u niektórych klientów, że nieświadome działania matki podczas zdarzeń rozwojowych hamowały poprawne rozwiązanie zdarzeń i powodowały traumę.

Nawet jeśli jesteśmy w stanie szczytowym, inne traumy mogą blokować naszą zdolność lub chęć uzdrawiania innych i wywołania u nich stanów szczytowych. Istnieje wiele krytycznych momentów rozwojowych w życiu prenatalnym dziecka i *każdemu z nich* towarzyszy duchowe doświadczenie obejmujące „dźwięk" pewnego rodzaju muzyki z poziomu duchowego. Muzyka ta jest identyczna dla wszystkich ludzi.

SUGEROWANA LEKTURA I STRONY INTERNETOWE

O ZDARZENIACH I TRAUMACH
W ŻYCIU PŁODOWYM, PRENATALNYM
I PERYNATALNYM

▲ Association for Pre- and Perinatal Psychology and Health; www.birthpsychology.com – znakomite materiały poświęcone regresji do życia płodowego.

▲ Early Trauma Treatment and Trainings, Terry Larimore; www.terrylarimore.com – strona internetowa zawierająca kolejne znakomite materiały.

▲ Seminaria Emerson Training, William Emerson, www.emersonbirthrx.com – Emerson jest (moim zdaniem) jednym z liderów psychologii pre- i perynatalnej.

▲ William Emerson, „The Vulnerable Prenate", artykuł przedstawiony na Kongresie APPPAH w San Francisco w 1995 r., opublikowany w *Pre- & Perinatal Psychology Journal*, Vol 10 (3), wiosna 1996, 125–142 – istnieje też w wersji internetowej: www.terrylarimore.com/VulnerablePrenate.html.

▲ Michael Gabriel i Marie Gabriel, *Voices from the Womb : Adults Relive their Pre-birth Experiences – a Hypnotherapist's Compelling Account*, Aslan Publishing, 1992.

▲ Stanislav Grof, *Przygoda odkrywania samego siebie*, Gdynia 2000 – doskonałe omówienie zagadnienia etapów narodzin i innych doświadczeń o charakterze duchowym i szamańskim.

▲ Terry Larimore i Graham Farrant, „Universal Body Movements in Cellular Consciousness and What They Mean", artykuł opublikowany po raz pierwszy w *Primal Renaissance*, Vol. 1, No. 1, 1995 – istnieje wersja internetowa pod adresem: www.terrylarimore.com/CellularPaper.html.

▲ Sheila Linn, William Emerson, Dennis Linn i Matthew Linn, *Remembering our Home: Healing Hurts and Receiving Gifts from Conception to Birth*, Paulist Press, 1999.

▲ Elizabeth Noble, *Primal Connections: How our Experiences from Conception to Birth Influence our Emotions, Behaviour, and Health*, Simon and Schuster, 1993.

▲ Bill Swartley, "Major Categories of Early Psychosomatic Traumas: From Conception to the End of the First Hour" w: *The Primal Psychotherapy Page* – wersja internetowa: www.primal-page.com/bills-1.html; doskonała praca ze znakomitymi odwołaniami.

OBRAZY PLEMNIKA, JAJECZKA ORAZ
STADIÓW ROZWOJOWYCH W ŁONIE MATKI

▲ *Journey Into Life: The Triumph of Creation* (30-minutowe nagranie wideo), 1990, Derek Bromhall, dystrybucja Questar Video, Inc. – to wyjątkowe nagranie podróży plemnika, jajeczka, zygoty oraz płodu; materiał został sfilmowany z tego samego punktu widzenia i w rozmiarach obrazu, w jakim widzieli te wydarzenia ludzie przypominający sobie traumy.

▲ Lennart Nilsson, *A Child is Born*, Delacorte Press, NY, 1990 – zdjęcia podróży plemnika, jajeczka, zygoty i płodu;

obrazy przypominają sceny widziane przez osoby wracające pamięcią do traum związanych z tymi zdarzeniami – pozycja zalecana.

Techniki i terapie regresji

- Leslie Bander, *Solutions*, Real People, 1985 – publikacja poświęcona terapii mocy VKD (Visual Kinesthetic Dissociation).
- Gerald French i Chrys Harris, *Traumatic Incident Reduction (TIR)*, CRC Press, 1999 – zob. też strona internetowa www.tir.org.
- Winafred Blake Lucas, *Regression Therapy: A Handbook for Professionals, Vol. 1: Past-life Therapy*, Deep Forest Press, 1993.
- Winafred Blake Lucas, *Regression Therapy: A Handbook for Professionals, Vol. 2: Special Instances of Altered State Work*, Deep Forest Press, 1993.
- Grant McFetridge i Mary Pellicer, MD, *The Basic Whole-Hearted Healing Manual*, trzecie wydanie, The Institute for the Study of Peak States Press, 2003.
- Francis Shapiro i Margot Forrest, *EMDR: The Breakthrough Therapy*, HarperCollins, 1997– zob. też strona internetowa www.emdr.org.

Terapie energetyczne i meridianowe

- BSFF (Be Set Free Fast) – metoda prosta, skuteczna i nawet szybsza od EFT, www.besetfreefast.com.
- EFT (Emotional Freedom Technique) – prosta i wyjątkowo skuteczna terapia energetyczna, www.emofree.com; strona zawiera linki do innych terapii meridianowych.
- TAT (Tapas Acupressure Technique) – terapia mocy, www.tat-intl.com; opracowana z myślą o alergiach oraz traumach.
- TFT (Thought Field Therapy) – terapia mocy, www.tftrx.com; pierwotna terapia energetyczna/meridianowa.

Inne skuteczne terapie

- Foundation for Human Enrichment, terapia Somatic Experiencing, www.traumahealing.com.
- Eugene Gendlin, *Focusing (revised edition)*, Bantam, 1981 – zob. też Focusing Institute, www.focusing.org.
- Gay Hendricks, *Learning to Love Yourself: A Guide to Becoming Centered*, Simon & Schuster, 1982.
- Gay Hendricks, *The Learning to Love Yourself Workbook*, Simon & Schuster, 1990 – zawiera prostą metodę tymczasowego odczucia stanu miłości i szczęścia.
- Gay i Kathryn Hendricks, *At The Speed of Life: A New Approach to Personal Change Through Body-Centered Therapy*, Bantam, 1993 – zob. też The Hendricks Institute, www.hendricks.com.
- Holotropic Breathwork, metoda opracowana przez dra Stanislava Grofa, www.breathwork.com.
- Primal Psychology Page (International Primal Association oraz inne), www.primals.org – szereg różnych linków.

Rozdział 5

STANY ŚWIADOMOŚCI TRÓJNI MÓZGU I DIAGRAM PERRY

5.1. WPROWADZENIE

W tym rozdziale omawiamy odkrycie Papeza i MacLeana dotyczące trójdzielnej struktury mózgu i pokazujemy, dlaczego jest ono podstawą wielu szczytowych stanów świadomości. Nazywamy je grupą „stanów fuzji mózgów" i są one szczególnie ważne, gdyż mają istotny wpływ na jakość naszego życia i nasze zdrowie. Stany te *dają* nam nieustanne uczucie szczęścia, spokoju, żywotności, łatwości, lekkości i pełni.

Przedstawiamy model trójni mózgu w jego ujęciu biologicznym i psychologicznym, co pomaga zrozumieć stany szczytowe fuzji mózgów i różne rodzaje kryzysów duchowych. W dalszych rozdziałach (i w tomie II) omawiamy także transpersonalne elementy modelu, wyjaśniając inne rodzaje trójni mózgu, powiązane ze szczytowymi stanami świadomości.

Przedstawiamy również diagramy dr Deoli Perry, które pozwalają zilustrować stopień połączenia/fuzji mózgów w poszczególnych stanach oraz ich podstawowe strukturalne przyczyny. Diagramy te pomagają klinicystom zidentyfikować typ i stopień stanu trójni mózgu klienta.

Stany omawiane w tym rozdziale:
– Stan Pod-przeciętnej Świadomości
– Stan Przeciętnej Świadomości
– Stan Zamknięcia Mózgu Umysłu
– Stan Zamknięcia Mózgów Umysłu i Serca
– Stan Samadhi (zamknięcie mózgów ciała i serca)
– Stan Zamknięcia Mózgu Serca
– Stan Wewnętrznego Spokoju
– Stan Podskórnego Szczęścia
– Stan Wielkiego Nieba
– Stan Komunikacji Mózgów
– Stan Głębokiego Spokoju
– Stan Pustej Wewnętrznej Przestrzeni
– Stan Pełni
– Stan Ścieżki Piękna

HISTORIA GRANTA

Odkrycie trójdzielnej struktury mózgu

Kontynuując uzdrawianie swoich traum, zdałem sobie w końcu sprawę z faktu, jak ważną rolę odgrywa trauma przeżyta w łonie matki i podczas narodzin. Będąc w Stanie Wewnętrznego Światła (podczas którego ciało wypełnione jest czystym jasnym światłem), uzdrowiłem przekonanie, że życie w macicy jest tak wspaniałe, jak życie w raju. Wówczas przypomniałem sobie dokładnie całe doświadczenie życia w łonie matki i zrozumiałem, jak wielka to była trauma. Zdałem sobie również sprawę, że wówczas stan mojej świadomości był bardzo szczególny, ale wtedy jeszcze nie rozumiałem, dlaczego tak było.

Dzień po dniu, po kolei uzdrawiałem traumy przeżyte w macicy. Podczas sesji holotropicznej pracy z oddechem z Sheelo, przeżyłem coś zarówno wspaniałego, jak i traumatycznego. Podczas ostatniego kwartału ciąży, moja matka zjadła coś, co dla mnie (czyli płodu) było trujące. Toksyny dostawały się do mojego brzucha przez pępowinę, czułem jak mój umysł oddziela się od świadomości ciała i serca. Doświadczanie tego w teraźniejszości było niesamowite, gdyż dotychczas nie wiedziałem, że mój umysł czy ciało są samoświadome lub że nie są moim „ja".

Dla świadomości mojego umysłu to doświadczenie odseparowania było szokiem. Świadomość ciała, po uporaniu się z toksynami, próbowała się połączyć ponownie ze świadomością umysłu, ale nie mogła. Więc doszła do wniosku, że musiała nieprawidłowo wykształcić mózg umysłu i próbowała go zniszczyć, odcinając dopływ krwi do niego. Jednak szybko zmieniła zdanie, gdyż to spowodowało ból w całym organizmie. Oddzielenie trwało przez jakiś czas. Były dwa świadome „ja" w jednym ciele, ale nie w sensie, w jakim dwie osoby są w jednym pudełku. Umysł i świadomość ciała dzielą wiele czuciowych i wewnętrznych informacji, lecz funkcjonują inaczej. Pamiętam, jak umysł był w naiwny sposób dumny, że potrafi myśleć szybciej od reszty i chciał pomagać tak, jak dziecko. Na przykład słowa, które płód usłyszał w macicy, umysł przechowywał w czymś w rodzaju ciągle powtarzającej się pętli, co miało (niezamierzony) negatywny wpływ na jego umiejętność łatwego myślenia. Jedna z najbardziej bolesnych traum (poza narodzinami), jaką pamiętam, wiązała się ze wstydem (w umyśle) i złością (w ciele), gdyż przez oddzielenie umysł zainicjował defekację w macicy – w przeciwieństwie do tego, co chciał mózg ciała.

Wkrótce po oddzieleniu pojawił się nowy i poważniejszy problem. Moje płodowe „ja" nie mogło nigdy w pełni być w teraźniejszości, jako że poprzednia trauma zakłócała jego uwagę. Pierwszy raz, gdy to się zdarzyło, to było poczucie, jakby z jednej strony coś wpychało się do umysłu, przez co samoświadomość w tej części znikała. To było dość przerażające doświadczenie i umysł próbował je odeprzeć.

Następna katastrofa wydarzyła się podczas porodu – wówczas świadomość ciała rozdzieliła się znów na dwa „ja". Mózg serca (nazywany także mózgiem limbicznym lub świadomością emocjonalną) oderwał się od świadomości ciała. Pamiętam, jak serce się oddzieliło i wychodziło poza ciało, żeby uciec od tego, co dzieje się z ciałem.

W szpitalu, zanim zabrano mnie do łóżeczka, moje poczucie „ja" zmieniło się na to, co teraz nazywam „przeciętną" świadomością. To jest jakby rodzaj amnezji, która nastąpiła w momencie, gdy straciłem wewnętrzne światło, które miałem w łonie matki.

Kiedy już wiedziałem, czego szukać, mogłem powracać kilka razy do tych doświadczeń, żeby zrozumieć co się wydarzyło. W końcu zrozumiałem, że wewnątrz mnie były trzy samoświadome świadomości: umysł, serce i ciało. W dorosłej „przeciętnej" świadomości były od siebie oddzielone i rywalizowały ze sobą o kontrolę, podczas gdy w łonie były połączone w jeden organizm. Zrozumiałem, że w dużej mierze moje dysfunkcjonalne zachowanie było powodowane tą wewnętrzną walką między mózgami i mój świat zewnętrzny był projekcją tego wewnętrznego konfliktu. Każdy z mózgów miał nieuświadomioną tożsamość samego siebie (jak dziecko, które udaje kowboja), razem z wewnętrznym obrazem pozostałych mózgów. Na przykład moje serce czując, że mózg ciała był archetypowym potworem w piwnicy, nieświadomie udawało, że to moja matka. Dynamika dysfunkcjonalnej rodziny dokładnie opisuje tę wewnętrzną walkę mózgów o władzę i pragnienie akceptacji.

Mijały miesiące, a ja zdawałem sobie sprawę, że stan szczytowy, jaki pragnę uzyskać, zależy w dużej mierze od stopnia połączenia tych biologicznych świadomości. Zrozumiałem, że to, co ja odkryłem odnośnie wielorakiej natury mózgu, wcześniej już odkrył biolog, dr Paul MacLean, w latach 60., nazywając to „modelem trójni mózgu". Ulżyło mi, gdyż – jak mi się do tej pory zdawało – nikt nie mówił o takiej strukturze mózgu. To przełomowe odkrycie w rozumieniu prawdziwej podstawowej biologicznej dynamiki w psychice dopiero zaczynało wkraczać do psychologii.

W stan szczytowy można wejść, gdy mózgi porozumiewają się ze sobą. Stan ten ma miejsce, gdy mózgi są zewnętrznie/obwodowo połączone ze sobą, ale na tyle osobne, by nadal mieć poczucie „odrębności" siebie i pozostałych. Trudno to wyjaśnić, ale możesz zadać pytanie o coś i być świadomym, że odpowiedzi pochodzą z głowy, serca lub dolnej części brzucha i nie zawsze są takie same. Pewnego razu, kiedy byłem w tym stanie, spytałem siebie, czy jako następny powinienem uzdrawiać mój splot słoneczny – serce powiedziało „tak", a ciało i umysł „nie". Następnego dnia wszystkie mózgi zmieniły zdanie.

Odkryłem również, że umiem „wyłączać" mózgi. Prowadziło to do różnych stanów świadomości, które – mimo że czułem się wtedy wspaniale – były poniżej stanu normalnego. Są one opisane w literaturze na temat kryzysów duchowych i określonych rodzajów chorób umysłowych. Jednak, mimo że wtedy straciłem umiejętności „wyłączonych" mózgów, mój wewnętrzny stan odczuwałem jako bardziej harmonijny, a działo się tak dlatego, iż oddzielone od siebie mózgi nie były już w konflikcie. Inaczej mówiąc, w mojej dysfunkcjonalnej rodzinie było znacznie ciszej, gdy „zastrzeliłem" pozostałych jej członków.

Po kilku latach odkryłem także istnienie jeszcze innych mózgów, które nie są zazwyczaj rozpoznawane, ale zostały zidentyfikowane we wczesnych stadiach rozwijającego się płodu.

5.2. TRÓJDZIELNY MODEL LUDZKIEGO MÓZGU DRA MACLEANA

Podstawą trzyczęściowego lub trójdzielnego modelu mózgu jest niedoceniane przełomowe odkrycie w dziedzinie biologii mózgu. W latach 60. dr Paul MacLean z National Institute for Mental Health, rozwijając badania Jamesa Papeza, opisał trzyczęściową koncentryczną warstwową strukturę ludzkiego mózgu. Najbardziej zewnętrzna warstwa to mózg neossaka (*neomammalian brain*), inaczej kora nowa – siedziba myśli i świadomych ruchów. Następna warstwa to mózg paleossaka (*paleomammalian brain*), na który składa się układ limbiczny – siedziba emocji i autonomicznego układu nerwowego. Wewnętrzna warstwa, nazywana mózgiem gadzim (*reptilian brain*) – składa się z pnia mózgu, śródmózgowia, podstawowych zwojów nerwowych i innych struktur. Mimo iż różniące się od siebie funkcje poszczególnych mózgów częściowo się pokrywają, integracja lub koordynacja pomiędzy mózgami jest niewystarczająca i – jak uważa dr MacLean – jest to problem genetyczny naszego gatunku.

Kompletny opis biologiczny zawiera książka dra MacLeana *The Triune Brain in Evolution: Role in Paleocerebral Functions*. Więcej informacji w *Evolution's End* Josepha Pierce'a, *Three Faces of the Mind* Elaine De Beauport, a streszczenie w *Maps of the Mind* Charlesa Hampdena-Turnera.

5.3. STRUKTURA TRÓJNI MÓZGU A DOŚWIADCZENIE WEWNĘTRZNE

Jaki związek ma trójdzielna struktura mózgu z naszym wewnętrznym doświadczeniem? W codziennym języku na określenie tych mózgów używamy słów: „umysł", „serce" i „ciało". Każdy mózg ma inne funkcje biologiczne i umiejętności. „Umysł" (lub kora nowa) jest tą częścią nas samych, o której myślimy, zadając sobie pytanie: kim jesteśmy. Postrzega siebie w głowie i formułuje sądy, zawiera pamięć krótkotrwałą i jest odpowiedzialna za pojęcia abstrakcyjne, takie jak np. matematyka. Jedną z jego podstawowych funkcji jest zajmowanie się i zarządzanie słyszalnymi dźwiękami i językiem. „Serce" jest układem limbicznym w mózgu, postrzega siebie w klatce piersiowej, prawdopodobnie dlatego, że jest to obszar jego podstawowej świadomości czuciowej, biologicznie odczuwanej. Pozwala nam doświadczać emocji oraz emocjonalnie być świadomym istnienia innych ludzi zarówno w sposób negatywny, jak też pozytywny. Jedną z jego podstawowych funkcji jest zajmowanie się obrazem wizualnym. I wreszcie świadomość „ciała" (po japońsku *hara*) składa się ze struktur w podstawie czaszki i prawdopodobnie innych rozproszonych układów w naszym ciele. Doświadcza siebie w dolnej części brzucha – obszarze głównych funkcji biologicznych. Temu mózgowi zawdzięczamy poczucie czasu, a także naszą zdolność odczuwania seksualności. Porozumiewamy się z nim podczas pracy z wahadełkiem lub podczas testu mięśni. Jednym z jego głównych funkcji jest zajmowanie się fizycznymi odczuciami i prawdopodobnie także zapachem.

5.4. NIEZALEŻNA SAMOŚWIADOMOŚĆ KAŻDEGO MÓZGU

Najtrudniejszym skokiem pojęciowym w pracy dra MacLeana jest uświadomienie sobie, że każdy mózg jest *niezależnie samoświadomy*. Z reguły przyjmujemy, że myślenie wymaga słów, więc trudno zaakceptować fakt, że każdy mózg myśli. Serce „myśli" sekwencjami uczuć, ciało „myśli" postaciowymi (gestaltowskimi) sekwencjami odczuć cielesnych (opisanymi jako „poczucie czucia" w książce Eugene Gendlina *Focusing*). Nie chodzi o to, że w nas są trzy osoby – raczej różniące się od siebie mózgi działają w jednym układzie. Możemy to porównać do żywej wieży stereo: wyobraź sobie, że kolumny (umysł), magnetofon (serce) i słuchacz (ciało) są samoświadome i każdy z nich chce być najważniejszy, ale pozostałe mózgi nie chcą robić tego, co on im każe. Trudno sobie wyobrazić, żeby takie stereo mogło kiedykolwiek grać muzykę! Niestety, rzeczywistość jest bliska takiej sytuacji. Mimo że mózgi dzielą wiele danych czuciowych i mają świadomość działania pozostałych, każdy z nich zaprzecza ich istnieniu. Mózgi często są w konflikcie, nieświadomie chcą manipulować i kontrolować siebie nawzajem. Najlepszym przykładem może być sytuacja, gdy ktoś cię pociąga seksualnie (świadomość ciała), kogo w ogóle nie lubisz (świadomość emocjonalna), a ty czujesz się zagubiony i zdezorientowany w tej sytuacji (świadomość umysłu).

U większości ludzi mózgi zachowują się jak członkowie dysfunkcjonalnej rodziny. Przeważnie jeden z mózgów w końcu zdominuje pozostałe – ludzie zazwyczaj żyją i zachowują się w sposób, który odzwierciedla tę przewagę. Wszyscy znamy przypadki osób, które podążały za swoimi emocjami lub za potrzebami swojego ciała, albo też działały całkowicie analitycznie – dzieje się tak u większości ludzi. Również w różnych gałęziach terapii i psychologii widoczna jest dominacja jednego z mózgów, a dzieje się to przez nieświadome ukierunkowanie twórcy terapii. „Wybierają" oni jeden z typów mózgu do swojego procesu – i tak mamy terapie poznawcze, emocjonalne lub skoncentrowane na ciele. Dominacja jednego z mózgów ujawnia się również w wyborze kariery lub wykonywanych czynności. Jest też możliwe, że połączenie dominacji mózgu i traumy jest źródłem preferowanego stylu uczenia się – słuchowego, wzrokowego lub kinestetycznego.

5.5. OBECNE ZASTOSOWANIA MODELU TRÓJNI MÓZGU

Teoria trójni mózgu ma praktyczne zastosowanie głównie w dwóch dziedzinach: w reklamie, gdzie wykorzystuje się fakt, iż klienci chętniej kupują, jeśli reklamy są adresowane bardziej do mózgów serca (emocje/uspołecznienie) i ciała (sprawy związane z przeżyciem), niż do umysłu; oraz w programach edukacyjnych, gdzie podawane informacje adresuje się do tych dwóch mózgów, gdyż – jak odkryto – uczniowie wtedy więcej z nich zapamiętują. Dziwne jest to, że psychologia pozostaje nieświadoma istnienia tej biologicznej struktury mózgu i żadne główne psychologiczne teorie (które znam) jej nie uwzględniają. Obecne zainteresowanie „inteligencją emocjonalną" przynajmniej w pewnej części uświadamia nam wkład odkrycia trójdzielnego modelu mózgu przez dra MacLeana w dziedzinę zwaną psychologią.

5.6. TRAUMA A MODEL TRÓJNI MÓZGU

Ostatni element podstawowego modelu zawiera zjawisko traumy. Prawie u każdego z nas, pamiętane lub zapomniane traumy kierują (poza naszą świadomością) większością naszych zachowań i życiem emocjonalnym. Traumatyczne doświadczenia są przechowywane, a potem „odgrywane" na nowo na skutek aktywacji przez zewnętrzne wydarzenia. To odgrywanie jest doświadczeniem cielesnym, tak jakby nasze młodsze straumatyzowane „ja" częściowo zawładnęło naszym ciałem. Mimo że odruchowo opieramy się temu procesowi, ten mechanizm odgrywania, połączony z poważną wczesną traumą, skutkuje wystąpieniem psychologicznego zjawiska „wewnętrznego dziecka". Z biologicznego punktu widzenia przechowywanie i automatyczne zastosowanie naszych odpowiedzi na traumatyczne doświadczenia ma sens, jako że przetrwaliśmy w tamtych doświadczeniach, reagując na nie właśnie w ten sposób. Niestety to, co było dobrą strategią ewolucyjną dla naszych przodków zwierząt, jest tragicznym problemem w naszym skomplikowanym ludzkim życiu.

Co więcej, mimo że mózg ciała selekcjonuje kategorie traum przywołane poprzez odczucia w ciele, to mózg serca kataloguje te wspomnienia według początkowo przeżytych emocji podczas traumy (z towarzyszącym im obrazem), odgrywając je i zapamiętując. Odwołując się do metafory stereo, to tak jakbyśmy nosili zbiór kaset z traumami, a nasze serce było magnetofonem. Właśnie to jest wykorzystywane w różnych technikach uzdrawiania, które omówiliśmy w rozdziale 4. Więcej informacji na temat katalogowania, aktywacji i powiązania między traumami czytelnik może znaleźć w takich pracach, jak: *Whole Hearted Healing Manual* – gdzie omawia się wykorzystywanie powiązanych ze sobą traum do cofnięcia się w czasie; *Przygoda odkrywania samego siebie* dra Stanislava Grofa – gdzie autor przedstawia zjawisko „skondensowanego doświadczenia" (*coex*) w holotropicznej pracy z oddechem, kiedy to różne doświadczenia są jednocześnie aktywowane; *Beyond Psychology* dra Franka Gerbode – który opisuje, jak traumy „układają się" i łączą w miarę upływu czasu (zauważ, że Grof i Gerbode nie uwzględniają w swoich pracach modelu trójni mózgu).

Ten prosty model psychiki jest kompatybilny z tendencjami kultury zachodniej i wyjaśnia wiele psychologicznych zjawisk. Jeszcze jedno spojrzenie na traumę i biologiczny model trójni mózgu można znaleźć w książkach dra Janova – *The Anatomy of Mental Illness* oraz *The New Primal Scream*.

5.7. SKOJARZENIA ŚWIADOMOŚCI CIAŁA A MODEL WYDARZEŃ ROZWOJOWYCH

Chciałbym wyraźnie podkreślić jedną z najważniejszych rzeczy omawianej w tej książce, która może być łatwo przeoczona lub niezrozumiana. W poprzedniej części opisaliśmy, jak świadomość ciała „myśli" sekwencjami odczuć cielesnych. W tej części badamy decydujący aspekt tej świadomości (mózgu ciała) i jak on wywołuje zjawisko szczytowych stanów świadomości w powiązaniu z wydarzeniami rozwojowymi.

Ponieważ mózg ciała często nazywamy mózgiem gadzim, ludzie myślą, że jest on wolny i głupi. Jednak prawda jest całkiem inna – mózg ten jest nie tylko samoświadomy, ale prawdopodobnie jest najmądrzejszym z mózgów. Jednak jest bardzo ograniczony przez swoje biologicznie dyktowane procesy myślowe, które przysparzają ludzkości i innym gatunkom poważnych problemów. Jak mówiłem, świadomość ciała „myśli" sekwencjami odczuć cielesnych. Kiedy ciało się uczy, robi to „kojarząc" ze sobą dwa lub więcej odczucia. *Nie używa* ocen tak, jak robi to nasz mózg umysłu (w procesie ewolucji umiejętność formułowania sądów pojawiła się długo po rozwinięciu się mózgu umysłu). Te skojarzenia mózgu ciała, powstające bez żadnych ocen, są powodem większości problemów w naszym życiu, zwłaszcza tych poważnych i zagrażających życiu. Na przykład wczesne skojarzenia, które powstały w łonie matki, mogą być tak bardzo nieelastyczne, że jeśli w grę wchodzi przeżycie, dana osoba może umrzeć, próbując robić to, co jej ciało czuje, że powinna zrobić, by przeżyć – mimo że tak naprawdę to może ją zabić. Również uzależnienia pojawiają się na skutek takich skojarzeń – ciało jest przekonane, że potrzebuje uzależniającej substancji do przeżycia, mimo że tak naprawdę ona powoli go zabija i rujnuje jego życie.

PRZYKŁAD

Minęły lata, zanim uświadomiłem sobie, że przyciągały mnie kobiety pełne złości, choć na początku wydawało mi się, że co innego było tego przyczyną. Powodem okazały się serie traum przeżytych w łonie matki – gdy moja matka była zła, ja odczuwałem fizyczny ból i walczyłem wówczas o swoje życie. Świadomość ciała utożsamiła moje przeżycie z otaczaniem się uczuciem złości. Te kobiety miały dokładnie ten sam odcień złości, jak moja mama. Gdyby przestały być złe, nieświadomie prowokowałbym je do złoszczenia się, gdyż jeśli obok mnie nie było tego uczucia, mój mózg ciała odczuwał to jak zagrożenie śmiercią. Tak więc moje ciało użyło mechanizmu pociągu seksualnego, by sprawić, bym się zachowywał tak, jak ono chce (w tomie III dokładniej analizujemy tę traumę).

Te asocjacje świadomości ciała mają ogromne znaczenie w procesie uzdrawiania. Na tym zjawisku opiera się metoda zwana „psychologicznym odwróceniem", odkryta i stosowana w terapiach energetycznych i meridianowych. Mianowicie okazało się, że te terapie nie działają, jeśli mózg ciała czuje, że potrzebuje problemu z powodu jakiejś nielogicznej asocjacji. Odkrycie metody czasowo odcinającej ten mechanizm po to, aby mogło nastąpić uzdrowienie, jest zasługą Rogera Callahana (twórcy metody TFT).

W jaki sposób ten mechanizm uczenia się poprzez asocjacje, którą stosuje mózg ciała, odnosi się do modelu wydarzeń rozwojowych w aspekcie stanów szczytowych? Po pierwsze, trzeba sobie zdać sobie sprawę, że świadomość ciała jest pierwszym mózgiem i ma na nas niewspółmierny wpływ. To, czego on chce, ma większy wpływ na organizm niż to, czego chcą inne mózgi. Na przykład to, że nasz mózg umysłu myśli, że nie boimy się publicznego przemawiania nie ma znaczenia, gdy nasz mózg ciała sprawia, że się pocimy, brak nam powietrza i skręca nas w środku, kiedy stajemy naprzeciw grupy ludzi. Po drugie, odczucia występują parami podczas wczesnych wydarzeń rozwojowych, więc po porodzie wszystko, co wydaje się ciału do nich podobne, aktywuje skojarzenia z tymi wczesnymi traumami – mimo że z racjonalnego punktu widzenia obecne warunki nie są z nimi związane. Tak więc wydarzenia, które podczas tych wczesnych zdarzeń były z natury czysto biologiczne sprawiają, że w okresie poporodowym nasze ciało reaguje tak, jak „nauczyło" się reagować wtedy – w pozornie irracjonalny sposób. Ponieważ wydarzenia rozwojowe są zazwyczaj powiązane z różnymi stanami szczytowymi, jakiekolwiek odczucia w teraźniejszości, które są podobne do stanu, o którym mowa, aktywują w mózgu ciała asocjacje z traumatycznym wydarzeniem. On na to odpowiada, „zachowując" się w podobny sposób, jak podczas tamtych wczesnych wydarzeń, uniemożliwiając tym samym zaistnienie tego stanu w teraźniejszości.

Z racjonalnego punktu widzenia asocjacje z reguły nie są oczywiste, przez co trudno stwierdzić, że wydarzenia rozwojowe odpowiadają za stany i doświadczenia szczytowe. W następnych rozdziałach zobaczymy, jak wydarzenia rozwojowe sprawiają, że tracimy stany i doświadczenia szczytowe w teraźniejszości.

5.8. DODATKOWE STRUKTURY MÓZGU

Model trójni mózgu pasuje do naszego osobistego doświadczania umysłu, serca i ciała. Jest to także przydatne, jeśli chodzi o wyjaśnienie różnych tekstów, z którymi my jako terapeuci i uzdrowiciele mamy do czynienia w naszej pracy. Jednak w miarę zdobywania doświadczenia odkryliśmy, że nie rozumiemy niektórych interakcji między mózgami. Zdaliśmy sobie sprawę, że oprócz trzech głównych mózgów, istnieją też dwa „pod-mózgi". Nasze obserwacje odzwierciedlały podstawową biologię mózgu – dr MacLean w swoim tekście o trójni mózgu rozróżnia pięć oddzielnych struktur mózgowych,

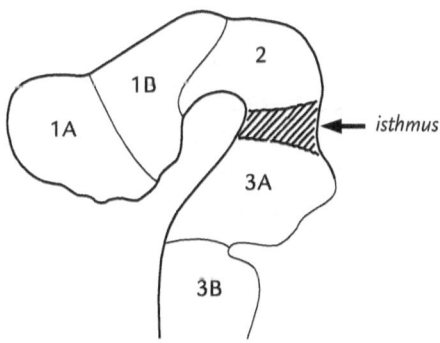

Rysunek 5.1. Cewa nerwowa płodu u 6-tygodniowej zygoty z *pięcioma* głównymi podziałami. Przodomózgowie składa się z kresomózgowia (1A – „Budda") i międzymózgowia (1B – „umysł"), śródmózgowie (2 – „serce"), a tyłomózgowie tworzy tyłomózgowie wtórne, na które składa się most i móżdżek (3A – prawdopodobnie „ciało") oraz rdzeniomózgowie – rdzeń przedłużony (3B – prawdopodobnie „krocze"); rys. z *The Triune Brain in Evolution: Role in Paleocerebral Functions*, MacLean, str. 20, 1990.

kształtujących się we wczesnym stadium rozwoju rdzenia kręgowego zygoty (co ciekawe, owe struktury grupują się według takiego samego wzorca, jak podczas wcześniejszego stadium gromadzenia się mózgów, zwanego koalescencją). Pierwszą grupę – idąc od góry formującego się mózgu płodu – tworzy mózg Buddy (korony) i mózg umysłu, w połączeniu ze ssaczym mózgiem serca. I tę grupę mózgów *isthmus* oddziela od mózgu gadziego, idącego w dół kręgosłupa. Ta gadzia grupa mózgów ma trzy struktury kręgosłupowe: dwa z nich to mózg ciała i mózg kręgosłupowy, trzecia to prawdopodobnie mózg krocza, a tkanka mózgu splotu słonecznego znajduje się obok rozwijającej się membrany przegradzającej.

5.8.1. Mózg splotu słonecznego

Najważniejszy z tych pod-mózgów doświadcza siebie zazwyczaj w splocie słonecznym, więc dla ułatwienia nazywamy go „mózgiem splotu słonecznego". Tak jak pozostałe mózgi, jest samoświadomy. Wydaje się pełnić rolę w naszym połączeniu z fizycznym wszechświatem i mocą osobistą.

Zazwyczaj mózg ten jest połączony ze świadomością ciała i w pewien sposób jest od niej nieodróżnialny.

5.8.2. Mózg Buddy (korony)

Następny pod-mózg jest nazywany mózgiem Buddy (korony) z powodu jego doświadczalnej natury. Mimo że jest z reguły połączony z mózgiem umysłu i z tego powodu jest nierozróżnialny, to kiedy jest od niego oderwany, doświadcza siebie umiejscowionego nad głową. Można go odczuwać jak ogromną statuetkę Buddy utrzymującą się nad głową, ale z powodu tej szczególnej lokalizacji zaczęliśmy tę strukturę nazywać mózgiem „korony". Jedną z głównych funkcji tego mózgu jest tworzenie struktur „energetycznych" w ciele, które – pozostawione po traumie – często powodują fizyczne problemy w ciele (sposób na zdiagnozowanie i uzdrowienie tego problemu jest opisany w *The Basic Whole-Hearted Healing Manual*).

5.8.3. Mózg łożyska i mózg ogonka plemnika (kręgosłupowy)

Mózgi placenty i ogonka plemnika również są samoświadome. Ku naszemu zdziwieniu okazało się, że świadomość ogonka plemnika nadal istniała po zapłodnieniu, stając się kolumną kręgosłupa. Podobnie świadomość mózgu łożyska istnieje nadal po narodzinach i tworzy główną część systemu odpornościowego (zauważ, że łożysko jest częścią dziecka, nie matki). Byliśmy tym zaskoczeni, jako że początkowo założyliśmy, że te samoświadome struktury zanikały przed końcem porodu. Okazały się jednak być kluczowe dla bardzo ważnego stanu trójni mózgu, zwanym Pełnią, a także są bardzo ważne dla różnych typów traum w łonie matki (w rozdziale 6 opisujemy te „mózgi" bardziej szczegółowo).

Okazało się również, że organelle łożyska są żeńską wersją (jajeczka), a organelle ogonka plemnika – męską wersją (plemnika) tej samej struktury.

5.8.4. Mózg krocza i mózg trzeciego oka

Kolejna świadomość mózgu jest usytuowana w obszarze krocza. Mózg krocza jest odpowiedzialny za reprodukcję i wiąże się z traumami pokoleniowymi. Natomiast świadomość kolejnego mózgu jest usytuowana pośrodku czoła (w literaturze „duchowej" powszechnie nazywana trzecim okiem i widziana na statuetkach Buddy), często mylnie brana za czakrę. Podobnie jak mózgi placenty i ogonka plemnika, tak mózg krocza jest żeńską wersją (jajeczka), a mózg trzeciego oka – męską wersją (plemnika) tej samej struktury.

5.9. POŁĄCZENIE ŚWIADOMOŚCI MÓZGÓW A STANY SZCZYTOWE TRÓJNI MÓZGU

Cechy charakterystyczne stanów szczytowych trójni mózgu i ich siła zależą od stopnia powiązania świadomości różnych mózgów. Innymi słowy, stany są spowodowane różnymi możliwymi sposobami połączenia mózgów oraz tego, że rezygnują one ze swoich oddzielnych tożsamości, by stworzyć nowe, złożone tożsamości. Z jednej strony istnieją całkowicie oddzielone świadomości mózgów, gdzie mózgi nie mogą się bezpośrednio ze sobą komunikować. Z reguły uważa się, że ludzie, których trójnia mózgu jest rozdzielona w ten sposób mają słabe zdrowie umysłowe lub poniżej przeciętnej. Z drugiej strony, istnieją świadomości całkowicie ze sobą złączone i tworzące jedną świadomość. Ten najlepszy stan szczytowy trójni mózgu przynosi, między innymi, uczucie działania bez wysiłku, dzięki temu, że nie występuje opóźnienie lub konflikt pomiędzy mózgami.

Całkowite połączenie wszystkich mózgów w jedną świadomość jest naszym normalnym stanem podczas naszego rozwoju w macicy. Jednak wskutek porodu większość ludzi doświadczyła dysocjacji mózgów – stanu uważanego przez nas za „normalny". Ludzie spędzają resztę swojego życia, nieświadomie szukając tej wewnętrznej fuzji w życiu zewnętrznym. Błędnie szukają tego ulotnego „czegoś" w zdeterminowanych kulturowo „pościgach" za czymś – za pracą, związkami lub własnościami.

Wiele innych pośrednich stanów szczytowych wynika z możliwych kombinacji między różnymi świadomościami mózgu. Przeciętnie około 1/3 ludzi przez większość czasu w pewnym stopniu doświadcza jednego z pośrednich stanów szczytowych trójni mózgu. Najbardziej pełnym stanem jest taki, w którym wszystkie mózgi są całkowicie ze sobą połączone. Jednak na skutek połączenia ze sobą różnych mózgów, niektóre cechy tych mózgów całkowicie się zmieniają. Pośrednie stany nie reprezentują doskonałego stanu zdrowia lub równowagi, mimo że każdy z nich jest o wiele „doskonalszy" od „przeciętnej" świadomości. Innymi słowy, wiele stanów ma unikalne cechy, które nie zawsze są obecne w pełniejszych stanach, ale zostają zastąpione przez nowe sposoby istnienia.

Wielu ludzi doświadcza cech stanów szczytowych na przestrzeni czasu, lecz tylko tymczasowo lub w różnym stopniu. Ma to związek z tym, że samoświadomości mózgów ciągle zmieniają swój poziom komunikacji między sobą (lub wzajemnego połączenia) na skutek zewnętrznych aktywacji traumy lub innych czynników. Oczywiście, jak zauważą niektórzy, same cechy stanów ludzi nie zmieniają się, a to oznacza, że stopień podstawowego łączenia się samoświadomości mózgów jest niezmienny.

W następnych częściach omawiamy wszystkie znaczące stany fuzji mózgów, które znamy. Reprezentują one grupy różnych doświadczanych cech stanów, które idealnie odpowiadają różnym podstawowym połączeniom mózgu. Zamieściliśmy również prawdopodobieństwo częstości ich występowania w ogólnej populacji. Liczby te są tylko pewnym przybliżeniem ze względu na trudności w testowaniu, określaniu stopnia stanu i nieliczne grupy osób badanych (w Dodatku A znajduje się lista stanów wraz z oszacowaniem częstości ich występowania w populacji).

5.10. DIAGRAM PERRY

Ponieważ istnieje kilka mózgów, więc jest też wielka liczba możliwych sposobów ich łączenia. Próba zanalizowania, w jaki sposób interakcje świadomości mózgów wiążą się z empirycznymi cechami stanu z początku wydaje się być niemożliwym zadaniem, trudnym do wyrażenia w postaci liczbowej. Na szczęście istnieje bardzo prosty sposób na zilustrowanie podstawowej dynamiki łączenia mózgów, który znacznie ułatwia to zadanie. Tę wizualną technikę nazywamy „diagramem Perry".

Narzędzie to wywodzi się z umiejętności percepcyjnych osób, które mają szczytowy stan Wewnętrznego Światła. Wówczas można „zobaczyć" świadomości swojego (lub innych) mózgów jako jaśniejące kule światła – najjaśniejsze w środku, rozpraszające się ku obrzeżom, bez wyraźnych brzegów. Kule ułożone są wzdłuż pionowej osi ciała. Zazwyczaj najbardziej widoczne są: świadomość mózgu ciała – umiejscowiona w dolnej części brzucha, świadomość mózgu serca – w klatce piersiowej, oraz świadomość mózgu umysłu – w głowie. Więc dla ludzi o przeciętnej świadomości widoczne są trzy kule: jedna w dolnej części brzucha, jedna w sercu i jedna w głowie. Kule, które odpowiadają splotowi słonecznemu i mózgowi Buddy (korony) są zazwyczaj połączone odpowiednio z mózgami ciała i umysłu, więc nie są widoczne. Chcemy zwrócić uwagę, że te jaśniejące kule to nie są hinduskie czakry – czakry „wyglądają" trochę inaczej, mają raczej geometryczny kształt i nieokreśloną strukturę.

Podstawową dynamikę leżącą u podłoża stanów szczytowych trójni mózgu można wyjaśnić poprzez odniesienie się do sposobu, w jaki te świetliste kule są ze sobą połączone. Kiedy po raz pierwszy próbowaliśmy określić stany, w jakich byli ludzie przechodzący nasze procesy, a także ile mają jeszcze do zrobienia, nie mieliśmy zrozumiałego i niezawodnego sposobu. Na szczęście wkrótce pojawiła się dr Deola Perry z propozycją narzędzia, w którym stopień fuzji świadomości różnych mózgów można przedstawić graficznie, a mianowicie położenie względem siebie poszczególnych mózgów (z ich wyraźną granicą) można w przybliżeniu dobrze określić i zilustrować przez nakładające się na siebie (lub rozdzielne) koła. Narzędzie to nazwaliśmy diagramem Perry, aby uczcić jej wkład w ten obszar naszych badań.

W diagramie tym piszemy pierwszą literę przyjętej nazwy mózgu obok koła, które go reprezentuje. W większości przypadków oznaczanie na diagramie nie jest konieczne – ciało, serce i umysł są oczywiste, a zakładamy, że mózgi Buddy (korony) i splotu słonecznego znajdują się odpowiednio w umyśle i w ciele. A więc szybki szkic pokazuje trzy koła nałożone na siebie w różnym stopniu.

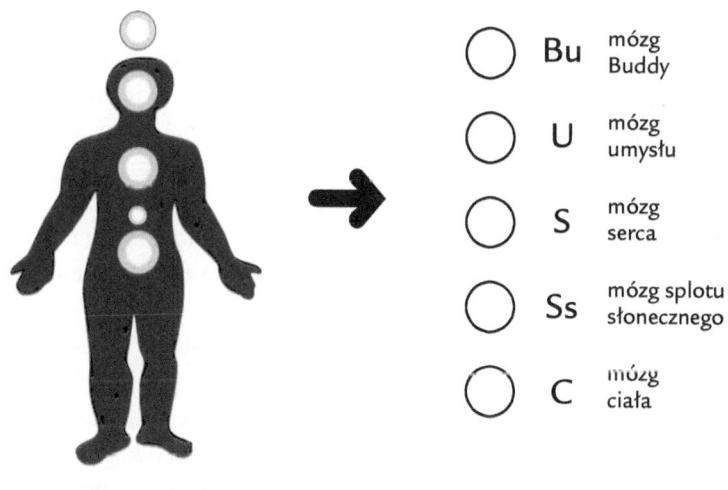

(a) Świadomości mózgów u klienta   (b) Diagram Perry

Rysunek 5.2. Część a) pokazuje całkowicie oddzielone świadomości mózgów widziane w Stanie Wewnętrznego Światła. Odpowiednik w diagramie Perry oznaczony b) znajduje się po prawej stronie. W tym przypadku żadna ze świadomości mózgu nie jest połączona – pomiędzy kołami jest przestrzeń.

Rysunek 5.2 pokazuje „wizualny" szkic tego, co możemy zobaczyć w Stanie Wewnętrznego Światła, razem z jego odpowiednikiem na diagramie Perry. W tym przypadku wszystkie świadomości mózgu są całkowicie oddzielone od siebie.

Ku mojemu zdziwieniu odkryliśmy, że ludzie często tylko częściowo mieli cechy stanów szczytowych. Ponieważ ja przechodziłem od przeciętnego do pełnego stanu świadomości, niesłusznie założyłem, że tak dzieje się u wszystkich. Częściowe stany można zrozumieć, przyglądając się bliżej podstawowym świadomościom mózgu – stopień osiągnięcia cech stanu zależy od tego, w jakim stopniu mózgi są połączone. W Stanie Wewnętrznego Światła można „zobaczyć", jak bardzo sfery świadomości mózgów nakładają się na siebie i wzajemnie się przenikają. Kiedy sfery się nie dotykają, nie występują żadne cechy stanów szczytowych. Oddzielenie tych sfer oznacza, jak bardzo mózgi są straumatyzowane, a większy lub mniejszy dystans między sferami nie ma żadnego znaczenia, czyli nie wywołuje zauważalnego efektu. Cechy stanów szczytowych ukazują się dopiero wtedy, gdy sfery zaczynają się przenikać. Na diagramie Perry jest to pokazane przez częściowe nakładanie się na siebie kół reprezentujących centra samoświadomości odpowiednich mózgów. Podczas naszych procesów wywoływania stanów szczytowych, robiliśmy te diagramy dla naszych klientów, by pokazać im, jak wielki poczynili postęp. Przydawały się także do śledzenia, co jeszcze i w jaki sposób nasi klienci powinni zrobić dla pełnego złączenia wszystkich swoich mózgów.

Kiedy odkryliśmy, w jaki sposób proporcja wzajemnego przenikania się świadomości mózgów określała stopień osiągnięcia cech stanu, zrozumieliśmy związek między cechami stanu a dynamiką mózgu. Wiedzieliśmy już, do czego dążyliśmy na tym poziomie – chcieliśmy sprawić, by świadomości mózgów całkowicie się ze sobą połączyły (czyli koła na diagramie Perry całkowicie pokryły siebie nawzajem). Jednak w trakcie wywoływania stanów szczytowych, w niektórych przypadkach „widzieliśmy", że świadomości mózgów były całkowicie nałożone na siebie, lecz ludzie nie mieli wszystkich cech danego stanu. Uświadomiliśmy sobie wtedy, że mózgi mogły być w ścisłym połączeniu, ale nie do tego stopnia, by uwolnić ostatnie ze swoich oddzielnych tożsamości. Przy dokładniejszym badaniu odkryliśmy, że świetliste kule świadomości mózgów nie były jednolite, lecz raczej przemieszane ze sobą jak dwa smaki lodów. Ten pośredni etap nazywamy „połączeniem", a stopień nakładania się na siebie kół w diagramie Perry określa stopień ich połączenia. W momencie, gdy koła całkowicie się nałożą, pokazuje się tylko jedno koło, więc stawiamy przecinek między oznakowaniami mózgów dla opisania, które z nich wchodzą w jego skład.

Kiedy mózgi całkowicie uwolnią swoją tożsamość, nazywamy to „fuzją" (stosując terminologię Toma Browna Jra), a używając naszej analogii – smaki lodów mieszają się, by stać się jednolitym kolorem. Aby zaznaczyć fuzję na diagramie Perry, całkowicie nakładamy na siebie koła, oddzielając pierwsze litery połączonych mózgów slashem (/). Stopień fuzji zaznaczamy, pisząc ułamek dziesiętny obok liter. W praktyce różnica pomiędzy połączonymi i sfuzjowanymi cechami jest minimalna dla większości stanów trójni mózgu, więc rzadko kiedy zaznaczamy stopień fuzji na diagramie. Jednak dla niektórych stanów fuzja czyni wielką różnicę w doświadczanych cechach charakterystycznych. Pracując ze stanem, w którym ten stopień precyzji jest znaczący, najłatwiej go określić poprzez oszacowanie, jak wiele nowych cech charakterystycznych wynikających z fuzji, pojawia się u danej osoby.

> **POŁĄCZENIE *versus* FUZJA ŚWIADOMOŚCI MÓZGÓW** – definicja
>
> „Połączeniem" nazywamy wzajemne przenikanie się świadomości mózgów, co reprezentują nakładające się na siebie koła na diagramie Perry. Mózgi są całkowicie połączone, kiedy ich świadomości zajmują tę samą przestrzeń, zachowując jednak pewien stopień indywidualności – na diagramie Perry koła ilustrujące mózgi dokładnie się pokrywają.
>
> Mimo że świadomości mózgów mogą być całkowicie połączone ze sobą, istnieje dalszy, bardziej subtelny stopień poddania swoich oddzielnych „ja" przez mózgi. Owo całkowite scalenie tych świadomości nazywamy „fuzją" (terminologia Toma Browna Jra). Mimo że w większości stanów fuzja powoduje małą zmianę doświadczanych cech charakterystycznych, w niektórych stanach zmiana jest dość znaczna.
>
> Dla ludzi, którzy „widzą" świadomości mózgów, te dwa przypadki „wyglądają" prawie identycznie.

PRZYKŁAD

Podczas jednego z naszych procesów stanów szczytowych nasi ochotnicy mogą wejść w szczytowy stan trójni mózgu zwany Pustą Wewnętrzną Przestrzenią, w którym wszystkie mózgi stapiają się w kulę, umieszczoną blisko splotu słonecznego. Mózgi nakładają się i łączą, a osoba doświadcza najbardziej oczywistej cechy stanu, czyli uczucia braku fizycznego ciała w skórze. Kiedy ma miejsce fuzja, różne części ciała stają się „puste", np. ramiona, klatka piersiowa itd. Na koniec, w fazie całkowitej fuzji, pojawia się uczucie, jakby nie było ciała, a pod skórą i w skórze było tylko powietrze.

Inną zaletą diagramu Perry jest łatwość widzenia, jak stany trójni mózgu (jeśli są obecne) są połączone w danej osobie. Jako że występowanie stanów zależy od tego, które mózgi są ze sobą połączone, od razu widać, jakie stany ma dana osoba, kiedy widzimy sposób ułożenia kół na diagramie Perry. I widać, które ze stanów trójni mózgu są możliwe! Zamiast polować na różne grupy cech określających potencjalne nowe stany trójni mózgu, można po prostu sprawdzić, jakie są sposoby połączenia świadomości mózgów, aby mieć pewność, że wszystkie zostało wyszczególnione. Dla naszej pracy to była ogromna zaleta.

W następnej części rozdziału opisujemy różne stany szczytowe trójni mózgu, przedstawiając ilustracje na diagramie Perry, aby pokazać jak oddziałują na siebie świadomości mózgów. Ilustracje pokazują zakres połączenia świadomości mózgów, które wykazują przynajmniej pewien stopień danych cech charakterystycznych stanu.

5.11. „PRZECIĘTNE" I „POD-PRZECIĘTNE" STANY ŚWIADOMOŚCI

Zaczniemy omówienie klasy stanów szczytowych, dotyczących struktury trójni mózgu, od stosunkowo nam znanych, czyli „przeciętnych" i „pod-przeciętnych" świadomości. Cechy tych dwóch stanów opisuje się na podstawie stopnia połączenia świadomości mózgu splotu słonecznego i mózgu ciała. W przeciętnej świadomości te dwa mózgi komunikują się (na diagramie Perry ich koła się dotykają) lub są całkowicie stopione (koła są całkowicie na siebie nałożone). W pod-przeciętnej świadomości, są one zupełnie rozdzielone (na diagramie Perry w ogóle się nie dotykają).

Niektóre nasze dane pokazują, że oddzielenie świadomości mózgu splotu słonecznego i mózgu ciała blokuje inne stany fuzji trójni mózgu. Tak więc ludzie będący w stanie szczytowym, kiedy splot słoneczny dostaje bodziec do oddzielenia się, wydają się tracić całkowicie obecny stan szczytowy, mimo że mózgi „odpowiedzialne" za dany stan szczytowy nie mają nic wspólnego ze splotem słonecznym. To zagadnienie pozostaje nadal w sferze badań.

Cechy charakterystyczne stanów pokazanych na diagramie Perry zależą od stopnia połączenia świadomości mózgów. Postanowiliśmy oddzielić Przeciętne i Pod-przeciętne stany świadomości w miejscu, w którym świadomości splotu słonecznego i ciała nie porozumiewają się. W przyszłości, gdy zdobędziemy kliniczne doświadczenie i jeśli okaże się to przydatne dla psychologów klinicznych wystawiających diagnozę, być może przesuniemy granicę oddzielającą te dwie kategorie.

5.11.1. Stan Przeciętnej Świadomości

Osoba o przeciętnej świadomości nie ma żadnych stanów szczytowych, stanów trójni mózgu czy innych. Funkcjonowania swoich mózgów serca, umysłu i ciała doświadcza jak w dysfunkcjonalnej rodzinie trzech osób (lub czterech, jeśli mózg Buddy jest oddzielony), w której każda z nich ma własne sprawy i cele. Na podstawowym poziomie samoświadomości mózgu, trzy główne mózgi są od siebie oddzielone, co jest zaznaczone na diagramie Perry poprzez dystans pomiędzy kołami. Jednak świadomość mózgu splotu słonecznego jest albo stopiona ze świadomością mózgu ciała, albo przynajmniej w jakimś stopniu z nim połączona. Właśnie na podstawie tego połączenia określamy Przeciętne Stany Świadomości. Jeśli chodzi o diagram Perry, dystans kół splotu słonecznego i ciała waha się od stykania się do całkowitego nałożenia na siebie.

W tej definicji omijamy połączenie świadomości mózgu Buddy (korony) z mózgiem umysłu – być może w przyszłości trzeba będzie uwzględnić to jako oddzielny stan, jednak na daną chwilę tego nie zrobiliśmy.

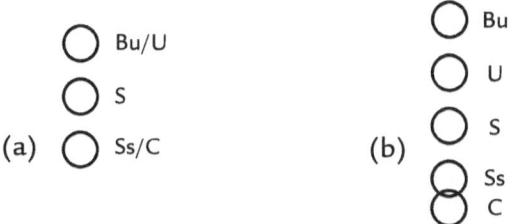

Rysunek. 5.3. Diagram Perry dla Przeciętnych Stanów Świadomości. a) reprezentuje najczęstszą konfigurację, gdzie świadomość splotu słonecznego jest całkowicie stopiona z ciałem. Ten stan może przejść w b), gdzie splot słoneczny jest w niewielkim stopniu połączony ze świadomością ciała. Dzięki naszej obecnej definicji Przeciętnej Świadomości umiejscowienie mózgu Buddy (korony) waha się od oddzielenia do fuzji.

5.11.2. Stan Pod-przeciętnej Świadomości

Stan ten charakteryzuje się tym, że dana osoba nie jest w stanie w obiektywny sposób obserwować samej siebie. Ludzie w tym stanie często cierpią na chorobę umysłową. Osoba taka wierzy i działa z pozycji traum pojawiających się w jej świadomości, czego nie jest świadoma i nie potrafi tego zakwestionować. Musimy nad tym obszarem jeszcze popracować, ale na razie wierzymy, że jest to spowodowane głębokim oddzieleniem trzech mózgów, zwłaszcza splotu słonecznego i mózgu ciała.

Muszę zwrócić waszą uwagę na konsekwencje tej definicji. Jeśli nasze obserwacje tego obszaru są prawidłowe, zakładamy że oddzielenie świadomości mózgów splotu słonecznego i ciała są podstawową przyczyną zjawiska, które nazywamy „pod-przeciętnym" zdrowiem umysłowym, aczkolwiek nie przyczyną konkretnej choroby umysłowej. Jeśli tak jest (a wygląda to na wielce prawdopodobne), oznacza że techniki uzdrowienia tego rozdzielenia mogą mieć ogromny i szybki wpływ na zdrowie umysłowe wielu ludzi cierpiących na choroby umysłowe, czy to umiarkowane czy poważne.

Obecna definicja zakłada możliwość fuzji mózgu Buddy (korony) i mózgu umysłu, ich oddzielenia lub stanu pośredniego pomiędzy tymi dwiema możliwościami. Oczywiście bardziej pożądana jest fuzja z mózgiem Buddy, ale w momencie pisania tej książki nie określiliśmy, jaką to czyni różnicę. W przyszłości być może rozdzielimy to na dwa stany, jednak na razie grupujemy je razem.

Rysunek 5.4. Diagram Perry przedstawiający pod-przeciętne stany. Świadomości mózgów ciała i splotu słonecznego nie dotykają się. Stopień oddzielenia pomiędzy świadomościami może się różnić. Według naszej definicji część a) i b) określają zakres stanu pod-przeciętnego, jako że stopień fuzji mózgu Buddy (korony) nie jest istotny dla definicji.

5.12. DYSFUNKCJONALNE STANY ZAMKNIĘCIA TRÓJNI MÓZGU

Teraz omówimy niezwyczajne stany, które obejmują dysfunkcjonalne trójdzielne struktury. Mogą się one pojawić, gdyż indywidualne mózgi posiadają rzadko wykorzystywaną umiejętność odcinania się. Wówczas osoba traci podstawowe umiejętności tych mózgów. Stany te zazwyczaj pojawiają się na skutek doświadczenia wielkiej traumy lub czasem w efekcie praktyk duchowych. Jednak nawet, kiedy zdarzają się te stany odcięcia, nie tracimy umiejętności posługiwania się językiem.

Najczęstszym powodem kontaktowania się z siecią kryzysu duchowego są poniższe trzy stany. Dzieje się tak, kiedy w ludziach zachodzi konflikt między utratą głównych umiejętności poszczególnych mózgów a wspaniałym uczuciem ulgi i „duchowymi" odczuciami, które te stany zapewniają. Stany zamknięcia są odczuwane jako dobre, gdyż pozwalają na ucieczkę od kakofonii trzech niezależnych mózgów. Jednak przeprowadzanie lobotomii na sobie samym, by uniknąć bólu, nie leży w interesie danej osoby. Ludzie zazwyczaj decydują się zakończyć trwanie w danym stanie, kiedy dowiadują się, co go wywołało, jakie są nowe techniki uzdrowienia traumy i jak żyć, bardziej kochając samego siebie. Wystarczy chcieć odzyskać aspekty samego siebie, które zostały odcięte.

Na diagramie Perry zaznaczamy tę grupę stanów, omijając koło, które reprezentuje zamknięty mózg. Dodajemy pierwszą literę nazwy z kreską nad nią dla zaznaczenia, że świadomość mózgu jest odcięta lub nieobecna.

5.12.1. Stan Zamknięcia Mózgu Umysłu

Stan ten występuje, kiedy umysł (kora nowa) jest odcięty i – z tego co wiem – nie ma konkretnej nazwy, ale prezentuje z jednej strony bardzo kuszącą, a z drugiej problematyczną sytuację. Osoba doświadcza uczucia spokoju, harmonii, radości życia, radości z wykonywania codziennych zadań i bardzo głębokiego połączenia z duchową literaturą. To wszystko ma miejsce, gdyż ustaje wewnętrzny konflikt, którego dana osoba doświadcza na skutek niezależnego działania umysłu. Jednakże zostają zawieszone lub są w dużym stopniu zaburzone umiejętności, w których umysł się specjalizuje, tzn. pamięć krótkotrwała, zdolności matematyczne, umiejętność formułowania sądów (np. wybór pomiędzy podobnymi artykułami w sklepie lub dania z menu). Ta wewnętrzna lobotomia wywołuje prawdziwy dylemat, jako że jednostka chce, by ten stan trwał, ale jest niezdolna do pracy w większości zawodów. Widziałem ludzi, u których ten stan trwał przez rok.

> **KRYZYS DUCHOWY** – definicja
>
> Kryzysy duchowe to nie są kryzysy wiary. Obejmują bardzo destrukcyjne i niepokojące epizody doświadczeń, wychodzących poza nasze kulturowe systemy wierzeń. Często te duchowe wydarzenia nie wprowadzają zamieszania do życia, lecz dla niektórych to doświadczenie jest zbyt nagłe i ekstremalne, zwłaszcza jeśli jest całkowicie nieznane i przerażające. Kiedy te duchowe doświadczenia stają się kryzysem, nazywane są kryzysem duchowym.

We wczesnych latach 80. dr Stanislav Grof napisał książkę na temat kryzysów duchowych i opracował składającą się z 12 części klasyfikację tego typu kryzysów. Wiele doświadczeń nie zostało uwzględnionych w tej klasyfikacji, ale nadal pozostaje ona wystarczającą mapą w tej dziedzinie. On i jego żona Christina otworzyli w Stanach Zjednoczonych bezpłatną linię telefoniczną z myślą o ludziach doświadczających kryzysów duchowych, aby pomagać im dotrzeć do terapeutów zajmujących się tym problemem. W późnych latach 90. ta usługa telefoniczna została przejęta przez dra Branta Cortrighta w California Institute for Integral Studies.

PRZYKŁAD

> Robiąc badania na temat tego stanu, poszedłem do lokalnego sklepu, żeby kupić małą tanią torbę. Były dziesiątki do wyboru, a ja nie byłem w stanie wybrać żadnej z nich, choć bardzo się starałem. Męczyłem się z wyborem tak długo, że w końcu ochroniarz podszedł do mnie, myśląc, że jestem przestępcą. Miałem taki sam problem w wyborze dania w restauracjach, więc wolałem do żadnych nie chodzić. Kiedy wyszedłem z tego stanu, doceniłem moją umiejętność dokonywania ocen i wyborów, co kontrastuje z przekonaniem w stylu Nowej Ery, że oceny i sądy to coś złego.

5.12.2. Stan Zamknięcia Mózgów Umysłu i Serca

Kiedy odetniemy mózgi umysłu i serca, jesteśmy w stanie, który Sufici nazywają Bezcenną Perłą. Ten dziwny stan podobny jest do Stanu Pustej Wewnętrznej Przestrzeni, kiedy umysł, serce i ciało są stopione w jedno i kiedy czujemy, jakby nasze ciało składało się z powietrza. Co więcej, nasza świadomość nie odczuwa granic naszego ciała. Ten brak granic nie wynika bezpośrednio z zamknięcia mózgów, ale raczej z innego stanu, który jest wywoływany tym odcięciem. Może także pojawiać się niezależnie (opisujemy to w tomie II).

Jednak w odróżnieniu od Stanu Pustej Wewnętrznej Przestrzeni, w tym stanie zamknięcia osoba ma uczucie, że dolna część brzucha jest pełna, tak jakbyśmy zjedli duży posiłek lub byli w ciąży. Tracimy także umiejętności serca i umysłu, takie jak odczuwanie emocji, emocjonalną świadomość innych, myślenie analityczne itp. Stan ten może być wywołany duchową praktyką, połączoną z uczuciem umierania i próbą ucieczki od swojego życia.

PRZYKŁAD

> Badając ten stan, nawet mycie naczyń wydawało mi się bardzo przyjemne. Jednak zastanawiałem się, czy wszedłem w jakiś głęboki duchowy stan, gdyż moje ciało nie odczuwało swoich granic. Raczej miało wrażenie, że składa się z powietrza, nie z ciała. Po chwili zdałem sobie sprawę, co zrobiłem i że stan ciała bez granic był oddzielnym zjawiskiem. Kiedy rozmawiałem o tym z duchowymi nauczycielami, niewielu z nich rozpoznało ów stan, a zupełnie nieliczni wiedzieli o nim na tyle dużo, żeby zdać sobie sprawę z jego dysfunkcjonalnych cech – inni raczej założyli, że odnalazłem „wyższy" stan.

5.12.3. Stan *Samadhi* (zamknięcie mózgów serca i ciała)

Stan ten, w tradycji buddyjskiej zen nazywany *Samadhi*, występuje kiedy wyłączają się świadomości serca i ciała. Odczuwa się spokój i brak poczucia czasu, co jest niemożliwe do doświadczenia w normalnym stanie świadomości. Oddychanie prawie ustaje, prawdopodobnie dlatego, że spada poziom tlenowego metabolizmu, który miałby podtrzymywać oparte na chemii procesy myślowe dwóch zamkniętych mózgów. W przeciwieństwie do Stanu Zamknięcia Umysłu, jednostka może wykonywać większość zawodów, a pamięć i IQ są bardzo podwyższone. Jednym dziwnym problemem w tym stanie jest umiejętność przypominania sobie tego, co słyszeliśmy (np. muzyki czy rozmowy) tak wyraźnie, że nie można tego rozróżnić od prawdziwego zdarzenia. Możemy wejść w stan ciągłego odgrywania tych rzeczy, ale wyłączenie tego może być trudne. Niestety zostaje wyeliminowana umiejętność odczuwania emocji lub łączenia się z ludźmi inaczej niż na poziomie intelektualnym. Kiedy ktoś raz znajdzie się w tym stanie, może w nim zostać nie wiadomo na jak długo. Pragnienie, by odczuwać emocje, włączy z powrotem mózg serca, a świadomość ciała dołączy wkrótce potem.

PRZYKŁAD

> Wszedłem w ten stan, puszczając album Sofii w drodze na uniwersytet, w którym uczyłem. Miałem problem ze zrozumieniem podręcznika z zaawansowanej inżynierii i na piątej lub szóstej stronie dałem sobie spokój. Gdy znalazłem się w tym stanie, moje IQ wzrosło tak bardzo i moja pamięć była prawie doskonała, że czytałem i rozumiałem tekst tak, jakbym czytał powieść. Czułem także, że każda chwila była bardzo długa i że miałem bardzo dużo czasu, aby robić wszystko, co chciałem, nawet spędzać czas w kawiarni. To ostatnie wydawało mi się dziwne, jako że zawsze przygotowywałem lekcje i sprawdzałem prace domowe na ostatnią chwilę. Prawie nie miałem czasu, żeby oddychać – gdy byłem spokojny, między krótkimi oddechami klatką piersiową było 10 lub 15 minut przerwy.

5.12.4. Stan Zamknięcia Mózgu Serca

Kiedy mózg serca pozostaje odcięty, traci się zdolność odczuwania innych ludzi jako istot – raczej ma się poczucie, że są oni rzeczami, kamieniami. Nie jest się zdolnym do traktowania ludzi jako sobie podobnych. Stan ten może być odpowiedzialny za istnienie osobowości socjopatycznych. Można sobie wyobrazić, że jeśli serce zostało zamknięte we wczesnym wieku, osoba nie rozwinęła umiejętności socjalizacji, dzięki którym wchodzimy w relacje z innymi.

PRZYKŁAD

> Ten stan był bardzo przyjemny, ale niepokojący pod względem intelektualnym, gdyż inni ludzie nie byli dla mnie ważni, nie obchodzili mnie i nie czułem

w stosunku do nich żadnej empatii. Doświadczałem innych, jakby byli robotami, nie ludźmi. Zacząłem się zastanawiać, czy to jest sposób, w jaki gady, które nie posiadają mózgu ssaka, odbierają innym życie. Zacząłem rozumieć, dlaczego jaszczurka nie ma żadnego problemu, by zjeść swoje potomstwo – ponieważ nie ma zdolności odczuwania czyjegoś bólu lub cierpienia jako podobnych do jej uczuć. W tym stanie nie istniała empatia i połączenie z innymi ludźmi.

5.13. SZCZYTOWE STANY TRÓJNI MÓZGU

W tej części omówimy stany szczytowe trójni mózgu, które bardzo różnią się od siebie, gdy się ich doświadcza. Ponieważ samoświadomości poszczególnych mózgów mogą się łączyć w różnych konfiguracjach, więc i stany będące wynikiem owego połączenia mają różne charakterystyki. Podstawowe dynamiki ilustrujemy diagramem Perry, pokazując zakres łączenia się mózgów, który do pewnego stopnia determinuje cechy charakterystyczne stanu.

Stany szczytowe trójni mózgu generalnie nie są uznawane za stany, ale czasem można znaleźć opisy na ten temat w książkach dotyczących kryzysów duchowych, przy klasyfikacji połączonych świadomości. Stany fuzji mózgów są wewnętrznie pozytywne i same w sobie nie są przyczyną kryzysu duchowego. Chociaż osoby, które utraciły stan, czasem zwracają się do sieci kryzysu duchowego, gdyż odczuwają zagubienie, żal i rozpacz, i szukają sposobu, by odzyskać to, co stracili.

Wszystkie wymienione poniżej stany, które obejmują fuzję mózgów umysłu i serca, wywołują pewnego rodzaju „niewrażliwość", o której pisałem w rozdziale 1. Dzieje się tak, gdyż osoba zostaje w teraźniejszości i przeszłe traumy nie mają na nią emocjonalnego wpływu. Możliwe, że Stan Podskórnego Szczęścia (fuzja mózgów serca i ciała) również wywołuje „niewrażliwość" w inny sposób, lecz w momencie pisania tej książki, nie zostało to ostatecznie sprawdzone.

Mimo że technicznie rzecz biorąc wszystkie stany trójni mózgu, które nie są całkowitą, doskonałą fuzją wszystkich świadomości mózgu, powinny być nazywane „pod-stanami", dla zwięzłości jednak zdecydowaliśmy się opuścić przedrostek „pod-".

Okazuje się, że mózgi łączą się według określonych wzorów i wiele możliwych konfiguracji łączenia się świadomości mózgów zdarza się rzadziej. Poruszając się między stanami, mózgi podążają za konkretnymi wyborami łączenia. Powodem tego jest sekwencja zdarzeń podczas koalescencji mózgów, które opisujemy w rozdziale 6. Tak więc w diagramie Perry zazwyczaj omijamy stany, kiedy dwa mózgi podrzędne – splot słoneczny i mózg Buddy (korony) – nie są stopione ze swoimi odpowiednimi głównymi mózgami ciała i serca.

Dzieje się tak, gdyż w przeciętnej lub wyższej świadomości z reguły są one ze sobą połączone, więc tylko złożone świadomości – umysłu, serca i ciała powinny być wyszczególnione.

5.13.1. Stan Wewnętrznego Spokoju

Stan ten pojawia się, kiedy stapiają się mózgi umysłu i serca, a świadomość ciała pozostaje oddzielnie. Charakteryzuje się nieomylnym, wyraźnym podskórnym uczuciem spokoju, nawet podczas doświadczania innych uczuć (stąd nazwa stanu). Co jest ważne z punktu widzenia terapeuty to fakt, że ten stan emocjonalnie przywołuje osobę do teraźniejszości. Oznacza to, że kiedy osoba myśli o traumie z przeszłości, nie ma ona dla niej *w ogóle* emocjonalnego zabarwienia. Ludzie reagują odpowiednio do obecnych okoliczności, nie są aktywowani przeszłą traumą. To właśnie fuzja umysłu i serca sprawia, że przeszłość nie ma emocjonalnego zabarwienia – każdy stan trójni mózgu obejmujący fuzję umysłu i serca również ma tę charakterystyczną cechę. Częściowe połączenie tych świadomości tylko redukuje poziom zabarwienia emocjonalnego przeszłej traumy.

Szacujemy, że 8% całej populacji ma ten stan lub jego lepszą kombinację nazywaną Ścieżką Piękna, a dalsze 14% populacji doświadczyło go na tyle, że jest w stanie go rozpoznać.

Stan Wewnętrznego Spokoju jest bardzo ważny dla psychologii, właśnie z powodu wyłączenia zabarwienia emocjonalnego wszystkich przeszłych traum. Pozostawanie w tym stanie jest bardzo korzystną zmianą, gdyż większość problemów, jakich ludzie doświadczają w codziennym życiu, ma związek z owymi, z reguły zapomnianymi, traumami. Patrząc na to z perspektywy codzienności, chodzi o to, że tracimy nasze „czynniki zapalające", które normalnie nas aktywują. Nasze reakcje na wydarzenia codzienne tu i teraz stają się bardziej adekwatne. Stan ten ma ogromny na nas wpływ i jest stosunkowo łatwy do osiągnięcia, więc temu tematowi poświęcamy rozdział 9.

Rysunek 5.5. Diagram Perry przedstawiający Stan Wewnętrznego Spokoju. Zauważ zakres fuzji mózgów od a) do b). Mózgi ciała i splotu słonecznego są stopione, gdyż zazwyczaj tak odczuwają nasi klienci.

Podobnie jak w przypadku Stanu Ścieżki Piękna, który opisujemy poniżej, podejrzewamy, że ludzie będący w Stanie Wewnętrznego Spokoju nie mają marzeń sennych, a ich umysł jest spokojny, bez wewnętrznej „paplaniny umysłu". Jednak w momencie pisania tej książki nie zweryfikowaliśmy jeszcze tego założenia.

5.13.2. Stan Podskórnego Szczęścia

Stan ten pojawia się, gdy łączą się świadomości ciała i serca. W przypadku mężczyzn jawi się to w ten sposób, że w tle wszystkich doświadczeń życiowych, bez względu na to, jakie one są, odczuwane jest szczęście. W przypadku kobiet jest tak samo, lecz dodatkowo kobiety silniej odczuwają miłość. Nadal występuje cały wachlarz emocji, takich jak smutek czy złość, lecz uczucie szczęścia jest cały czas obecne, w mniejszym lub większym stopniu. Ten (lub wyższy) stan trójni mózgu jest bardzo przydatny, zwłaszcza do urzeczywistniania swoich myśli – ich manifestowania się w świecie.

Szacujemy, że 9% ogółu populacji ma ten stan, a kolejne 12% doświadczyło go w wystarczającym stopniu, żeby go rozpoznać.

PRZYKŁAD

> Jednego wieczoru, po uzdrawianiu uczuć porzucenia i samotności, wypełniło mnie ogromne szczęście. Było tak intensywne, że przez większość nocy dosłownie płakałem ze szczęścia (do tamtej pory uważałem to za metaforyczne). Ten stan trwał miesiącami. Odczuwałem szczęście, doświadczając jednocześnie innych emocji, pozytywnych czy negatywnych. Wiedziałem już, że szczęście nie było emocją w takim sensie, w jakim zawsze o nim myślałem, ale było efektem ubocznym wewnętrznej zmiany wynikającej z połączenia mojej trójni mózgu.

Rysunek 5.6. Stan Podskórnego Szczęścia. Zauważ, że stan waha się od przypadku a) do przypadku b). Ale w trakcie pisania tej książki, nie wiedzieliśmy jeszcze, czy w pełni oddzielone mózgi umysłu i Buddy mają jakiś wpływ na ten stan.

5.13.3. Stan Wielkiego Nieba

Wierzymy, że ten stan wynika z połączenia mózgów umysłu i ciała, bez mózgu serca, choć nie jesteśmy całkowicie pewni, czy tak jest w istocie. Świat wydaje się wielki, niebo i ziemia ogromne. To odczucie wynika z umiejętności czucia pewnego rodzaju „nacisku" ze strony przedmiotów, znajdujących się blisko lub daleko, dodając jednocześnie inny wymiar świadomości zmysłowej.

Nie znamy częstotliwości występowania tego stanu.

5.13.4. Stan Komunikacji Mózgów

W tym stanie świadomości mózgów dotykają siebie nawzajem. Mózgi mogą się porozumiewać na każdy temat – komunikacja odbywa się na poziomie niewerbalnym. Nie oznacza to, że się ze sobą zgadzają, ale mogą dzielić się swoimi uwagami i pragnieniami. Istnieje w tym stanie poczucie równowagi, spokoju, bez wewnętrznej irytacji, choć mózgi nadal działają jak dysfunkcjonalna rodzina.

Szacujemy, że około 12% ogólnej populacji ma ten stan, a kolejne 23% doświadczyło go w takim stopniu, by umieć go rozpoznać.

(a) Bu/U / S / Ss/C

(b) Bu / U / S / Ss / C

Rysunek 5.7. Stan Komunikacji Mózgów. Mimo że zaznaczyłem zakres połączenia od a) do b), w praktyce widzieliśmy jedynie małe wariacje przypadku a).

5.13.5. Stan Głębokiego Spokoju

Stan ten charakteryzuje się głębszym uczuciem pełnego spokoju niż w Stanie Ścieżki Piękna. W tym stanie ma się uczucie większej lekkości i jakby fizyczne serce było umiejscowione niżej w ciele. Co prawda osoba nie czuje, żeby robiła wszystko bez wysiłku, ale nie wkłada już tak dużo energii w działania życiowe, jak w przeciętnej świadomości. Mózgi są świadome istnienia siebie nawzajem i mogą bezpośrednio porozumiewać się ze sobą, a jednocześnie osoba jest świadoma każdego z nich. Nadal działają jak dysfunkcjonalna rodzina, ale w znacznie mniejszym stopniu. To jest pośredni stan, który nie jest naszym celem.

W tym stanie możliwa sytuacja waha się od całkowitego do częściowego połączenia wszystkich świadomości mózgu, co na diagramie Perry symbolizowane jest przez koła ułożone jedne na drugich. Jednak mózgi same w sobie nie są całkowicie stopione. Stan ten jest pogłębioną wersją (większego „połączenia") Stanu Komunikacji Mózgów, co oznacza, że jeden stan przechodzi w drugi w momencie, gdy mózgi są ze sobą połączone co najmniej w 50%. Mózg splotu słonecznego jest stopiony z mózgiem ciała, a mózg Buddy (korony) z mózgiem umysłu.

Nie znamy częstotliwości występowania tego stanu w ogóle populacji.

(a) ◯ Bu/U,S,Ss/C   (b) ⊜ Bu/U / S / Ss/C

Rysunek 5.8. Diagram Perry przedstawiający Stan Głębokiego Spokoju. Stan ten waha się od typowego dla tego stanu (a) do (b), które ma zmniejszony poziom cech charakterystycznych tego stanu.

5.13.6. Stan Pustej Wewnętrznej Przestrzeni

Stan ten wynika z połączenia i stopienia mózgów umysłu, serca i ciała. Doświadcza się go w ten sposób, że czujemy, jakby nasze ciało było zrobione z powietrza, bez mięśni i kości. Zen określa ten stan jako „pusty bambus", choć ludzie Zachodu, którzy nagle weszli w ten stan, określają go jako bycie pustą puszką. Ma się poczucie, że wykonywanie ruchów czy innych działań odbywa się bez żadnego wysiłku. Emocje odbierane są bardziej jak myśli – nie są już doświadczeniem związanym z uczuciami. Ludzie opisują, że wszystkie części ciała wydają się być „ciągłe". Na pewnym poziomie świadomości, świadomości mózgów łączą się w dużą prostokątną lub kulistą białą przestrzeń, rozciągającą się między brzuchem a dolną częścią klatki piersiowej.

Szacujemy, że stanu tego doświadcza 7% ogółu populacji, a kolejne 12% doświadczyło go w takim stopniu, by móc go rozpoznać.

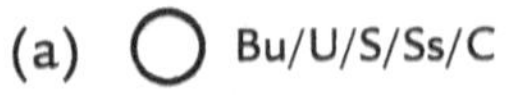

(a) ◯ Bu/U/S/Ss/C

Rysunek 5.9. Diagram Perry przedstawiający Stan Pustej Wewnętrznej Przestrzeni. Wszystkie cechy charakterystyczne tego stanu pojawiają się w momencie, gdy wszystkie świadomości mózgu stopią się, co odróżnia ten stan od innych.

5.13.7. Stan Pełni

Każdy, kto nagle wejdzie w ten stan, określa go jednym słowem – „pełnia". Słuchanie muzyki staje się prawie ekstatycznym doświadczeniem. Stan ten daje intensywne uczucie bycia całkowicie żywym i radości z tego powodu. Sprawia, że życie staje się bardziej barwne – jest to spowodowane tym, że świadomość łożyska podczas swojej śmierci w trakcie porodu łączy się z dzieckiem, a świadomość ogonka plemnika łączy się podczas poczęcia. W porównaniu ze Stanem Pełni, Stan Pustej Wewnętrznej Przestrzeni wydaje się niekompletny i niesatysfakcjonujący. Stan Pełni jest ważny w niektórych metodach radykalnego fizycznego uzdrawiania.

Obecnie Stan Pełni traktujemy jako stan trójni mózgu, gdyż odnosi się do samoświadomości łożyska i jej połączenia z trójnią mózgu dziecka podczas porodu, mimo że łożysko po porodzie umiera. Wygląda na to, że możesz mieć uczucie pełni bez połączenia się pozostałych dwóch mózgów, ale doświadczenie pełni jest silniejsze, jeśli owe mózgi są stopione. Nie wiemy, jakie działanie mają oddzielone lub niestopione mózgi splotu słonecznego lub Buddy na cechy charakterystyczne tego stanu, więc na dany moment ograniczyłem zakres diagramu Perry dla tego stanu, tak jak przedstawia to rysunek 5.10.

W Stanie Pełni na diagramie Perry pojawia się litera „Ł", aby zaznaczyć całkowicie uzdrowioną traumę śmierci łożyska – innymi słowy, całkowitą fuzję umierającej podczas porodu świadomości łożyska z płodem. Koło reprezentujące łożysko jest pominięte w ilustracjach dotyczących innych stanów, gdyż zakładamy, że diagramy Perry są dla ludzi po porodzie – łożysko ma światło samoświadomości w Stanie Wewnętrznego Światła tylko przed porodem. Aby podkreślić siłę tego stanu, uwzględniamy procent kompletności połączenia mózgu łożyska z płodem podczas jego śmierci. Jednak rysujemy koła dla mózgu łożyska, aby ułatwić graficzne przedstawienie stopnia połączenia łożyska klienta. Aby uniknąć niejasności, rysujemy koła po lewej stronie normalnych przypadków (jeśli w przyszłości uznamy, że mózg ogonka plemnika jest istotny dla danego stanu, dołączymy go z odpowiednim symbolem)

Nie oszacowaliśmy jeszcze częstotliwości występowania tego stanu.

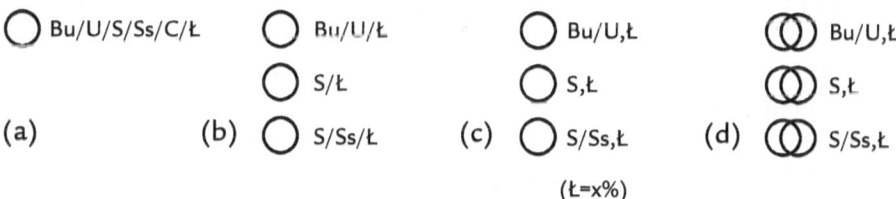

Rysunek 5.10. Diagram Perry przedstawiający Stan Pełni. Zauważ, że zazwyczaj w diagramach Perry nie uwzględniamy koła reprezentującego łożysko, jako że jego świadomość znika po urodzeniu. Stan waha się od (a) do (c). Rysunki (c) i (d) są ekwiwalentami.

5.14. STANY SYNERGICZNE OBEJMUJĄCE STAN TRÓJNI MÓZGU

Na ogół inne szczytowe stany świadomości, które nie są stanami szczytowymi trójni mózgu, można traktować jak oddzielne pakiety, których konkretne jakości zostają dodane do jakości stanu szczytowego, który ma dana osoba (to jest jak torba kulek, w której każda kulka jest stanem). Wtedy taki nowy stan opisujemy, wymieniając stany składowe (jeśli nowy stan ma ogólnie znaną nazwę, umieszczamy ją na liście). W takim przypadku nowy stan nazywamy „połączeniem stanów", np. „Połączenie Stanów Pustej Wewnętrznej Przestrzen i Światłości Mózgów". Jednak niektóre stany łączą się w sposób synergiczny – mają cechy różniące się od cech poszczególnych stanów składowych. Jeśli stan wynikający z połączenia ma nową, synergiczną dominującą cechę, umieszczamy ją w nazwie stanu. Nazywamy to stanem „synergicznym", aby odróżnić go od stanu wynikającego z połączenia. Przykładem takiej synergii jest Stan Ścieżki Piękna.

5.15. SYNERGICZNY STAN ŚCIEŻKI PIĘKNA (ŻYWOTNOŚCI)

Stan Ścieżki Piękna jest kombinacją Stanu Wewnętrznego Spokoju z ograniczonym połączeniem ze Stwórcą (stany dotyczące Stwórcy opisane są w tomie II), co powoduje wewnętrzną, nieświadomą decyzję o wybieraniu pozytywnych rodzajów postrzegania.

Jak już wcześniej wspomnieliśmy, synergia stanów składowych tworzy empiryczne cechy nie występujące w żadnym z nich. W Stanie Ścieżki Piękna pojawiają się dwie główne nowe cechy synergiczne: dostrzeganie piękna we wszystkim, co znajduje się w świecie fizycznym – nawet w śmieciach, oraz poczucie „żywotności" w sobie i w otaczającym świecie.

Postanowiliśmy nazwać ten stan Ścieżką Piękna z powodu istnienia takiego stanu w tradycji, kulturze i języku Indian, gdzie nacisk położony jest właśnie na poczuciu piękna. Gdybyśmy jednak mieli inaczej nazwać ten synergiczny stan, prawdopodobnie nazwalibyśmy go Stanem Żywotności, gdyż ta cecha dobrze charakteryzuje przebywanie w tym stanie (właśnie takiej nazwy używa Harville Hendrix w swojej książce *Keeping the Love you Find*, opisując taki stan). Wspaniale o tym stanie pisze również Eckhart Tolle w swojej książce *Potęga teraźniejszości*, przywołując poczucie piękna i pozostałe cechy tego stanu, nie nadając mu jednak żadnej nazwy.

Oprócz zniknięcia wszystkich przeszłych nacechowanych emocjonalnie traum w Stanie Wewnętrznego Spokoju, pojawia się też kilka innych, nowych cech, o których warto wspomnieć. Przede wszystkim, osoba w Stanie Ścieżki Piękna nie śni, albo nie śni w typowy dla nas sposób. Podczas snu doświadcza jedynie momentów, kiedy podświadomość uwalnia wydarzenia danego dnia – najwyraźniej po to, by wspomnienia mogły być w odpowiedni sposób poukładane. Nie ma snów w takim znaczeniu, w jaki ma je większość ludzi. Dlaczego tak się dzieje? Ponieważ sny tak naprawdę są artefaktem dysfunkcjonalnej normalnej świadomości. Procesy „myślowe" mózgów serca i umysłu podczas snu „karmią się" nawzajem i tworzą pasującą „historię" senną, która opiera się na wielu traumach, jakich doświadczyły w przeszłości. W momencie, kiedy umysł i serce stapiają się ze sobą, nie ma już tego typu nieporozumień, jako że stają się jednym organizmem. Czasem może zdarzyć się doświadczenie podobne do snu, ale będzie ono miało świętą wartość, gdyż to nie jest sen w normalnym sensie, ale informacja od świadomości planetarnej – od Gai (świadomość Gai opisana jest w tomie II.)

Inną ważną cechą tego stanu (tak jak w przypadku innych bardziej złożonych stanów fuzji mózgów) jest cisza umysłu. Subwokalizacja nadal może być obecna, ale nie będzie to już „paplanina" umysłowa, zauważalna zwłaszcza podczas medytacji. Powód tego zjawiska jest obszernie omówiony w tomie III, gdyż ma ogromny wpływ na rozwój niektórych chorób umysłowych.

Stan Ścieżki Piękna – dzięki fuzji mózgów umysłu i serca – daje też ludziom charakterystyczną „niewrażliwość", jaką mają dzieci w sytuacjach zagrożenia. Jak wspomnieliśmy w poprzednich częściach, fuzja ta utrzymuje nas w teraźniejszości sprawiając, że dawna emocjonalna trauma nie ma na nas wpływu.

Szacujemy, że Stan Wewnętrznego Spokoju i Stan Ścieżki Piękna występują razem u około 8% ogółu populacji, a dodatkowe 14% potrafi je odróżnić od innych wcześniejszych doświadczeń szczytowych.

Cechy synergicznego Stanu Ścieżki Piękna:
– spokój, harmonia i fizyczne poczucie światłości,
– przeszłość nie jest dla nas traumatyczna, wspomnienia nie mają emocjonalnego zabarwienia,
– wszystko wydaje się piękne, nawet śmieci,
– duchowe prawdy są oczywiste,
– brak marzeń sennych,
– brak ukrytego lęku,
– życie całkowicie w teraźniejszości,
– brak napięcia, jak podczas letnich wakacji w dzieciństwie,
– ćwierkanie i śpiew ptaków są wyraźniejsze,
– nie branie na siebie emocjonalnego cierpienia innych,
– nie poddawanie się autorytetom, nie rezygnowanie ze swojej wiedzy,
– wzrost szamańskich umiejętności po przeszkoleniu,
– cichy umysł, np. brak paplaniny umysłu lub szeptania w tle.

NAJWAŻNIEJSZE IDEE

W szczytowym stanie świadomości doświadcza się określonych odczuć, które zazwyczaj nie są dostępne, a które stan ten *wywołuje*. Szczęście, spokój, pełnia i żywotność są powodowane stanami szczytowymi trójni mózgu. Intensywność tych uczuć zależy od intensywności danego stanu.

Świadomość ciała reaguje w sposób, w jaki nauczyła się reagować – poprzez kojarzenie ze sobą odczuć, a nie poprzez osąd. Jej działanie z racjonalnego punktu widzenia jest często niezrozumiałe, gdyż powiązania tych odczuć nie da się wytłumaczyć w zdroworozsądkowy sposób.

Mózg ciała jest podstawowym, najbardziej wpływowym mózgiem i zazwyczaj „ma najwięcej do powiedzenia" w sprawach związanych ze stanami szczytowymi i doświadczeniami stanów szczytowych.

Skojarzenia, które tworzy świadomość/mózg ciała podczas doświadczania traumy (także w wydarzeniach rozwojowych w łonie matki), pokazują dlaczego te wydarzenia mają wpływ na blokowanie stanów szczytowych w późniejszym życiu. Wspaniałe uczucie przybliżania się do stanów lub doświadczeń szczytowych zazwyczaj ponownie pobudza stare odpowiedzi traum związanych z danym wydarzeniem rozwojowym, blokując osiągnięcie tego stanu.

Stany szczytowe, które według nas są najważniejsze dla dobrego samopoczucia, obejmują stany fuzji trójni mózgu, czyli wewnętrzne zespolenie mózgów umysłu, serca i ciała.

Istnieje różnorodność stanów, których cechy zależą od stopnia połączenia/stopienia ze sobą konkretnych świadomości mózgów. Co więcej, istnieją również stany wynikające z „połączenia" poszczególnych stanów fuzji mózgów.

Dla reprezentacji graficznej typu i stopnia stanów trójni mózgu używamy diagramu Perry, dzięki któremu można wizualnie rozpoznać stany szczytowe i dzięki któremu są one widziane bezpośrednio przez ludzi, którzy mają odpowiedni stan szczytowy (Stan Wewnętrznego Światła).

Stan Pod-przeciętnej Świadomości jest przede wszystkim spowodowany oddzieleniem mózgu splotu słonecznego od mózgu ciała. Jeśli to prawda – oznacza to, że techniki ponownego połączenia tych mózgów mogłyby być bardzo przydatne u wszystkich klientów.

SUGEROWANA LEKTURA I STRONY INTERNETOWE

TRÓJNIA MÓZGU

- Elaine De Beauport, *The Three Faces of the Mind: Developing your Mental, Emotional and Behavioral Intelligence*, Quest Books, 1996.
- Tom Brown Jr, *The Vision*, Berkley, 1988.
- Tom Brown Jr, *Grandfather*, Berkley, 1993.
- Ronald Gross, *Peak Learning: A Master Course in Learning How to Learn*, Tarcher, 1991
- G.I.Gurdjieff, *Views from the Real World: Early Talks of G.I.Gurdjieff*, Viking, 1973 – kolekcja jego wykładów aż do 1924 roku.
- Charles Hapden-Turner, *Maps of the Mind*, MacMillan, 1982.
- Arthur Janov, *The Anatomy of Mental Illness: The Scientific Basis of Primal Therapy*, Berkley, 1977.
- Arthur Janov, *The New Primal Scream: Primal Therapy 20 Years On*, Trafalgar Square, 2000.
- Paul MacLean, *The Triune Brain in Evolution: Role in Paleocerebral Functions*, Plenus Press: 1990.
- Piotr Demianowicz Uspeńsky, *Fragmenty nieznanego nauczania*, Pusty Obłok, 1991 – dobrze ujęty skrót idei Gurdżijewa.
- Joseph Chilton Pierce, *Evolution's End: Claiming the Potential of Our Intelligence*, HarperCollins, 1992.
- Joseph Chilton Pierce, *The Biology of Transcendence: A Blueprint of the Human Spirit*, Inner Traditions, 2002.

KONKRETNE STANY TRÓJNI MÓZGU

- Harville Hendrix, *Keeping the Love You Find*, Atria, 1993 – opisuje strukturę trójni mózgu i stan, który nazywa „żywotnością" (który my nazywamy Ścieżką Piękna).
- Eckhart Tolle, *Potęga teraźniejszości*, Wydawnictwo A, 1999 – dobrze opisuje Stan Ścieżki Piękna, mimo że nie używa tej nazwy.

PROCESY MYŚLOWE MÓZGU CIAŁA

- Eugene Gendlin, *Focusing* (wyd. poprawione), Bantam, 1981.

ŁĄCZENIE SIĘ TRAUM

- Frank Gerbode, *Beyond Psychology: An Introduction to Metapsychology* (wydanie trzecie), Institute for Research in Metapsychology, 1995.
- Stanislav Grof, *Przygoda odkrywania samego siebie*, Uraeus, Gdynia 2000.
- Tad James and Wayne Woodsmall, *Time Line Therapy and the Basis of Personality*, Meta Publications, 1988 – w dużej mierze poświęcone NLP.
- Grant McFetridge and Mary Pellicer MD, *The Basic Whole-Hearted Healing Manual*, Institute for the Study of Peak States Press, 2003.

Rozdział 6

WYDARZENIA ROZWOJOWE DLA STANÓW FUZJI TRÓJNI MÓZGU

6.1. WPROWADZENIE

W tym rozdziale przyjrzymy się, jak model wydarzeń rozwojowych stanów szczytowych odnosi się do stanów świadomości trójni mózgu. Na początku opisujemy nasze niezwykłe obserwacje z pracy nad traumami – a mianowicie, że trójnia mózgu wykształca się z *samoświadomych* struktur organelli. Zobaczymy także, jak owe struktury i ich traumatyczne interakcje wiele wyjaśniają z dynamiki stanów oddzielenia trójni mózgu. Te niezwykle istotne, i zazwyczaj traumatyczne, wydarzenia rozwojowe są nieznane dziedzinie psychologii prenatalnej. Potem przejdziemy do bardziej znanych nam wydarzeń rozwojowych, takich jak poczęcie, implantacja, ciąża i poród, krytycznych z punktu widzenia fuzji trójni mózgu (w Dodatku B podsumujemy wydarzenia rozwojowe, podając je w odniesieniu do linii czasu).

Zwracamy również uwagę czytelnika na nasze ciekawe spostrzeżenie, iż szesnastowieczne ilustracje przedstawiające etapy alchemicznej przemiany opisują omawiane przez nas kluczowe wydarzenia rozwojowe – podajemy kilka takich przykładów.

Stany omawiane w tym rozdziale:
- Stan Wewnętrznego Spokoju
- Stan Ścieżki Piękna
- Stan Pustej Wewnętrznej Przestrzeni
- Stan Pełni
- Stan Wewnętrznego Złota

HISTORIA GRANTA
Odkrywanie wydarzeń rozwojowych
Po raz pierwszy zdałem sobie sprawę, że mózg ma trójdzielną naturę we wczesnych latach 80., kiedy pracując nad własnymi traumami prenatalnymi (gdy byłem w łonie matki), doświadczyłem rozdzielenia tych trzech mózgów. Do tamtej pory nie wiedziałem, że stany, których szukam, opierały się na stopniu stopienia się wielu mózgów. Jednocześnie zrozumiałem, jak ważna dla obecnych ludzkich problemów jest pamiętana lub zapomniana

trauma. Gdy zrozumiałem, jak dużo rzeczy w sobie muszę uzdrowić, zacząłem pracować nad procesem Uzdrawiania Całym Sercem (WHH), aby leczyć samego siebie. Wtedy pojawiła mi się myśl, że to traumy blokują stany trójni mózgu, zwłaszcza te, które zdarzyły się przed narodzinami.

Kilka lat później osiągnąłem Stan Wewnętrznego Światła, w którym moje ciało było przepełnione światłem. Dzięki temu stanowi mogłem dotrzeć do wspomnień przed narodzinami. Jednak nie wiedziałem, gdzie szukać. Zdziwiło mnie, kiedy rok później nagle zostałem wytrącony z tego stanu. Aby kontynuować moje poszukiwania, musiałem znaleźć ludzi, którzy byli w wystarczająco dobrych stanach świadomości, żeby mogli być obiektami moich badań. Istniał jednak poważny problem – nie mogłem pokazać ani udowodnić tego, co mówiłem o stanach szczytowych, gdyż sam straciłem swój, a każdy kto miał odpowiedni poziom umiejętności czuł się tak dobrze, że nie miał ochoty robić niczego, co by się wiązało z bólem, z którym można było się spotkać w moich badaniach. Na dodatek, moje hipotezy były w konflikcie z przekonaniami ludzi na temat duchowości lub szamanizmu. Nie mogłem znaleźć nikogo, kto by mi pomógł, więc po jakimś czasie ukończyłem pracę nad procesem WHH i zacząłem go nauczać. Moja prawdziwa pasja, czyli szczytowe stany świadomości, musiała jeszcze poczekać.

Minęło kilka lat. Dzięki Bogu, spotkałem Kate Sorensen z Trauma Relief Services, która organizowała pierwsze konferencje dotyczące nowych terapii mocy. Została moją przyjaciółką i podzielała moją pasję dla stanów szczytowych (jej historia opisana jest w rozdziale 12). Miała Stan Wewnętrznego Światła i swoje przemyślenia na ten temat, więc pracowaliśmy razem przy badaniach i cieszyliśmy się z naszych odkryć. Stała się „pierwszym królikiem doświadczalnym". Gdy już oswoiła się ze świadomością, że mózg ma naturę trójdzielną, zdała sobie sprawę, że jej mózgi były ze sobą w nieustannym konflikcie. Spędziliśmy dużo czasu badając, dlaczego nie chciały się połączyć. Czasem udawało nam się zjednoczyć jeden lub dwa, ale zawsze trwało to krótko. Mimo jej wspaniałej świadomości i motywacji, nie wiedzieliśmy, jak to udoskonalić. I nie mogliśmy zrozumieć dlaczego – niezależnie od tego, co robiliśmy – coś powodowało, że jej mózgi się rozdzielały. To podejście było jak przeprowadzanie terapii rodzinnej ze świadomymi trójdzielnymi mózgami, ale nie zapowiadało się, żeby z tego wynikał trwały stan szczytowy lub żeby to podejście było użyteczne dla większości ludzi.

Mając na uwadze to doświadczenie i moją intuicję, która mi podpowiadała, że trauma była jedną z głównych części układanki, stwierdziłem, że wydarzenia rozwojowe były kluczowe dla trwałych stanów szczytowych, ale nie miałem na to żadnego dowodu. Co więcej, wówczas nie mogłem dojść dlaczego ludzie tracili te stany podczas porodu, co jeszcze bardziej podważało moją hipotezę. W tym okresie, Kate i ja odkryliśmy wiele przełomowych faktów w pokrewnych dziedzinach, ale niestety nadszedł moment, kiedy Kate poszła w swoim kierunku.

Potem spotkałem Wesa Gietza, który organizował warsztaty przetrwania wzorowane na tradycyjnej indiańskiej duchowości, wykorzystując odkrycia Toma Browna Jra i jego nauczycieli w Ontario. Razem mogliśmy badać różnice między dwoma paradygmatami (tym, nad którym ja pracowałem, i tradycyjnym szamańskim) oraz zrozumieć, czemu są w takim konflikcie. To był jeden z najlepszych okresów mojego życia – Wes był błyskotliwy, chętny do uczestniczenia w mojej pracy i rozumiał, o co mi chodziło. Tym bardziej, że Wes przez większość czasu był w Stanie Ścieżki Piękna i Wewnętrznego Światła, w związku z czym mógł także badać wydarzenia przedporodowe.

Cofnijmy się trochę w czasie. W Stan Ścieżki Piękna wszedłem mając 11 miesięcy, podczas doświadczenia z pogranicza śmierci, które przeżyłem na skutek uderzenia w głowę. Podczas tego doświadczenia, świadomość mojego serca zrozumiała, że mogła „sięgnąć wyżej" i wciągnąć w siebie świadomość umysłu. I tak się stało. Nagle byłem w Stanie Ścieżki Piękna. Od tamtej pory aż do momentu, gdy skończyłem 29 lat, byłem w tym stanie prawie ciągle, oprócz momentów, kiedy czułem dezaprobatę ze strony mojej matki. Kiedy mijało jej niezadowolenie, wracałem znów do mojego stanu.

Dzięki umiejętnościom Wesa odnaleźliśmy źródło Stanu Ścieżki Piękna. Odnaleźliśmy także przyczynę jego wejścia w ten stan – tak jak w moim przypadku, miało to miejsce we wczesnym dzieciństwie. Przypomniał sobie, jak patrzył na jasne białe światło na choince. Ten widok coś w nim poruszył i świadomość jego serca wciągnęła w siebie świadomość umysłu. Dzięki temu wkroczył w Stan Ścieżki Piękna. Nie był on tak stabilny jak mój, ale Wes odkrył, że jeśli regularnie spędza czas na łonie natury, to ten stan wraca i trwa przez jakiś czas. Nasze doświadczenia miały cechy wspólne i wkrótce sobie uświadomiliśmy, że to, co robiliśmy, żeby przywrócić ten stan, było po części analogiczne do wczesnego wydarzenia rozwojowego – poczęcia. Chwila, w której uświadomiliśmy sobie wagę tego odkrycia była niesamowita. Zaczęliśmy szukać więcej wydarzeń rozwojowych, żeby zobaczyć, co się stanie. Dokonaliśmy wielu przełomowych odkryć, ale niestety wkrótce potem Wes musiał wycofać się z powodu bólu, który odczuwał podczas badań. Tworzyliśmy wspaniałą drużynę i dobrze się bawiliśmy.

Zwróciłem się więc do dr Deoli Perry, którą już wcześniej spotkałem na konferencji dotyczącej terapii meridianowej. Była chętna do kontynuowania badań i stała się moim następnym (trzecim) „królikiem doświadczalnym". Przeprowadziłem się do przedsionka w domu jej dobrej przyjaciółki, dr Marie Green, i we trójkę rozpoczęliśmy pracę. Używając modelu, nad którym pracowaliśmy, Dr Perry dokonała kilku przełomowych odkryć. Jednym z nich było odkrycie istnienia traum przedkomórkowych i tej konkretnej, która była kluczowa dla Stanu Pustej Wewnętrznej Przestrzeni. Te siedem miesięcy z Deolą i Marie były chyba najbardziej kreatywnym i niesamowitym okresem w moim życiu, gdyż ciągle odkrywaliśmy nowe przełomowe rzeczy.

6.2. KOMÓRKOWA STRUKTURA TRÓJNI MÓZGU (ORGANELLI)

Dlaczego trójnia mózgu może się rozdzielać? Jaka ewolucyjna korzyść może wynikać z tego, że ma się mniej niż szczytowy stan świadomości? Nie ma żadnej. Więc co to może być? Przez jakiś czas myśleliśmy, że to musi być jaki rodzaj zakłócenia w ewolucji, pozostałość na drodze naszego rozwoju od czasów gadów. Mimo że jest w tym ziarno prawdy, rozwiązania nie moglibyśmy znaleźć w informacjach dotyczących ludzkiej biologii. Kluczem okazało się zjawisko, które – o ile mi wiadomo – nie jest znane w dziedzinie psychologii prenatalnej – obszar „wielokomórkowych", „komórkowych" i „przedkomórkowych" wydarzeń rozwojowych, wykorzystanych w systemie wielomózgowym.

Na początku naszego wywodu chcę wyjaśnić, że używam wyrażenia „trójnia mózgu" lub „mózg trójdzielny", również wtedy, gdy mówię o strukturze posiadającej więcej niż trzy mózgi. Kiedy myślimy o trójdzielnych mózgach, zakładamy z góry, że mówimy o grupie komórek umiejscowionych w mózgu płodu, które potem przekształcają się w znane nam mózgi ciała, serca i umysłu. Taki model zakładałby, że we wczesnym stadium rozwoju nie było struktury trójni mózgu – czyli że na jakimś etapie byliśmy tylko pojedynczą zapłodnioną komórką nie posiadającą mózgu. Posługując się tym modelem (jakiego byliśmy uczeni w szkole) możemy założyć, że w pewnej części DNA w zapłodnionym jajeczku, została pierwotnie zakodowana jakaś sekwencja zdarzeń odwzorowująca ewolucję. Nieświadomy, prymitywny mózg rozwijałby się powoli w trakcie trwania ciąży (począwszy od stadium ryby, poprzez gady, ssaki aż do człowieka), stając się coraz bardziej złożonym organem. Idąc tym tropem dalej, badalibyśmy wczesne stadium ciąży, aby odkryć wydarzenia, które spowodowały rozpad rozwijającego się mózgu. Jednak takie podejście nie jest prawidłowe.

Tak naprawdę, gdybyśmy cofnęli się do wczesnego stadium ciąży odkrylibyśmy, że wielokomórkowe struktury, które stały się trójnią mózgu, były obecne od samego początku. Ewolucyjnie „nowsze" struktury mózgu *nie* rozwijają się ze starszego mózgu gadziego. Komórki, które potem tworzą różne mózgi, są od siebie oddzielone (jak tłumaczy to MacLean w swojej książce *The Triune Brain in Evolution*, a my opisujemy w rozdziale 5) – co oznacza, że nie jest to powtarzanie ewolucji w rozwijającym się płodzie, ale symbioza różnych struktur, które rozwijają się symultanicznie.

W rzeczywistości, źródło tych struktur mózgowych nie leży w rozróżnieniu wczesnych komórek. Przeprowadzając regresję lub używając stanu szczytowego, dzięki któremu możemy sobie przypomnieć ten okres odkryjemy, że *struktury, które przekształcają się w trójdzielne mózgi, istnieją w jednokomórkowym organizmie jako integralne, funkcjonujące części komórki!* Te podkomórkowe struktury, zwane w biologii organellami, również są samoświadome i ich świadomości oraz cele są podobne do tego, czym stają się później w wielokomórkowym płodzie i dorosłej postaci. Kiedy klient cofa się do traumy przeżytej w tamtym okresie, zdaje sobie sprawę, że nawet będąc jednokomórkową zygotą ma świadomość ciała, serca i umysłu – umysł nadal „myśli", serce nadal „czuje", a ciało nadal ma „poczucie czucia". Zauważ, że te fizyczne traumy z okresu przedporodowego zazwyczaj powodują czasowe oddzielenie podkomórkowych trójdzielnych mózgów i z tego powodu osoba doświadcza istnienia wielu świadomości w tamtym momencie.

Jeśli chodzi o wcześniejsze stadium, to samoświadoma podkomórkowa struktura trójni „mózgu" występuje także w plemniku i w jajeczku. Każda z tych pojedynczych komórek (plemnik i jajeczko) także ma w sobie 7-mózgową strukturę (szósty mózg to odpowiednio mózg ogonka plemnika/łożyska, a siódmy to mózg trzeciego oka/krocza). Te „mózgi" są aktywne w doświadczeniach jednokomórkowych tak, jak są aktywne w bardziej złożony sposób u dorosłego człowieka. Ważnym dowodem jest to, czego klient doświadcza podczas regresji – że mózgi na poziomie komórkowym są tak aktywne i świadome jak w teraźniejszości, choć nie są tak doświadczone i nie posiadają takiej wiedzy, jaką mają potem. Mogą się tak samo zezłościć, zmieszać lub przestraszyć, jak ich bardziej złożone odpowiedniki w dorosłym życiu.

> **WIELOKOMÓRKOWE WYDARZENIA ROZWOJOWE (W ŁONIE MATKI)** – definicja
>
> Są to wszystkie wydarzenia rozwojowe, przez które przechodzi wielokomórkowa zygota i płód. Do tej kategorii zaliczają się wydarzenia lub etapy, które mają miejsce po pierwszym podziale komórki, mimo że empirycznie świadomość jest mniej więcej taka sama przed i po – przejście od świadomości organelli mózgu do świadomości wielokomórkowego mózgu jest niemal niezauważalne, mimo że wydarza się podczas początkowych podziałów komórek. Okres ten kończy się zaraz po urodzeniu, chociaż kluczowe doświadczenia mają miejsce krótko po tym, jak dziecko przychodzi na świat.

MÓZGI KOMÓRKOWE (ORGANELLI) – definicja

Siedem samoświadomych wielokomórkowych mózgów trójdzielnych (Buddy, umysłu, serca, splotu słonecznego, ciała, łożyska/ogonka plemnika oraz krocza/trzeciego oka) rozwija się z siedmiu samoświadomych struktur organelli w pojedynczej komórce jajeczka/plemnika i zygoty (plemnik ma mózg organelli ogonka oraz trzeciego oka, a jajeczko mózg organelli łożyska oraz krocza). Podczas regresji mózgi organelli i mózgi wielokomórkowe są doświadczane tak samo – tylko ich otoczenie się zmienia.

W tym tekście używamy określeń mózg „organelli, „podkomórkowy" lub „komórkowy" wymiennie. Mówiąc o mózgach organelli często używamy określenia „komórkowy", gdyż jest kojarzony z ideą „komórkowych wspomnień" związanych z traumą prenatalną. Unikamy dokładniejszego określenia „podkomórkowy", gdyż można go z łatwością pomylić z określeniem mózg „przedkomórkowy", który jest opisany poniżej.

KOMÓRKOWE WYDARZENIA ROZWOJOWE (ORGANELLI) – definicja

Wydarzenia te obejmują doświadczenia jednokomórkowego plemnika, jajeczka i jednokomórkowej zygoty. Okres ten trwa od momentu stworzenia konwencjonalnie określonej pojedynczej komórki do pierwszego podziału komórkowego. Koncentrujemy się zwłaszcza na strukturze trójdzielnego „mózgu" organelli wewnątrz pojedynczej komórki.

6.3. STRUKTURA PRZEDKOMÓRKOWEJ TRÓJNI MÓZGU I „KOALESCENCJA"

Tych wczesnych wydarzeń rozwojowych można doświadczyć w dorosłym życiu, jeśli jest się we właściwym stanie świadomości – pożądanym stanem świadomości jest Stan Wewnętrznego Światła, omawiany w tomie II. Można ich także doświadczyć w normalnym stanie świadomości, używając technik regresyjnych lub pracując z obrazami traumy doświadczanej poza ciałem (*out-of-the-body experience*), które są podstawą techniki WHH. Jeśli cofniesz się do stadium rozwoju, w którym byłeś jajeczkiem lub komórką plemnika, odczuwasz siebie normalnych rozmiarów z poszczególnymi częściami ciała (ramionami, głową itd.), mimo że zygota lub pojedyncza komórka ich nie ma. Obrazy widziane przez klientów są podobne do obrazów ze zdjęć mikroskopowych, pokazywanych czasem w edukacyjnych programach telewizyjnych.

Jeśli cofniesz się jeszcze dalej w czasie i popatrzysz na siebie, nie będziesz już wyglądać jak na zdjęciach mikroskopowych. Doświadczasz tam wydarzeń, które mogłyby być widoczne jedynie przez mikroskop elektronowy, mimo że nadal czujesz się normalnych rozmiarów lub nawet większy. Obrazy, które wtedy widzisz, wydają się dziwne. Mimo że te sceny nie przypominają niczego nam znanego, klienci opisują je porównując je do rzeczy, które znają – więc mówią, że widzą „fontannę" albo „wielkie pole" albo „budynek", itp. Podczas regresji (używając WHH lub innych terapii regresyjnych) wielu ludzi lekceważy obrazy, które widzi, uważając je za bezsensowne lub irrelewantne do procesu uzdrawiania. Jednak zazwyczaj są one najważniejsze w naszej pracy zarówno w uzdrawianiu traum, jak i zdobywaniu stanów szczytowych. Dzieje się tak dlatego, gdyż trauma nabudowuje się na wcześniejszej traumie, jakby były lawiną. Kiedy wyeliminuje się początek lawiny, powiązane z nią traumy znikają lub stają się dużo łatwiejsze do uzdrowienia.

Ku naszemu zdziwieniu okazało się, że poszczególne mózgi komórkowe są tworzone oddzielnie, osobno też przechodzą przez wydarzenia rozwojowe, a potem zbierają się razem, gromadzą i łączą wewnątrz świadomości ciała. Te wolne, niezależne organizmy nazywamy „przedkomórkowymi mózgami". Wydarzenie zgromadzenia się przedkomórkowych mózgów nie ma w literaturze żadnej nazwy, o której byśmy wiedzieli, więc postanowiliśmy nazwać je *koalescencją* (inaczej zespoleniem, zjednoczeniem) przedkomórkowego mózgu plemnika lub przedkomórkowego mózgu jajeczka. Tak więc świadomości mózgu u dorosłego człowieka mogą się rozdzielić, gdyż początkowo były oddzielnymi systemami i muszą przejść przez etapy, w których się złączą. Fuzja wydarzeń rozwojowych jest trudna i zachodzi zarówno w przedkomórkowym jajeczku, jak i przedkomórkowym plemniku, a trauma zazwyczaj blokuje stany fuzji trójni mózgu po urodzeniu.

Powtórzmy jeszcze raz – *świadomości trójni mózgu mają tendencję do rozdzielania się, gdyż mózgi były stworzone oddzielnie i musiały przejść przez wydarzenia rozwojowe, by się zjednoczyć.* Tym etapom zespolenia prawie zawsze towarzyszy trauma. Tak więc po urodzeniu, te bardzo wczesne i podstawowe traumy związane z wydarzeniami zjednoczenia aktywują się, a świadomości mózgu rozdzielają się i wracają do swojego pierwotnego stanu oddzielenia. Z tego powodu stan całkowitego zespolenia mózgów – Stan Pustej Wewnętrznej Przestrzeni, występuje stosunkowo rzadko (szacujemy, że u około 7% populacji).

Sekwencja kroków, przez które przechodzą przedkomórkowe mózgi, łącząc się fizycznie podczas koalescencji, wyjaśnia dlaczego niektóre stany szczytowe trójni mózgu zdarzają się częściej niż inne. Stosując model wydarzeń rozwojowych w tym przypadku: *świadomości* wielokomórkowego mózgu łączą się według tego samego wzorca kroków, według którego przedkomórkowe mózgi *fizycznie* połączyły się podczas koalescencji. Na przykład mózgi splotu słonecznego i Buddy (korony) kształtują się niezależnie, w ten sam sposób co inne przedkomórkowe mózgi – czyli przed koalescencją, więc określanie ich „pod-mózgami" ciała i umysłu wprowadza w błąd. To są w pełni niezależne mózgi, które *działają* jak pod-mózgi mózgów ciała i umysłu, łącząc się ze swoimi partnerami bez względu na to, co dzieje się w układzie trójni mózgu. A to dlatego, gdyż ich samoświadomości naśladują pierwszy krok fizycznej koalescencji, kiedy te sparowane przedkomórkowe mózgi połączyły się ze sobą od razu, zanim jeszcze miało miejsce jakiekolwiek inne połączenie przedkomórkowych mózgów.

Na tym etapie wydarzenia nazywanym koalescencją, pojawiają się główne blokady fuzji trójni mózgu, a także problemy obejmujące fuzję czakr i ich przyłączenie do meridian (zob. rozdział 7). Ten rozwojowy etap łączenia różnych samoświadomych przedkomórkowych „mózgów" zazwyczaj nie przebiega tak jak powinien, a to oddzielenie jest ponownie wywołane podczas narodzin (lub nawet wcześniej) i „zatrzymane". W przypadku jajeczka, wszystko to dzieje się, kiedy twoja mama jest w łonie swojej mamy (czyli twojej babci) – krótko po implantacji jajeczka (mamy). Podobne zgromadzenie przedkomórkowych mózgów ma miejsce w przedkomórkowym etapie rozwojowym plemnika, które wydarza się wtedy, gdy twój tata jest jeszcze w łonie swojej mamy (czyli babci ze strony taty) – krótko po implantacji jajeczka (taty) w łonie jego mamy.

PRZYKŁAD

> Akt koalescencji jest od czasu do czasu wspominany w literaturze. Na przykład Alan Watts w 1962 roku napisał o tym w taki sposób: „Tropię samego siebie w labiryncie mojego umysłu, w niezliczonych zwojach, którymi błądzę i nieustannie krążąc, wymazuję pierwotną drogę, którą wkroczyłem do tego lasu. (...) W dół i z powrotem przez wciąż zwężające się tuby do punktu, gdzie sam korytarz staje się podróżnikiem – wąski rząd molekuł, próbujący ułożyć się we właściwym porządku i przybrać formę życia organicznego." (cytowane w książce Stanislava Grofa w *Przygoda odkrywania samego siebie*, str. 121.)

Rysunek 6.1 przedstawia schemat sekwencji zdarzeń decydujących dla fuzji mózgu. Zauważ, że fuzja wszystkich 14 przedkomórkowych mózgów „wymaga" pomyślnego przebiegu (bez traum) 12 wydarzeń rozwojowych podczas koalescencji tych mózgów. Jeśli do tego dodać kilka następnych wydarzeń rozwojowych, to zaskakuje nawet te 7% populacji, u których w Stanie Pustej Wewnętrznej Przestrzeni stopionych jest pięć mózgów! Jak wspomniałem, te fizyczne połączenia między przedkomórkowymi mózgami są później naśladowane przez świadomości wielokomórkowych mózgów jako stany szczytowe trójni mózgu – różne stany mają miejsce w zależności od tego, czy wydarzeniom towarzyszyły traumy, czy też nie.

Jeśli cofniesz się jeszcze dalej w czasie, dotrzesz do miejsca, gdzie świadomości twojego rozdzielonego mózgu były po raz pierwszy stworzone – w indywidualnych matrycach, które są wieczne (opisujemy to w tomie II).

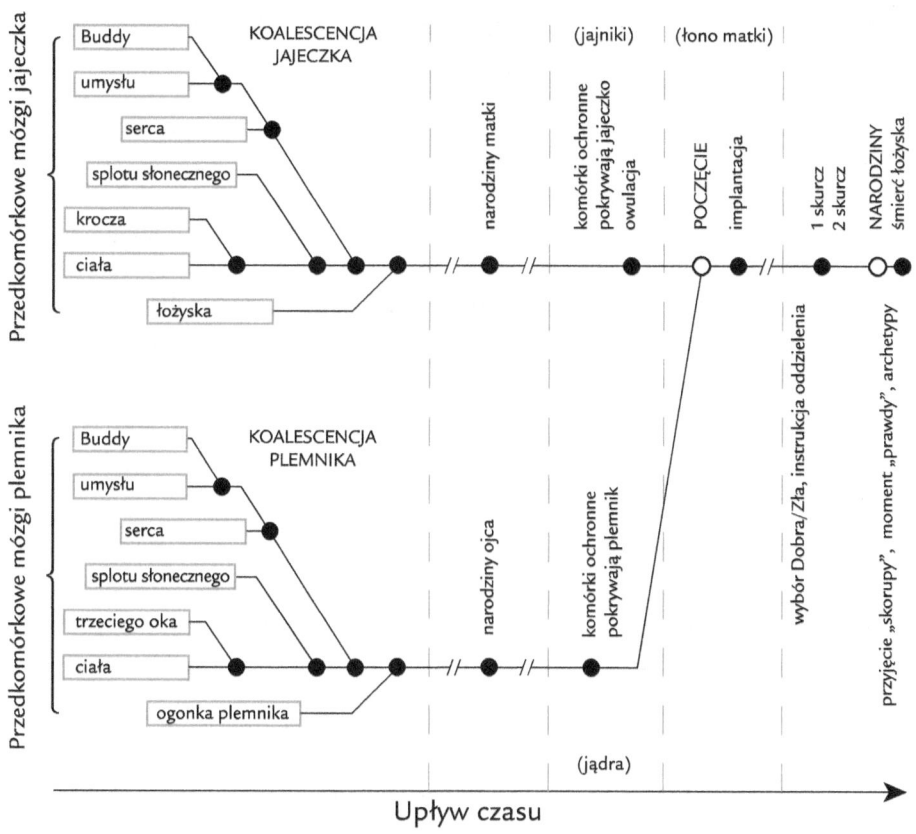

Rysunek 6.1. Kluczowe wydarzenia rozwojowe trójni mózgu

PRZEDKOMÓRKOWE MÓZGI – definicja

Są to fizycznie oddzielne samoświadome struktury, które później łączą się, by uformować jednokomórkowy organizm. To z nich wykształcają się mózgi organelli.

Klienci podczas regresji mogą ich doświadczać w taki sam sposób, jak znajome wielokomórkowe mózgi, mimo że działają w oddzieleniu od siebie w nieznanym środowisku. Jednak mózgi zazwyczaj mają inny rodzaj świadomości – Stan Wymiaru Świętości (opisany w tomie II).

> **PRZEDKOMÓRKOWE WYDARZENIA ROZWOJOWE** – definicja
>
> To są wydarzenia rozwojowe mające miejsce, zanim (konwencjonalnie opisana) komórka jajowa lub komórka plemnika zostanie całkowicie ukształtowana. Obrazy z tego okresu nie wyglądają na biologiczne, gdyż skala jest znacznie mniejsza od obrazów widzianych na mikrofotografiach.
>
> Mimo że linią rozdzielającą przedkomórkowe wydarzenia (lub etapy) rozwojowe od wydarzeń komórkowych jest zakończenie stadium koalescencji, dla naszych klientów opisujących późniejsze (w czasie) wydarzenia, również one nie „wyglądają" na biologiczne (podobnie jak wydarzenia „przedkomórkowe"). Możliwe, że zmiana, która zachodzi podczas przejścia z połączonego organizmu w znaną nam komórkę, jest czymś więcej niż tylko zmianą w wielkości. Jeśli tak jest, prawdopodobnie zmienimy dokładną definicję, aby określenie „przedkomórkowy" rozszerzyć do tego późniejszego momentu.

> **KOALESCENCJA PRZEDKOMÓRKOWEGO MÓZGU** – definicja
>
> To jest etap rozwoju jajeczka lub plemnika, kiedy przedkomórkowe mózgi (które później przekształcą się w trójdzielne mózgi) gromadzą się razem, łącząc się i tworząc jedną komórkę (pierwotną komórkę zarodkową, która potem przekształci się w jajeczko u mamy lub plemnik u taty). Wydarzenie to ma miejsce w embrionie rodzica (mamy/taty) krótko po implantacji w macicy babci, dziewięć miesięcy przed narodzeniem rodzica.

6.4. POCZĘCIE – MĘSKIE I ŻEŃSKIE CZĘŚCI MÓZGU

Następnym istotnym wydarzeniem rozwojowym fuzji trójni mózgu po koalescencji (o którym wiemy) jest poczęcie. Kluczową sprawą jest zrozumienie, w jaki sposób to wydarzenie odnosi się do stanów trójni mózgu – męskich i żeńskich aspektów ludzkiego charakteru.

Zazwyczaj zakładamy, że po poczęciu nasza płeć jest zdeterminowana, jednak prawda jest bardziej złożona. Podczas regresji możemy doświadczyć, że plemnik czuje się męski, jak młodsza wersja taty, a jajeczko żeńskie, jak młodsza wersja mamy. Kiedy moment poczęcia jest w pełni uzdrowiony, ma ono charakter królewskich zaślubin – plemnik czuje się jak król, a jajeczko jak królowa. Kiedy plemnik dostaje się do jajeczka, jego ogonek oddziela się od główki, jego głowa otwiera się, uwalniając chromosomy (wyglądają jak małe pręciki poruszające się wewnątrz jajeczka) i ich komórkowe mózgi, aby mogły połączyć się z chromosomami i mózgami jajeczka. Niestety, to wydarzenie staje się traumą dla wielu ludzi, gdyż dla plemnika to jest traumatyczna okrutna śmierć! Pięć komórkowych (organelli) struktur mózgowych jajeczka i pięć komórkowych (organelli) struktur mózgowych plemnika łączy się ze sobą „w parach", podczas gdy cztery pozostałe „nie parują się". Te dziewięć nowopowstałych struktur (pięć „sparowanych" organelli i cztery osobne organelle) formują podstawę dla struktur mózgowych, które potem przekształcają się w mózg płodu (w tomie II omawiamy tę kwestię bardziej szczegółowo). Mimo połączenia komórkowych mózgów jajeczka i plemnika, nie stają się one zjednoczonymi strukturami. W późniejszym rozwoju nadal jest „lewa" i „prawa" strona każdego mózgu – to pozostałość po tym wydarzeniu rozwojowym.

Kilka terapii opartych na koncepcji meridian (takich jak EMDR) odnotowały fakt, że podczas niektórych traum u wielu ludzi występuje problem z integracją lewej i prawej strony. Źródłem owego problemu jest traumatyczny przebieg momentu poczęcia (a z reguły u większości ludzi tak się dzieje), dodatkowo spotęgowane pierwszym podziałem komórki, który dzieli nas wzdłuż środkowej osi na prawą i lewą stronę. Dzieje się tak, gdyż prawa strona utożsamia się z „męskim" plemnikiem, a lewa z „żeńskim" jajeczkiem. Można to zauważyć u klientów, którzy odczuwają ból lub napięcie po jednej stronie ciała, z wyraźną „granicą" przechodzącą wzdłuż osi ciała. Jeśli problem jest po lewej stronie, jest to trauma jajeczka, jeśli po prawej – plemnika (zakładając, że ból ten nie wynika z późniejszych doświadczeń).

PRZYKŁAD

    Mężczyzna odczuwał ból, który przebiegał w poprzek jego klatki piersiowej, a kończył się na osi środkowej jego ciała. Odrzuciwszy możliwość innego dziwnego uszkodzenia, wyglądało to na ból pochodzący z traumy jajeczka (lub plemnika) przed poczęciem. I okazało się, że była to trauma plemnika, który został uderzony w „klatkę" przez ogonek innego plemnika, kiedy poruszały się w nasieniowodach jego ojca.

PRZYKŁAD

    Niektórzy ludzie podczas przebudzenia energii kundalini znajdują się na granicy szaleństwa. Istnieje szybki, aczkolwiek tymczasowy sposób, aby im pomóc. Trzymasz nieruchomo ich głowę, a oni wyciągniętą ręką muszą zrobić kilka razy znak nieskończoności, jednocześnie obserwując, jak ich ręka przemieszcza się z jednej strony głowy na drugą. Przecinanie w ten sposób pola widzenia od jednego oka do drugiego powoduje ponowne połączenie lewej i prawej hemisfery, dzięki czemu uczucie szaleństwa znika.

Co ciekawe, mężczyźni zazwyczaj utożsamiają się ze wspomnieniami i działaniami plemnika, a kobiety – jajeczka, mimo że składamy się zarówno z jednego, jak i drugiego. Na przykład mężczyzn bardziej interesują sporty zespołowe (które naśladują zespołowe działanie podczas „wyścigu" plemników do jajeczka) i wojna (blokowanie pozostałych plemników przed dostaniem się do jajeczka). Kobiety natomiast komunikują się ze sobą w podobny sposób, jak komunikowały się z innymi jajeczkami w jajnikach.

Czy zastanawiałeś się kiedyś nad wzorcami, które „odgrywają" mężczyźni i kobiety, tak dobrze opisanymi w książce Johna Graya *Mężczyźni są z Marsa, a kobiety z Wenus*? Kiedy mężczyzna czuje zbyt dużą intymność, wycofuje się – wynika to z traumy poczęcia. Mężczyzna utożsamiając się z plemnikiem, zostaje zaktywowany i „wie", że duża intymność oznacza jego śmierć! Uzdrowienie tej traumy ma ogromny wpływ na jego zachowanie.

Moment poczęcia wpływa na nasze wewnętrzne doświadczenie bycia mężczyzną lub kobietą jeszcze w inny sposób. Po poczęciu mózg serca doświadcza siebie jako żeński, bez względu na rzeczywistą płeć danej osoby, i podobnie – mózg umysłu doświadcza siebie jako męski. To tworzy problem, który ujawnia się w terapii i dynamice relacji międzyludzkich. Jest to również bardzo ważne dla zrozumienia, jak poczęcie wpływa na fuzję umysłu i serca (co opisujemy w następnej części). Natomiast powód, dla którego mózgi mają takie „udawane" tożsamości wychodzi poza ramy tej książki – opisujemy go w tomie II.

6.5. POCZĘCIE A STAN WEWNĘTRZNEGO SPOKOJU I STAN ŚCIEŻKI PIĘKNA

Zwróćmy naszą uwagę na stany szczytowe trójni mózgu, które wiążą się z momentem poczęcia. Dla ułatwienia pominę moment śmierci mózgu ogonka plemnika i mózgu łożyska podczas poczęcia (wrócę do tego w następnej części). Ominę także zmiany nieistotne dla stanów szczytowych trójni mózgu, takie jak zmiany zachodzące w czakrach (zob. rozdział 7) i interakcja ze Stwórcą (zob. tom II).

Jaki związek ze stanami szczytowymi ma doświadczenie łączenia się/stapiania dziesięciu przedkomórkowych mózgów (cztery pozostają „niesparowane") w momencie poczęcia? W poprzednim rozdziale powiedzieliśmy, że stany szczytowe wynikały z „pionowej" fuzji mózgów umysłu, serca i ciała, a nie z „bocznej" fuzji mózgów plemnika i jajeczka: umysłu z umysłem, serca z sercem i ciała z ciałem. Tak jak wiele innych rzeczy, mechanizm stanów szczytowych jest niebezpośredni. Uzdrowienie całości traumatycznego momentu poczęcia sprawia, że u ponad połowy naszych klientów zachodzi fuzja mózgów umysłu i serca. Uzdrowienie tylko części momentu poczęcia daje tym ludziom Stan Wewnętrznego Spokoju (fuzja mózgów umysłu i serca), a uzdrowienie całkowite – Stan Ścieżki Piękna (fuzja mózgów umysłu i serca z ograniczonym połączeniem ze Stwórcą).

Aby to lepiej zrozumieć popatrzmy, jak ja wszedłem w Stan Ścieżki Piękna. Kiedy miałem 11 miesięcy, zostałem uderzony w głowę tak mocno, że moja czaszka została zmiażdżona i byłem na pograniczu życia i śmierci. Mniej więcej w tym momencie moje serce zdało sobie sprawę, że mogło „sięgnąć" i stopić się z moim umysłem, i po chwili wahania tak zrobiło. Ten stan trwał cały czas poza momentami, kiedy czułem dezaprobatę ze strony mojej mamy (a później także ze strony innych kobiet, z którymi byłem związany) – wówczas moje mózgi się rozdzielały. Kiedy okres dezaprobaty się kończył, moje mózgi znów się stapiały. Wes także po raz pierwszy wszedł w Stan Ścieżki Piękna jako mały chłopiec, kiedy patrzył na światło na choince – jego serce sięgnęło do głowy i dwa mózgi się stopiły. I tak jak ja, „wypadał" z tego stanu na różne okresy czasu.

W jaki więc sposób Wes i ja osiągnęliśmy Stan Ścieżki Piękna? Po prostu obydwaj ponownie przeżywaliśmy traumatyczny moment poczęcia. Mózg serca odgrywał rolę jajeczka/matki, a mózg umysłu – rolę plemnika/ojca (w tomie II omawiamy zagadnienie „udawanych" tożsamości mózgów). Podczas poczęcia to jajeczko wybiera plemnik, przez który chce być zapłodnione (choć powszechnie nie jest to fakt znany), rozpoznając tego „właściwego" dzięki swojej „wizji" – jaśnieje on blaskiem, podczas gdy inne są ciemne. Właśnie to wydarzenie było w Wesie zaktywowane – światło choinki wyglądało jak jasny plemnik. A kiedy plemnik dociera do jajeczka, ono otwiera przejście w swojej klatce i „wyciąga" coś, co mogłoby być jego rękami, by przyciągnąć plemnik do obszaru swojego „serca". Po narodzinach mózg serca zachowuje się jak jajeczko, a mózg umysłu jak plemnik – mózg serca „przyciąga" świadomość mózgu umysłu do siebie. Z tego powodu nie możesz używać umysłu, aby wejść w Stan Ścieżki Piękna – to działanie serca, nie umysłu.

Jak już wcześniej wspomniałem, dla plemnika moment poczęcia to moment śmierci. Dlatego właśnie moje doświadczenie bliskie śmierci pozwoliło moim mózgom umysłu i serca połączyć się – odczucie śmierci plemnika podczas poczęcia i moje doświadczenie z pogranicza śmierci miało ten sam poziom traumy, dzięki czemu mogłem ponownie przeżyć tę traumę i dokonać nowego wyboru. Jednak nie polecam tej metody – miałem naprawdę dużo szczęścia, że odmieniłem rezultat tego wydarzenia.

Najprostsza metoda na osiągnięcie fuzji umysłu i serca to uzdrowienie traumy poczęcia. W rozdziale 9 opisujemy Proces Wewnętrznego Spokoju, przedstawiając łatwy i szybki sposób, żeby to zrobić. Ponad połowa naszych klientów wchodzi w ten stan, używając tej metody, czasem na stałe. Jednak co się dzieje z drugą połową? To ważny obszar, który stale badamy, a poniżej przedstawiamy poznane do tej pory fakty. Jest kilka możliwości, dlaczego pozostała połowa nie wchodzi w stan szczytowy trójni mózgu, uzdrawiając moment poczęcia:

– Najczęstszym powodem jest trauma koalescencji, zwłaszcza podczas koalescencji przedkomórkowych mózgów serca i umysłu zarówno plemnika, jak i jajeczka.

– Ku mojemu zdziwieniu, inną przyczyną może być napięcie w obszarze splotu słonecznego. Udawało mi się przywrócić ludziom Stan Ścieżki Piękna (po tym, jak go utracili), powodując rozluźnienie splotu słonecznego/przepony i wierzę, że trauma wynikająca z koalescencji jest z tym związana. Podczas koalescencji mózg splotu słonecznego ułatwia połączenia między resztą przedkomórkowych mózgów. Logiczne jest zatem założenie, że trauma tego mózgu może *utrudnić* połączenie mózgów umysłu i serca.

– Inne bloki w fuzji mózgów umysłu i serca również blokują inne stany trójni mózgu: zatrucie pępowiny i trauma kanału porodowego (opisane są poniżej). Jednak zauważ, że nie każda trauma ma wpływ na stany fuzji trójni mózgu. *Jedynie traumy, które mają związek z podstawowymi, kluczowymi wydarzeniami rozwojowymi, mogą aktywować proces rozdzielenia trójni mózgu.*

– Istnieją też inne blokady stanów szczytowych (opisane w tomie III), które tylko pośrednio zależą od traum związanych z wydarzeniami rozwojowymi.

I na koniec wyjaśnienie, dlaczego uzdrowienie całości traumy poczęcia daje Stan Ścieżki Piękna, a nie tylko Stan Wewnętrznego Spokoju? Mówiąc krótko, podczas poczęcia tworzy się nagle nowy, bardziej skomplikowany organizm, i w ten organizm wchodzi „świetlista kula" Stwórcy, którą doświadczasz jako „bycie tobą". Kiedy to się dzieje, uzdrowienie tu jakiejkolwiek traumy daje częściowe połączenie ze Stwórcą (szczegółowy opis w tomie II.) Właśnie ta dodatkowa rzecz, w połączeniu ze Stanem Wewnętrznego Spokoju (fuzji mózgów umysłu i serca) powoduje, że wchodzi się w Stan Ścieżki Piękna.

PRZYKŁAD

> Ostatnio wielkie zainteresowanie wzbudziła książka Eckharta Tollego *Potęga Teraźniejszości*. Autor przeżył mocną traumę, zanim całkowicie zaczął być w teraźniejszości. Z naszego doświadczenia z klientami uzdrawiającymi moment poczęcia możemy wnioskować, że trauma, którą on opisuje, jest prawie na pewno traumą związaną z tym właśnie momentem, mimo że nie określa jej w ten sposób. Zakładając, że to prawda, (a prawdopodobnie tak jest), możemy zobaczyć, jak ludzie wyjaśniają swoje przeszłe doświadczenia jako dorośli. Bardzo niewielu ludzi rozpoznaje dawno zapomniane komórkowe i przedkomórkowe traumy, kiedy to symptomy uderzają w nich bez żadnej zapowiedzi, gdy nie są na to przygotowani. Jak już trauma minęła, Eckhart wszedł w Stan Ścieżki Piękna, który z reguły pojawia się, kiedy zostaje uzdrowiona trauma poczęcia.

6.6. IMPLANTACJA A STAN PODSKÓRNEGO SZCZĘŚCIA

Ostatnio odkryliśmy, że nasi ochotnicy mogą osiągnąć Stan Podskórnego Szczęścia, uzdrawiając wydarzenie implantacji. I tak jak w przypadku poczęcia, nie jest jasne, dlaczego tak się dzieje. To zagadnienie wciąż pozostaje w sferze badań, ale w momencie, w którym piszemy tę książkę, myślimy, że ma to coś wspólnego z utożsamieniem trójni mózgu z matką lub ojcem. Wydaje się, że mózgi ciała, serca oraz matka są równoznaczne. Tak więc fuzja mózgów serca i ciała oraz implantacja zygoty w ścianie macicy matki są podobnie odczuwane przez świadomość ciała. Oczywiście trauma przeżyta podczas implantacji jest wówczas także powiązana z każdą próbą podejmowaną przez mózg ciała, żeby stopić się z sercem.

6.7. ZATRUCIE PĘPOWINY A FRAGMENTACJA TRÓJNI MÓZGU

W tym rodzaju traumy do organizmu matki dostaje się (poprzez oddychanie, jedzenie, zastrzyk) toksyczna dla płodu substancja, która przenika przez barierę macica/łożysko. Aby uciec od trucizny wnikającej do pępka, mózg umysłu (może także mózg serca) odsuwa się od świadomości fuzji trójni mózgu, ześrodkowanej dokoła pępka. Cały organizm chce uciec od bólu w obszarze pępowiny, przez co mózgi odsuwają się od fuzji w tej części ciała. Pamiętajcie, że mózg ciała „utożsamia" wydarzenia ze sobą, mimo że takie utożsamienie z logicznego punktu widzenia jest nonsensowne. Mózg ciała kojarzy bezpieczeństwo z wycofaniem od bólu, który odczuwany jest w pobliżu centrum świadomości stopionej trójni mózgu. Przynajmniej w moim przypadku oddzielenie umysłu i połączonych świadomości mózgów ciała i serca utrzymało się nawet już po tym, jak toksyny przestały wpływać.

To ujawnia wyraźną sprzeczność – wcześniej powiedzieliśmy, że materiał starej traumy aktywuje się tylko podczas narodzin. I generalnie tak jest. Jednak zauważyliśmy, że trauma spowodowana zatruciem może zostać zaktywowana w płodzie. Istnieją trzy główne powody, dla których tak się dzieje. Po pierwsze, przedporodowe fizyczne uszkodzenie zostawia rodzaj zniszczenia w fizycznym ciele, wyglądające jak czarna, wybrakowana pustka lub „dziura", w miejscu, w którym było to uszkodzenie. Ta dziura nie znika po zakończeniu traumy i przysparza trudności świadomości ciała w momencie, gdy ta próbuje tę dziurę ominąć lub jej unikać. Po drugie, istnieją traumy pokoleniowe, których przedurodzeniowa świadomość ciała nie może ignorować i które zakłócają rozwój. Po trzecie, prawdopodobnie najważniejsze dla stanów szczytowych, to wywoływane traumą „tożsamości" trójni mózgu i ich projekcje. Te czynniki nieustannie mają wpływ na plemnik, jajeczko i płód, mimo że może się wydawać, że tak nie jest. My jednak zaobserwowaliśmy bardzo ukierunkowane przykłady traum prenatalnych. Wszyscy nasi klienci mieli do czynienia z traumą, z którą sobie poradzili i mogli żyć dalej. Inni po prostu zginęli.

Powinniśmy wspomnieć o tożsamościach mózgów i ich projekcjach. Po traumach je kreujących, tożsamości i projekcje zostają. Z tego powodu, jeśli trauma jest kluczowym wydarzeniem fuzji, będzie ona przeszkadzać w osiągnięciu fuzji mózgu nawet w łonie matki. Traumy odczuwane w podobny sposób „nakładają się na siebie" lub łączą się ze sobą, i tworzą podobne tożsamości, które akumulują się w mózgu. Klienci, którzy uzdrawiają traumę fuzji, czasem będą doświadczać tożsamości i/lub projekcji, którą mózg nieświadomie trzyma, gdy trauma się rozpuszcza. W związku z tym, uzdrawianie powiązanej traumy fuzji także powoduje, że te zróżnicowane tożsamości pojawiają się wiele razy. Z tego powodu, kiedy pierwotnie pracowaliśmy nad łączeniem mózgów przez nakłanianie ich do wyzbycia się swoich oddzielnych tożsamości i projekcji na temat innych mózgów, zmiana była jedynie czasowa i kończyła się zazwyczaj przed następnym porankiem. Mimo że materiał o tożsamościach jest bardzo ważny w wielu stanach szczytowych, nie mamy miejsca, by pisać o tym w tej książce – opisujemy to w tomie II.

6.8. TRAUMA PORODOWA A FRAGMENTACJA TRÓJNI MÓZGU

Poród to ostatnie istotne zdarzenie w naszym życiu, które wywiera bezpośredni wpływ na stany fuzji trójni mózgu. Jak pokrótce wspomniałem wyżej, dwa wyjątkowe wydarzenia mające miejsce podczas porodu wywołują traumy zdarzeń rozwojowych, prowadzących do utraty stanów szczytowych trójni (szczegółowo zagadnienia te omawiamy w tomie II). Istnieje jeszcze jeden rodzaj traumy mającej miejsce podczas porodu, który może mieć wpływ na fragmentację systemu trójni mózgu. W kanale porodowym często okazuje się, że poszczególne mózgi są wyciągane ze stanu fuzji. Najwidoczniej jest to rodzaj walki o przetrwanie, w ramach której każdy mózg próbuje samodzielnie radzić sobie z trudnymi warunkami podczas porodu. Trauma porodowa wiąże się nie tylko z poważnym urazem fizycznym, ale również z niedotlenieniem będącym wynikiem odcięcia dopływu tlenu do płodu wskutek skurczów macicy i ściśnięcia pępowiny. I tak zamiast sytuacji, w której każdy mózg koncentruje się na świadomości ciała, szukając wspólnego kierunku działania podczas tej traumy, mózgi kierują swoją „uwagę" na zewnątrz – poza mózg ciała. Owo „odwrócenie się" zostaje już na stałe. Sytuacja ta prawdopodobnie jest wynikiem wcześniejszych zdarzeń rozwojowych dotyczących mózgów trójni, podobnie jak inne, późniejsze traumy.

PRZYKŁAD

Podczas pracy nad traumą porodową odkryłem istnienie mózgu Buddy. Znajdowałem się w kanale porodowym, odczuwałem emocje mojej matki, gdy nagle dostrzegłem coś, co wyglądało jak wielki, masywny, nieruchomy posąg Buddy nad głową. Gdy obserwowałem go w zadziwieniu, ów masywny posąg podniósł się, przestał spoglądać na zewnątrz i zaczął spoglądać do wewnątrz. Potem zacząłem doświadczać tych samych uczuć, które przeżywałem podczas medytacji w buddyjskiej świątyni. Po kilku miesiącach wrażenie to ustąpiło – wówczas nie miałem zupełnie pojęcia, co zrobiłem, ani co tak naprawdę miało miejsce. Nie uzdrowiłem do końca traumy porodowej, gdyż wtedy nie wiedziałem jeszcze, że to był rezultat, którego należało oczekiwać, a istniejąca trauma tylko uległa wzmocnieniu.

PRZYKŁAD

Paula Courteau tak pisze o uzdrawianiu tej traumy: „Przeszłam prosto z traumy poczęcia, w której plemnik widział, jak jego ogonek ulega błogiej śmierci, a ja zdałam sobie sprawę, że mógłby się z nim połączyć i unieść... aż do wątku moich narodzin. Tkwię z głową na zewnątrz, zaś reszta ciała nadal jest zaklinowana w kanale porodowym. Moje ciało i serce podejmują decyzję, że mój umysł może sam wszystko załatwić, a one pozostaną w świecie duchów, nadal związane z ogonkiem plemnika. Cała jasność została wepchnięta do mojej głowy, jakbym była wyciskaną tubką farby. W tym momencie decyduję, że nikomu nie pozwolę dotknąć mojego ciała lub serca w naprawdę głęboki sposób, by nikt nie odkrył, że mnie tam nie ma". Ten uraz nigdy w pełni nie ustąpił, podobnie jak rozszczepienie, które nastąpiło podczas poczęcia. Paula musiała przejść aż do zespolenia jajeczka i plemnika, by odnaleźć prawdziwe źródło owego głębokiego urazu.

Odkryliśmy, że w przypadku większości ludzi po uzdrowieniu wcześniejszych zdarzeń rozwojowych wiążących się z fuzją struktur mózgu, owo zdarzenie porodowe nie jest szczególnym problemem. Najwidoczniej zdarzenie to powoduje problemy w przypadku fuzji trójni mózgu jedynie wtedy, gdy wcześniejsze zdarzenia rozwojowe związane z fuzją pozostały niezakończone. Jednak nawet jeśli owe wcześniejsze zdarzenia nie zostaną uzdrowione, uzdrowienie tego zdarzenia może w jakimś stopniu doprowadzić do połączenia mózgów. Niekiedy ta fizyczna trauma jest tak poważna, że należy się nią zająć osobno.

PRZYKŁAD

Pewna klientka pracująca nad uzdrowieniem koalescencji jajeczka odkryła, że gdy jej świadomość umysłu próbowała zająć niewłaściwe miejsce czuła, jakby jej głowa zaklinowała się bokiem w drodze w dół kanału porodowego. Ta sama klientka przeżyła uraz porodowy, który odczuwała, jakby ktoś próbował wepchnąć jej głowę z powrotem w kanał porodowy w etapie ukoronowania (ostatni etap porodu). Trauma ta nie puściła i kobieta nie była w stanie dokończyć procesu uzdrawiania traumy porodowej. Dotarła do niej ponownie podczas późniejszej sesji uzdrawiania koalescencji. Trauma ta wiązała się z nieprawidłowym rozwinięciem mózgu Buddy (korony) – czuła, jakby balon wewnątrz górnej części czaszki spychał jej świadomość umysłu w dół i powodował ból w szyjnej i lędźwiowej części kręgosłupa.

6.9. ŚMIERĆ ŁOŻYSKA A STAN PEŁNI

Czasem po uzdrowieniu traumy klienci wchodzą na jakiś czas w stan, w którym czują się „pełni". Już w momencie, kiedy po raz pierwszy doświadczyłem tego stanu, wiedziałem, że „pełnia" jest dobrym określeniem. Przez wiele lat bezskutecznie szukaliśmy wydarzenia rozwojowego odpowiedzialnego za ten stan. Pewnego dnia pracownik Instytutu, Preston Howard, znalazł odpowiedź na stronie internetowej w jednym z artykułów Nemi Nath – www.breathconnection.com.au (jej opowieść o doświadczeniu „pełni" znajduje się w rozdziale 12). Bardzo dziękuję Nemi Nath za jej wspaniałą pracę.

Nemi Nath odkryła, że kluczowym wydarzeniem rozwojowym dla Stanu Pełni jest uwolnienie śmierci łożyska. Zadziwiające, ale okazuje się, że łożysko jest samoświadomym „mózgiem". Nasze kulturowe założenia przeszkodziły w rozpoznaniu, jak ważne są doświadczenia łożyska podczas uzdrawiania traumy, a co dopiero jej wpływ na stany fuzji trójni mózgu. Nie zdawaliśmy sobie sprawy z tego, że w naszej pracy etap rozwojowy związany z porodem nigdy nie był całkowicie zakończony. W związku z tym, ponieważ łożysko jest jednym z mózgów, które muszą się połączyć/stopić z resztą, by stworzyć jednolity system mózgowy, klasyfikujemy Stan Pełni jako stan fuzji trójni mózgu. Zauważ także, że stan ten nie wymaga fuzji innych mózgów, by wystąpić – zależy jedynie od tego, jak mózg łożyska jest stopiony z innymi mózgami, co zgodnie z naszym doświadczeniem wydarza się równie często innym mózgom.

Po porodzie Stan Pełni zostaje zablokowany, kiedy świadomość mózgu łożyska nie stapia się w odpowiedni sposób z resztą organizmu podczas swojej śmierci. Dlaczego to ma aż takie znaczenie? Przecież i tak łożysko obumiera, więc fuzja jego świadomości z innymi świadomościami mózgu nie powinna czynić żadnej różnicy. Jednak ma znaczenie i podejrzewamy, że dzieje się tak z powodu natury świadomości mózgów w zjawisku zwanym „Wymiarem Świętości" – ten temat wykracza poza zakres tej książki, ale jest opisany w tomie II.

Trauma śmierci łożyska obejmuje zarówno szok oddzielenia w momencie przecięcia pępowiny (z perspektywy dziecka), jak i reakcję świadomości łożyska, kiedy oddziela się od matki i umiera. Symptomy w dorosłym życiu obejmują doznania w okolicach brzucha i traumę oddzielenia, która zazwyczaj jest błędnie przypisywana oddzieleniu od matki, kiedy tak naprawdę jest szokiem oddzielenia od łożyska. To oddzielenie z perspektywy łożyska i płodu często jest odczuwane jako wrażenie ogromnego gorąca rozpościerającego się wzdłuż całych pleców. W dorosłym życiu ludzie używają innych ludzi jako zastępczego łożyska. To jak dzieci są traktowane w szpitalach tuż po porodzie wzmaga intensywność traumy oddzielenia i śmierci. Lekarze prawie zawsze przecinają pępowinę za szybko, sprawiając dziecku ogromny ból i wywołując u nich szok. Przecięcie pępowiny dziecko odbiera jako wydarzenie zagrażające życiu, nie tylko ze względu na nagły brak tlenu, ale także dlatego, że krew w łożysku nie może wówczas przepłynąć do dziecka.

PRZYKŁAD

    Uzdrawiając traumę śmierci łożyska, Paula najpierw uzdrowiła traumę od strony płodu. Miała potem uczucie pełni tylko w momencie, gdy się relaksowała. Po uzdrowieniu strony łożyska, miała uczucie pełni przez cały czas. Podczas tej pracy pozostałe mózgi były połączone, ale nie stopione.

Zauważ, że aby osiągnąć stabilny Stan Pełni trzeba również uzdrowić traumę śmierci „mózgu" organelli ogonka plemnika (kręgosłupowego). Rozpatrując to w kategoriach traumy, jest to wcześniejsza trauma, która powoduje, że późniejsza trauma śmierci łożyska jest bardziej traumatyczna niż zazwyczaj. Co ciekawe, urazy podczas śmierci ogonka plemnika są później odtwarzane w ciele łożyska.

OSTRZEŻENIE!

Odkryliśmy pojawianie się myśli samobójczych u niektórych naszych klientów, w połączeniu z momentem porodu. Mogą być tak intensywne, że nawet ludzie wewnętrznie zintegrowani, którzy nigdy wcześniej nie mieli myśli samobójczych, mogą być nimi przytłoczeni. Zauważyliśmy pojawianie się tych uczuć i myśli zwłaszcza w momencie odcięcia pępowiny oraz podczas porodu, kiedy była owinięta wokół szyi dziecka (bardziej szczegółowy opis – zob. rozdział 8).

6.10. ALCHEMIA, ZDARZENIA ROZWOJOWE I STAN WEWNĘTRZNEGO ZŁOTA

Ku mojemu zdziwieniu, odniesienie do naszej pracy znalazłem w zasadach średniowiecznej alchemii. *Psychologia przeniesienia* Carla Junga zawiera ilustracje z jednego z wczesnych tekstów alchemicznych – *Rosarium Philosophorum* z 1550 roku. Drzeworytowe ilustracje w nim zawarte zaczynają nabierać sensu, gdy dostrzeżemy fakt, że każda z nich obrazuje najważniejsze zdarzenia rozwojowe mające miejsce w łonie matki lub wcześniejsze, mające wpływ na uzyskiwanie szczytowych stanów świadomości. Pamiętajcie, że alchemicy, którzy przeżywali owe przedporodowe doświadczenia, nie mieli pojęcia o naturze obiektów komórkowych – to były czasy na długo przed wynalezieniem mikroskopu i naszego współczesnego rozumienia biologii. Ich rysunki odzwierciedlają ich doświadczenia i stanowią „mapę drogową" zdarzeń rozwojowych z życia płodowego, komórkowego i przedkomórkowego.

Jeśli odrzucimy koncepcję, że alchemicy mówili o przekształcaniu ołowiu w złoto, i zrozumiemy, że chodziło im o wewnętrzny rozwój duchowy, ilustracje te nabierają sensu. Patrząc z tej perspektywy, podczas procesu rozwoju alchemicznego (tj. przechodzenia przez zdarzenia rozwojowe bez traumy) nasze wnętrze zaczyna nabierać barwy złota (nasz „ołów" zamienia się w „złoto"), zaś na koniec znajdujemy kamień filozoficzny, złotą kulę w brzuchu – tak wyglądają mózgi w stanie pełnej fuzji. Wybrałem kilka etapów alchemicznych, by zobrazować ich powiązania ze zdarzeniami rozwojowymi.

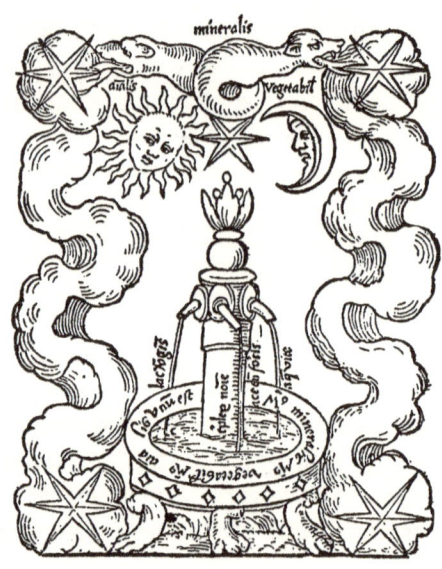

Rysunek. 6.2. Etap transformacji alchemicznej z ryciny 1 *Rosarium Philosophorum*, 1550 r.

Rysunek 6.2 przedstawia drzeworyt obrazujący alchemiczny etap fontanny. Jak obraz ten ma się do zdarzeń rozwojowych? Okazuje się, że istnieje przedkomórkowe zdarzenie rozwojowe (opisane w rozdziale 8), zarówno w przypadku jajeczka, jak i plemnika, w którym pojawia się coś, co „wygląda" jak fontanna. Rzecz jasna nie jest to fontanna w potocznym rozumieniu tego słowa, ale raczej pewna konstrukcja „wyglądająca" jak fontanna, widziana z przedkomórkowej perspektywy. Gdy rozwijający się organizm przedkomórkowy napotyka fontannę, wchodzi do niej, jak gdyby to był prysznic, i pochłania płynącą w niej „wodę". Zdarzenie to powoduje istotną zmianę w ciele w teraźniejszości – gdy wnętrze ciała postrzegane jest z perspektywy Stanu Wewnętrznego Światła, nabiera ono bogatego, metalicznego złotego koloru. Nazywamy ten stan Stanem Wewnętrznego Złota. Zmiana ta u wszystkich naszych ochotników była trwała. Większość naszych ochotników prowadzących zaawansowane prace, natrafia na te wydarzenia spontanicznie podczas uzdrawiania traum. Podejrzewamy, że ów stan ma coś wspólnego z uzdrawianiem fizycznym lub lepszą więzią z naszą świadomością gatunkową, choć nadal badamy to zagadnienie. Jakikolwiek jest ów rzeczywisty cel tego stanu, mamy wrażenie, że ma on duże znaczenie dla naszej osobistej pracy i najwidoczniej alchemicy też tak uważali.

PRZYKŁAD

> Jakiś czas po tym, jak pierwszy raz odkryłem to zdarzenie i pochłonąłem „wodę", pracowałem nad poważnym urazem fizycznym przepony. Znajdowała się w niej „dziura", obszar, który odczuwałem jako bezdenną pustkę. Normalnie podczas uzdrawiania dziur czarna pustka przechodzi w dymną szarość, która z czasem wypełnia się normalnym ciałem. Tym razem i za każdym następnym razem dziura wypełniła się złotą, niemal płynną substancją, która następnie zamieniła się w normalne ciało. Czułem, w bardzo głęboki sposób, że ów złoty materiał to coś, z czego byłem naprawdę zrobiony, jakby to była moja prawdziwa substancja. Zauważyłem później, że mój Stan Wewnętrznego Światła również uległ zmianie i nabrał pewnego złotego odcienia w miejsce jasnego, białego światła.

Drzeworyt przedstawiony na rysunku 6.3. jest jednym z serii przedstawiającej poczęcie. Przypomnijmy sobie, że uzdrowione poczęcie przypomina królewskie zaślubiny. Symbole pasują do tego doświadczenia – plemnik jest Królem, Królową zaś jajeczko. Oboje podczas tego zdarzenia rozwojowego łączą się w jedno ciało w płynnym otoczeniu jajnika. Prawdopodobnie wykorzystywany jest także dodatkowy poziom symboliki, w której kobieta jest mózgiem serca, mężczyzna – mózgiem umysłu, a tron to mózg ciała. Wrony prawdopodobnie przedstawiają mózgi łożyska i ogonka plemnika, a postać schodząca

Rysunek 6.3. Etap transformacji alchemicznej z ryciny 9, *Rosarium Philosophorum*, 1550 r.

Rysunek 6.4. Etap transformacji alchemicznej z ilustracji 6, *Rosarium Philosophorum* Myliusa z 1622 r. Zwróćcie uwagę na fakt dodania postaci „Śmierci" po prawej stronie.

z chmur reprezentuje Stwórcę, który podczas tego wydarzenia wchodzi do organizmu (dalsze wyjaśnienia w tomie II). Rysunek 6.4 jest uzupełnioną wersją wykonaną 72 lata później – zwróćcie uwagę na obecność w poprawionym obrazie „Ponurego Żniwiarza", czyli Śmierci. Podczas poczęcia plemnik doświadcza śmierci – umieszczenie tego traumatycznego doświadczenia na drzeworycie było zdaniem artysty bardzo ważne.

Na oryginalnych drzeworytach można rozpoznać niektóre wydarzrzenia rozwojowe, istnieje jednak kilka ilustracji przedstawiających zdarzenia, których nie udało nam się (jak dotąd) zidentyfikować. Sprawdzenie naszych wyników z wynikami prac alchemików może okazać się cenną pomocą w określaniu brakujących zdarzeń rozwojowych w naszej pracy.

6.11. PRAKTYCZNE TRUDNOŚCI W ODNALEZIENIU WYDARZEŃ ROZWOJOWYCH

Jak wspomnieliśmy we wcześniejszym rozdziale, kiedy stan jest efektem więcej niż jednego wydarzenia rozwojowego, może zajść bardzo dziwne zjawisko. Jeśli wcześniejsze wydarzenia nie przebiegły pomyślnie (czyli bez traumy), późniejsze nie będą doświadczane z całkowitymi zmianami rozwojowymi, które powinny mieć miejsce. Więc podczas uzdrawiania regresywnego, jeśli wiesz, gdzie znajdują się wcześniejsze wydarzenia, powinieneś zacząć od nich.

Na przykład, w jaki sposób trauma koalescencji wpływa na poczęcie? Jeśli uzdrowisz moment poczęcia, zanim całkowicie uzdrowisz koalescencję przedkomórkową, nadal dojdziesz do doświadczenia pięknych „królewskich zaślubin". Jednak stan fuzji mózgów jajeczka i plemnika pozostaje na poziomie, z którego przyszły – jeśli były oddzielone, pozostaną oddzielone podczas poczęcia. Z drugiej strony, jeśli dojdziesz do poczęcia po uzdrowieniu traum przedkomórkowej koalescencji (dzięki czemu komórki jajeczka i plemnika mają sfuzjowane mózgi jako kulki w swoich „brzuchach") wówczas przekształcą się one w jedną dużą kulę (czakry także związane są z takim zjawiskiem).

Podejrzewamy, że istnieje kilka wydarzeń rozwojowych, których jeszcze nie odkryliśmy. Trudno je odnaleźć, gdyż nasi ochotnicy nie mają związanych z nimi żadnych traum, więc na razie jeszcze się nie ujawniły. Nadal szukamy, jednak jest to powolny proces.

6.12. STANY TRÓJNI MÓZGU I ICH TRWAŁOŚĆ

Jednym z najbardziej interesujących zagadnień jest pytanie, czy ludzie *mogą* mieć trwałe stany szczytowe, a jeśli tak, czy one *powinny* być trwałe? Na początek skupię się na stanach szczytowych trójni mózgu, chociaż te obserwacje wydają się również odnosić do wszystkich stanów szczytowych, które znam.

Czy ludzie mogą mieć trwałe stany szczytowe? Jak już powiedziałem w poprzednich rozdziałach, wielu ludzi może je mieć na stałe i ma. Więc dlaczego to ciągle wzbudza wątpliwości? Podejrzewam, że większość duchowych nauczycieli i osób poszukujących rzadko (o ile kiedykolwiek) widzi przykłady trwałych stanów szczytowych. Ludzie z dobrymi stanami czują się nadzwyczaj dobrze przez większość czasu, więc zwykle nie mają potrzeby, by szukać u kogokolwiek pomocy. Zamiast tego przeważnie widzą ludzi, którzy w jakiś sposób cierpią. Ludzie, którzy stosują dostępne techniki (takie jak np. medytacja) nie utrzymują tych stanów, gdyż te techniki tylko czasowo wyłączają reakcje traumatyczne blokujące stany szczytowe. W związku z tym, nauczyciele wnioskują, że trwałych stanów szczytowych nie spotyka się na co dzień. Jest dla nich oczywiste, że przeciętna świadomość jest podstawą, z której stan szczytowy wyrasta i do której później wraca – nie przychodzi im do głowy, że jest to stan chorobowy.

Dodatkowo jeszcze inna obserwacja może komplikować problem. Wielu klientów, którzy zdobyli jeden z pomniejszych stanów fuzji, straciło go, kiedy trauma blokująca lepszy stan trójni mózgu „wypłynęła na wierzch", czyli zaktywowała się w ich życiu. Ci ludzie zazwyczaj mają do uzdrowienia dużo przedporodowych traum. W związku z tym u kogoś, kto próbuje zdobyć lepszy stan fuzji, często widać poprawę, na przemian z częściową lub całkowitą utratą tego stanu. Inni, którzy urodzili się mając dany stan, mogą go na jakiś czas stracić, ale odzyskają go, kiedy zniknie przyczyna uruchamiająca inne nieuzdrowione wydarzenia rozwojowe, i gdy kończy się reakcja traumatyczna.

Z drugiej strony, wielu moich klientów nie traci poprzedniego stanu, ale poprzez uzdrowienie nowego pojawiającego się materiału traumatycznego przechodzi łagodnie w nowy stan. W miarę jak ich stan się polepsza, coraz łatwiej radzą sobie z każdym blokującym materiałem, a to polepsza ich stan jeszcze bardziej, itd. Ich największym ograniczeniem jest wiedza, co uzdrowić w następnej kolejności! Zazwyczaj mają niewiele przedporodowej traumy do uzdrowienia, a ich stan „wyjściowy" sprawia, że leczenie jest bardzo proste lub nie mają innych komplikujących czynników, takich jak przeszkadzająca trauma pokoleniowa.

Mamy jeszcze jedną obserwację związaną z tym tematem. Znamy kilka przypadków, kiedy ludzie mający niezwykły stan czy umiejętności tracą je, kiedy dowiadują się o nich inni. Oczywiście to nie przytrafia się każdemu, ale podejrzewam, że znacząca część ludzi tego doświadczyła. Na przykład Jack Schwarz stracił swoje dobrze udokumentowane umiejętności w późniejszej części życia. Mnie to też spotkało. Wes i ja podejrzewamy, że ten problem jest w pewnym stopniu odpowiedzialny za jeden z głównych tabu w szamanizmie – nieujawnianie nadzwyczajnych zdolności (w tomie III opisujemy kilka mechanizmów blokujących, które odkryliśmy). Mechanizmy te nie są bezpośrednio związane z traumą i nie mają nic wspólnego z żadnym konkretnym stanem lub zagadnieniem związanym ze stosowaniem stanów.

Czy stany szczytowe *powinny* być trwałe? Wiele osób uważa, że nawet jeśli byłoby to możliwe, trwałe stany blokowałyby lub stanowiłyby przeszkodę na drodze do dalszego duchowego rozwoju, więc stany powinny być czasowe.

Jak widzieliśmy w poprzednich rozdziałach, całkowita fuzja trójni mózgu jest naszym naturalnym stanem, naszym prawem, a nie czymś, do czego musimy dojrzeć. Ich strata czyni nasze życie niepotrzebnie nieszczęśliwym i utrudnia nasz duchowy rozwój. Tak jak powiedziałem, stany wielu moich woluntariuszy nieustannie się polepszają, a ich obecne stany pomagają osiągać nowe. Więc nie ma żadnej duchowej czy psychologicznej korzyści, by pozbyć się/ wypaść ze stanów, które są naszym prawem od urodzenia, stanów Pustej Wewnętrznej Przestrzeni i Pełni.

Istnieją sytuacje kiedy stan blokują dostęp do wyższych stanów:

– Po pierwsze, istnieją ludzie mający Stan Ścieżki Piękna (tylko fuzja mózgów umysłu i serca z ograniczonym połączeniem ze Stwórcą), dla których prawie niemożliwe jest umyślne dotarcie do traumy w celu poprawienia swego stanu, gdyż nie odczuwają żadnej traumy. W tym przypadku, ich stan działa jak blokada dalszego rozwoju. Można dotrzeć do traumy, ale jest to znacznie trudniejsze, niż w przypadku osoby w gorszym lub lepszym stanie trójni mózgu.

– Po drugie, odkryliśmy, że dobre połączenie ze Stwórcą może spowodować, że ludzie czują, że „wszystko jest OK i tak jak powinno być", bez względu na wszystko. To podejście nie tylko blokuje ich własny rozwój, ale jakąkolwiek motywację, by pomagać innym (omawiamy to bardziej szczegółowo w tomie II). Mimo że nie jest to stan szczytowy trójni mózgu, połączenie ze Stwórcą często jest produktem ubocznym w naszej pracy nad stanami trójni, więc wspomnienie o tym wydawało mi się istotne. Wielu moich ochotników, którzy zdobyli taką świadomość, wycofało się z naszej pracy, zanim zrozumieliśmy, czym to było spowodowane i jak to naprawić.

– Po trzecie (co jest bardziej psychologicznym problemem), ludzie w wielu stanach szczytowych przyzwyczajają się do tego, że czują się wspaniale. Do tego stopnia, że opierają się wszystkiemu, co może spowodować jakikolwiek, nawet chwilowy dyskomfort, nawet jeśli to poprawiłoby ich stan. Inni martwią się, że jeśli będą się leczyć nadal, mogą stracić nowy stan i często zatrzymują się w pracy nad sobą w tym miejscu, gdzie są. Większość osób, które przychodzą na warsztaty, chce poczuć się lepiej i kiedy osiągają ten cel, rezygnują z dalszej pracy. Później może pojawić się u nich motywacja do uzyskania czegoś lepszego i wówczas dobrze jest kontynuować pracę. Wielu moich klientów miało tak nieszczęśliwe życie, że nie zaprzestaną pracy, widząc postęp i poprawę w swoich stanach. Inni, którzy zawsze mieli wspaniały stan, często szybko przestają pracować nad sobą, jako że dyskomfort jest dla nich trudny do zniesienia.

Jeśli natomiast chodzi o inne stany szczytowe wierzę, że odnoszą się do nich te same argumenty. Jednak jako że nasz sposób podejścia do duchowych i szamańskich stanów jest tak nowy, nie będę się upierał przy tym w każdym przypadku. Być może istnieją jakieś duchowe lub szamańskie stany szczytowe, w które ludzie powinni wchodzić i z których powinni wychodzić, może po prostu jeszcze nie trafiłem na nie. Przyszłe rozważania nad tym zagadnieniem będą na pewno bardzo owocne.

6.13. PODSUMOWANIE KLUCZOWYCH WYDARZEŃ ROZWOJOWYCH

Analogia pomoże nam spojrzeć na ten problem z odpowiedniej perspektywy. Wyobraźcie sobie, że patrzymy przez tunel z jednej strony góry (stworzenie nas) na drugą (nasze narodziny). Jeśli mamy szczęście – nie ma żadnych zapadnięć w tunelu i możemy bez problemu patrzeć z jednej strony na drugą – mamy wtedy zaawansowany Stan Pustej Wewnętrznej Przestrzeni. A co z tymi, którzy nie mają tego stanu? W miejscach, gdzie tunel był większy (w miarę jak staliśmy się bardziej skomplikowanym organizmem), dach się lekko zawalił (wystąpienie traumy). W związku z tym, kiedy odgrzebujemy te „zapadnięte" miejsca (czyli uzdrawiamy konkretne wydarzenie rozwojowe), chcąc uzyskać jakiś konkretny stan, np. Wewnętrzny Spokój, otrzymujemy znacznie lepszy stan, np. całkowitą fuzję mózgów i Stan Pustej Wewnętrznej Przestrzeni, jako że było to jedyne zapadnięte miejsce (trauma) w całej podróży. Innymi słowy, uzdrawianie jakiegokolwiek wydarzenia rozwojowego generalnie daje nam oczekiwany stan docelowy, ale może tak się nie zdarzyć, a to dlatego, że inne kluczowe wydarzenia rozwojowe też muszą być uzdrowione albo wydarzeń potrzebnych do uzyskania stanu jest więcej niż się spodziewałeś. Ponieważ bardziej prawdopodobne jest, że również przez inne wydarzenia rozwojowe przeszliśmy z traumą, zatem zazwyczaj uzyskuje się oczekiwany lub mniejszy stan (około 20% naszych klientów uzyskuje lepsze stany niż na początku zakładali).

Powtórzę raz jeszcze: różne stany trójni mózgu, które widzimy po porodzie, są zazwyczaj stanami częściowymi, jako że jednostka nie przechodzi przez wszystkie wydarzenia rozwojowe bez traumy. Stany pośrednie, takie jak Stan Wewnętrznego Spokoju lub Podskórnego Szczęścia, mimo że są znacznie lepsze niż normalne, mają jednak cechy, które są zniekształceniem prawidłowo, całkowicie stopionego systemu trójni mózgu. Wiele z tych cech znika w momencie osiągnięcia bardziej kompletnych stanów, gdyż istniały tylko ze względu na częściową lub niekompletną naturę stanów pośrednich. W związku z tym, np. w Stanie Pustej Wewnętrznej Przestrzeni, emocje nie są już doświadczane jako emocje, ale jak pewnego rodzaju myśli. Mimo że to może brzmieć niepokojąco z perspektywy przeciętnej świadomości, ten stan jest doświadczany jako życie bez wysiłku, bardziej przyjemne i zrównoważone. W istocie, znikają aspekty twojego doświadczenia, których (gdybyś był całkowicie zdrowy od momentu narodzin) nie powinno być.

Rezultatem uzdrowienia momentu poczęcia jest zazwyczaj uzyskanie Stanu Ścieżki Piękna lub lepszego. Stan ten jest stanem złożonym, który zawiera stan trójni mózgu (Wewnętrznego Spokoju) z innymi aspektami, opisanymi w następnym rozdziale.

Rezultatem uzdrowienia przedkomórkowej koalescencji są zazwyczaj bardzo głębokie stany szczytowe i zdolności. Jeśli uzdrowi się zarówno koalescencję, poczęcie, implantację oraz śmierć łożyska i ogonka plemnika, uzyskuje się Stany Pustej Wewnętrznej Przestrzeni i Pełni. W rozdziale 8 przedstawiamy owe kluczowe zdarzenia rozwojowe, które można uzdrawiać stosując technikę regresji.

W tym rozdziale położyliśmy nacisk na ideę stosowania technik uzdrawiania w odniesieniu do traum wydarzeń rozwojowych w celu uzyskania stanów szczytowych trójni mózgu. Jednak ludzie mogą „obejść" lub uzdrowić te traumy na różne sposoby. Często te traumy mogą spontanicznie pojawić się w życiu, powodując emocjonalny i fizyczny ból (od łagodnego do obezwładniającego). Prawie zawsze dana osoba nie zdaje sobie sprawy z tego, że te symptomy spowodowane są dawno zapomnianymi traumatycznymi doświadczeniami. Niektórzy ludzie uzdrawiają te traumy nieświadomie i osiągają stan szczytowy.

PRZYKŁAD

Melissa Proulx ma 19 lat. Po raz pierwszy weszła w Stan Ścieżki Piękna w wieku 17 lat, kiedy zaczęła pracować nad tym, by nie oceniać innych (nazywamy to „podejściem świadomego wyboru do stanów szczytowych"). „Oceniałam ludzi, którzy mieli gospodarstwa przemysłowe. Teraz ich nie oceniam. Rozumiem już, że nie są po prostu jeszcze świadomi. Nie są złymi ludźmi. Po prostu nie wiedzą." Po krótkim czasie zauważyła, że jej przeszłe traumy już nie mają zabarwienia emocjonalnego. Ona i świat dokoła niej był bardzo ożywiony. Potem, w wieku 19 lat, podczas oczyszczania *Arise and Shine*, doświadczyła uczucia całkowitej słabości, mdłości, bólu rąk i nóg. Nie mogła ustać na własnych nogach. Była bliska rezygnacji z oczyszczania przed jego zakończeniem. Szóstego dnia, nagle poczuła się bardzo szczęśliwa. Symptomy fizyczne, które czuła, ustały lub już jej to nie obchodziło. Następnego dnia zauważyła, że czuła się w środku pusta, jakby nie miała ciała pod skórą (Stan Pustej Wewnętrznej Przestrzeni). „Czuję się naprawdę dobrze. Czuję, jakbym nie miała żadnych problemów. Wszystko, co jest normalnie uważane za problem, dla mnie już nim nie jest. To jest wspaniałe! Jestem szczęśliwa, bez względu na wszystko." Paula miała okazję do rozmowy z Melissą następnego dnia i odkryła, że jej symptomy pasowały do traumy Pauli dotyczącej wydarzenia koalescencji. Najwidoczniej Melissa niechcący aktywowała tę starą traumę podczas oczyszczania i miała wystarczająco dużo szczęścia, by ją sama uzdrowić.

Niestety, podejrzewamy, że nie odkryliśmy wszystkich wydarzeń rozwojowych koniecznych dla całkowitej fuzji mózgów, mimo że wydaje nam się, że poznaliśmy te najważniejsze. To ogranicza nas w osiągnięciu pełnej wiedzy, jako że ci, którzy uzyskują pożądane stany nie potrzebują uzdrawiać wydarzeń, których nam brakuje. Będziemy uaktualniać tę książkę i naszą stronę www.peakstates.com w miarę postępowania naszej pracy.

NAJWAŻNIEJSZE IDEE

Z naszego doświadczenia wynika, że wydarzenia rozwojowe, które są ważne dla stanów szczytowych, występują w trzech fazach biologicznego rozwoju. Najwcześniejsze z nich nazywamy „przedkomórkowymi" i mają one miejsce wewnątrz rodzica (mamy/taty, w którym tworzy się komórka), ale jeszcze zanim komórka ta powstanie. Następna faza to faza komórkowa, obejmująca jajeczko, plemnik i zygotę. Kolejna to wielokomórkowy organizm, często określany jako faza w łonie matki/macicy i kończy się tuż po porodzie.

„Mózgi" organelli i mózgi występujące w łonie są świadome i samoświadome.

„Mózgi" organelli są tworzone oddzielnie i gromadzone w wydarzeniu zwanym „koalescencją" – jest to jedno z kluczowych wydarzeń dla fuzji trójni mózgu.

U większości ludzi uzdrowienie konkretnych, kluczowych wydarzeń rozwojowych wywołuje stany szczytowe.

Ogonek plemnika i łożysko dziecka mają własne świadomości „mózgu" – uzdrowienie traum ich śmierci jest kluczem do uzyskania Stanu Pełni.

Praca w tym obszarze zagraża życiu – niektóre z tych wydarzeń, takie jak narodziny, zawierają doświadczenia, które mogą wywołać w dorosłej osobie przytłaczające uczucia i myśli samobójcze.

SUGEROWANA LEKTURA I STRONY INTERNETOWE

Trauma śmierci łożyska

▲ Nemi Nath, „Placental Trauma" w *The Healing Breath: A Journal of Breathwork Practice, Psychology and Spirituality*, Tom 4, Nr 2, 2002 – artykuł dostępny także na stronie http://www.i-breathe.com/thb42/placenta_trauma.htm

▲ Shivam Rachana, *Narodziny w nowym świetle: lotosowy poród*, Łódź, Ravi, 2003.

Wpływ traumy poczęcia

▲ John Gray, *Mężczyźni są z Marsa, kobiety z Wenus: jak dochodzić do porozumienia i uzyskiwać to, czego się pragnie*, Poznań, Zysk i S-ka, 1996.

▲ Eckhart Tolle, *Potęga Teraźniejszości*, Wydawnictwo A, 1999 – książka ta bardzo dobrze opisuje Stan Ścieżki Piękna, mimo że nie używa tej nazwy.

Wydarzenia i traumy przed- i okołoporodowe

▲ Association for Pre- and Perinatal Psychology and Health, www.birthpsychology.com – wspaniały materiał na temat regresji w łonie matki.

▲ Early Trauma Treatment and Trainings – Terry Larimore; www.terrylarimore.com – jej strona internetowa zawiera również wspaniały materiał.

▲ Seminaria Emerson Training, William Emerson, www.emersonbirthrx.com – moim zdaniem jest jednym z czołowych postaci w psychologii pre- i okołoporodowej.

▲ William Emerson, „The Vulnerable Prenate", przedstawiony APPPAH Congress, San Francisco, 1995, opublikowane w *Pre- & Perinatal Psychology Journal*, Tom 10(3), Wiosna 1996, 125-142 – znajduje się również na stronie http://www.terrylarimore.com/VulnerablePrenate.html.

▲ Peter Fedor-Freybergh i M.L. Vanessa Vogel, *Prenatal and Perinatal Psychology and Medicine: Encounter with the Unborn; A Comprehensive Survey of Research and Practice*, UK: Parthenon, 1988.

▲ Michael Gabriel i Marie Gabriel, *Voices from the Womb: Adults Relive their Pre-birth Experiences – a Hypnotherapist's Compelling Account*, Aslan Publishing, 1992.

▲ Stanislav Grof, *Przygoda odkrywania samego siebie*, Uraeus, Gdynia 2000 – wspaniały opis etapów porodu i innych duchowych i szamańskich doświadczeń.

▲ Terry Larimore, Graham Farrant, „Universal Body Movements in Cellular Consciousness and What They Mean", początkowo opublikowane w *Primal Renaissance*, Tom 1, Nr 1, 1995 – także w internecie na stronie www.terrylarimore.com/CellularPaper.html

▲ Sheila Linn, William Emerson, Dennis Linn, Matthew Linn, *Remembering our Home: Healing Hurts and Receiving Gifts from Conception to Birth*, Paulist Press, 1999.

▲ Elizabeth Noble, *Primal Connections: How our Experiences from Conception to Birth Influence our Emotions, Behavior and Health*, Simon and Schuster, 1993.

▲ Bill Swartley, „Major Categories of Early Psychosomatic Traumas: From Conception to the End of the First Hour" z *The Primal Psychotherapy Page* – także w internecie: www.primal-page.com/bills-1.htm – wspaniałe, z dobrymi odsyłaczami.

WYDARZENIA ROZWOJOWE JAJECZKA, PLEMNIKA I W ŁONIE MATKI

▲ *Journey Into Life: The Triumph of Creation* (30-minutowy film wideo), 1990 – Derek Bromhall, rozprowadzone przez Questar Video, Inc; wyjątkowy film obrazujący podróż plemnika, jajeczka, zygoty i płodu z takiej samej perspektywy i z zachowaniem rozmiarów obrazów, jak je widzą ludzie przypominający sobie traumę tych wydarzeń.

▲ Lennart Nilsson, *A Child is Born*, Delacorte Press, NY, 1990 – zdjęcia z podróży plemnika, jajeczka, zygoty i płodu; obrazy pochodzą ze scen, które widzą ludzie przypominający sobie traumę tych wydarzeń; polecane.

ŚREDNIOWIECZNA ALCHEMIA

▲ Carl Jung, *Psychologia przeniesienia*, Warszawa, Sen, 1993.

Rozdział 7

ZASTOSOWANIE MODELU ZDARZEŃ ROZWOJOWYCH

CZAKRY, MERIDIANY, PRZESZŁE ŻYWOTA, WARSTWY AURY, ARCHETYPY, STARZENIE SIĘ

7.1. WPROWADZENIE

W niniejszym rozdziale omówimy zastosowanie modelu zdarzeń rozwojowych do kilku ważnych doświadczeń i zdolności szczytowych. W szczególności skoncentrujemy się na zjawiskach obserwowanych podczas przebiegu terapii lub w trakcie stosowania duchowych praktyk, a które wychodzą poza konwencjonalny system przekonań ludzi Zachodu. Mowa o czakrach (czakramach), meridianach, przeszłych żywotach, starzeniu się, warstwach aury i archetypach. Nasze prace przyniosły wiele zaskakujących informacji dotyczących tych zjawisk, które – o ile nam wiadomo – są wyjątkowe w tej dziedzinie.

Stany opisane w tym rozdziale:
– Stan Dostępu do Przeszłych Żywotów
– Stan Świadomości Przepływu

HISTORIA GRANTA
Poboczne odkrycia
Gdy zaczynałem pracę nad projektem poświęconym wywoływaniu stanów szczytowych i uzdrawianiu traum, mogłem absolutnie podpisać się pod dominującym systemem przekonań ludzi Zachodu. Przyznaję, że wznosiłem oczy ku górze, gdy znajomi zaangażowani w idee Nowej Ery opowiadali mi o przeszłych żywotach, czakrach i tym podobnych zjawiskach. Zakładałem, że są to nieokreślone wyobrażenia, oparte tylko na marzeniach, będące produktem bogatej wyobraźni. Wtedy nie rozumiałem jeszcze, że stan jednostki determinuje jej zdolność do dostrzegania owych niezwyczajnych zjawisk, i że stopień intensywności tego stanu określa jasność, z jaką te rzeczy się widzi. Dobrze pamiętam swoje ogromne zaskoczenie, gdy nagle (w wersji stereo i w technikolorze) ponownie doświadczyłem traumatycznego zdarzenia z przeszłego życia. Miało to miejsce podczas pewnego

warsztatu tantrycznego, gdy na nowo przeżyłem przejmujący smutek po niedawnej śmierci mojej żony w owym życiu. Moja partnerka tantryczna była tą „samą" kobietą, a ja zdałem sobie sprawę, że szukałem jej przez całe moje życie. Później odkryłem, że mogę mieć dostęp do tamtego życia w każdej chwili na własne życzenie.

Jednak będąc z natury sceptykiem uważałem, że choć może było „coś" w koncepcji przeszłych żywotów, nie oznaczało to bynajmniej, że cała reszta była prawdziwa. Jakiś czas po tym wydarzeniu, leżąc w łóżku zobaczyłem, jak coś – co wyglądało na starodawny srebrny kapitański ster – powoli obracało się w mojej klatce piersiowej. Nie miałem pojęcia, co to było, dopóki nie zajrzałem do literatury poświęconej czakrom – odkryłem, że to, co widziałem, pasowało do klasycznego opisu czakry serca. Z czasem pojawiało się u mnie coraz więcej doświadczeń duchowych, szamańskich i transpersonalnych, które wprawiały mnie w niesamowite zadziwienie.

Jak dotąd moja historia niewiele różni się od doświadczeń wielu osób wkraczających na ścieżkę rozwoju duchowego, którzy dzięki medytacji i technikom szamańskim osiągają nowy poziom postrzegania rzeczywistości. Znacznie ciekawsze i wyjątkowe jest to, co wydarzyło się później. Do tych wszystkich niezwykłych doświadczeń i zdolności zaczęliśmy (ja i koledzy z zespołu) stosować dopiero co opracowany przez nas model zdarzeń rozwojowych – wtedy zaczęło być naprawdę ekscytująco! Za każdym razem, gdy natrafialiśmy na coś nowego, zadawaliśmy sobie pytanie: „No dobrze, ale czy da się do tego zastosować model zdarzeń rozwojowych?". I oczywiście – dawało się. Tak naprawdę dopiero w momencie badania tych niezwykłych zjawisk i doświadczeń zacząłem ufać swojemu modelowi (rzecz jasna potrzeba jeszcze wielu lat, by w pełni zbadać ów nowy materiał).

Jednak mimo naszych odkryć nie stałem się żarliwym wyznawcą nowych idei. Nadal mam praktyczne, inżynieryjne podejście, które wymaga mierzalnych, użytecznych zastosowań, by daną ideę uznać za prawdziwą. Stałym problemem w tego rodzaju pracy jest ludzka potrzeba tworzenia sobie iluzji, aby uniknąć bólu – wielokrotnie mieliśmy z nią do czynienia. A tak naprawdę szukanie bólu jest prawdopodobnie najbezpieczniejszym kierunkiem działania, choć z pewnością nie najbardziej komfortowym. Iluzoryczny materiał może być tak przekonujący i uzyskiwać powszechne poparcie, że jedynym testem jego prawdziwości jest obiektywna rzeczywistość fizyczna – czy to cokolwiek zmienia w świecie rzeczywistym?

7.2. CZAKRY I MERIDIANY

7.2.1. Wprowadzenie

Wielu klientów przychodzi do mnie z symptomami wskazującymi na przedurodzeniową traumę związaną z czakrami. W trakcie uzdrawiania – będąc w regresji, w doświadczeniu w łonie matki – mogli nie tylko „zobaczyć" własną czakrę, ale też często mogli poznać ten specyficzny podświadomy wewnętrzny sygnał, który „podpowiada", jak uczyć się korzystania z własnych czakr poprzez obserwację matki używającej nieświadomie swoich czakramów (materiał ten omawiamy dokładniej w *Basic Whole-Hearted Healing Manual*). Ta uzdrawiająca praca nie odpowiedziała jednak na żadne z teoretycznych pytań dotyczących czakramów ani też nie doprowadziła do powstania jakiegokolwiek sposobu leczenia problemów związanych z tymi zjawiskami.

Nasza praca nad stanami fuzji mózgów i koalescencją ujawniła powiązania między czakrami, meridianami i fizycznymi symptomami, których z pewnością nigdy byśmy nie odkryli w inny sposób. Ma to ogromne znaczenie teoretyczne, szczególnie materiał poświęcony meridianom. Terapie meridianowe, takie jak akupunktura lub EFT, wykorzystują tę wiedzę bez teoretycznego zrozumienia tego, co dzieje się podczas uzdrawiania. Taka sytuacja wynika nie tylko z braku znajomości materiału opisanego w tym rozdziale, ale także z korzeni historycznych – Chińczycy koncentrują się na meridianach, ale nie na czakrach, podczas gdy Hindusi zajmują się czakrami, ale nie meridianami. Tym samym żadna z tych grup nie dysponuje pełnym obrazem związków między tymi dwoma zjawiskami.

Odkryliśmy, że *w pełni rozwinięty system czakr* charakteryzuje się *scaleniem (fuzją) wszystkich czakramów*, przybierających wtedy postać *dysku w obszarze splotu słonecznego*. Owa fuzja prowadzi do doświadczenia, które nazywamy Stanem Świadomości Przepływu. Odkryliśmy także, że osobne czakry powinny ulegać zakotwiczeniu w meridianach, a problemy występujące w tym zdarzeniu mogą być przyczyną nadmiernego zmęczenia lub hiperaktywności. Dobrze zakotwiczone czakry przynoszą w pełni regenerujący sen trwający zaledwie trzy-cztery godziny (w rozdziale 8 omawiamy odpowiednie zdarzenia rozwojowe).

7.2.2. Czakry – braki tradycyjnego modelu

Nasze badania nie tylko potwierdziły fakt, że *czakry* istnieją w takiej formie, w jakiej zostały opisane w hinduistycznych tekstach jogicznych i przez takie grupy, jak Berkeley Psychic Institute oraz w pracy Barbary Brennan, ale również dowiodły, że są one *źródłem zdolności będących naszym przyrodzonym prawem*.

Według konwencjonalnego rozumienia tej koncepcji, każda czakra działa inaczej i pełni odmienne funkcje. Na przykład, najczęściej odczuwane czakry serca i splotu słonecznego są w stanie emitować energię odczuwalną w taki sposób, jakby z tych obszarów ciała wylewała się woda. Na tradycyjnych ilustracjach przedstawia się siedem głównych czakr, rozmieszczonych wzdłuż pionowej osi ciała. Czakry są „centrami energetycznymi" o różnych kształtach, które można dostrzec, będąc w Stanie Wewnętrznego Światła. Wspomniane grupy pracują nad uzdrawianiem i próbują odkryć, jak wykorzystywać możliwości każdej z czakr w osiągnięciu pełnego zdrowia – każda czakra musi być odblokowana, musi się „obracać" w odpowiednim kierunku, z odpowiednią prędkością, i tak dalej.

Jednak powszechnie dostępne materiały dotyczące czakr mają pewne braki, które nie są oczywiste nawet dla doświadczonego praktyka. Najpoważniejszy problem wiążący się z tradycyjnym modelem czakramów wynika z nieznajomości systemu trójni mózgu. Zwolennicy klasycznego modelu czakr nie zdają sobie sprawy z tego, że czakramy to „urządzenia" uruchamiane przez odpowiadający im mózg, toteż opracowali oni model, w którym czakry w jakiś niepojęty sposób zyskują samoświadomość.

Kolejna wada modelu wiąże się z nieświadomością faktu, że w skórze istnieje warstwa o zmiennej przenikalności, która blokuje energię czakramów. Jej wpływ na nasze życie wychodzi jednak daleko poza same czakry (kwestie te omawiamy szczegółowo w tomie II).

Jednak największa wada tradycyjnych modeli jest już mniej oczywista. Jak już wcześniej wspomniałem, w pełni rozwinięty system czakr wcale nie wygląda tak, jak opisano w literaturze – czakramy powinny wtedy ulec fuzji w jeden element o kształcie dysku, umiejscowiony w obszarze splotu słonecznego. Model konwencjonalny można więc porównać do modelu biologa, który próbuje wyobrazić sobie dorosłą postać kijanki, nigdy wcześniej nie widząc żaby. Otóż zamiast opisywać ją jako stworzenie z nogami umożliwiającymi skakanie, biolog dokonuje ekstrapolacji, wyobrażając sobie większą, bardziej żywą wersję kijanki, nadal posiadającą ogon. Tu sytuacja jest podobna. Okazuje się, że – jak twierdzi nasz model – istnieje kilka krytycznych zdarzeń rozwojowych, przez które niewiele osób przechodzi bez żadnej traumy. Traumy te ograniczają prawidłowe funkcjonowanie systemu czakr i właśnie taki ich obraz przedstawiany jest na ilustracjach poświęconych temu zagadnieniu (w dalszej części rozdziału opisujemy, jak wygląda w pełni rozwinięty system czakramów).

7.2.3. Czakry – stadia rozwojowe

Znane nam dotychczas kluczowe stadia rozwojowe systemu czakramów to koalescencja jajeczka i plemnika oraz poczęcie. Jednak stany fuzji mózgów przynoszą zupełnie inne jakości niż w pełni uzdrowiony i rozwinięty system czakr. Systemy czakramów i mózgów można uzdrawiać niezależnie od siebie, z zupełnie innymi rezultatami. Jednak ponieważ niewielu ludzi przeszło przez niezbędne stadia rozwojowe bez żadnej traumy, w pełni funkcjonujący system czakr i jego wpływ na dobrostan fizyczny nie został opisany w znanej nam literaturze jogicznej.

Kluczowe zdarzenie rozwojowe dla dobrze funkcjonującego systemu czakr ma miejsce podczas przedkomórkowego zespolenia mózgów – *koalescencji*. Przed zespoleniem, każdy z przedkomórkowych mózgów wnosi jedną czakrę (lub więcej) znajdującą się wewnątrz każdego z nich. „Wyglądają" one jak jarzące się kule światła, umieszczone wewnątrz mózgów lub nałożone na nie (bliższa analiza pozwoliłaby na lepsze określenie jej form, na razie jednak nie zbadaliśmy szczegółowo tego zagadnienia). Świadomości mózgów, czyli „kule światła" wspomniane we wcześniejszych rozdziałach, wyglądają inaczej niż czakry.

W przypadku koalescencji jajeczka, podczas wejścia mózgów do „torby" mózgu ciała, siedem czakramów układa się w ów pionowy wzorzec wzdłuż osi ciała przedkomórkowego, w zestrojeniu z odpowiednimi mózgami – czakry wyglądają jak na klasycznych ilustracjach. Wraz z rozwojem wydarzeń wszystkie łączą się w jedną czakrę o gładkim kształcie, umiejscowioną w okolicach splotu słonecznego.

Co ciekawe, istnieje różnica pomiędzy przedkomórkowymi i komórkowymi czakrami jajeczka i plemnika. Jajeczko posiada siedem głównych czakramów, które znamy z literatury, ale okazało się (całkiem dla nas nieoczekiwanie), że przedkomórkowy plemnik ma coś zupełnie innego – mózg serca ma szereg kul czakr, które wyciągają się w górę i w dół razem z przedkomórkowymi mózgami wewnątrz „torby" ciała. Choć nie jesteśmy jeszcze pewni, dlaczego tak się dzieje, podejrzewamy, że ma to coś wspólnego z podłączeniem plemnika do wszystkich innych plemników, które pomagają mu w zapłodnieniu jajeczka. W dalszym przebiegu procesu koalescencji plemnika łączą się one w coś, co wygląda jak kula mgły w tym samym obszarze splotu słonecznego, co w przedkomórkowym jajeczku.

Kolejnym istotnym stadium rozwojowym jest poczęcie. Podczas tego etapu dyski czakr z plemnika i jajeczka łączą się w jeden dysk czakr umiejscowiony w obszarze splotu słonecznego zygoty. Ten dysk ma regularny wzór z wgłębieniami na obrzeżach. (Rzecz jasna zygota sama w sobie nie ma splotu słonecznego, ale w trakcie regresji klienci doświadczali zygoty tak, jakby była ich obecnym ciałem, z wewnętrznymi elementami zygoty odpowiadającymi częściom ciała).

Zauważcie, że może tutaj wystąpić osiem permutacji tych wydarzeń przy założeniu, że każdemu wydarzeniu towarzyszy trauma lub nie. I tak w koalescencji jajeczko ma się dobrze, ale dochodzi do traumatyzacji plemnika, zaś samo poczęcie znów przebiega bez problemu; albo jajeczko dobrze znosi koalescencję, ale traumie ulega plemnik i samo poczęcie też przebiega z traumą; i tak dalej. W rzeczywistości częściowa trauma powoduje powstawanie wielu różnych stanów pośrednich, powodując nieprawidłowości w ostatecznej fuzji czakr. Ponieważ szanse, że wszystkie zdarzenia związane z ową fuzją przebiegną bez traumy są bardzo niewielkie, u większości dorosłych osób występuje typowy model siedmiu osobnych czakramów.

W łonie matki (u większości osób) kule czakr płodu są rozdzielone. Płód uczy się, jak wykorzystywać lub kontrolować osobne czakry obserwując, w jaki sposób matka korzysta ze swoich. Ponieważ większość matek nie jest świadoma tego, że używa czakramów, płód uczy się poprzez kojarzenie uczuć w ciele doznawanych przez matkę w trakcie ich wykorzystywania. Problem polega na tym, że to bardzo pośrednia kontrola i jeśli matka nie korzystała ze swoich czakr w trakcie życia płodowego dziecka, płód nie nauczy się, jak to robić. Ma to ciekawe implikacje dla naszych klientów – jeśli zostaną uzdrowieni i powstanie u nich dysk czakramów, czy będą wiedzieli, jak go właściwie wykorzystywać? W końcu ich matki tego nie potrafiły, więc brak im skojarzeń, których mogliby się nauczyć. Obecnie nie znamy odpowiedzi na to pytanie.

PRZYKŁAD

> Moja matka włączała własną czakrę korony podczas seksu, zaś czakrę serca, gdy zajmowała się pacjentami w szpitalu, w którym pracowała. Odczuwając te same uczucia w moim dorosłym ciele, włączałem odpowiedni czakram.

Jak wykorzystać tę wiedzę, aby poprawić życie ludzi? Uzdrowienie tych traum jest możliwe. Obecnie stosujemy tylko metody wymagające regresji (w rozdziale 8 omawiamy ten temat bardziej szczegółowo). Zazwyczaj konieczna jest iteracja (wielokrotne powtarzanie) procesu uzdrawiania. Jednostka przechodzi przez określone zdarzenia traumatyczne kilkakrotnie, gdyż późniejsze traumy bazują na wcześniejszych. Zauważcie, że często nie mamy dostępu do wcześniejszych traum, dopóki nie zajmiemy się późniejszymi w możliwie maksymalnym stopniu, stąd potrzeba iteracji.

7.2.4. Stan Świadomości Przepływu

Choć nadal badamy to zagadnienie, zdecydowałem się opisać obecne rezultaty. Proszę wziąć pod uwagę, że w przyszłości, wraz z pojawianiem się nowych danych, podane niżej informacje mogą ulec zmianie. Gdy czakry łączą się w jeden dysk, zdarzenie to wprowadza jednostkę w stan, który nazwaliśmy Stanem Świadomości Przepływu. Osoba odczuwa wtedy „przepływ" energii przechodzącej przez ciało od tyłu do przodu. Sposób odbierania tego przepływu zależy od tego, jak wygląda stan trójni mózgu danej osoby. Jeśli nie posiada ona stanu fuzji mózgów, całe zjawisko odbiera tak, jakby energia przychodziła z zewnątrz, i wtedy zestrojenie się z zewnętrznym przepływem wymaga świadomych wysiłków, ale jest lepszym stanem niż jego brak. W Stanie Pustej Wewnętrznej Przestrzeni natomiast (fuzji wszystkich mózgów) osoba nie ma wrażenia, że przepływ energii z tyłu do przodu pochodzi z zewnątrz – jest zawsze zestrojona z tym przepływem niezależnie od tego, co robi.

W jaki sposób osoba doświadcza stanu przepływu czakr przy różnych stanach fuzji mózgów? W przypadku Przeciętnej Świadomości, ale w Stanie Świadomości Przepływu, odczuwa się „przepływ" jako szybki lub wolny, i ma to wpływ na to, co można osiągnąć. W Stanie Pustej Wewnętrznej Przestrzeni, ale bez Stanu Świadomości Przepływu, pojawia się uczucie, że wszystko przychodzi łatwo, ale nadal trzeba planować działania. W przypadku posiadania obu stanów, wszystko wydaje się łatwe i nawet nie trzeba o niczym myśleć – wszystko po prostu jest.

Obecnie jesteśmy zdania, że stan przepływu czakr to nie jest to, co czasem odczuwają sportowcy. Podejrzewamy, że opisują oni raczej Stan Pustej Wewnętrznej Przestrzeni, który charakteryzuje się łatwością i brakiem wysiłku. A jak to się ma do „przepływu", który opisuje Mihaly Csikszentmihaly w swoich pracach na ten temat? Tego jeszcze nie wiemy, ale to fascynujący obszar badań.

7.2.5. Meridiany i ich związek z czakrami

W trakcie koalescencji jajeczka i plemnika zachodzi pewne zjawisko, którego nigdy byśmy się nie spodziewali i które jest nawet bardziej znaczące niż same zmiany w czakramach. Kule czakr zakotwiczają się w matrycowej strukturze linii, które pojawiają się i rozszerzają, łącząc mózgi i ich czakry w momencie włączania mózgów do „torby" mózgu ciała. Ku naszemu zdziwieniu owe sieci linii okazały się być meridianami! Jeden z naszych badaczy opisał kule czakramów zakotwiczonych w czymś, co przypominało sieć lub też elektroniczny układ scalony. Meridiany powiększały się wraz z przebiegiem procesu koalescencji, uzyskując na koniec pełną formę sieci z umiejscowionymi w nich kulami czakr.

7.2.6. Uzdrowienie traum zdarzeń rozwojowych a meridiany i czakry

Jak już wspomnieliśmy, jednym z głównych problemów w tej pracy jest kontynuowanie leczenia na tyle długo, by uzyskać pełne zmiany podczas etapu rozwojowego. Etap koalescencji nie jest tu wyjątkiem – w trakcie tego leczenia mogą wystąpić pewne trudności. Podstawowy problem leży w pomyślnym (bez traumy), prawidłowym ułożeniu kul czakr w sieci meridianów. Istnieje wiele możliwych kombinacji problemów, które mogą wystąpić, gdyż istnieje wiele czakramów, które mogą ulec prawidłowemu lub nieprawidłowemu zakotwiczeniu, ale jednym z oczywistych symptomów jest albo głębokie wyczerpanie, albo ekstremalna, granicząca z manią energia.

PRZYKŁAD

Gdy pierwszy raz prowadziliśmy eksperymenty związane z zakotwiczaniem czakr, osoba będąca naszym „królikiem" doświadczyła dwóch ekstremalnych reakcji w odpowiedzi na nieuzdrowione problemy związane z zakotwiczeniem. Najpierw kobieta ta czuła się całkowicie wyczerpana i z trudem opanowywała chęć zasypiania podczas uzdrawiania, a potem (w trakcie dalszego procesu leczenia) zrobiła niewłaściwie coś innego i w rezultacie czuła się nadmiernie pobudzona do tego stopnia, że musiała przebiegać krótkie dystanse, by pozbyć się nadmiaru energii i móc kontynuować proces.

> **OSTRZEŻENIE! – POTENCJALNA REAKCJA FIZYCZNA**
>
> Praca z przedkomórkową traumą koalescencji w celu uzdrowienia systemów czakr może prowadzić do wystąpienia jednej z dwóch przypadków ekstremalnych doświadczeń w sytuacji jej nieukończenia – albo całkowitego pozbawienia energii, albo nadmiaru energii. Każdy z tych przypadków jest poważnym problemem fizycznym. Należy zatem stosować proces z zachowaniem dużej ostrożności oraz dać sobie wystarczająco dużo czasu na popełnianie błędów i wychodzenie z nich.

Ponieważ traumy związane z czakrami zazwyczaj uzdrawiamy razem z traumami meridian, trudno je rozdzielić. Jednak (zgodnie z naszą dzisiejszą wiedzą) samo uzdrowienie sposobu zakotwiczenia czakr w meridianach wywołuje pewien nieoczekiwany skutek. Otóż osoby poddane tym procesom czuły się całkowicie wypoczęte po trzech-czterech godzinach snu – co jest radykalną i wyraźną zmianą u ludzi. Odkryliśmy tym samym, że ludzie pracujący z czakrami w ramach tradycyjnych procesów nie są świadomi pełni związanych z nimi możliwości. Byliśmy tym odkryciem zafascynowani – być może różnice w ilości snu w ogólnej populacji odzwierciedlają jakość stadiów rozwojowych ukończonych bez traumy. Słyszeliśmy o ludziach, którym wystarczało zaledwie kilka godzin snu, ale zakładaliśmy, że mają oni jakiś problem psychologiczny prowadzący do bezsenności. I nagle okazuje się, że to ludzie potrzebujący około 8 godzin snu są tymi, którzy mają problem (należy tu zrobić rozróżnienie między chronicznie zmęczonymi ludźmi dotkniętymi bezsennością a osobami, które niewiele sypiają, ale rano czują się świeżo i są wypoczęci).

W wyniku uzdrowienia zdarzeń rozwojowych związanych z czakrami/meridianami mogą także wystąpić zmiany w percepcji wizualnej. Radykalna zmiana tej percepcji jest nierozpoznana w naszej kulturze, ale jest zadziwiająco oczywista dla kogoś, kto przejdzie przez tego rodzaju przemianę i doświadczy tych możliwości. Zmiany mogą być różne: możliwość widzenia rzeczy znajdujących się za obiektami, na które patrzymy, albo częściej spotykane zjawiska, takie jak zdolność postrzegania obszaru peryferyjnego tak samo ostro, jak centralnego, tudzież wyostrzenie wizji trójwymiarowej. Proszę zauważyć, że zarówno medytacja w ruchu w buddyzmie zen, jak też szamańskie „szerokokątne" widzenie Toma Browna Jra umożliwiają ludziom stosowanie widzenia peryferyjnego, co poprawia ich stan świadomości. Wyniki naszych badań pokazują, że próby stosowania widzenia peryferyjnego działają stymulująco na traumy związane z utratą tych zdolności. Są to te same wydarzenia, które blokują stany szczytowe trójni mózgu w przypadku wystąpienia w nich traumy. W zasadzie uzdrowienie jednych traum (związanych z czakrami) powoduje uwolnienie drugich (związanych z trójnią mózgu), gdyż występują niemal w tym samym czasie w trakcie krytycznych zdarzeń rozwojowych.

Na przykład, u pewnej osoby zaobserwowaliśmy polepszone widzenie trójwymiarowe (tj. zdolność do ustalenia, gdzie dokładnie znajduje się ktoś w trójwymiarowej przestrzeni) i okazało się, że osoba ta funkcjonowała także w Stanie Ścieżki Piękna. Dlatego chcemy zbadać, czy w pełni uzdrowiony proces poczęcia może przynieść ludziom tę zdolność, czy wymaga ona także uzdrowienia innych etapów. Zaletą tej zmiany w widzeniu jest jej łagodny charakter – bardziej radykalne zmiany w sposobie widzenia świata mogłyby niektórych ludzi przestraszyć.

PRZYKŁAD

>Jeden z członków naszego zespołu, Frank Downey (który był pilotem myśliwców), przez całe życie posiadał Stan Ścieżki Piękna, co oznaczało, że przeszedł przez moment poczęcia bez żadnej lub z niewieloma traumami. Okazało się, że również widzenie miało u niego charakter bardziej trójwymiarowy niż u przeciętnych osób. Ta szczytowa zdolność prawdopodobnie najbardziej przyczyniła się do jego sukcesów w zawodzie pilota.

PRZYKŁAD

>Gdy jedna z naszych ochotniczek ukończyła proces uzdrawiania przedkomórkowego etapu rozwojowego jajeczka, odkryła swoją nową „zdolność

szczytową" – była w stanie patrzeć „poprzez" rzeczy lub widzieć to, co znajduje się za nimi. Trudno było to opisać, ale przestrzeń wydała jej się inna – wszystko było bardzo trójwymiarowe, zupełnie różne od tego, co dotychczas widziały jej oczy. Dla naszej badanej owo doświadczenie okazało się dość kłopotliwe, gdyż było sprzeczne z jej przekonaniami religijnymi na temat zdolności, które mogli posiadać „zwykli" ludzi.

7.2.7. Wyjątkowa siła i zdolności

Jak uzdrowienie stadiów związanych z czakrami ma się do ekstremalnej siły fizycznej i wytrzymałości? W naszej dotychczasowej pracy nie zaobserwowaliśmy nagłych zmian w tej dziedzinie. Niezależnie od czakramów, łatwo wyobrazić sobie, jak ważne są stany szczytowe (szczególnie takie, jak Stan Pustej Wewnętrznej Przestrzeni z jego aspektem działania bez wysiłku) dla wyników sportowych. Jeden z naszych badaczy, który potrafił „widzieć" stopień fuzji mózgów odkrył, że nieoczekiwana zdobywczyni złotego medalu olimpijskiego w łyżwiarstwie cechowała się mocną fuzją trójni mózgów, podczas gdy u przegranej faworytki doszło do wyjścia mózgu umysłu ze stanu fuzji. Nie wiemy, jaki był stan jej czakr, ale możemy oczekiwać, że gdy umysł wycofał się ze stanu fuzji, wycofał się także z powiązanych z nim czakramów.

A co ze stanami „nadludzkich" zdolności fizycznych, jak w przypadku matki potrafiącej podnieść samochód, by uratować dziecko? Czy rzeczywiście istnieją zdolności fizyczne daleko przekraczające normę? Odpowiedź brzmi: tak. Spotkaliśmy ludzi, którzy potwierdzali istnienie tego rodzaju zjawisk. Jeden z uczestników naszego warsztatu podzielił się doświadczeniem sprzed kilku lat – pewnego dnia, gdy grał z ojcem w baseball, na 20 minut wszedł w stan zdolności szczytowej i raz za razem rzucał piłkę dużo lepiej niż wynosił rekord świata. Jego ojciec poprosił go, by zwolnił, gdyż dla niego było to zbyt bolesne. Lecz piłka – mimo starań syna – nadal leciała z prędkością 130 km na godzinę. Z kolei Tom Brown Jr regularnie naucza zaawansowanych studentów, jak przez całe dnie biegać z pełną prędkością bez uczucia zmęczenia.

Kilku naszych ochotników odnotowało poprawę siły i wytrzymałości fizycznej jako produkt uboczny uzdrowienia zdarzeń rozwojowych, choć nadal w ramach typowych dla „normalnej" osoby. Jak dotąd nie zetknęliśmy się z przejawami wyjątkowych zdolności fizycznych. Czy mają związek z czakrami? Nie wiemy. Przy założeniu, że nasz model jest prawidłowy, powinien istnieć kluczowy etap rozwojowy (lub kilka etapów), który umożliwia osiągnięcie tego poziomu umiejętności fizycznych. Zastosowanie naszego modelu do osiągania dobrych wyników sportowych ma ogromny potencjał i mam nadzieję, że kiedyś go lepiej zbadamy.

7.3. PRZESZŁE ŻYWOTA

7.3.1. Wprowadzenie

Wprowadzając czytelnika w tę część rozdziału zakładamy, że zetknął się już ze zjawiskiem przeszłych istnień lub też z innych względów uznał, że ono istnieje i uporał się z konfliktem paradygmatycznym występującym w naszym społeczeństwie. Temat ten został poruszony w wielu dobrych książkach, szczególnie z terapeutycznego punktu widzenia, chciałbym jednak omówić kilka bardziej nietypowych aspektów przeszłych żywotów, nieznanych nawet ludziom zajmującym się tym tematem.

Według niektórych tradycji religijnych, ludzie będący w zaawansowanych duchowych stanach świadomości potrafią odzyskać wspomnienia ze wszystkich swoich przeszłych żywotów. Jak zobaczycie wkrótce, takie stwierdzenie ma sens w kontekście naszej pracy. Jeśli założymy prawidłowość modelu opisanego w tej książce, *świadomość przeszłych żywotów jest naszym naturalnym stanem*, toteż niektóre rodzaje traum rozwojowych muszą blokować tę świadomość. Rozwój tej świadomości prawdopodobnie idzie w parze z rozwojem stanów szczytowych przy wykorzystaniu tradycyjnych procesów. Może też być tak, że niektóre stany szczytowe odblokowują traumy powodujące brak dostępu do przeszłych żywotów, być może w ten sam sposób, w jaki Stan Wewnętrznego Spokoju eliminuje traumy emocjonalne z przeszłości. Nawet jeśli tak jest, my nie zaobserwowaliśmy tego zjawiska u naszych badanych.

7.3.2. Natura czasu

Kolejnym trudnym do zaakceptowania aspektem przeszłych żywotów jest natura czasu. Omawiamy to zagadnienie szerzej w tomie II, tutaj chciałbym tylko przedstawić nasze odkrycia w ogólnym zarysie. Ku naszemu zdziwieniu odkryliśmy, że teraźniejszość nie jest tym, co przyjmuje się w naszej kulturze. Nie ma – jak nas uczono – żadnej wyłącznej teraźniejszości, przechodzącej z przeszłości w przyszłość. By przedstawić to bardziej obrazowo, wyobraźmy sobie czas jako rzekę płynącą z przeszłości ku przyszłości. Teraźniejszość ma charakter całkowicie dowolny i zależy od tego, gdzie skupimy naszą uwagę, wchodząc do rzeki. Możemy wybrać dowolny moment w przeszłości lub przyszłości i gdy skupimy na tym momencie naszą uwagę, znajduje się on „w teraźniejszości". Każdy moment, przeszły lub przyszły, jest przez obserwatora doświadczany jako „teraźniejszy". Dla koncepcji przeszłych żywotów oznacza to, że gdy jednostka doświadcza ponownie przeszłego życia – lub traumy z tamtego okresu podczas procesu regresji – dzieli teraźniejszość z osobą, która to przeżyła. To nie są statyczne wspomnienia – wydarzenia w tamtej chwili można zmienić. Przyszłość może się cofnąć i wpłynąć na przeszłość tak, jak przeszłość może mieć wpływ na przyszłość. Oznacza to, że w niektórych stanach szczytowych można wchodzić w interakcje z osobami z przeszłości w taki sam sposób, w jaki – na przykład – rozmawiamy przez telefon z sąsiadem. Osoba może udzielać samej sobie rad i wskazówek z jednego życia do kolejnych. To znakomity przykład wychowywania samego siebie!

Nasz model zatem implikuje także możliwość wchodzenia w interakcje z żywotami, które się jeszcze nie zdarzyły – w przyszłości takiej, jak ją widzimy. Choć oczywiście dla osoby z przyszłości będzie to teraźniejszość, a my należymy do przeszłości. Najlepszy znany mi przykład tego doświadczenia został opisany w książce Hanka Wesselmana pt. *Spiritwalker*.

W tym momencie pojawia się naturalne pytanie: „Czy istnieje jakiś rodzaj ponadduszy lub bytu poza czasem, który przeżywa te wszystkie żywoty jednocześnie?". By odpowiedzieć na to pytanie, musimy przyjrzeć się właściwemu zdarzeniu rozwojowemu.

7.3.3. Przeszłe żywota a zdarzenia rozwojowe

Korzystając z modelu naszego Instytutu, możemy tworzyć hipotezy, że ludzie nie są w stanie przypomnieć sobie przeszłych żywotów w wyniku jakiegoś rodzaju traumy związanej ze zdarzeniem rozwojowym. Po drugie, można by oczekiwać, że w ogólnej populacji liczba osób posiadających świadomość swoich przeszłych istnień (w różnym stopniu zależnie od intensywności traum w krytycznych etapach rozwojowych) jest identyczna z liczbą osób posiadających stany szczytowe (też oczywiście w odniesieniu do ogólnej populacji). Tym samym można by oczekiwać, że istnieją osoby będące w stanie przypomnieć sobie wszystkie przeszłe żywota, a także ci, którzy mogą to robić od czasu do czasu, oraz większość, która w ogóle nie ma do nich dostępu. I chyba tak właśnie jest.

Wes Gietz postanowił sprawdzić prawdziwość tej hipotezy. Ze swojego wyjątkowego stanu szczytowego był w stanie dokonać regresji do momentu, w którym poczuł występowanie blokady świadomości przeszłych żywotów. Przed tym momentem posiadał pełną ich świadomość, choć okazało się, że doświadczał ich z perspektywy jajeczka w jajniku. Odkrył, że świadomość tę stracił w chwili uwolnienia jajeczka z jajnika. W tym samym momencie dookoła jajeczka, od góry do dołu, zaczęła tworzyć się powłoka ochronna i Wes wraz z postępującym procesem czuł ograniczanie świadomości przeszłych żywotów, aż w momencie powstania pełnej powłoki całkowicie utracił do nich dostęp. Po uzdrowieniu tego wydarzenia – ku naszemu zdziwieniu – odkrył, że w teraźniejszości posiadał pełną świadomość swoich przeszłych i przyszłych istnień. Wes opisał to tak, jakby to były wspomnienia z własnego życia – choć czasami zdarzało mu się zauważać, że ludzie, których znał w teraźniejszości, byli ludźmi z przeszłości.

PRZYKŁAD

> Paula Courteau poszła dalej, poszukując przyczyn, dla których zdarzenie to miało takie znaczenie dla świadomości przeszłych żywotów. Odkryła, że na pewnym poziomie świadomości była w stanie „zobaczyć" względnie płaską sieć rozciągającą się w przestrzeni w nieskończoność. Miało to miejsce po uzdrowieniu koalescencji jajeczka w momencie, gdy świadomość serca wchodzi do „torby" mózgu ciała. Czuje, że ma to w jakiś sposób związek z poziomem świadomości Stwórcy, choć nie jest pewna, w jaki sposób. Po indukcji Stanu Pełni, w jednym z przeszłych żywotów dostrzegła, że sieć w pewnych miejscach stała się jaśniejsza. Te obszary to były jej poprzednie istnienia. Jej obecne życie było tylko jednym z takich miejsc.

Po dalszych procesach uzdrawiania sieć zaczęła przybierać jaśniejszą, złotą barwę i Paula była w stanie widzieć przeszłe życia jako jaśniejsze plamy na sieci lub jako niewyraźne sylwetki, niczym ludzie o zmierzchu. Co ciekawe, świetliste plamy znajdujące się najbliżej niekoniecznie oznaczały najbliższe chronologicznie przeszłe żywota – były to raczej te istnienia, w których pojawiały się podobne aspekty, jak w jej obecnym życiu. Po kolejnych eksperymentach Paula odkryła, że jednak istniał jakiś porządek chronologiczny – żywoty po lewej należały do przeszłości, a te po prawej – do przyszłości. Za nią znajdowały się te, które umarły przed narodzeniem. Bezpośrednio przed nią znajdowały się jedynie stale przemieszczające się cienie. Czuła, że były to „potencjalne Paule" – życia, które przeżyłaby, gdyby poszła inną drogą. Z takim łączeniem się z żywotami wiązał się ogromny lęk. Dla mnie jest to fascynujące wydarzenie, gdyż zetknąłem się w swojej pracy z klientami, którzy posiadali dostęp do owych „alternatywnych" istnień. Po dalszych procesach uzdrawiania cała siatka Pauli nabrała złotej barwy, zaś przeszłe i przyszłe żywota złączyły się z nią. Od tego czasu odnosi wrażenie, że jej wszystkie istnienia czerpią korzyści z procesów uzdrawiania.

Wraz z postępami prac nad uzdrawianiem koalescencji i innych zdarzeń, Paula obecnie postrzega płaszczyznę w formie siatki jako ciągłą powierzchnię w kolorze złoto-pomarańczowym. Wspomina o tym dlatego, że inni badacze o mniej intensywnych traumach mogą nie dostrzegać owego pośredniego etapu sieci.

Paula napisała: „Dziś rano zdałam sobie sprawę, że dokonuję regresji, ale nie całkiem świadomie. Gdy chcę zobaczyć przeszłe żywota, tworzę dookoła siebie odpowiednią atmosferę. Teraz rozumiem, że to atmosfera związana z wydarzeniami z życia płodowego, które uzdrowiłam, gdy pierwszy raz odkryłam przeszłe żywota. Jeśli chcę poczuć świadomość planetarną, otaczam się inną atmosferą – tą związaną z chwilą pierwszego oddechu. Zapomniałam, jaka była większość momentów rozwojowych, ale nie muszę pamiętać czasu – wszystko, co muszę pamiętać, to uczucia z tamtej określonej chwili. Jest to pewien skrót, ale mówiąc dokładnie – to zdecydowanie regresja do momentu, gdy pierwszy raz zaobserwowałam to zjawisko".

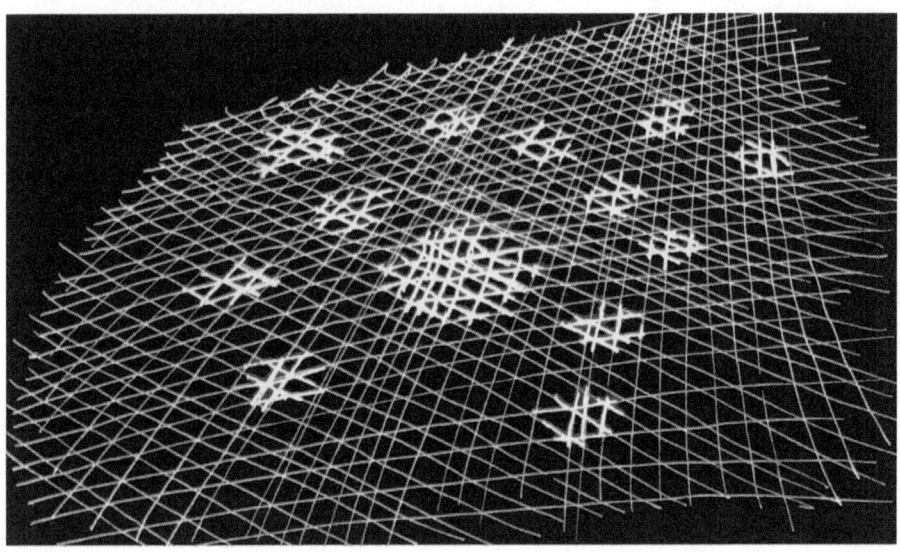

Rysunek. 7.1. Paula rozrysowała swoje obserwacje. Wzór na tym rysunku przypomina sieć – największa plama to obecne życie, dookoła którego znajdują się przeszłe i przyszłe żywota.

Jak to wszystko ma się do zdarzenia rozwojowego związanego z owulacją? Jajeczko w jajniku jest związane z „siostrzanymi" jajeczkami za pomocą sieci podobnej do sieci zawierającej przeszłe żywota. Jajeczka komunikują się ze sobą, podobnie jak dziewczyny i kobiety w grupach dzielą się informacjami. Pamiętajcie, że mózg ciała uczy się za pomocą skojarzeń, a nie logiki czy rozumu. W momencie owulacji jajeczko pokrywa się powłoką, która ucina kanały porozumiewania się z pozostałymi jajeczkami. Utrata komunikacji z innymi jajeczkami przenoszona jest na podobną utratę połączenia z przeszłymi żywotami.

Czy istnieje jakiś odpowiednik stadium rozwojowego u plemnika, które blokuje świadomość przeszłych żywotów? Plemnik także zostaje pokryty ochronną warstwą komórek, ale – przynajmniej o ile nam obecnie wiadomo – nie ma to takiego samego wpływu, jak w przypadku jajeczek. Jak się domyślacie, zdarzenia rozwojowe, które dana osoba przebyła bez traumy, są dla niej trudne do znalezienia, gdyż odbierane są przez nią jak „nie-zdarzenia". Jedynie osoby będące w wystarczająco dobrych stanach, umożliwiających dostęp i uzdrawianie traumatycznego materiału, i którzy jeszcze mają w tych zdarzeniach traumę blokującą osiągnięcie pożądanego celu, mogą dostrzec owe odpowiednie momenty. Ale jak do tej pory jest to powolny proces, oparty jedynie na przypadku.

Czy istnieją inne traumy rozwojowe związane z przeszłymi żywotami? Podejrzewamy, że tak, gdyż nie każdy, kto uzdrowi traumę owulacji może odzyskać wspomnienia z przeszłych żywotów. Przed nami jeszcze dużo pracy.

7.3.4. Stan Świadomości Przeszłych Żywotów

Jak już wcześniej wspomnieliśmy, gdy w pełni uzdrowi się odpowiednie traumy, jednostka doświadcza fuzji wszystkich przeszłych i przyszłych żywotów w ramach teraźniejszości. Rzecz jasna, istnieją pewne stopnie tej fuzji, od całkowitego braku dostępu do przeszłych żywotów aż do ich pełnej świadomości. W niniejszej książce nazywamy ten stan Stanem Świadomości Przeszłych Żywotów. Określenie to nie do końca jest adekwatne, ponieważ można także uzyskać dostęp do przyszłych istnień, ale wybraliśmy tę znaną już ludziom nazwę zakorzenionej w naszej kulturze koncepcji.

7.3.5. Uzdrawianie wszystkich przeszłych żywotów

Po kilku latach doszliśmy do wniosku, że istnieje tyle przeszłych istnień, że bezsensownie byłoby uzdrawiać odpowiadające im traumy. Zważywszy ich liczbę, prawie wszystko, co mogło być traumatyczne, zostało przynajmniej raz przeżyte. Odkryliśmy, że problemy, z którymi borykali się klienci i które dało się powiązać z traumą z przeszłego życia, były wywoływane przez bardziej fundamentalną traumę z obecnego życia. Klient najpierw powracał do przeszłego życia, ponieważ tamto doświadczenie odbierane jest jako mniej traumatyczne, jakby rzeczy te przydarzały się komuś innemu i nie wydają się tak bardzo osobiste. Moglibyśmy zmusić daną osobę, by przeszła do pierwotnej przyczyny problemu w obecnym życiu, a wtedy materiał z przeszłego czasu nie miałby już znaczenia.

Dr Perry dokonała kolejnego niezwykłego odkrycia. Otóż okazało się, że gdy wywołała Stan Pełni w jednym ze swoich przeszłych istnień, wtedy osoba z tamtego czasu wywoływała ten stan w innym jej przeszłym życiu, co z kolei podziałało na następne – na zasadzie reakcji łańcuchowej. Obserwowała, jak cała przeszła i przyszła historia jej innych żywotów została napisana od nowa. To było niesamowite odkrycie, które pomogło nam lepiej poczuć się z ignorowaniem wszystkich tych pełnych nieszczęść istnień, które przeżyliśmy.

7.3.6. Implikacje dla przyszłości naszej cywilizacji

Jedną z najbardziej fascynujących implikacji wynikających z tej pracy jest po raz kolejny natura czasu. Okazuje się, że po wejściu w odpowiedni stan szczytowy, czyli Stan Wewnętrznego Światła, ludzie są w stanie do pewnego stopnia doświadczać własnej przyszłości. Dzieje się tak, ponieważ z perspektywy tego stanu szczytowego przyszłość już się zdarzyła. I z przerażającą jednomyślnością ludzie ci dostrzegają – każdy we własnym życiu – koniec naszej cywilizacji i wymarcie naszego gatunku. Hank Wesselman, Tom Brown Jr i Christopher Bache wykonują dobrą, choć nieco niepokojącą pracę, w której opisują tę katastrofę. Nawet praca dra Raymonda Moody'ego w psychomantium (w specjalnym pokoju-lustrze), która miała zupełnie inny cel – komunikację ze zmarłymi/wymiarem ducha – sprawia, że ludzie widzą te przyszłe wydarzenia.

Czy wizje te są realne? Cóż, nie potrzeba żadnego niezwykłego stanu, by dostrzec, że nasze społeczeństwo w przerażająco szybkim tempie niszczy biosferę, która utrzymuje przy życiu nasz gatunek, możemy więc się spodziewać, że taki rezultat jest dość realistyczny. Jednak te same wyniki przynoszą nam też nadzieję – mianowicie taką, że przeszłość i przyszłość można zmienić. W rzeczywistości przyszłym zdarzeniom można przypisać prawdopodobieństwo w oparciu o model ciągłej zmiany. Niestety prawdopodobieństwo globalnej katastrofy dziś wydaje się niemal pewne. Może jednak wynik ten ulegnie zmianie, jeśli wystarczająco dużo ludzi podda się procesowi uzdrawiania.

7.4. ZDARZENIE ROZWOJOWE A SZTUKA I MUZYKA INDIAN AMERYKAŃSKICH

W trakcie badań nad zdarzeniami rozwojowymi, przez które przechodzi plemnik w jądrach, doznałem jednych z najpiękniejszych i niesamowitych doświadczeń w życiu. Widziałem, jak szybko lecę przez szereg gigantycznych, splecionych ze sobą tuneli, które – takie miałem wrażenie – były szerokie na kilkaset metrów. Słyszałem śpiewy Indian amerykańskich i wiedziałem, że jest to pieśń pochwalna dla Stwórcy. Ściany tunelu pokryte były kanciastymi wzorami, takimi jak te, które można znaleźć w sztuce Indian zamieszkujących Równiny i Południowy Zachód. Rzecz jasna, te tunele, dzieła sztuki i muzykę odbierałem z perspektywy plemnika i wszystko było oszałamiające (mimo ich niewielkich rozmiarów w rzeczywistości)!

Zdarzenie to nie miało żadnego szczególnego zastosowania (o którym bym wiedział), jednak chciałem o nim wspomnieć ze względu na jego uderzające piękno.

7.5. ZDARZENIE ROZWOJOWE A PODESZŁY WIEK I ŚMIERĆ

Ku naszemu zdziwieniu, jedna z uczestniczek odkryła zdarzenie rozwojowe, w którym podejmujemy decyzję o starzeniu się, a także wybieramy czas, w którym umrzemy ze starości. Występuje ono wraz z traumą porodową, krótko po pierwszym skurczu (przyjmując określenie pierwszego skurczu zakładamy prosty poród). To oświadczenie ją przeraziło i postanowiła nie podejmować prób zmiany jego wyniku.

PRZYKŁAD

"Podczas jednej z sesji natknęłam się na podjętą przeze mnie decyzję, by się zestarzeć. Koncentrowałam się na braku pełni, na otwieraniu serca, na wejściu do energii serca, i zaczęłam czuć, że umieram, tak jak umiera się ze starości. I wtedy zdałam sobie sprawę, że starzenie się to jak kurczenie się, i że wcale tak być nie musi. By tam dojść, musiałam uwolnić falę wewnętrzną i pozwolić jej wyjść na zewnątrz. Musiałam poddać się wszechświatowi, temu procesowi dawania-brania. Pozbawiona powłoki w tym dawaniu i braniu, nieubrana. Jakaś śmierć, która wie, gdzie skończę. Postanowiłam poczekać z decyzją uwolnienia się od starzenia się, odłożyłam to na później! (Mam ogromny lęk związany z podjęciem decyzji o niestarzeniu się)".

Czy możliwe jest zatrzymanie lub odwrócenie procesu starzenia w przypadku uzdrowienia tej traumy? Tego jeszcze nie wiemy.

Jedna dodatkowa uwaga. Dzieci narodzone przez cesarskie cięcie również przechodzą przez te same stadia rozwojowe, co dzieci urodzone normalnie, jednak zdarzenia te ulegają kompresji do kilku chwil, podczas których dziecko wyjmowane jest z łona matki. Z takim zdarzeniem trudniej sobie poradzić, niż z normalnym porodem, jest ono bowiem doświadczane jako ogromny szok, gdyż wszystkie etapy zostają „upchnięte" w jednym krótkim odcinku czasu. Dowiedliśmy empirycznie, że dzieci urodzone przez cesarskie cięcie wcale nie miały więcej szczęścia niż dzieci urodzone normalnie, a w zasadzie mogą być nawet bardziej upośledzone pod względem etapów rozwoju związanych z porodem.

7.6. ARCHETYPY I MUZYKA SFER

Zgodnie z naszym modelem możemy założyć, że dla każdego możliwego doświadczenia szczytowego istnieje odpowiednie zdarzenie rozwojowe. Kolejnym przykładem tej zasady jest świadomość istnienia archetypów. Dostęp do tego zdarzenia pojawia się niedługo po narodzinach, po opuszczeniu kanału porodowego, kiedy przez krótki okres występują silne odczucia archetypiczne. To jest wyjątkowe doświadczenie – świadomość przenosi się do „miejsca", gdzie człowiek staje się świadom istnienia sfer o różnych, niemal planetarnych rozmiarach, które przesuwają się w przód i w tył, jakby ze sobą tańczyły. Każda sfera to „archetyp" emitujący dźwięk czy też ton muzyczny. Wszystkie te sfery razem wygrywają harmonijną kakofonię, która wcale nie powinna brzmieć przyjemnie, ale jednak brzmi. Po drugiej stronie „przestrzeni" jednostka nabiera świadomości Gai, zbudowanej z czegoś, co przypomina blok mieszkalny z usuniętą jedną ścianą, w którym każdy pokój to świadomość danego gatunku – w jednej z tych przestrzeni znajduje się ludzkość jako gatunek.

Zbadałem to zdarzenie na kilku ochotnikach. Łatwo ich doprowadzić do powtórnego przeżycia sekwencji narodzin, by dojść do momentu, w którym to zdarzenie jest dostępne. Podobnie jak wiele innych zdarzeń, uzdrowienie związanej z nim traumy nie oznacza wcale, że jednostka automatycznie wie, jak je wykorzystywać. Doświadczenie to wykorzystywane jest w niektórych rodzajach działalności szamańskiej, która wychodzi jednak poza zakres tematyczny niniejszej publikacji.

Mogę tylko zakładać, że Grecy byli świadomi tego doświadczenia szczytowego – opierając się na ich przekazie, oczywiste staje się podobieństwo owych doświadczeń. O ile mi wiadomo, archetypy te nie mają związku z archetypami opisywanymi w książkach psychologicznych – mają one bardziej fundamentalny charakter. Podejrzewam, że mają związek z astrologicznymi tranzytami planet.

7.7. WARSTWY AURY I ICH BIOLOGICZNE ODPOWIEDNIKI

7.7.1. Wprowadzenie

Jak już wcześniej wspomniałem, jednym z ważniejszych celów tej publikacji jest przedstawienie modelu, który łączy wszystkie doświadczenia psychiczne i duchowe w ramach jednego podstawowego mechanizmu. Jednym z takich doświadczeń są warstwy aury opisywane przez wiele osób, m.in. przez Barbarę Brennan w jej książce *Dłonie pełne światła*. Zjawisko to ułatwia zrozumienie i uzdrowienie niektórych rodzajów problemów emocjonalnych i fizycznych (szczegółowe omówienie zob. w tomie III).

Z naszego modelu wynikałoby, że źródłem tego rodzaju zjawisk są zdarzenia biologiczne, i właśnie do takich wniosków doszliśmy analizując określone przypadki. Nawet jeśli warstwy aury nie mają charakteru fizycznego, dają pewne odczucie w ciele, które naśladuje podstawowe biologiczne doświadczenie sprzed narodzin. O ile nam wiadomo, warstwy te nie powstają w wyniku biologii rozwojowej, ale ciało odbiera je jako identyczne z warstwami biologicznymi i tak samo je traktuje. Warstwy biologiczne powstają na wczesnych etapach rozwojowych w łonie matki, w okresie istnienia pojedynczej lub kilku komórek. Warstwy nie-fizyczne mają charakterystyczny kształt przypominający jajo, nawet jeśli osoba dorosła wygląda zupełnie inaczej, ponieważ ich początki sięgają etapu rozwoju biologicznego, gdy ciało *miało wtedy* kształt jajeczka, jak na przykład podczas poczęcia lub zagnieżdżenia. Co ciekawe, właśnie owe stadia rozwojowe należy uzdrowić, by warstwy nie-fizyczne mogły właściwie funkcjonować lub by można było odpowiednio z nich korzystać.

7.7.2. Bariera „skorupki jaja"

Ciało ludzkie otacza pewna nie-fizyczna powłoka. Można ją „dostrzec" w postaci niemal białej, twardej warstwy, przypominającej wyglądem skorupkę jaja. Choć jej wymiary zmianiają się i mogą nawet ulec rozszerzeniu, a także na życzenie można nią objąć inną osobę, zwykle powłoka ta przybiera kształt jaja, całkowicie obejmując ciało w odległości około 30 cm.

Uszkodzenia tej warstwy wyglądają zazwyczaj jak wypalone, czarne obszary.

Ta warstwa jest czymś więcej niż barierą. Powstaje podczas poczęcia, gdy zapłodnione jajeczko tworzy zewnętrzną powłokę, by zapobiec wejściu innych plemników. Dlatego też nie-fizyczna bariera przyjmuje charakterystyczny kształt ludzkiej komórki jajowej. Możliwe, że bariera ta powstaje podczas koalescencji.

Bariera ta ma szczególne znaczenie z procesach uzdrawiania i diagnozowania określonych rodzajów problemów emocjonalnych i fizycznych (opisujemy je bardziej szczegółowo w tomie III oraz w tomie II przy omawianiu zagadnienia „sznurów").

7.7.3. Bariera „śliskiej powierzchni"

Kolejna warstwa nie-fizycznej aury odczuwana jest jako warstwa graniczna o śliskiej powierzchni. Pewna osoba skojarzyła ją z białkiem jaja. Ta warstwa też ma kształt jaja i znajduje się wewnątrz wspomnianej wcześniej bariery przypominającej skorupkę jaja. W przeciwieństwie do bariery „skorupki", powierzchnia tej warstwy może wytwarzać efekt obrotowy, jak gdyby przy barierze ciało owiewał wiatr lub tumany kurzu. Jeśli owego wietrznego efektu brak, warstwa może wyglądać na połataną i pełną porów.

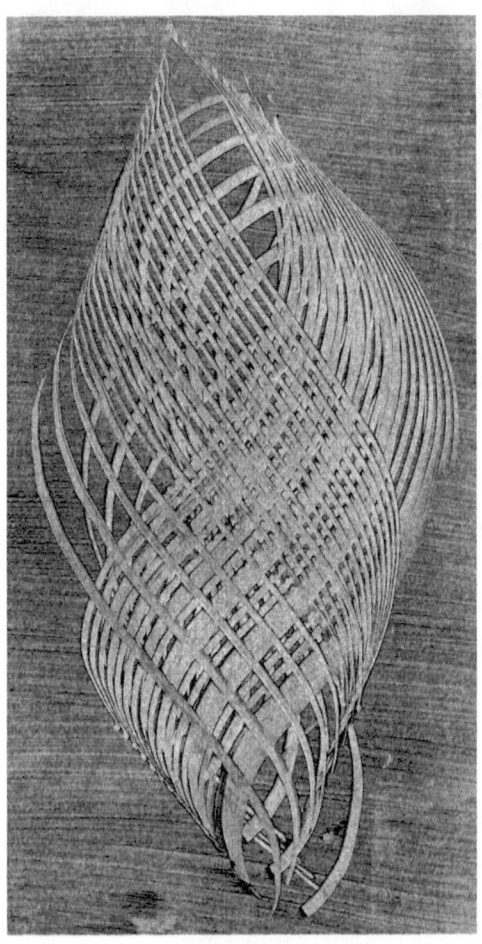

Rysunek 7.2. Przybliżone obrazowe przedstawienie powłoki powstającej wokół jajeczka lub plemnika po opuszczeniu jajnika lub jądra. Wygląda ona tak samo po poczęciu i jej wrażenie utrzymuje się do teraz.

Warstwa ta ma znaczenie w przypadku niektórych rodzajów problemów fizycznych, można ją także wykorzystywać w związku z niektórymi zjawiskami występującymi podczas stanu świadomości określanego mianem Przestrzenności (w tomie III omawiamy te zagadnienia bardziej szczegółowo).

Powstanie tej warstwy wiąże się z trzema różnymi zdarzeniami rozwojowymi. Jajeczko wytwarza powłokę po opuszczeniu jajnika, a pod nową warstwą komórek powstaje śliska powierzchnia. Plemnik także po opuszczeniu jądra wytwarza swoją powłokę, a pod nią śliską warstwę. Obie warstwy łączą się podczas poczęcia. I wreszcie owa śliska powłoka ulega aktywacji w chwili poprzedzającej zagnieżdżenie (implantację), gdy zygota pozbywa się warstwy otaczających ją komórek odżywczych – jej zewnętrzna powłoka staje się śliska, aby uwolnić otaczające ją komórki.

NAJWAŻNIEJSZE IDEE

Czakry i meridiany istnieją. Zdarzenia rozwojowe o kluczowym znaczeniu dla stanów fuzji trójni mózgu mają także podstawowe znaczenie dla prawidłowego rozwoju i wykorzystania systemu czakr i meridianów w naszych organizmach. Gdy w owych zdarzeniach rozwojowych wystąpiła trauma, wiele z naszych naturalnych zdolności zostanie upośledzonych. Konsekwencją uzdrowienia tych zdarzeń rozwojowych są zmiany widzenia oraz radykalny spadek potrzeby snu.

Wejście w stan szczytowy lub potencjalną zdolność nie zawsze oznacza, że jednostka umie je wykorzystać. Często potrzebne jest odpowiednie szkolenie. Jeśli matka danej osoby nie wykorzystywała ich podświadomie podczas ciąży, płód nie uczy się, jak je wykorzystywać. Dobrym przykładem jest tu wykorzystanie czakr.

Zablokowanie świadomości przeszłych (i przyszłych) żywotów jest także wynikiem traumy przynajmniej jednego zdarzenia rozwojowego. Etap ten występuje krótko po owulacji, gdy jajeczko wytwarza powłokę ochronną.

SUGEROWANA LEKTURA I STRONY INTERNETOWE

O DOŚWIADCZENIU BLISKIM ŚMIERCI

- Dr Raymond Moody, *The Light Beyond*, Bantam, 1989.

O PRZESZŁYCH ŻYWOTACH

- Grant McFetridge i Mary Pellicer, *The Basic Whole-Hearted Healing Manual* (third edition), Institute for the Study of Peak States Press, 2003.
- Winafred Lucas, *Regression Therapy: A Handbook for Professionals, Volume 1: Past-Life therapy*, Deep Forest Press, 1993.
- Dr Stanislav Grof, *The Cosmic Game: Explorations of the Frontiers of Human Consciousness*, State University of New York Press, 1998.

KOMUNIKACJA ZE ZMARŁYMI

- Dr Raymond Moody i Paul Perry, *Odwiedziny z zaświatów*, Warszawa 1994.

CZAKRY I WARSTWY AURY

- Barbara Brennan, *Dłonie pełne światła*, Warszawa 1996.
- Karla McLaren, *Your Aura and Your Chakras: The Owner's Manual*, Red Wheel/Weiser, 1998.

OPISY NIEZWYKŁYCH ZDOLNOŚCI I DOŚWIADCZEŃ

- www.ehe.org, Exceptional Human Experience Network

O MOŻLIWEJ PRZYSZŁOŚCI

▲ Christopher Bache, *Dark Night, Early Dawn*, State University of New York Press, 2000.

▲ Tom Brown Jr, *The Vision*, Berkley, 1988 – literatura faktu.

▲ Hank Wesselman, *Spiritwalker: Messages from the Future*, Bantam, 1995 – doskonale napisana relacja z przyszłego życia; literatura faktu.

Rozdział 8

SZCZYTOWE STANY ŚWIADOMOŚCI – PODEJŚCIE OPARTE NA TRAUMIE
REGRESJA DO ZDARZEŃ ROZWOJOWYCH TRÓJNI MÓZGU

8.1 WPROWADZENIE

Proces opisany w niniejszym rozdziale jest naszym podstawowym procesem regresji, stosowanym w celu uzyskania stanów szczytowych trójni mózgu i powiązanych z nimi stanów świadomości. Chodzi tu o stany: Pustki, Pełni, Wewnętrznego Złota i Świadomości Przepływu, które opisujemy w innym miejscu tej książki. Postanowiliśmy przedstawić ten proces również dlatego, bo jest on podstawą naszych prac badawczych nad odkrywaniem pochodzenia nowych stanów szczytowych.

Chcemy jednak wyraźnie podkreślić, iż przedstawiony w tym rozdziale materiał ma cel wyłącznie edukacyjny, a opisany proces regresji można stosować wyłącznie w obecności przeszkolonego i wykwalifikowanego terapeuty, gdyż wiąże się z nim ryzyko wystąpienia długofalowego bólu emocjonalnego i fizycznego oraz pojawienia się nastrojów samobójczych, stanowiących zagrożenie dla życia. W rozdziałach 3 oraz 9-11 opisujemy procesy uzyskiwania stanów szczytowych, które zostały już przetestowane na dużych grupach osób, i które są względnie szybkie, proste, bezpieczne i skuteczne.

Stany opisane w tym rozdziale:
– Stan Pełni
– Stan Pustej Wewnętrznej Przestrzeni
– Stan Wewnętrznego Złota
– Stan Podskórnego Szczęścia
– Stan Ścieżki Piękna
– Stan Świadomości Przepływu

8.2. O PROCESIE REGRESJI

W gruncie rzeczy proces przedstawiony w tym rozdziale to szczegółowe opisy kluczowych stadiów rozwojowych, które mają podstawowe znaczenie dla stanów trójni mózgu i związanych z nimi stanów szczytowych. Opisując te zdarzenia, podajemy też określone problemy, które mogą pojawić się w trakcie uzdrawiania i którymi należy się zająć. Krótko mówiąc, proces ten jest rozszerzoną wersją materiału zawartego w rozdziałach 6 i 7. Uzdrowienie kluczowych stadiów rozwojowych przynosi stany szczytowe wielu osobom (lecz nie wszystkim) pracującym nad uzdrowieniem. Do wykonania procesu konieczne jest posiadanie stanu świadomości umożliwiającego swobodną regresję (tj. Stanu Wewnętrznego Światła, który opisujemy w tomie II) lub zapewnienie sobie profesjonalnego nadzoru wykwalifikowanego terapeuty. Niezbędna jest też znajomość techniki uzdrawiania, która pozwoli poradzić sobie z dowolną (powiązaną ze zdarzeniami) traumą. Tutaj sprawdzi się każda technika, która szybko, skutecznie i całkowicie pozwoli wyleczyć traumę, jak np. terapia meridianowa lub WHH.

8.3. CO MOŻNA UZYSKAĆ

Większość ludzi, którzy w procesie regresji uzdrowią kluczowe zdarzenia rozwojowe, doświadczy różnych doznań i dostrzeże duże zmiany wewnętrzne.

- Głębokie, cudowne uczucie bycia „całością/pełnią" wraz z wejściem w Stan Pełni.

- Wejście w Stan Pustej Wewnętrznej Przestrzeni lub w jeden z niższych stanów trójni mózgu, takich jak Ścieżka Piękna lub Podskórne Szczęście. Wejście w pełny Stan Pustej Wewnętrznej Przestrzeni przynosi uczucie, jakby ciało zamieniało się w powietrze pod skórną powłoką, zaś wszystko przychodzi bez wysiłku (jeśli ktoś już posiada Stan Wewnętrznego Światła, może doświadczyć zespolenia wszystkich mózgów w kulę wokół pępka).

- Wnętrze człowieka nabiera barwy złota (zmianę tę można dostrzec tylko w przypadku posiadania Stanu Wewnętrznego Światła lub podczas uzdrawiania urazów fizycznych metodą WHH).

- Zespolenie czakr w postaci kuli nałożonej na kulę zespolonych mózgów, dające Stan Świadomości Przepływu (ujrzenie kuli czakr także wymaga bycia w Stanie Wewnętrznego Światła, ale można ją poczuć, doznając wrażenia przepływu energii przez ciało, od pleców do przodu).

- Zakładając, że u danej osoby doszło do uzdrowienia połączeń czakrowo- -meridianowych podczas etapów koalescencji, może ona oczekiwać, że będzie czuła się wypoczęta już po trzech-czterech godzinach snu.

8.4. SKUTECZNOŚĆ PROCESU

Możemy z całą pewnością stwierdzić, że w przypadku większości ludzi proces nie przyniesie im oczekiwanego rezultatu, czyli uzyskania pożądanych stanów szczytowych. Dzieje się tak dlatego, gdyż osoby o przeciętnej świadomości powinny uzyskać dość rzadki stan szczytowy, to jest Stan Wewnętrznego Światła, by móc z łatwością dokonać regresji do odpowiednich momentów w przeszłości. Jesteśmy zdania, że inne metody regresji pozwolą rozwiązać ten problem, jednak w momencie powstawania tej publikacji rzadko stosowaliśmy ten proces u osób o przeciętnej świadomości. Zazwyczaj stosujemy go indywidualnie i dostosowujemy do potrzeb danej osoby, na miejscu radząc sobie z każdym nadzwyczajnym problemem.

Podejrzewamy też, że jeszcze nie zidentyfikowaliśmy niektórych wymaganych stadiów rozwojowych, toteż uzdrowienie opisanych w tym rozdziale zdarzeń nie u każdego wywoła Stan Pustej Wewnętrznej Przestrzeni. Może jednak przynieść przynajmniej jeden z kilku niższych szczytowych stanów trójni mózgu, które – jak może pamiętacie – prowadzą do Stanu Pustej Wewnętrznej Przestrzeni.

W praktyce okazało się również, że nie każda osoba będąca w Stanie Wewnętrznego Światła może uzyskać docelowe stany. Nie wiemy, dlaczego tak się dzieje, ale przyczyn takiego stanu rzeczy może być kilka:
– brakujące stadia rozwojowe w procesie;
– niepełne uzdrowienie danego stadium (być może w wyniku niedokładnego opanowania terapii mocy);
– niedokładne uzdrowienie odpowiednich traum przed i po danym zdarzeniu rozwojowym;
– traumy pokoleniowe zakłócające stan uzdrawiania (opisujemy je szczegółowo w tomie III);
– nierozwiązane wcześniejsze traumy opisane w tomie II;
– trauma pojawiająca się na samym początku procesu narodzin (opisana w tomie II);
– inne nietypowe zjawiska opisane w tomie III;
– oraz z innych, nie znanych nam powodów.

8.5. DECYDUJĄCE ZDARZENIA DLA POSZCZEGÓLNYCH STANÓW SZCZYTOWYCH

Aby uzyskać określone stany, czasami wystarczy uzdrowienie tylko niektórych stadiów rozwojowych. Ponieważ kolejne stadia są zależne od poprzednich etapów, pomijanie niektórych (szczególnie etapów koalescencji) może blokować efekt, który mógłby przynieść uzdrowienie.

STAN PEŁNI: kluczowe znaczenie ma tu trauma śmierci łożyska – ważne są zdarzenia z etapów 2, 7a, 9, 10 i 11.

STAN PODSKÓRNEGO SZCZĘŚCIA: kluczowe znaczenie ma uzdrowienie momentu zagnieżdżenia jajeczka w macicy (implantacji) – ważne są zdarzenia z etapów 2, 8, 10 i 11.

STAN ŚCIEŻKI PIĘKNA: uzdrowienie poczęcia często przynosi Stan Ścieżki Piękna (lub Wewnętrznego Spokoju) – ważne są zdarzenia z etapów 2, 7, 10 i 11.

STAN ŚWIADOMOŚCI PRZEPŁYWU: czasami wystarczy uzdrowienie części koalescencji i poczęcia związanej z czakrami i meridianami, by zredukować potrzebę snu lub uzyskać Stan Świadomości Przepływu – ważne są zdarzenia z etapów 2, 3e, 5e, 7b, 10 i 11.

STAN WEWNĘTRZNEGO ZŁOTA – ważne są zdarzenia z etapów 2, 4, 6, 10 i 11.

Proces regresji nadal jest w fazie eksperymentalnej. Zastosowaliśmy go – bez żadnych skutków ubocznych – jedynie na grupie około 50 osób, nie przechodząc jednak przez wszystkie zdarzenia rozwojowe. Nie były to osoby wybrane przypadkowo, toteż trudno przewidzieć, co może się wydarzyć w sytuacji zastosowania procesu przez większe grupy osób. W momencie pisania niniejszej książki NIE badaliśmy jeszcze, jak działa etap uzdrawiania śmierci łożyska na grupie większej niż kilka osób, i podejrzewamy, że krok ten u niektórych osób może wywołać uczucia samobójcze.

Przeprowadzenie procesu regresji jest możliwe wyłącznie pod nadzorem wyszkolonego i licencjonowanego terapeuty, który zna teorię traumy przeżywanej w łonie matki oraz – jeśli do procesu zostaną włączone zdarzenia z etapów 7 i 9 – potrafi leczyć klientów z nastrojami samobójczymi. Nie wolno stosować procesu, jeśli nie jest się przygotowanym na możliwe jego konsekwencje. Proces ten nie jest bezpieczny i może stanowić zagrożenie nawet w przypadku dobrze przystosowanych osób. Opisujemy go tutaj wyłącznie jako materiał edukacyjny i badawczy dla profesjonalistów, którzy znają temat pracy z traumą. Znacznie prostszy, szybszy i bardziej bezpieczny jest proces wywołujący Stan Wewnętrznego Spokoju, opisany w rozdziale 9, oraz rozszerzona wersja tego procesu dla Stanu Pustej Wewnętrznej Przestrzeni, opisana w tomie II.

Innym problemem stosowania procesu regresji jest fakt pracowania z niezwykle istotnymi traumami, które wiążą się z intensywnymi i często przerażającymi uczuciami unicestwienia (więcej o tego rodzaju traumach oraz stanach, które one wywołują, czytelnik znajdzie w tomie II, w rozdziale poświęconym stanom świętości).

Zastosowanie procesu regresji wiąże się z ryzykiem wystąpienia następujących problemów:

– pojawienie się nastrojów samobójczych, które mogą rzeczywiście doprowadzić do samobójstwa;

– w pracy nad czakrami może okazać się, że osobę ogarnie hiperaktywność fizyczna lub całkowite wyczerpanie, wtedy należy dalej uzdrawiać odpowiednie traumy, aż stan ten zniknie;

– wraz z uzdrawianiem poszczególnych etapów osoba może doświadczyć ekstremalnego bólu fizycznego, poczuć mdłości i wymiotować (szczególnie podczas etapu narodzin), trzeba być na to przygotowanym!

– w przypadku niepełnego uzdrowienia traum mogą pojawiać się „nowe" symptomy fizyczne lub emocjonalne oraz nowe problemy; proces ten wymaga wytrwałości, trzeba pracować aż do momentu zakończenia uzdrawiania;

– przed lub podczas etapu koalescencji można odczuć silny lęk przed unicestwieniem; wytrwałość w uzdrawianiu przyniesie ogromne zmiany w świadomości wraz z wejściem w nieoczekiwane stany świadomości (nie należy uzdrawiać zdarzeń związanych z unicestwieniem przed zapoznaniem się z naturą Stanu Świętości opisanym w tomie II).

8.6. WYBÓR TECHNIKI UZDRAWIANIA

Przedstawiając materiał w tym rozdziale, założyliśmy, że jesteście świadomi odkryć dotyczących życia płodowego, takich jak: świadomość płodu, plemnika i jajeczka oraz ogromnego wpływu, jakie urazy prenatalne wywierają na ludzkie życie. Jeśli jednak to dla was nowość, zalecalibyśmy lekturę artykułów lub książek podanych na końcu tego rozdziału. Proces regresji opisany w tym rozdziale wymaga używania najnowszych technik uzdrawiania, w szczególności terapii mocy, wykorzystywanych w leczeniu traum nabytych przed i po narodzinach. My stosujemy podstawową technikę Uzdrawiania Całym Sercem – WHH (opis tej terapii znaleźć można na stronie internetowej www.peakstates.com lub w książce *The Basic Whole-Hearted Healing Manual* Granta McFetridge'a i Mary Pellicer). Jednak jakakolwiek technika, za pomocą której można całkowicie uzdrowić traumę, powinna dobrze działać podczas procesu regresji. Przykładami takich technik są: Traumatic Incident Reduction (TIR), Eye Movement Desensitization and Reprocessing (EMDR), Tapas Acupressure Technique (TAT), Emotional Freedom Technique (EFT) oraz dowolna technika terapii meridianowych. Niezależnie od rodzaju stosowanej techniki, końcowym etapem uzdrawiania traumy powinno być osiągnięcie stanu *CPL-BL*, czyli uczucia wyciszenia (*Calmness*), spokoju (*Peace*) i lekkości (*Light*) oraz poczucia jasnego wewnętrznego światła emanującego z każdej części ciała (*Brightness*) i uczucia powiększenia, czyli bycia osobą dużych rozmiarów (*Large*). Jeśli nie możecie osiągnąć takiego stanu w stosowanej przez was terapii, zamieńcie ją na inną.

Zalecamy także lekturę prac Terry'ego Larimore'a i Williama Emersona, szczególnie pozycji związanych z wykorzystaniem ruchów ciała w przypadku określonych etapów rozwojowych. Ponieważ przedkomórkowe etapy rozwoju są nadal nieznane nawet psychologii pre- i perynatalnej, mamy nadzieję, że wkrótce pojawią się nowe techniki i dane (więcej na ten temat piszemy w rozdziałach 4 i 6).

Choć mało kto o tym wie, ze względu na rodzaj świadomości występujący w łonie matki (lub wcześniej), zdarzenia wtedy doświadczane jako traumatyczne zawsze mają związek z urazami fizycznymi. Taki uraz łatwo przeoczyć, trzeba więc pamiętać, by trzymać się traumy do momentu odnalezienia i całkowitego uzdrowienia urazu. *Moment pełnego uzdrowienia urazu* następuje wtedy, gdy czujemy się *powiększeni i pełni jasności w każdym miejscu ciała w danym momencie w przeszłości*. Ponieważ proces regresji dotyczy tylko prenatalnych etapów rozwojowych, wszystkie traumy będą miały elementy fizycznego urazu.

8.7. ZMIANA PRZESZŁOŚCI

Niektóre terapie mogą naprawdę zmienić naszą przeszłość. Co prawda takie stwierdzenie nie mieści się w ramach obecnych przekonań kulturowych, jednak zjawisko to można napotkać we wszystkich terapiach mocy. Wspominamy o tym, gdyż można go doświadczyć podczas procesu regresji. Co to oznacza? Według dotychczasowych przekonań trauma to tylko wspomnienie, i gdy dojdzie do jej uzdrowienia, wspomnienie pozostaje, ale jest pozbawione ładunku emocjonalnego. Choć w przypadku większości procesów jest to adekwatny model, powoduje on jednak, że osoba kończy proces regresji zbyt wcześnie, zanim pojawią się zmiany związane ze stanem fuzji. A podczas procesu uzdrawiania, zwłaszcza w końcowej jego fazie, zaczynają pojawiać się całkowicie nowe doświadczenia, których na początku w ogóle nie było – należy wtedy *kontynuować proces uzdrawiania do momentu, gdy zmiany te przestaną się pojawiać*.

Na przykład większość ludzi pracujących nad uzdrowieniem traumy związanej z poczęciem dochodzi do tych wydarzeń i pozbawia je emocjonalnego bólu. Jednak przy pełnym uzdrowieniu, doświadczenia plemnika i jajeczka mogą ulec zmianie, i owo zdarzenie zacznie jawić nam się jako taniec królewskiej pary – jajeczka, które czuje się jak królowa, i plemnika czującego się jak król.

Przeżywanie wydarzeń, podchodząc doń spoza dominującego paradygmatu, nie zawsze jest wygodne. Można zignorować naszą interpretację zdarzeń (tj. zmiany przeszłości), ale i tak osoba stosująca nowe techniki terapii mocy w jakiś sposób będzie musiała zaakceptować obserwowane zjawiska. Oznacza to, że w pełni uzdrowione zdarzenia w bardzo niewielkim stopniu lub wcale nie będą przypominać tego, co przeżywało się po raz pierwszy.

REGRESJA DO ZDARZEŃ ROZWOJOWYCH DLA STANU TRÓJNI MÓZGU I POWIĄZANYCH STANÓW SZCZYTOWYCH

Wersja uzupełniona 1.0, sierpień 2003

Istnieje pięć głównych zdarzeń rozwojowych, przez które powinno się przejść prawidłowo, by uzyskać fuzję wszystkich mózgów i fuzję czakr. Dwa z nich mają miejsce, zanim jajeczko i plemnik staną się organizmami jednokomórkowymi – podczas etapu zwanego *koalescencją*, trzecie zdarzenie ma miejsce podczas zapłodnienia, czwarte podczas zagnieżdżenia zapłodnionego jajeczka w macicy, a piąte – podczas narodzin. Pełne uzdrowienie tych zdarzeń wymaga powtarzania przejścia do każdego z nich. Ponadto istnieje pewien moment narodzin, który czasami przeszkadza w przeprowadzeniu procesu – to moment, w którym płód inicjuje poród. Zagadnienie to jednak omawiamy dopiero w tomie II, w rozdziale poświęconym świadomości Gai, gdyż zrozumienie natury problemu i sposobów radzenia sobie z nim wymaga dodatkowej wiedzy.

W opisie procesu regresji umieściliśmy także etap, którego uzdrowienie wywołuje u osoby poczucie wypełnienia ciała złotą barwą. Nie wiemy dokładnie, dlaczego ma on takie znaczenie, ale ponieważ zarówno alchemicy, jak i osoby wykonujące zaawansowaną pracę wewnętrzną dochodzą do momentu, w którym pojawia się ów stan, również go opisujemy (ważny jest tu jeden moment rozwojowy w przedkomórkowej egzystencji jajeczka i plemnika).

Podczas regresji do każdego etapu rozwojowego wykorzystujemy specjalnie dobraną przez nas muzykę, przypominającą rzeczywistą „duchową", niesłyszalną muzykę, towarzyszącą poszczególnym wydarzeniom, ale można też przeprowadzić proces bez muzyki.

Proces przedstawiamy w etapach, opisując kolejne wydarzenia rozwojowe, które powinno się uzdrowić. W praktyce okazało się, że w przypadku wielu osób konieczne jest powtarzanie (iteracja) procesu, inaczej mówiąc trzeba powracać do owych wydarzeń nawet po kilka razy, a wynika to z interakcji traum między sobą. Niektórzy mogą uzdrowić wszystkie zdarzenia w ciągu jednego dnia – innym zabiera to wiele miesięcy. Najlepiej – jeśli to możliwe – zacząć od uzdrowienia najwcześniejszego materiału, gdyż ułatwia to pracę w późniejszych etapach, i w takiej sekwencji przedstawiamy etapy procesu. Nie każdy jednak może to zrobić – w przypadku wielu osób okazuje się, że trzeba zacząć od późniejszej traumy, zanim przejdzie się do traum wcześniejszych.

ETAP 1. REJESTROWANIE SWOICH DOŚWIADCZEŃ

Dobrym pomysłem jest wykorzystywanie dyktafonu podczas procesu, można też robić notatki, albo w procesie może uczestniczyć osoba, która będzie nagrywać wszystko, co się wydarza. Robienie notatek jest ważne z kilku powodów. Po pierwsze, dobrze je mieć, by móc zrekonstruować wszystkie wydarzenia, które miały miejsce podczas pracy – uzdrowione problemy znikają z pamięci już następnego dnia i jeśli się tego nie zapisze, nie będzie można sobie przypomnieć wielu szczegółów. Po drugie, podczas przeglądania notatek można „namierzyć" materiał, którego nie udało się uzdrowić za pierwszym razem – w przypadku niektórych osób przegląd niezakończonych spraw może wywołać silne emocje lub doznania fizyczne. Po trzecie, taki materiał może być pomocny podczas pracy z innymi ludźmi w przyszłości. Wreszcie po czwarte, pisemny „raport" może się przydać przy omawianiu z innymi osobami różnych niezwykłych wydarzeń z procesu.

ETAP 2. WYCZYSZCZENIE PROBLEMÓW BLOKUJĄCYCH UZDROWIENIE

Na początku każdej sesji dobrze jest uzdrowić „ważną sprawę dnia" (issue). Pozwoli to lepiej skoncentrować się na traumach związanych z wydarzeniami rozwojowymi. Okazuje się, że w większości przypadków ma to związek z jednym z etapów rozwojowych tego procesu – choć niekoniecznie z tym, nad którym pracowało się pod koniec ostatniej sesji (zasadę pracowania najpierw nad materiałem, który najbardziej przyciąga naszą uwagę, przyjmuje się także że w procesach TIR).

Zastosowanie procesów stanów szczytowych z wykorzystaniem komend Gai (opisanych w następnym rozdziale) na dużych grupach ludzi pozwoliło nam odkryć nietypowe zjawisko. Niektórzy z naszych klientów nie byli w stanie wejść w stan szczytowy nawet po wyeliminowaniu traum rozwojowych, DOPÓKI nie uzdrowili „ważnej sprawy" (nawet jeśli to zrobili już po przeprowadzeniu procesu, a nie przed)! Potem po prostu automatycznie „wskakiwali" w stan szczytowy i już w nim pozostawali. Problem ten dotyczy około 10-20 procent badanych osób. Co dziwne, w większości przypadków chodzi zazwyczaj o jeden konkretny problem.

PRZYKŁAD

Paula Courteau tak opisała swoje doświadczenia związane z tym procesem: „Mój proces uzdrawiania wcale nie posuwał się gładko do przodu... Z jednej strony już przerobiłam śmierć łożyska. ALE miałam dużo nagromadzonych bardzo poważnych traum, które miały miejsce przed połączeniem jajeczka i plemnika, gdy indywidualne świadomości nadal znajdowały się w bezczasowych, nieskończonych „spiralach". Miałam także poważne traumy związane z formowaniem się jajeczka i plemnika oraz duże problemy z zagnieżdżeniem i narodzinami. Traumy te nie znajdowały się w uporządkowanych, sekwencyjnych „stosach", ale na bezładnych, współzależnych kupkach, zaś na każdym etapie miały miejsce jakieś urazy fizyczne. Cały proces trwał wiele miesięcy. Jeśli tak będzie również w waszym przypadku, trzymajcie się tego... Znajdźcie osobę, z którą będziecie mogli regularnie się kontaktować. Przejściowe stany szczytowe, których doznacie po drodze, powinny was dobrze zmotywować do dalszego wysiłku".

ETAP 3. UZDRAWIANIE PRZEDKOMÓRKOWEJ KOALESCENCJI JAJECZKA

W tym zdarzeniu rozwojowym „śledzimy" jajeczko, cofając się w czasie aż do momentu, gdy znajduje się ono w łonie naszej mamy, będącej w łonie jej mamy (gdybyście nie wiedzieli – jajeczka powstają już wtedy, gdy mama znajduje się jeszcze w łonie babci). W dokonaniu regresji czasami pomaga świadomość, że jako jajeczko jesteśmy młodą wersją naszej mamy lub utrzymanie świadomości otaczającego nas ciała mamy (by przez przypadek nie przejść podczas regresji do pamięci plemnika). Potem należy przejść przez moment dojrzewania i opuszczenia jajnika (cały czas cofając się w czasie), następnie dokonać długiej regresji przez pobyt w jajniku oraz przez moment skurczu podczas narodzin naszej mamy. Gdy dokona się odpowiednio dalekiej regresji, wystąpi nagłe uczucie, jakby nasze mózgi – umysłu, serca i ciała – zostały rozerwane i rozdzielone.

Aby uzdrowić świadomość konkretnego mózgu, trzeba umieścić centrum świadomości w fizycznym umiejscowieniu mózgu, który chcemy prześledzić wstecz w czasie. Centrum świadomości to miejsce, które wskazalibyście palcem, gdybyście musieli powiedzieć komuś, gdzie „wy" jesteście w waszym ciele (więcej na temat tego zjawiska piszemy w tomie II). Wraz z nabieraniem doświadczenia możliwe jest utrzymywanie świadomości wewnątrz kilku mózgów, nie tylko jednego, nawet jeśli będą fizycznie rozdzielone. Jednak na początku często trzeba koncentrować się na jednym mózgu i przechodzić ciągle tam i z powrotem do pozostałych, by dokończyć proces uzdrawiania. To jak ponowne odtworzenie taśmy podczas wydarzenia sportowego z kamerą ustawioną najpierw na jednym graczu, a potem powtórzeniem rozgrywki z kamerą skoncentrowaną na kolejnym graczu.

ETAP 3a. UZDRAWIANIE FUZJI MÓZGÓW: UMYSŁU, SERCA I CIAŁA

Tu docieramy do pamięci przedkomórkowej, wyglądającej jak bezkresna przestrzeń, w której znajduje się coś w rodzaju długiego, płaskiego stołu.

Przedkomórkowy mózg ciała wygląda jak jasna, pomarszczona, elastyczna torba poliestrowa. W pobliżu „torby" znajdują się przedkomórkowe mózgi umysłu i serca, które wyglądają jak rzepy z wystającymi w dolnej części korzeniami. Owe „rzepy" mózgów umysłu i serca dotykają się, przyjmując okrągły kształt i przepływając obok siebie i przez siebie. W momencie gdy zaczynają wsuwać się do wnętrza mózgu ciała, nadal poruszają się względem siebie. Po tym zdarzeniu widać „torbę" z nałożonymi pionowo dwiema okrągłymi strukturami przypominającymi rzepy. „Rzepy" serca i umysłu stają się bardziej okrągłe, po czym serce otula i zawiera w sobie umysł. Mózg ciała obejmujący inne mózgi zaczyna także przybierać bardziej okrągły kształt i wszystkie trzy elementy stają się koncentrycznymi sferami. Mózg splotu słonecznego wydłuża się i przybiera kształt wydłużonego jaja lub zaokrąglonego obelisku. Jest stale przyczepiony do mózgu ciała, gdy wchodzi do innych mózgów i przechodzi przez nie, wiążąc je razem. W tym momencie stają się jednym organizmem i na tym kończy się ich rozdzielenie.*

ETAP 3b. UZDRAWIANIE FUZJI PRZEDKOMÓRKOWYCH MÓZGÓW JAJECZKA: CIAŁA I SPLOTU SŁONECZNEGO

Rozpoczynając uzdrawianie tego zdarzenia, umieszczamy centrum świadomości w dolnej części brzucha i w okolicy splotu słonecznego. Od momentu fuzji ciała, serca i umysłu cofamy się w czasie jako mózg ciała i splotu słonecznego. Wraz z przesuwaniem się wstecz mózgi ciała i splotu słonecznego nagle zostaną rozdzielone (*tu trzeba uważać i nie przechodzić do wcześniejszych chwil w czasie, unikając momentu oddzielenia się mózgów od „nieskończonych spirali"*). Jesteśmy w momencie, gdy przedkomórkowe mózgi właśnie oddzieliły się z przyległych matryc źródłowych, wyglądających jak położone bardzo blisko siebie nieskończone spirale. Mózgi łączą się niemal natychmiast, jakby przyciągały je do siebie magnesy.

Na tym etapie uzdrawiamy moment fuzji obu mózgów w jeden fizyczny przedkomórkowy organizm. Mózg ciała wygląda jak poszarpana torba, a mózg splotu słonecznego prezentuje się podobnie, ale jest mniejszy i ciemniejszy. Oba wyglądają, jakby były przezroczyste. Podczas łączenia mózgów, przedkomórkowe ścianki między nimi rozpuszczają się i powstaje ciągła ścianka otaczająca oba mózgi razem. Gdy mózgi dotykają się nawzajem, wysuwają do siebie setki przypominających palce połączeń (cienki obszar między mózgami wypełniają takie właśnie połączenia).

---

* W momencie publikacji tego tekstu nie były znane wszystkie fakty dotyczące dodatkowych mózgów – krocza i trzeciego oka, w związku z czym nie są one uwzględnione w opisywanym procesie regresji.

ETAP 3c. UZDRAWIANIE FUZJI PRZEDKOMÓRKOWYCH MÓZGÓW JAJECZKA: UMYSŁU I BUDDY (KORONY)

Z poprzedniego zdarzenia przesuwamy się w czasie do momentu koalescencji mózgów umysłu, serca i ciała, czyli w kierunku chwili obecnej. Umieszczamy centrum świadomości w głowie i cofamy się w czasie do chwili, gdy mózg umysłu wychodzi z „torby" ciała, a następnie dalej do momentu, gdy od mózgu umysłu nagle oddziela się mózg Buddy (*tu trzeba uważać i nie przechodzić do wcześniejszych chwil w czasie, unikając momentu oddzielenia się mózgów od „nieskończonych spirali"*). Jesteśmy w momencie, gdy przedkomórkowe mózgi właśnie odłączyły się od przypominających spirale matryc źródłowych. Umysł wygląda jak duży pączek, a mózg Buddy (korony) jak mniejszy pączek. „Pączek" mózgu umysłu ma w środku otwory, a „pączek" mózgu Buddy ma na zewnętrznej powłoce wypustki. Budda przesuwa się w kierunku mózgu umysłu, dopasowując wypustki do otworów – razem wyglądają jak mniejszy pączek wewnątrz dużego pączka. Uzdrowienie tego momentu rozwojowego wymaga czasem kilkakrotnego przejścia przez to wydarzenie.

ETAP 3d. UZDRAWIANIE FUZJI PRZEDKOMÓRKOWEGO MÓZGU ŁOŻYSKA JAJECZKA

Od momentu koalescencji mózgów umysłu, serca i ciała ponownie idziemy wstecz w czasie, aby dotrzeć do świadomości mózgu łożyska w momencie, zanim połączył się z innymi mózgami przedkomórkowymi. Regresja ta jest nieco trudniejsza, gdyż nie ma konkretnego miejsca, w którym można by umieścić centrum świadomości, jak w poprzednich zdarzeniach. Ponieważ mózg ten umiera podczas porodu i często towarzyszy temu silna trauma, „odczucie" tego mózgu może być nieco dziwne.

Moment, który uzdrawiamy, ma miejsce tuż po opuszczeniu „nieskończonej spirali" przez przedkomórkowy mózg łożyska (*tu trzeba uważać i nie przechodzić do wcześniejszych chwil w czasie, unikając momentu oddzielenia się mózgu od „nieskończonych spirali"*). W przeciwieństwie do innych mózgów, mózg łożyska oddziela się od spirali, powoli się obracając. Spirala, z której pochodzi jest bardzo eteryczna i trudno ją dostrzec – podobnie zresztą jak sam mózg. Przypomina on nieco ducha Kacpra z kreskówek dla dzieci – widać rzeczy znajdujące się za nim, ale bardziej z powodu załamania „światła", aniżeli dlatego, że dobrze go „widać".

Przedkomórkowy mózg łożyska wygląda jak przezroczysta torba plastikowa – nieco większa od torby ciała. Do wnętrza mózgu ciała najpierw wchodzą inne mózgi, następnie wchodzi mózg łożyska, który obejmuje pozostałe mózgi podczas procesu ich łączenia się, stanowiąc dla nich swego rodzaju ochronę. Po ukończeniu procesu łączenia się pozostałych mózgów, mózg łożyska łączy się z nimi wszystkimi jednocześnie. Sam nie wnosi żadnych czakr.

PRZYKŁAD

Paula tak opisuje swoje dalsze doświadczenie: „Na początku torba łożyska nie chciała się otworzyć. Zamiast tego zawiązywała się jak torba plastikowa, prześlizgując się między mózgami i izolując je od siebie. Po uzdrowieniu traumy związanej z mózgiem łożyska, musiałam uzdrowić fizyczne urazy odniesione przez każdy z tych mózgów. Czułam bóle w górnej części głowy, w poprzek głowy od nosa to szyi, w poprzek szyi, wzdłuż przepony do pleców oraz w poprzek brzucha na poziomie pępka".

ETAP 3e. UZDRAWIANIE MERIDIANÓW I CZAKR

Uzdrowienie tego zdarzenia pozwala uzyskać Stan Świadomości Przepływu i radykalnie zmniejszyć potrzebę snu. Dobrze go wykonać w połączeniu z etapami 5e i 7a (*tu trzeba uważać, gdyż może wystąpić potencjalny problem nadaktywnności lub całkowitego wyczerpania, jeśli uzdrowienie nie zostanie przeprowadzone we właściwy sposób*). Każdy z mózgów przybierających postać „rzepy" ma kilka powiązanych ze sobą świetlistych kul (czakr), które poruszają się z nimi. Wraz z wchodzeniem czakr do „torby" ciała, powstaje pajęcza sieć meridianów (nazwa z medycyny chińskiej), które utrzymują te kule na swoich miejscach. To zakotwiczenie ma fizyczny charakter. Sieć – gdy tylko się pojawi – wygląda jak gęsty srebrno-biały jedwabny lub tkany sznur. Uzdrowienie niewłaściwego zakotwiczenia czakr w sieci redukuje potrzebę snu.

Jak stwierdziliśmy wcześniej, zespolenie (fuzja) świadomości mózgów w postać kuli następuje w momencie, gdy przedkomórkowe mózgi łączą się fizycznie w „torbie" mózgu ciała. Wraz z ową fuzją również czakry zaczynają się scalać, aż połączą się w jedną kulę wewnątrz przedkomórkowego jajeczka. Kula jest biało-srebrna o wyrazistych brzegach (2/3 osób ma wrażenie, że kula ta znajduje się poniżej splotu słonecznego obecnego ciała, zaś 1/3 – powyżej splotu). U większości ludzi podczas pierwszego przejścia przez to wydarzenie czakry nie tworzą kuli – ma to miejsce dopiero po uzdrowieniu traumatycznego materiału. Mimo że niektóre osoby potrafią zmusić czakry do uformowania kuli pomimo istnienia traum, jednak po ustaniu wysiłku czakry i tak się rozpadną. Lepiej więc uzdrowić ten etap, niż wymuszać określone zdarzenia.

PRZYKŁAD

Dalszy ciąg relacji Pauli: „W pewnych momentach z trudem potrafiłam określić, w którym zespoleniu przedkomórkowym się znalazłam, gdyż przeskakiwałam ze stanu do stanu. Wewnątrz oba sprawiały wrażenie, jakby osobne części były miękkimi balonikami z przywiązanymi ogonkami. Kilka razy widziałam siebie w postaci przezroczystych, niemal sześciennych elementów. Zawsze czułam, że to ja, a nie mama czy tata. Głównym punktem zaczepienia było sprawdzenie, kto znajdował się poza mną: jeśli chodziło o fuzję plemnika, wyczuwałam obecność taty w młodym wieku i wraz z postępami w uzdrawianiu często odczuwałam, jak mocno kochał moją mamę. W przypadku fuzji jajeczka odczuwałam obecność mamy, często jako niemowlę lub płód, a wokół obecność babci. Po obu stronach miały miejsce poważne traumy pokoleniowe i musiałam uzdrowić obie przed kontynuowaniem pracy. Moja babcia miała poważną kontuzję nogi i po jej uzdrowieniu odczuwałam jej nogi jakby to były dwa potężne filary, solidne i bezpieczne, na których można się oprzeć, dorastając.

Głównym urazem podczas fuzji mózgów jajeczka było rozdzielenie w środkowej części ciała. Umysł i serce połączyły się poza torbą mózgu ciała, a splot słoneczny w bolesny sposób trzymał się świadomości serca wewnątrz ciała, jakby poprzez torebkę. Ponadto moje serce było odwrócone tyłem (prawdopodobnie w przypadku obu fuzji) co mogło spowodować anomalie na późniejszych etapach – jako plemnik z radością pływałam na plecach, próbowałam także dokonać implantacji, leżąc na plecach.

Dostrzegłam młodą wersję mnie samej, stojącą wyzywająco, trzymającą broń i otoczoną przez sprzęt wojskowy. Połączyłam się z „nią" i odkryłam, że miała być najstarszą siostrą w rodzinie... i umarła podczas tej fuzji mózgów jajeczka w wyniku strasznej traumy emocjonalnej mojej babki... a to byłam ja! Było to bardzo niedawne przeszłe życie i dobry przykład nielinearnych właściwości czasu: moje obecne Ja, najmłodsza siostra, nadal musiała przechodzić przez straszne uczucie uduszenia z powodu emocjonalnego szoku mojej babki.

Każdy mózg udawał, że jest czymś innym: mój splot słoneczny udawał, że jest sercem, gdyż mózg serca znajdował się poza torbą i czuł się znękany dodatkową pracą, której nie był w stanie wykonać. Mój mózg Buddy starał się na coś przydać i zbudował prymitywną wersję siatki meridianów – czyli zrobił coś, co jest zadaniem splotu słonecznego. Mózg ciała wyglądał jak potwór z bagien. Podczas fuzji plemnika mózg Buddy udawał małe dziecko.

We wcześniejszych etapach uzdrawiania miałam wrażenie, że wiele urazów było analogią traumy narodzin: miałam wrażenie, że moja głowa utknęła i została zmiażdżona podczas prób wymuszenia drogi przez wąskie przejście – tego typu rzeczy... W dalszych powtórzeniach sekwencji etapów uczucia te zostały zastąpione przez cudowne wrażenia, w których moja świadomość serca była masowana, z miłością uciskana i wypełniana fizyczną zmysłowością w trakcie przechodzenia przez „torbę" mózgu ciała. Umysł poddawany był identycznym zabiegom, doznawał także dodatkowo silnych dawek miłości podczas przechodzenia przez oba elementy".

ETAP 4. UKOŃCZENIE ALCHEMICZNEGO ETAPU „FONTANNY"
PRZEDKOMÓRKOWEGO JAJECZKA

Zdarzenie, które teraz uzdrawiamy ma miejsce po fuzji przedkomórkowych mózgów jajeczka – od fuzji mózgów należy przejść do przodu w czasie i dotrzeć do miejsca, które wygląda jak fontanna. Przedkomórkowe jajeczko wchodzi do czegoś, co wygląda jak niecka zbierająca „wodę" z fontanny, i wraz z „pochłanianiem wody" z tej niecki nabiera barwy jasnego złota (jedna z uczestniczek naszego badania czuła, że sama staje się fontanną – to zdarzenie wymaga dalszych eksperymentów).

Wiemy, że ten etap jest ważny, gdyż później uzdrowione obszary wypełniają się złotą substancją, w której rozpoznajemy nas samych. Najwidoczniej alchemicy byli tego samego zdania, istnieje bowiem drzeworyt z XVI wieku, na którym przedstawiono ten etap rozwojowy. Nadal jednak nie jesteśmy pewni, dlaczego to takie ważne. Jeden z uczestników badania miał wrażenie, że złoty kolor oznaczał raczej trwałą ponowną więź z energią Stwórcy (zob. tom II), a nie chwilowe doświadczenie występujące we wcześniejszych etapach rozwojowych.

ETAP 5. UZDRAWIANIE PRZEDKOMÓRKOWEJ KOALESCENCJI W PLEMNIKU

Na tym etapie trzeba najpierw cofnąć się w czasie wcześniej niż do poczęcia, do momentu, gdy plemnik znajduje się wciąż w jądrze taty (pomocne w regresji do etapów wcześniejszych niż poczęcie może być poczucie, że jest się młodszą wersją taty). Potem – dokonując odpowiednio dalekiej regresji – docieramy do przedkomórkowej postaci w życiu plemnika, przechodząc po drodze przez moment narodzin taty. Gdy dojdziemy do właściwego momentu, doznamy nagłego rozdzielenia mózgów umysłu, serca i ciała. Plemnik, podobnie jak jajeczko, składa się z przedkomórkowych mózgów: ciała, splotu słonecznego, serca, umysłu i Buddy (korony), które rozwijają się osobno.

Powtórzę instrukcje z etapu 3, dotyczące wykorzystania centrum świadomości. Aby uzdrowić świadomość konkretnego mózgu trzeba osadzić centrum świadomości w fizycznym umiejscowieniu mózgu, który chce się prześledzić wstecz w czasie. Centrum świadomości to miejsce, które wskazalibyście palcem, gdybyście musieli powiedzieć komuś, gdzie „wy" jesteście w waszym ciele (więcej na temat tego zjawiska piszemy w tomie II). Wraz z nabieraniem doświadczenia możliwe jest utrzymywanie świadomości wewnątrz kilku mózgów, nie tylko jednego, nawet jeśli będą fizycznie rozdzielone. Osoby początkujące, by dokonać pełnego uzdrowienia, zazwyczaj muszą skoncentrować uwagę na jednym mózgu, i następnie przechodzić do kolejnych, poruszając się w czasie do przodu i wstecz.

ETAP 5a. UZDRAWIANIE FUZJI PRZEDKOMÓRKOWYCH MÓZGÓW PLEMNIKA:
CIAŁA, SERCA I UMYSŁU

Mózgi przedkomórkowego plemnika wyglądają inaczej niż przedkomórkowe mózgi jajeczka. Przypominają zaokrąglone pudełka i są różnych rozmiarów. Mózg umysłu to pudełko ze znajdującym się wewnątrz mózgiem Buddy (korony), wyglądającym jak mniejsze pudełko. Mózg ciała także przypomina pudełko z mózgiem splotu słonecznego, który wygląda jak mniejsze pudełko przyczepione do większego od zewnątrz. Największym pudełkiem jest mózg ciała, potem umysł, najmniejsze jest serce. Na tym etapie koalescencji jako pierwsze zaczynają się dotykać i łączyć umysł z sercem – jeszcze zanim zaczną dotykać ciała. Następnie oba mózgi – stroną serca – zaczynają się łączyć z ciałem, wyglądając jak totem, w którym ciało, serce i umysł są ustawione jeden na drugim, ze splotem słonecznym jako małym pudełkiem przyczepionym do bocznej ścianki „pudełka" ciała. Ta seria zdarzeń dzieje się niemal równocześnie.

Następnie „pudełka" wchodzą jedno do drugiego, przy czym w środku jest umysł, który otaczany jest przez serce, zaś ciało obejmuje oba. Splot słoneczny swobodnie krąży w „pudełku" ciała, następnie przybiera kształt podłużnego prostopadłościanu i – rozciągając się – sczepia wszystkie mózgi razem, pozostając przymocowanym do „pojemnika" ciała.

Wes Gietz opisał początek koalescencji w plemniku następująco: „Krótko przed koalescencją przedkomórkowe mózgi znajdują się osobno we własnych przedziałach, ale bardzo blisko, i następnie rozpoznają relacje między sobą. Wyglądają jak czyste, błyszczące pudełka plastikowe ułożone obok siebie". Niektórzy klienci uzdrawiający traumy opisywali je w tym właśnie momencie jako ułożone obok siebie, drżące ze strachu krople.

Poza tym, w zdarzeniu koalescencji mózgów plemnika (inaczej niż przy jajeczku) w oddali widać – zdawałoby się – nieskończoną ilość podnoszących się i opadających kul czakramów. Całkowite uzdrowienie tego wydarzenia rozwojowego najczęściej wymaga wielokrotnego przejścia przez ten etap.

ETAP 5b. UZDRAWIANIE FUZJI PRZEDKOMÓRKOWYCH MÓZGÓW PLEMNIKA:
CIAŁA I SPLOTU SŁONECZNEGO

Sam etap i jego sceneria są podobne jak w przypadku jajeczka. Centrum świadomości należy umieścić w dolnej części brzucha i w okolicy splotu słonecznego, i przejść wstecz w czasie do momentu fuzji ciała, serca i umysłu. Od tego zdarzenia cofamy się jako mózg ciała i splotu słonecznego aż do chwili, gdy oba mózgi nagle zostaną rozdzielone (*tu trzeba uważać i nie przechodzić do wcześniejszych chwil w czasie, unikając momentu oddzielenia się mózgów od „nieskończonych spirali"*). Jesteśmy w momencie, gdy przedkomórkowe mózgi właśnie oddzieliły się z przyległych matryc źródłowych, które wyglądają jak duże spiralne kręgi, znajdujące się bardzo blisko siebie. Mózgi opuszczają matryce w postaci krążków, a następnie przybierają formę struktur przypominających torbę. Niemal natychmiast łączą się ze sobą jak dwa przyciągające się magnesy. W momencie połączenia mózgów ciała i splotu słonecznego, ścianki między nimi zaczynają się rozpuszczać. Kształt przypominający torbę przybiera formę prostopadłościanu i – podobnie jak w przypadku tego samego etapu w jajeczku – oba mózgi wysyłają penetrujące palce w kierunku wspólnej granicy. Pełne uzdrowienie fuzji tych mózgów w jeden fizyczny przedkomórkowy organizm najczęściej wymaga wielokrotnego przejścia przez ten etap.

ETAP 5c. UZDRAWIANIE FUZJI PRZEDKOMÓRKOWYCH MÓZGÓW PLEMNIKA: UMYSŁU I BUDDY (KORONY)

Chcąc uzdrowić to zdarzenie, najpierw cofamy się w czasie do momentu koalescencji mózgów umysłu, serca i ciała. Umieszczamy centrum świadomości w głowie i idziemy wstecz w czasie do chwili, gdy umysł wychodzi z „pudełka" ciała. Potem jeszcze trochę wstecz do momentu, gdy „pudełko" umysłu oddziela się od innych mózgów, i dalej do chwili, gdy od mózgu umysłu nagle oddziela się mózg Buddy (*tu trzeba uważać i nie przechodzić do wcześniejszych chwil w czasie, unikając momentu oddzielenia się mózgów od „nieskończonych spirali"*). Jesteśmy w momencie, gdy przedkomórkowe mózgi dopiero co odłączyły się od wyglądających jak duże spiralne kręgi macierzy źródłowych. Kształtem przypominają pączki – mózg umysłu wygląda jak duży pączek, a mózg Buddy (korony) jak mniejszy pączek. Oba mózgi łączą się i teraz kształtem przypominają pudełka, przy czym „pudełko" mózgu Buddy znajduje się w „pudełku" umysłu. W tym wydarzeniu – podobnie jak w poprzednich – często trzeba kilka razy przejść przez te momenty aż do ich pełnego uzdrowienia.

ETAP 5d. UZDRAWIANIE FUZJI PRZEDKOMÓRKOWEGO MÓZGU OGONKA PLEMNIKA (KRĘGOSŁUPOWEGO)

Ponownie startujemy od momentu fuzji przedkomórkowych mózgów plemnika, tym razem umieszczając centrum świadomości w mózgu kręgosłupowym (ogonka plemnika). Tu trudno mieć wrażenie, że to jakiś mózg (w przeciwieństwie do pozostałych), ale czuje się, że to jakaś forma inteligencji. Podobnie jak przy uzdrawianiu fuzji mózgu łożyska, dla osób w stanie przeciętnej świadomości ten etap jest trudny. Przedkomórkowy mózg ogonka plemnika (tak jak pozostałe mózgi) kształtuje się i oddziela z własnej spirali przedkomórkowych mózgów ogonka plemnika (*tu trzeba uważać i nie przechodzić do wcześniejszych chwil w czasie, unikając momentu oddzielenia się mózgów od „nieskończonych spirali").*

Przedkomórkowy mózg ogonka plemnika unosi się w płynnej masie, która otacza pozostałe mózgi po ich koalescencji (połączeniu). W dalszym przebiegu tego zdarzenia mózg ogonka przyłącza się do powierzchni dopiero co zespolonych pozostałych mózgów plemnika. W porównaniu z innymi mózgami wygląda jak długi, wijący się wąż niewielkich rozmiarów. Osobie przeprowadzającej regresję wydaje się, że mózg ogonka przyczepia się z tyłu ciała do kręgosłupa. I tu także trzeba powtarzać ten etap aż do pełnego uzdrowienia.

ETAP 5e. UZDRAWIANIE MERIDIANÓW I CZAKR

Uzdrowienie tego etapu pozwala uzyskać Stan Świadomości Przepływu i znacznie ograniczyć potrzebę snu. Dobrze go wykonać w połączeniu z etapami 3d i 7a (*tu trzeba uważać, gdyż może wystąpić potencjalny problem nadaktywności lub całkowitego wyczerpania, jeśli uzdrowienie nie zostanie przeprowadzone we właściwy sposób*). Każdy z przedkomórkowych mózgów plemnika ma kilka związanych z nim świetlistych kul (czakr). W przeciwieństwie do przedkomórkowych mózgów jajeczka, przedkomórkowy mózg serca plemnika ma szereg unoszących się i opadających kul czakr, ciągnących się w nieskończoność. W momencie pisania tej książki byliśmy zdania, że kule te mają coś wspólnego z innymi plemnikami, gdyż plemnik działa w dalszym rozwoju jak inteligencja zbiorowa.

Ten etap koalescencji odbywa się w momencie zakończenia fuzji mózgów, które wspólnie formują kulę. Meridiany pojawiają się najpierw jako cienkie, biało-srebrne nici w momencie, gdy kule czakr zaczynają przesuwać się ku sobie. Wraz z przebiegiem procesu koalescencji, nici zaczynają tworzyć sieć. W przeciwieństwie do koalescencji jajeczka, czakry nie zakotwiczają się fizycznie, ale energetycznie, i to dość solidnie. Właśnie uzdrowienie tego zakotwiczenia wpływa na mniejsze zapotrzebowanie na sen.

Kule czakr łączą się potem ze sobą w jedną kulę wewnątrz przedkomórkowego plemnika. Wygląda ona jak biała kula mgły, bez wyraźnie zaznaczonych brzegów (2/3 osób wykonujących regresję czuło tę kulę poniżej splotu słonecznego, a 1/3 – powyżej splotu). Pełne uzdrowienie wymaga kilkakrotnego powtarzania tego etapu.

PRZYKŁAD

> Dalszy ciąg relacji Pauli: „W przypadku fuzji plemnika, gdy tylko usunęłam początkowe traumy, poczułam, jak czakry zaczynają się ustawiać w jednej linii – nade mną i pode mną. Miałam wrażenie, że niektóre dodatkowe czakry były związane ze świadomością innego plemnika".

ETAP 6. UKOŃCZENIE ALCHEMICZNEGO ETAPU „FONTANNY"
PRZEDKOMÓRKOWEGO PLEMNIKA

Podobnie jak przedkomórkowe jajeczko, plemnik przedkomórkowy ma identyczny etap rozwojowy „alchemicznej fontanny". Od momentu przedkomórkowej fuzji mózgów plemnika należy przejść do przodu w czasie – dojdzie się do miejsca, które wygląda jak fontanna. Przedkomórkowy plemnik wchodzi do czegoś, co wygląda jak niecka zbierająca „wodę" z fontanny, i wraz z „pochłanianiem wody" z tej niecki nabiera barwy jasnego złota (jeden z uczestników naszego badania czuł, że pochłania „wodę" wylewającą się z niecki w postaci wąskiej strużki wody – ten etap wymaga dalszych eksperymentów).

ETAP 7. UZDRAWIANIE TRAUMY POCZĘCIA

W momencie pisania tej książki dysponowaliśmy danymi, że wiele osób uzyskuje Stan Ścieżki Piękna, uzdrawiając traumę jednego konkretnego etapu rozwojowego – poczęcia. Wtedy często wystarcza uzdrowienie zdarzeń z etapów 7, 10 i 11, natomiast Stan Pustej Wewnętrznej Przestrzeni wymaga uzdrowienia kilku etapów rozwojowych, a poczęcie jest tylko jednym z nich.

Do tej traumy można się dostać, wyobrażając sobie rodziców biorących ślub (i odczuwających silny pociąg seksualny) – plemnik robi wrażenie, jakby był młodszą wersją taty, zaś jajeczko – młodszą wersją mamy. Można uzdrowić je osobno lub jednocześnie. Jajeczko postrzega plemnik jak zbliżające się jasne światło i „wie", że powinno wybrać plemnik świecący najjaśniej, niczym ozdoba choinkowa.

Wiele osób jest przekonanych, że wygrywa plemnik, który pierwszy przedostanie się przez powłokę jajeczka, ale to nieprawda – to jajeczko wybiera plemnik, który ma w sobie najmocniejsze światło. Otwiera wtedy przejście, wciąga główkę plemnika, a ogonek oddziela się od główki w miejscu odczuwanym w okolicach górnej części pleców. Następnie główka plemnika otwiera się wzdłuż linii oddzielającej lewą część od prawej, a potem zamyka.

Gdy główka plemnika otwiera się, plemnik czuje, że umiera – podczas kilku pierwszych przejść przez to zdarzenie uczucie to może być bardzo intensywne! Większość ludzi nie potrafi zmierzyć się z tym wydarzeniem bez odpowiedniej pomocy (aby odnaleźć ten moment w czasie, można sobie wyobrazić, że tuż po ślubie rodziców ojciec umiera). W tym momencie jajeczko zamyka swoją powłokę, a powłoka plemnika przesuwa się w kierunku ścianki jajeczka i tam się przyczepia. Następnie, wraz z poruszaniem się chromosomów, które odbieramy tak, jakby wewnątrz nas poruszały się druciki, dochodzi do zespolenia czakr. W tym momencie kończy się etap poczęcia.

Dobrze przejść przez to zdarzenie wielokrotnie, gdyż początkowo można przeoczyć wiele subtelnych aspektów tego momentu. Ten etap rozwojowy będzie całkowicie uzdrowiony, gdy jajeczko i plemnik poczują się jak król i królowa na królewskich zaślubinach, bez jakiejkolwiek towarzyszącej temu zdarzeniu traumy. Przez kilka pierwszych regresji może nie udać się przeżyć królewskich zaślubin, jednak wraz z uzdrawianiem urazów fizycznych i zmianą przeszłości zdarzenie to będzie miało taki przebieg, jaki zawsze powinno mieć.

ETAP 7a. UZDRAWIANIE TRAUMY ODDZIELENIA I ŚMIERCI OGONKA PLEMNIKA (KRĘGOSŁUPOWEGO)

Uzdrowienie tego zdarzenia jest często warunkiem pełnego uzdrowienia traumy śmierci łożyska z etapu 10. Należy pozostać w początkowym etapie poczęcia, w momencie gdy ogonek oddziela się od plemnika. By utrzymać koncentrację na plemniku w tym wydarzeniu, należy czuć młodszą wersję swojego taty. W miarę możliwości dobrze jest utrzymywać jednocześnie świadomość na mózgu ogonka i na samym plemniku (jeśli to się nie udaje, można przenosić centrum świadomości na zmianę między nimi aż do pełnego uzdrowienia obydwu). Ogonek oddziela się w rejonie dolnej części łopatek i często pojawiają się rany będące wynikiem oddzielenia. Ogonek ma własną świadomość i gdy umiera, pojawia się trauma, którą należy uzdrowić. W momencie śmierci musi nastąpić wchłonięcie podstawowej jego jaźni przez pozostałą część plemnika. Wydaje się, że to zdarzenie, gdy jest uzdrowione, daje nam możliwość łatwego stosowania różnych rodzajów orientacji wizualnej, tak jakbyśmy patrzyli na odwrócone lub odbite w lustrze rysunki inżynierskie. W momencie oddzielenia i śmierci ogonka plemnika może także wystąpić trauma po stronie jajeczka.

ETAP 7b. POŁĄCZENIE CZAKR PLEMNIKA I JAJECZKA

W przypadku większości ludzi uzdrowienie tego etapu rozwojowego razem z etapami 3d i 5e znacznie obniża potrzebną ilość snu i wywołuje Stan Świadomości Przepływu. Zalecamy uzdrowienie wszystkich traum czakr, które wystąpiły w momencie poczęcia. Czakry z plemnika i jajeczka łączą się ze sobą i tworzą dysk, który umiejscawia się nieco powyżej pępka. To zdarzenie dzieje się momencie, gdy plemnik otwiera główkę i jej zawartość zaczyna łączyć się z materiałem jajeczka – wtedy obie kule świadomości mózgów łączą się (jeśli uzdrowiliśmy etap koalescencji, będziemy mieli do czynienia tylko z dwiema kulami stopionych mózgów – jajeczka i plemnika, w innym przypadku pojawi się dziesięć osobnych mózgów – pięć ze strony jajeczka i pięć ze strony plemnika – łączących się ze sobą).

Obie kule mózgów są lekko niedopasowane, tak jakby koła w tarczy strzelniczej poprzesuwały się, ale nie były rozdzielone. To niedopasowanie pozwala mózgom plemnika i jajeczka połączyć się – serce z sercem, umysł z umysłem, i tak dalej. Następnie, gdy połączenie mózgów dobiega końca, łączą się kule czakr i ulegają spłaszczeniu – zaczynają przypominać dysk. Jednocześnie, wraz z ich łączeniem, na dysku tworzą się wgłębienia. Gdy formuje się dysk, meridiany zaczynają się kołysać i świecić, tak jakby próbowały określić, jak powinny się razem powiązać. Dzieje się to niemal w tym samym czasie, co kształtowanie się dysku czakr. Brzegi dysku zaczynają przypominać ząbkowaną krawędź muszli, dysk osiada w meridianach, a energia wewnątrz nich porusza się zgodnie z ruchem obrotowym dysku (przypomina to wodę pompowaną przez koło wodne). Niektórzy badani odnotowali, że tuż po uformowaniu dysku i pełnym uzdrowieniu materiału zaczęli widzieć rzeczy znajdujące się za innymi przedmiotami.

Jeśli nie uzdrowiło się wcześniej materiału przedstawionego w etapach 3d i 5e, w zdarzeniu dojdzie do połączenia oddzielnych czakr jajeczka i plemnika (w Stanie Wewnętrznego Światła można je dostrzec), ale choć siedem czakr się połączy, nie ulegną one fuzji doskonałej. Zostanie jeszcze reszta czakr plemnika, które wyglądają jak szereg kul poruszających się w górę i w dół, ciągnących się w nieskończoność. Siedem czakr jest nieco jaśniejszych niż owe pozostałe czakry plemnika. Wytrwanie w tym momencie do pełnego uzdrowienia spowoduje, że czakry tymczasowo utworzą dysk, ale ze względu na ich nieuzdrowione traumy z etapu koalescencji dysk rozpadnie się, gdy tylko przeniesiemy uwagę na coś innego. I właśnie owe traumy są przyczyną, że proces ten nie jest w pełni i prawidłowo zakończony.

PRZYKŁAD

Ciąg dalszy relacji Pauli: „Na początku jajeczko czuło się, jakby zostało zgwałcone. Plemnik wszedł do niego przez czakrę gardła, czułam, jakby to był duszący mnie przedmiot.

Byłam mocno zaskoczona, gdy później odczułam plemnik nie jako agresywnego brutala, ale jak szczęśliwą, kochającą istotę, wypełnioną jasnoniebieskim światłem, biegnącą na spotkanie z ukochaną z komórkowym odpowiednikiem kwiatów i czekoladek... płynącą na plecach.

Jajeczko jest analityczne i ma jasny, szeroki pogląd na przyczyny i skutki. Jeszcze w jajniku widzi ono całą przyszłość w czymś w postaci rurkowatego ekranu kinowego, gdzie każde wydarzenie, na którym się koncentrujesz, wyskakuje z tła. Plemnik z kolei jest istotą bardzo emocjonalną, kochającą i romantyczną. Nie są to ogólne cechy jajeczka i plemnika, lecz raczej odbicie cech moich rodziców, i z pewnością obie strony osobowości można we mnie odnaleźć.

Samo poczęcie to przypadek pomylonej tożsamości. Widzę piękną, przyćmioną sferę, coś w rodzaju kopuły geodezyjnej. Sądzę, że wyskoczyłam z ciała i próbowałam się z nią połączyć. Było to wyjątkowo trudne. Po kilku próbach w końcu objęłam ją w sposób nieodwracalny: jestem naprawdę plemnikiem i całkowicie dziwny trik czasu sprawił, że połączyłam się z tą zimną, pozbawioną życia sferą. Jestem zaangażowana i – cholera jasna – nie miałam z tego żadnej radości.

Czuję pustkę w szczęce. Potem mam wrażenie, że moja szczęka rozpadła się na kawałki.

Znów jestem plemnikiem... a raczej tylko jego ogonkiem. Główka radośnie łączy się z jajeczkiem, a w tym samym czasie z bolesną powolnością odrywa się ogonek. Później odkryję, że jest to wynik przedwczesnego stwardnienia zewnętrznej powłoki jajeczka.

Przeżywam ponownie moment, w którym ktoś próbował mnie zabić, wyrzucając mnie przez ogromne okno. Potrzebuję tego bólu – on uwolni mnie od powolności tej śmierci. Jestem pełna autodestrukcyjnego gniewu.

Wreszcie napełniam się jasnym niebieskim światłem. Potem światło gaśnie, aż do stanu pięknego, przejrzystego niebieskawego strumienia. Unoszę się, ciemna, pełna ekstazy, do czegoś, co wydaje się być żeńskim aspektem Stwórcy.

Kolejną traumę trudno jest przypisać, gdyż nadal czułam się istotą żeńską, zaś to, co okazało się być jajeczkiem czuło się istotą męską (przez cały proces uzdrawiania czułam się dość bezpłciowo). Gdy plemnik otwierał główkę w jajeczku, początkowo miałam wrażenie, że jest atakowany. Przepełniają go uczucia autodestrukcyjne (w teraźniejszości mam ogromną ochotę walić głową o ścianę, aż zrobię z niej krwawą miazgę) i wydaje mu się, że jeśli wyrzuci z siebie te uczucia, to skrzywdzi jajeczko. Jeśli tego nie zrobi, z całą pewnością umrze. Koniec końców robi jedno i drugie. Świadomość plemnika zostaje rozlana wszędzie na ścianach jajeczka – przypomina to scenę morderstwa (łatwo sobie wyobrazić, że niektóre naprawdę potworne morderstwa i samobójstwa są tylko odtworzeniem tej traumy).

W kolejnych powtórzeniach zdałam sobie sprawę, że to coś na ścianach to tylko moja zewnętrzna powłoka. Moja „jaźń" to grupa drucianych drobin wewnątrz. W innej wersji pęcznieję do ogromnych rozmiarów i mam wrażenie, że moje kości to jakieś przewody.

W końcu, w następnym powtórzeniu wszystko to wygląda jak taniec miłości... ale wykonują go moi rodzice, ja jestem z tego wyłączona.

Później jeszcze plemnik płynie we właściwy sposób do góry, pełen darów. Jajeczko czuje się jak piękna panna młoda z kwiatami we włosach. Z łatwością siebie rozpoznają. Oboje są mną. Cała scena jest przepełniona szczęściem i bardzo „dekoracyjna".

Później czyściłam traumę poczęcia. Dotarłam do momentu, gdy mózgi plemnika rozpadły się w wyniku kolizji ze ściankami jajowodu – byłam już wtedy w Stanie Podskórnego Szczęścia po uzdrowieniu zagnieżdżenia. Po uzdrowieniu mózgu ciała przeżyłam pierwsze doświadczenie „reakcji zależnej od stanu". Gdy teraz zadaję sobie pytanie: „Po co żyjemy?" – oczywista odpowiedź brzmi: „Po to, by kochać".

ETAP 8. UZDRAWIANIE ZAGNIEŻDŻENIA (IMPLANTACJI)

Ten etap rozwojowy ma kluczowe znaczenie w przypadku Stanu Podskórnego Szczęścia z fuzją ciała i serca, i wystarczy go uzdrowić, by uzyskać ten stan. Rzecz jasna, ta konkretna fuzja mózgów opiera się na uprzednich etapach koalescencji przedkomórkowego jajeczka i plemnika, toteż wcześniejsze traumy mogą blokować wystąpienie Podskórnego Szczęścia, jeśli uzdrowimy tylko zagnieżdżenie. Uzdrowienie tego etapu wymaga także Stan Pustej Wewnętrznej Przestrzeni, gdyż by go uzyskać, należy wyczyścić z traum wszystkie etapy rozwojowe związane z fuzją mózgów.

Zagnieżdżenie rozpoczyna się w momencie zbliżenia zygoty do ścianki macicy. Zygota „widzi" jasną plamę na ściance, oznaczającą miejsce, w którym ma się zagnieździć. Z bliska ta część ścianki wyglądem przypomina korzenie lub „palce" światła, trochę jak system korzeni przewróconego drzewa. W momencie przygotowania do zagnieżdżenia powłoka na zygocie, złożona z komórek ochronnych matki, ulega rozluźnieniu. Zygota wygląda jak okrągły zlepek komórek, ale z punktu widzenia dorosłej osoby dokonującej regresji proces ten jest odbierany jako odbywający się w przedniej części ciała. W trakcie implantacji, „stojąc" przed miejscem zagnieżdżenia, powłoka w przedniej części ciała rozpada się i opada – przypomina to zrzucenie długiego płaszcza i otwarcie przedniej części. W momencie dotknięcia macicy powłoka opada, podobnie jak u węża zrzucającego skórę. Wiele osób w tym momencie przeżyło traumę, gdyż nie było w stanie podczas pierwszego dotknięcia ścianek macicy dobrze się w niej zakotwiczyć.

Przeżywając to doświadczenie w regresji, twarz jako pierwsza dotyka ścianki macicy. Zaczepieniu towarzyszy uczucie przypominające leżenie na miękkim, wygodnym materacu, twarzą w dół. Następnie ma się wrażenie, jakby z niższej części brzucha rozwijał się zwój, zaś jego końce wsuwały się w ścianki macicy. Potem dochodzi do uwolnienia płynu przez rurkę, co przypomina oddawanie moczu. W momencie zaczepiania ma się wrażenie jednoczenia się z wszechświatem, nie tylko z matką. Z punktu widzenia mózgu łożyska pojawia się uczucie połączenia z matką ze strony pleców, choć z perspektywy zygoty przypomina to leżenie na brzuchu. Uczucia te odbierane są jednocześnie.

Połączenie materiału z zygoty i matki tworzy łożysko. Rozwój łożyska następuje bardzo szybko. W całym procesie bierze także udział przednia część ciała. Ma się wrażenie, jakby „energia" łożyska i biologia dokonywały ekspansji na zewnątrz, w dół. Jednocześnie „energia" łożyska dokonuje także ekspansji z przedniej części ciała w kierunku zewnętrznej warstwy ciała poprzez ochronne warstwy zygoty. Cała przednia część ciała bierze udział w czymś, co sprawia wrażenie wymiany energii pomiędzy zygotą a matką. Ów przepływ energii przynajmniej częściowo polega na przepływie środków odżywczych.

W tym samym czasie dookoła zewnętrznej części ciała tworzy się worek owodniowy. Worek jest także częścią świadomości łożyska.

Uzdrowienie przyklejenia łożyska do ścianki macicy ma kluczowe znaczenie. Nieprawidłowy rozwój w tym momencie zwiększa prawdopodobieństwo poronień i problemów z oddzielaniem łożyska w późniejszym rozwoju dziecka. Wraz z rozwojem wydarzeń uzdrawiamy je poprzez wygładzanie warstw łożyska, dbałość, by wszystko było ze sobą połączone bez żadnych usterek. Przypomina to trochę usuwanie bąbelków z naklejonej na jakieś podłoże taśmy samoprzylepnej. Uzdrowienie tego zdarzenia przynosi uczucie, jakby zygota, macica i łożysko stały się jednością, nawet jeśli biologicznie są to osobne elementy.

Lęk związany z niedoborem lub utratą dochodów finansowych jest często wynikiem traumy na tym etapie rozwojowym.

PRZYKŁAD

Ciąg dalszy relacji Pauli: „Implantacja to nie była zabawa. Próbowałam dokonać implantacji po mojej stronie i dwa razy zostałam odrzucona przez ściankę macicy. Najpierw endometrium wydawało się zbyt cienkie, jak materac z taniej pianki z twardą płytą pod spodem. Za drugim razem to ja z powodu lęku trzymałam się z dala. Wyobraźcie sobie, że leżycie na grubym dywanie, ale w jakiś sposób separując się od niego każdą komórką ciała tak, że ledwie dotykacie końcówek włókna, zamiast się w nim zapaść – okropne uczucie.

Miałam bliźniaka, który umarł podczas implantacji. Elizabeth Noble w książce *Primal Connections* zauważyła, że niezdiagnozowane bliźnięta są częstym zjawiskiem. W moim przypadku istniały okropne dylematy. Bałam się, że moja udana implantacja będzie oznaczała śmierć mojego bliźniaka. Jednocześnie czułam intensywną zazdrość i lęk – jeśli on dokona implantacji pierwszy, wtedy ja umrę.

Uzdrawiając dalej ten moment, zauważyłam podobne do korzeni włókna, które były nieoświetlone, wyglądały na postrzępione i sprawiały dość przerażające wrażenie. Znalazłam miejsce między nimi i zagnieździłam się... plecami. Podczas późniejszych sesji uzdrowiłam traumy związane z mózgiem łożyska. Świadomość łożyska wreszcie odwróciła się i spojrzała w oczy mojej zygocie – stałam twarzą w twarz sama ze sobą. Teraz dokonałam implantacji plecami z punktu widzenia łożyska, ale przodem ciała z punktu widzenia mojego ciała. Warstwa odżywcza po raz pierwszy gładko się złuszczyła. Odczułam głębokie poczucie jedności. Coś się rozwinęło z mojego brzucha – połączenie to odbierałam jako seksualne i sięgało wszechświata. Moją klatkę piersiową przepełniało światło. Cały świat był wypełniony światłem.

Czułam, jak ręce i nogi zapadają się w materac wraz z formowaniem się połączeń łożyska. Moja dusza rosła. Spojrzałam na moją matkę jak na bratnią duszę, jak na kogoś równego. „Czy jesteśmy częścią Boga? Czy jesteśmy tak święte?" – krzyknęłam w zaskoczeniu ponieważ, falami, obejmowałam wszystko".

ETAP 9. UZDRAWIANIE TRAUMY ŚMIERCI ŁOŻYSKA

Uzdrowienie tego etapu rozwojowego zazwyczaj przynosi Stan Pełni, niezależnie od stopnia fuzji pozostałych mózgów trójni.

> **OSTRZEŻENIE**
>
> Śmierć łożyska to prawie dla każdego z nas duża trauma, toteż regresja do tego momentu może wywołać skrajne uczucia samobójcze. Gdy takie uczucia wystąpią podczas uzdrawiania tego zdarzenia, należy kontynuować uzdrawianie aż do momentu całkowitego uwolnienia się od tej emocji, gdyż jej siła może zmusić osobę do samobójstwa. Uczucia samobójcze mogą wystąpić nawet u osób, u których podczas porodu wszystko poszło dobrze. Z mojego doświadczenia wynika, że również regresja do traumy pępowiny owiniętej wokół szyi (w położnictwie nazywanej traumą owiniętej pępowiny) zazwyczaj wywołuje bardzo silne uczucia samobójcze (z traumą tą często związane są samobójstwa przez powieszenie). Pępowina owija szyję dziecka w przypadku około 20% porodów. W szpitalach rytynowo odcina się ją w momencie, gdy ciało dziecka nadal znajduje się wewnątrz łona matki, co odcina dopływ tlenu i prowadzi to do powstania dodatkowej, poważnej traumy.

Uzdrowienie momentu przecięcia pępowiny wymaga przeniesienia się w czasie do momentu porodu, tuż po opuszczeniu łona matki – wiąże się to zazwyczaj z ogromnym bólem w rejonie pępka. Towarzyszy temu uczucie, jakby odcięta pępowina falowała wokoło, jakby próbowała się do kogoś podczepić.

Trzeba pozostać w tym zdarzeniu do momentu, aż poczuje się, jakby pępowina cofnęła się do brzucha.

Łożysko w momencie odczepienia się od ściany macicy doświadcza śmierci. Pracując nad tą traumą, trzeba skoncentrować uwagę na łożysku – może temu towarzyszyć bardzo gorzki smak. W momencie oddzielenia się od macicy łożysko wygląda, jakby wywróciło się na drugą stronę, gdyż jego kształt z wypukłego staje się wklęsły. Gdy trauma zostanie uzdrowiona, pojawi się uczucie, jakby esencja łożyska przesuwała się z samego łożyska do ciała dziecka. Trauma ta może aktywować wcześniejsze, powiązane z nią traumy (takie jak implantacja), które także należy uzdrowić.

W rozdziale 12 przedstawiamy szczegółową relację Nemi Nath, w której opisuje ona swoje doświadczenia związane z traumą śmierci łożyska.

PRZYKŁAD

> Ciąg dalszy relacji Pauli: „Zaczęłam uzdrawiać ten etap rozwojowy przez przypadek. Pracowałam nad zagadnieniem bycia porzuconą przez mężczyzn, nad związkami, które nie działały. Doprowadziło mnie to do obrazu mojego życia, jakby składało się ono z odratowanych resztek, jakby było rozklekotanym statkiem, który nazwałam moim „statkiem głupców". Po uzdrowieniu traumy związanej z brakiem odpowiedniej ilości pokarmu w łonie matki oraz koniecznością „kradzenia" mojego własnego ciała komórka po komórce, znalazłam się na plaży, nowo narodzona dzięki rozbiciu się mojego starego życia. Obok mnie leżało łożysko, z worka owodniowego, wyglądało jak umierająca meduza. Czułam ogromny smutek. Było dla mnie jak kochanek, towarzysz podróży, ktoś, kto mnie chroni, źródło ciepła i pożywienia, partner w niebezpieczeństwie. Było bezpłciowe, ale ja też czułam się wtedy istotą bezpłciową. Wskutek różnych bodźców w teraźniejszości mającymi związek z relacjami z innymi ludźmi, przez tydzień przeżywałam smutek nad kolejnymi ich aspektami. Przeszłam także przez gniew i odrzucenie łożyska. W kluczowym momencie poczułam muzykę, która pojawiła się jako dar od łożyska. Podarowało mi ono także „błękitną siatkę" lub „błękitny całun", który z początku wydawał mi się zupełnie bezużyteczny, jak ulubiony sweter zmarłego przyjaciela, który daje pociechę, ale też sprawia, że cierpi się jeszcze bardziej. Siatka ta oraz muzyka przepływały od łożyska i wypełniały mi serce. Gdy skończyłam proces uzdrawiania, błękitna siatka zajęła stałe miejsce, a wraz z nią nadeszło poczucie bezpieczeństwa, poczucie, że nigdy nie będę się czuła pozbawiona domu. W moim sercu pojawiło się wielkie, białe światło, i łożysko się z nim połączyło, jego esencja tam była. Było niezwykle jasne i piękne. Doprowadziło to do serii uzdrowień, które sprawiły, że byłam w stanie utrzymać i przyjąć ten nowy materiał, szczególnie z duchowego punktu widzenia.

Później nadal towarzyszyły mi urazy porodowe na szyi, plecach i górnej części mostka i policzku, które nie chciały się uzdrowić. Czułam tylko strach i uczucie niemocy. Okazało się, że urazy te były udziałem łożyska, i że było ono samoświadome. Rana na szyi to była przecięta pępowina, uraz na plecach oznaczał oderwanie łożyska od ścianki macicy, zaś uraz serca oznaczał lęk łożyska, ponieważ wiedziało, że umrze i że nikt się dzieckiem dobrze nie zaopiekuje. Uraz na mostku oznaczał utratę „osobowego charakteru" przez łożysko, które stawało się rzeczą, kawałkiem mięsa wyrzuconym do śmieci, podczas gdy kiedyś było częścią osoby. Czułam, że splot słoneczny to miejsce, z którego wychodziła pępowina łącząca mnie z łożyskiem. Po jej przecięciu pępowina wydawała się duża i pusta. W tym momencie czułam silną chęć odcięcia sobie szyi w rzeczywistości, by zakończyć ten potworny ból. Poradziłam sobie z tym uczuciem, gdyż zabroniłam sobie wstawać z kanapy do momentu uzdrowienia rany. Było to bardzo trudne, nawet pomimo mojego dużego doświadczenia w radzeniu sobie z uczuciami samobójczymi.

Po oddzieleniu się od ścianki macicy łożysko nagle się zapadło, jak gdyby wywróciło się na drugą stronę. Jednocześnie było pełne światła i boskiej mądrości, a ponieważ odcięto pępowinę, nie miało jak mi tego przekazać. Gdy łożysko umarło, robiło bardzo spokojne wrażenie. Podczas tego samego procesu uzdrawiania zobaczyłam też śmierć mojego ojca. Utworem muzycznym, który przywoływał i pasował do mojego doświadczenia śmierci łożyska była piosenka *Beyond the Beyond* Roberta Gassa. Muzyką rozwiązującą problemy łożyska był kolejny utwór Roberta Gassa, *Gate Gate*.

Istniał pewien rodzaj zgodności między dzieckiem a łożyskiem. Po uzdrowieniu łożyska mogłam uzdrowić zranione miejsca u dziecka. Dziecko miało pępowinę owiniętą wokół szyi, chciało umrzeć i było na to gotowe, ponieważ jedynym sposobem, by się uratować (uratować dziecko), było odcięcie pępowiny i zabicie łożyska. Pojawiały się tutaj całe zdania, jak: „Nie mogę tego zrobić", „Proszę, Boże, nie każ mi tego robić". Pępowina została przecięta, łożysko umarło, a dziecko czuje się za to odpowiedzialne. Jest w tym mnóstwo smutku i poczucia winy, a rezultatem całej sytuacji jest wykończone niemowlę, które nie ma ochoty żyć.

Natrafiłam także na uczucia samobójcze, gdy zajmowałam się traumą jeszcze w łonie matki, gdzie doświadczyłam ogromnego bólu, który nie miał końca, ale był za słaby, by mnie zabić. Był skutkiem picia kawy przez moją matkę. Jednym ze sposobów, w jaki próbowałam się zabić, było oddzielenie łożyska od macicy, ale nie udało się, podobnie jak próba uduszenia (choć z pewnością przez to zaczynam się zastanawiać nad przyczynami gwałtowności względem łożyska...). Potem próbowałam urwać sobie głowę, by się zabić. I ze złości próbowałam skrzywdzić moją matkę".

ETAP 10. PRZENIESIENIE ZMIAN DO TERAŹNIEJSZOŚCI

Jeśli uzdrawiamy zdarzenia rozwojowe, stosując technikę regresji WHH, w wielu przypadkach nie dojdzie do pełnego uzdrowienia, jeśli nie zostanie uświadomiony sposób, w jaki trauma wpływa na nas w teraźniejszości. Podkreślę to raz jeszcze – *uświadomienie sobie sposobu, w jaki traumy we wczesnych etapach rozwoju mają wpływ na nas w teraźniejszości ma kluczowe znaczenie.* To istotny i konieczny krok, inaczej uzdrowienie przeszłości będzie miało niewielki wpływ (lub nie będzie miało żadnego) na obecną chwilę. Tak samo może być w przypadku innych metod uzdrawiania, jednak jeszcze tego nie sprawdziliśmy. Jeśli używacie innych metod, dobrze byłoby to zrobić dla pewności.

Przy stosowaniu techniki WHH zauważyliśmy, że po zakończeniu uzdrawiania każdego wczesnego etapu rozwojowego i przesuwaniu się do przodu w czasie ku teraźniejszości (wraz z naturalnym jego upływem), traumy powiązane z owymi wcześniejszymi etapami będą po kolei spontanicznie pojawiać się w świadomości i rozpuszczać. Inne traumy, szczególnie te związane ze znacznymi urazami fizycznymi, mogą wymagać intencjonalnego uzdrawiania. Najczęściej trzeba powtarzać ten krok kilkakrotnie, aż do momentu, gdy wraz z przesuwaniem się do przodu w czasie nic już się nie zmieni. Zdarzenia traumatyczne, które pojawią się w świadomości po uzdrowieniu jakiegoś etapu rozwojowego różnią się w zależności od osoby. Na przykład, po uzdrowieniu poczęcia Wes spontanicznie uświadomił sobie pierwszy podział komórki, a po uzdrowieniu tego zdarzenia nagle w jego świadomości pojawiła się implantacja, która także wymagała celowego uzdrowienia.

Z drugiej strony u niektórych ludzi w momencie uzdrowienia wczesnych traum pojawiają się samoistnie krótkie obrazy późniejszych zdarzeń, często ze „zaktualizowaną" wersją zdania związanego z oryginalną traumą. Można wtedy przez chwilę przyjrzeć się tym obrazom i ich związkom z traumą etapu rozwojowego, a następnie pozwolić im odejść.

Wiele osób odnotowuje, że uzdrowienie bardzo wczesnych i fundamentalnych traum związanych z etapami rozwojowymi sprawia, że nagle pamiętają swoje życie w zupełnie inny sposób, niż przedtem. To jest nowe życie w wersji, która miałaby miejsce, gdyby te osoby urodziły się bez tych wszystkich traum, tak mocno oddziałujących na ich życie. Uświadomienie sobie zarówno tej nowej, jak i oryginalnej przeszłości, spowoduje, że będziemy mieli wrażenie zbiegania się i połączenia obu strumieni czasu w teraźniejszości – na podobieństwo litery „V".

ETAP 11. SPRAWDZENIE DODATKOWYCH BLOKAD

Jeśli po uzdrowieniu przedstawionych wyżej etapów zdarzeń rozwojowych nie pojawi się Stan Pustej Wewnętrznej Przestrzeni, trzeba sprawdzić, czy nie ominęło się po drodze fuzji mózgów – przesuwając się do przodu w czasie od najwcześniejszych etapów rozwojowych (które wymieniliśmy) przez okres wzrastania i rozwoju aż do porodu. Jeśli tak się stało, należy zatrzymać się w danym momencie, jak gdyby chodziło o zatrzymanie obrazu w programie telewizyjnym (stop-klatkę), i uzdrowić występujące tam traumy. Ponieważ może być konieczne kilkakrotne powtórzenie tego kroku, dobrze jest zapamiętać tę traumę, a także jej odbiór „wizualny", jej miejsce w czasie, związane z nią emocjonalne i fizyczne bóle oraz wszelkie inne związane z tym momentem szczegóły, które ułatwią późniejszy do niej powrót.

Jak się wydaje, również traumy pokoleniowe mogą blokować nie tylko pełne uzdrowienie danego etapu, ale też uzyskiwanie stanów szczytowych – w tomie III szczegółowo opisujemy metody uzdrawiania tego rodzaju problemów.

PRZYKŁAD

Paula podsumowała swój nowy stan świadomości następująco: „Po uzdrowieniu śmierci łożyska dostrzegłam świecące, nałożone na siebie dyski, w których znajdowały się mózgi trójni. Na początku były barwy jasnego złota, z określoną wyraźnie granicą w postaci krótkich promieni światła. Odczuwałam szczęście i pełnię. Towarzyszył mi trochę „brzęczący" dźwięk, jakbym wypiła za dużo kawy. Drugiego dnia światła nieco zmiękły, aż dyski przyjęły postać mglistych, białych kul, bez określonych granic. Stałam się bardzo spokojna. Błękitna siatka, którą otrzymałam od łożyska, nabrała barwy złota, poszerzyła się i rozjaśniła. Na początku bałam się wyjść z domu – czułam się rozświetlona jak choinka w Boże Narodzenie i trudno mi był pojąć, że z zewnątrz tego wszystkiego nie widać!

Miłość łożyska była altruistyczna aż do granic – dawało mi ono wszystko, aż nic z niego nie zostało. Miłość dziecka z kolei polega na zabieraniu, trzymaniu i chęci spożywania. Wcześniej ucieleśniałam te dwie skrajności, ale po uzdrowieniu śmierci łożyska zaczęłam kochać bardziej prawdziwie i w uczuciu tym znajdowałam więcej równowagi.

Następnie „wzięłam się" za poczęcie, zespolenie i implantację – wszystko razem. Stan Pełni zniknął, gdyż do świadomości dotarły poważne traumy. Pierwsze tygodnie przyniosły szereg różnych fascynujących efektów pirotechnicznych z udziałem wewnętrznego światła: złote i czerwone promienie wokół części mojego ciała, chmury światła o miękkich barwach, wrażenie, że każda komórka mojego ciała miała swoje życie i świeciła na biało-zielono.

Mieniące się wielobarwne promienie świeciły na odległość metra od mojego ciała. Niektóre z tych wzorów przypominały „warstwy" aury opisane przez Barbarę Brennan w książce *Ręce pełne światła* (barwy od 1–7 do 7–13).

Każdy z tych stanów był nietrwały, utrzymywał się od kilku godzin do kilku dni, ale ogólnie rzecz biorąc moje poczucie spokoju wzrosło. Kilka razy budziłam się w środku nocy, czując kompletną pustkę, jakby moje ciało było z powietrza.

Uzdrowiłam traumę wyjścia jajeczka z jajnika i czułam, jak spada ze mnie skóra! Zdawało mi się, że moje ciało nie ma granic, a zachowania innych ludzi już nie oddziaływały na mnie osobiście. Zamiast osądzania, stałam się zainteresowana i współczująca – zarówno w stosunku do własnych problemów, jak też problemów innych ludzi. Ta zmiana chyba jest trwała (nota od redakcji: stan ten omawiamy w tomie II).

Pewnego ranka, po tygodniowej przerwie, wróciłam do zajęć ogrodniczych. Brakowało mi czegoś ważnego... Pół godziny minęło, zanim rozgryzłam, o co chodzi. Zniknął mój lęk wysokości! Uzdrowiłam tymczasem kilka rzeczy, ale podejrzewam, że „wpadnięcie" do macicy, tuż przed implantacją, było kluczową traumą. Ta zmiana też jest chyba trwała.

Uzdrowiłam etapy, w których jajeczko i plemnik pokrywają się substancją ochronną w momencie opuszczenia jajnika i jądra. Powłoka ta jest półprzezroczysta i wydaje się obracać wokół ciał jajeczka i plemnika. Gdy przeniosłam te zmiany do teraźniejszości okazało się, że miały ogromny wpływ na poczęcie i implantację. Uczucie „obracania się" pozostało i zakończyłam uzdrawianie, czując się bardzo szczęśliwa. Nadal mam mój dotychczasowy zakres emocji, ale gdzieś w tle istnieje trwałe poczucie szczęścia. To uczucie „obracania się" przeniosło się do teraźniejszości i sprawiło, że czułam się... cóż... ozdobna – jak rysunek w stylu *Art Nouveau*. Jeśli skoncentruję na tym swoją uwagę, szczęściu zaczyna towarzyszyć ekscytacja.

NAJWAŻNIEJSZE IDEE

Aby uzyskać stany szczytowe, można zastosować technikę regresji, uzdrawiając określone etapy rozwojowe w łonie matki i wcześniejsze.

Stan Wewnętrznego Światła umożliwia łatwy dostęp do etapów rozwojowych w łonie matki, dzięki czemu uzdrawianie jest bardzo proste – w przypadku braku tego stanu regresja jest o wiele trudniejsza lub niemożliwa.

Istnieją skuteczne terapie uzdrawiania traum, które można wykorzystać w uzdrawianiu etapów rozwojowych – w literaturze psychologicznej są one określane mianem „terapii mocy".

Podczas uzdrawiania etapu rozwojowego doświadczenie tego, co się stało, może ulec zmianie i objąć wydarzenia, które pierwotnie nie miały miejsca.

W momencie uzdrowienia wcześniejszych traum, późniejsze traumy ulegają niekiedy samoistnemu uzdrowieniu, chyba że późniejszym traumom towarzyszyły poważne urazy fizyczne.

SUGEROWANA LEKTURA I STRONY INTERNETOWE

O WYDARZENIACH I TRAUMACH Z ŻYCIA PŁODOWEGO, PRENATALNYCH I PERYNATALNYCH

- ▲ Association for Pre- and Perinatal Psychology and Health; www.birthpsychology.com – znakomite materiały poświęcone regresji do wydarzeń z życia płodowego.
- ▲ Early Trauma Treatment and Trainings, Terry Larimore; www.terrylarimore.com – strona zawierająca kolejne znakomite materiały.
- ▲ Seminaria Emerson Training, William Emerson; www.emersonbirthrx.com – Emerson jest moim zdaniem jednym z liderów w dziedzinie psychologii pre- i perynatalnej.
- ▲ William Emerson, *The Vulnerable Prenate*, artykuł przedstawiony na Kongresie APPPAH w San Francisco w 1995 r., wydany w „Pre- & Perinatal Psychology Journal", nr 10(3), wiosna 1996, 125-142 – pod adresem: http://www.terrylarimore.com/VulnerablePrenate.html dostępna jest kopia publikacji.
- ▲ Michael Gabriel, Marie Gabriel, *Voices from the Womb:*
Adults Relive their Pre-birth Experiences – a Hypnotherapist's Compelling Account, Aslan Publishing, 1992.
- ▲ Stanislav Grof, *Przygoda odkrywania samego siebie*. Gdynia 2000 – znakomite omówienie etapów porodu i innych doświadczeń duchowych i szamańskich.
- ▲ Terry Larimore, Graham Farrant, *Universal Body Movements in Cellular Consciousness and What They Mean*, pierwotnie opublikowany w „Primal Renaissance", tom 1, nr 1, 1995 – pod adresem: www.terrylarimore.com/CellularPaper.html dostępna jest kopia publikacji.
- ▲ Sheila Linn, William Emerson, Dennis Linn, Matthew Linn, *Remembering our Home: Healing Hurts and Receiving Gifts from Conception to Birth*, Paulist Press, 1999.
- ▲ Elizabeth Noble, *Primal Connections: How our Experiences from Conception to Birth Influence our Emotions, Behavior, and Health*, Simon and Schuster, 1993.
- ▲ Bill Swartley, *Major Categories of Early Psychosomatic Traumas: From Conception to the End of the First Hour*, z „The Primal Psychotherapy Page"

— artykuł opublikowany także w Internecie pod adresem: www.primal-page.com/bills-1.htm; doskonała praca o znakomitych referencjach.

Obrazy plemnika, jajeczka i etapów rozwojowych w łonie matki

▲ *Journey Into Life: The Triumph of Creation* (30-minutowe nagranie wideo), 1990, Derek Bromhall, dystrybucja Questar Video, Inc. — to wyjątkowe nagranie podróży plemnika, jajeczka, zygoty oraz płodu; materiał został sfilmowany z tego samego punktu widzenia i w rozmiarach obrazu, w jakim widzieli te wydarzenia ludzie przypominający sobie traumy.

▲ Lennart Nilsson, *A Child is Born*, Delacorte Press, NY, 1990 — zdjęcia podróży plemnika, jajeczka, zygoty i płodu — obrazy przypominają sceny widziane przez osoby wracające pamięcią do traum związanych z tymi zdarzeniami; pozycja zalecana.

Techniki i terapie regresji

▲ Leslie Bander, *Solutions*, Real People, 1985 — publikacja poświęcona terapii mocy VKD (Visual Kinesthetic Dissociation).

▲ Gerald French, Chrys Harris, *Traumatic Incident Reduction (TIR)*, CRC Press, 1999 — zob. też strona internetowa www.tir.org.

▲ Winafred Blake Lucas, *Regression Therapy: A Handbook for Professionals*, Vol. 1: Past-life Therapy, Deep Forest Press, 1993.

▲ Winafred Blake Lucas, *Regression Therapy: A Handbook for Professionals, Vol. 2: Special Instances of Altered State Work*, Deep Forest Press, 1993.

▲ Grant McFetridge i Mary Pellicer, MD, *The Basic Whole-Hearted Healing Manual* — trzecie wydanie. The Institute for the Study of Peak States Press, 2003.

▲ Francis Shapiro, Margot Forrest, *EMDR: The Breakthrough Therapy*, HarperCollins, 1997 — zob. też strona internetowa: www.emdr.org.

Rozdział 9

SZCZYTOWE STANY ŚWIADOMOŚCI – PODEJŚCIE OPARTE NA TRAUMIE
PROCES WEWNĘTRZNEGO SPOKOJU

9.1. WPROWADZENIE

W rozdziale 8 opisaliśmy proces regresji pozwalający uzyskać stany szczytowe. Podejście to ma jednak kilka istotnych wad: 1) większość ludzi nie ma łatwego dostępu do odpowiednich momentów rozwojowych, które miały miejsce w łonie matki, 2) uzdrowienie traum może trwać bardzo długo, 3) istnieje ryzyko wystąpienia uczuć samobójczych, 4) przeprowadzenie procesu w dużych grupach osób jest niemożliwe ze względu na potrzebę indywidualnej pracy przeszkolonych terapeutów z klientami. Poniżej prezentujemy metodę pozwalającą uzdrowić konkretne zdarzenia rozwojowe, która *nie ma* wad metody regresji. W przedstawionym procesie wykorzystujemy praktycznie nieznane zjawisko zwane „komendami Gai".

Udostępniając tę metodę ogólnemu odbiorcy, zamieszczamy szczegółową procedurę procesu (krok po kroku), której celem jest wprowadzenie siebie lub klienta w Stan Wewnętrznego Spokoju. Przedstawiamy cały proces w takiej postaci, w jakiej prezentujemy go naszym klientom, czyli nie wymagającej dalszych wyjaśnień. Możecie swobodnie kopiować treść tego rozdziału i rozdawać znajomym, klientom lub studentom pod następującymi warunkami: *nie możecie* kopii sprzedawać, kopia musi *zawierać informację o naszych prawach autorskich* oraz musicie *kopiować dokument w całości*, by osoby, które go otrzymają, były poinformowane o wszystkich potencjalnych trudnościach związanych z procesem.

Zdecydowaliśmy się ograniczyć proces opisany w tym rozdziale do jednego stanu, wyjątkowo użytecznego, a przy okazji nie wywołującego żadnych zakłóceń – Stanu Wewnętrznego Spokoju. Proces ten przebiega szybko, jest prosty, względnie bezpieczny i nie wywołuje żadnych skutków ubocznych. Około 55% populacji klientów gabinetów psychoterapeutycznych udaje się wprowadzić w Stan Wewnętrznego Spokoju i w przypadku większości osób w tej grupie stan ten jest trwały. Proces trwa od 30 minut do 2 godzin i można go przeprowadzić w dużej grupie osób jednocześnie, przy udziale nieprzeszkolonych pomocników. Staraliśmy się ograniczyć złożoność procesu, by uprościć jego stosowanie – niestety kosztem liczby osób, w przypadku których zadziała.

Stan Wewnętrznego Spokoju sprawia, że ludzie są całkowicie obecni w teraźniejszości, a wszystkie traumy z przeszłości tracą swój ładunek emocjonalny. Proces ten jest niezwykle użyteczny zarówno dla klientów gabinetów psychoterapeutycznych, jak też dla zwykłych osób zmagających się po prostu z sytuacjami codziennego życia. W przypadku tych pierwszych – proces usuwa większość symptomów zespołu stresu pourazowego, niezależnie od liczby związanych z nim traum, a w ogólnej populacji – eliminuje większość przypadków przesadzonej reakcji emocjonalnej, określanej jako „aktywacja".

W procesie tym nie stosuje się regresji, jedynie wskazana jest znajomość EFT (Techniki Emocjonalnej Wolności). Proces ten można wykonać, po prostu czytając rozdział i wykonując zawarte w nim polecenia. Wyprodukowaliśmy także nagranie wideo, które można zastosować jako taśmę z ćwiczeniami (nagranie można kupić za pośrednictwem naszej strony www.peakstates.com).

W tomie II wyjaśniamy, w jaki sposób opracowaliśmy tę metodę, a co wymagało od nas zastosowania niezwykłego stanu świadomości. Na szczęście, gdy ktoś opracuje jakąś dobrą metodę, każdy może zastosować rezultaty tej pracy na podobnej zasadzie, jak włączamy światło, nie mając pojęcia o elektronice. Metodę, którą zastosowaliśmy do Procesu Wewnętrznego Spokoju (PWS), można także stosować do innych stanów szczytowych i procesów leczenia chorób (opisujemy to w tomie II).

Stany opisane w niniejszym rozdziale:
– Stan Wewnętrznego Spokoju

HISTORIA GRANTA
Powstawanie Procesu Wewnętrznego Spokoju
Pierwszy raz zastosowałem proces na mojej ciotce Elaine. Pomysł na proces opierał się całkowicie na teorii, toteż byłem zaskoczony, gdy naprawdę zadziałał – a nawet więcej, gdyż moja ciotka już była w Stanie Podskórnego Szczęścia z fuzją mózgów ciała i serca, a dodatkowy Stan Wewnętrznego Spokoju z fuzją umysłu i serca wywołał u niej Stan Pustej Wewnętrznej Przestrzeni!

Jednym z największych problemów związanych z naszą pracą jest znalezienie odpowiednio dużej grupy ludzi, na których można by przeprowadzić eksperymenty. Miałem kilka pomysłów na ulepszenie procesu, ale gdy już na kimś zadziałał – niestety traciłem osobę badaną, gdyż od tego momentu osoba ta zostawała już w tym stanie. Wtedy musiałem czekać, aż pojawi się kolejna osoba gotowa przetestować na sobie zmiany. Nie potrafiłem znaleźć żadnego sposobu zgromadzenia wystarczająco dużej liczby badanych, by osiągnąć rezultaty istotne statystycznie. Wiedzieliśmy, że proces ten działa, ale – zgodnie z teorią – nie będzie mógł zadziałać u wszystkich. I jaka jest odpowiedź na pytanie: czy nasz wskaźnik proporcji sukcesu do porażki był wynikiem owego ograniczenia teoretycznego, słabej techniki czy nieodpowiedniego procesu?

Jak to czasami bywa, pomoc przyszła niespodziewanie – Harold McCoy z Ozark Research Institute słyszał o naszej pracy i zaprosił mnie, bym poprowadził tygodniowe szkolenie w ramach dwuletniego kursu prowadzonego w jego szkole. Nigdy o nim wcześniej nie słyszałem, ale okazał się bardzo sympatycznym człowiekiem i choć początkowo byłem nieco zaskoczony, szybko przystałem na propozycję. W ciągu tygodnia, na grupie 100 osób przeprowadziłem cztery różne wersje procesu, który wtedy był o wiele bardziej złożony niż obecnie. Ochotnicy podpisali oświadczenie o nieujawnianiu danych i o odpowiedzialności, gdyż obawiałem się wtedy, że u niektórych osób proces może wywołać poważne reakcje samobójcze, a już na pewno nie chciałem, by badani „próbowali" tego procesu na krewnych i znajomych! Ku mojemu zdziwieniu owo oświadczenie stało się punktem spornym i stało się przedmiotem krytyki. Do dzisiaj nie mam pojęcia, czemu ludzie tak zareagowali, gdyż – jak mi się zdawało – dość jasno wyraziłem swoje stanowisko. Mogę się tylko domyślać, że bardzo niewielu z nich rozumiało proces badań i rozwoju, mając błędne przekonanie, iż potężne procesy pracy wewnętrznej są z natury rzeczy nieszkodliwe. Ja wiedziałem swoje – straciłem już dwoje przyjaciół z powodu samobójstw popełnionych w wyniku tej pracy, byłem więc bardzo ostrożny.

Ponieważ nie umiałem jeszcze napisać dobrego kwestionariusza dla tego stanu, uzyskane dane prezentowały się dość niechlujnie. Wiedziałem tylko, że około jedna trzecia do połowy badanych weszła w ten stan. Liczby te były poniżej przyjętego przez mnie celu 80–90%. Doszedłem też do wniosku, że proces był zbyt skomplikowany, toteż radykalnie go uprościłem. W ciągu kilku kolejnych miesięcy dr Mary Pellicer wypróbowała nową wersję na swoich klientach. Wreszcie odkryła, co robiliśmy źle, i owe zmiany wprowadziliśmy do obecnego procesu. Miałem mnóstwo „zabawy", słuchając jej, jak opowiada o rezultatach swojej pracy z klientami, którym często towarzyszyły doświadczenia wychodzące poza nasze kulturowe założenia dotyczące rzeczywistości.

I tu znów do akcji wkroczył los – dr Pellicer i ja przedstawiliśmy wyniki naszej pracy na konferencji w Toronto, przeznaczonej dla lekarzy, a poświęconej sprawom duchowości i medycyny. Jeden z uczestników, dr David McQuarrie, był zafascynowany tym tematem. Kupił nasze nagranie szkoleniowe PWS i wypróbował na grupie klientów stosujących psychoterapię bez żadnych sesji indywidualnych (wskaźnik jego sukcesu również zamieściliśmy w tym rozdziale). Powinniśmy w przyszłości go poprawić, ale obecnie jest całkiem odpowiedni – szczególnie jako przedstawienie pewnych zasad.

Na koniec chciałbym zwrócić uwagę, że podejście PWS można zmodyfikować tak, by uzyskać dowolny stan. Dr Deola Perry nie tylko odegrała ogromną rolę w opracowaniu takich zmian, ale potrafiła także obserwować stany mózgu klienta, dzięki czemu uzyskiwaliśmy natychmiastową, bezpośrednią informację zwrotną, pozwalającą udoskonalić proces. Był to jeden z najbardziej ekscytujących i twórczych okresów w moim życiu, gdy testowaliśmy nowe procesy na uczestnikach warsztatów (jej wersję procesu zawarliśmy w tomie II).

9.2. PROCES PWS DLA ZWYKŁYCH LUDZI I KLIENTÓW PODDAJĄCYCH SIĘ TERAPII

Proces PWS wprowadza wiele osób w Stan Wewnętrznego Spokoju, który eliminuje jakiekolwiek uczucia pojawiające się w momencie przywołania traumatycznych zdarzeń z przeszłości. Osadza daną osobę całkowicie w teraźniejszości oraz poprawia jej zdolności planowania przyszłości. Zastosowanie Procesu Wewnętrznego Spokoju ma ewidentnie ogromne znaczenie dla klientów poddających się psychoterapii. Osoby cierpiące na wyraźne symptomy stresu pourazowego, szczególnie osoby o wielu traumach z przeszłości, skorzystają bardzo wiele na wyeliminowaniu bólu emocjonalnego i innych symptomów. Wielu laików, a nawet psychologów, nie zdaje sobie sprawy z faktu, że większość problemów, z którymi stykamy się podczas naszej praktyki, jest w mniejszym lub większym stopniu wynikiem problemu stresu pourazowego. Traumy z przeszłości „wychodzą na wierzch", nie ukazując swojego źródła. Problem ten jednak pojawia się także u osób nie poddających się terapii – u podłoża większości naszych reakcji emocjonalnych na teraźniejsze sytuacje leżą uczucia, które towarzyszyły dawnym, zapomnianym traumom. Zjawisko to nazywamy „aktywacją" i jest ono bezpośrednią przyczyną cierpienia, które zazwyczaj uznajemy za normalną ludzką dolę. Celem tej książki nie jest dowodzenie tego twierdzenia – to już empirycznie pokazano, ale jak w różnych terapiach mocy (opierających się na tej obserwacji) można trwale i w pełni uzdrowić wiele ludzkich reakcji na życiowe sytuacje, uznawanych wcześniej za normalne.

Problemem związanym z nowymi terapiami mocy – choć są one szybkie i skuteczne w przypadku codziennych sytuacji lub problemów klientów gabinetów psychologicznych – jest ilość spraw wymagających uzdrowienia! Proces Wewnętrznego Spokoju w krótkim czasie „hurtowo" eliminuje uczucia przypominające „pole minowe" i daje dodatkową korzyść w postaci uczucia spokoju w ciągu dnia, a nawet w trudnych sytuacjach. Rzecz jasna, w przypadku utraty stanu problemy wracają, ale na szczęście w przypadku większości osób PWS działa względnie trwale.

9.3. TESTOWANIE SKUTECZNOŚCI PROCESU WEWNĘTRZNEGO SPOKOJU

A zatem, jak skuteczna jest obecna wersja Procesu Wewnętrznego Spokoju? Odpowiedź jest nieco skomplikowana. Po pierwsze – jaka jest jej skuteczność w przypadku populacji klientów poddających się psychoterapii? Możemy powiedzieć, że przy wykorzystaniu standardowej wersji, bez żadnej interwencji, możemy powiedzieć, że około 55% tej grupy wchodzi w pełny stan. Istnieje też grupa osób, które wchodzą w ten stan częściowo, ale pracując z nimi indywidualnie można poprawić ich „rezultat" (tym samym wskaźnik osób wchodzących w pełny stan będzie wyższy). Co z pozostałą grupą zwykłych ludzi? Nie jesteśmy pewni, ale w tej grupie odsetek jest wyższy, z tym że trzeba wziąć pod uwagę fakt, że niektóre osoby mają ten stan od samego początku.

Jakie skutki wywołuje Proces Wewnętrznego Spokoju odnośnie problemów danej osoby? Co ciekawe, nie ma on żadnego wpływu na problemy wynikające z reakcji mózgu ciała – na przykład uzależnienia nie ulegają zmianie. Jednak często zaskakują nas fakty, na które proces ma wpływ – u pewnej kobiety, która miała myśli samobójcze, po ukończeniu procesu to uczucie zniknęło, nawet gdy później wyszła z pełnego stanu.

Uznałem, że byłoby ciekawe podać statystyki pierwszego testu (przeprowadzonego na dużą skalę) owej wcześniejszej, bardziej złożonej i mniej skutecznej wersji procesu, gdyż przynosił on pewne rezultaty u osób ogólnej populacji w przeciwieństwie do populacji klientów gabinetów psychoterapeutycznych. Wyniki te są dobrą ilustracją natury cyklu badań i rozwoju, który nadal w przypadku tego procesu trwa. PWS przetestowano na grupie 100 osób w Ozark Research Institute w 2001 roku. Skład tych osób był bliski średniemu składowi populacji. Przeprowadziliśmy proces na pięciu 20-osobowych grupach. Trwał on około godziny i piętnastu minut. Stan ten trudno pomylić z innym i łatwo go przetestować w grupach – *stan powinien eliminować każdą treść emocjonalną z każdego wspomnienia związanego z traumą z przeszłości*. Poprosiliśmy uczestników o podanie dwóch najważniejszych traum (problemów) wraz z oceną subiektywnego odczuwania bólu w tych tematach (Subjective Units of Distress, SUD) od 0 – brak bólu, do 10 – maksymalny możliwy ból (w późniejszych testach rozszerzyliśmy listę do pięciu traum, by uniknąć błędów).

Ponieważ pracowaliśmy z dużymi grupami ludzi, proces był jednakowy dla wszystkich, nie zawierał żadnych indywidualnych instrukcji i nie udzielaliśmy nikomu indywidualnego wsparcia. Spodziewaliśmy się, że jedna trzecia ochotników uzyska docelowy stan. W rzeczywistości na 100 ochotników 31% potwierdziło uzyskanie stanu (ocena traum spadła do 0), kolejne 6%

prawie weszło w stan (jedna z traum uzyskała ocenę inną niż 0), kolejne 21% o więcej niż 50% zredukowało intensywność traum na skali), kolejne 23% nie wypełniło dobrze kwestionariusza, więc nie wiemy, czy udało im się uzyskać stan, czy nie, a 5% wyeliminowaliśmy, bo już posiadały stan szczytowy tego (lub innego) rodzaju przed rozpoczęciem procesu. Tak więc po pracy trwającej godzinę i 15 minut 31–54% ochotników uzyskało docelowy stan.

Pierwsze testy na dużą skalę były zachęcające, ale pokazały nam, że musimy uprościć proces i wprowadzić lepsze metody pomiaru. Tak też zrobiliśmy, ale nadal nie uzyskiwaliśmy wskaźników sukcesu, które dla mnie byłyby do przyjęcia. Krótko potem dr Mary Pellicer, stosując na swoich klientach (psychoterapeutycznych) proces w obecnej postaci, zdała sobie sprawę, że dla wielu badanych proces ten trwa za krótko. Ponieważ przez całe życie mieli traumy blokujące uzyskanie stanu, uznawali oni symptomy tej traumy za „normalne" i nie zdawali sobie sprawy, że należy kontynuować proces, by je wyeliminować. Gdy to zmieniliśmy, zaczęliśmy uzyskiwać lepsze rezultaty – około 60% populacji klientów. Zauważcie, że osoby z tej grupy *nie należą* do dobrze przystosowanych, normalnych ludzi. Choć jako klinicyści jesteśmy szczególnie zainteresowani wskaźnikiem sukcesu w tej grupie, gdyż są to osoby, które najbardziej tego potrzebują. Jak wspomniałem, osiągaliśmy wyższe wskaźniki sukcesu w przypadku indywidualnych sesji, szczególnie jeśli trwały dłużej i jeśli uzdrawialiśmy obecny „główny" problem, stosując terapię mocy przed lub po przeprowadzeniu procesu.

W przypadku nowej wersji 1.0 Procesu Wewnętrznego Spokoju, mieliśmy wyjątkowe szczęście, że spotkaliśmy dra Davida McQuarrie, terapeutę prowadzącego prywatną praktykę w zakresie grupowej psychoterapii. David ma swoje centrum *wellness* w okolicach Toronto, w Kanadzie i chciał przeprowadzić proces na grupie klientów poddających się psychoterapii. Z naszej perspektywy była to znakomita okazja, gdyż David nie miał żadnego przygotowania w zakresie naszych teorii i procesów, toteż mógł przeprowadzić test zgodnie z naszymi wytycznymi. Była to też możliwość sprawdzenia klarowności i prostoty procesu, a ponieważ nie kojarzono go z naszym Instytutem, osoby badane nie miały żadnych uprzedzeń. David miał także dostęp do dużej bazy klientów, na których mógł przetestować projekt. Poprosiłem Davida, by napisał dla nas krótkie podsumowanie otrzymanych wyników – odnotowuje w nim wskaźnik sukcesu na poziomie 55% w grupie około 80 osób.

DR DAVE MACQUARRIE
Wyniki testu po Procesie Wewnętrznego Spokoju

Po krótkich warsztatach prowadzonych przez Granta i Mary, poświęconych pracy Instytutu Badań nad Stanami Szczytowymi, i po obejrzeniu nagrania wideo z Procesem Wewnętrznego Spokoju, odniosłem się z entuzjazmem do nowej techniki i postanowiłem przetestować proces na grupach moich klientów. Zgodnie z instrukcjami nagrania (i w ramach limitów czasowych spowodowanych charakterem tych spotkań) przedstawiłem krótko nową metodę i przeprowadziłem proces trwający około 40 minut na każdej z pięciu grup.

W procesie wzięły udział 33 osoby i w ciągu następnych dwóch tygodni otrzymałem informację zwrotną od 28 uczestników (5 osób nie odpowiedziało). Z 28 osób, 21 odnotowało znaczny przypływ uczucia spokoju trwający przynajmniej dwa dni, 9 osób uznało ten przypływ za istotny, a 3 osoby odnotowały skutki uboczne (2 - podwyższoną drażliwość, 1 - nadmierny spokój).

W późniejszym terminie przeprowadzono drugi test (z bardziej szczegółowym wprowadzeniem i procesem trwającym 90 minut), otwarty dla każdego chętnego. Przyszło 38 osób, z czego 19 po dwóch tygodniach udzieliło informacji zwrotnej (niektórzy brali udział również w poprzedniej sesji). 14 osób odnotowało pozytywne efekty, u 13 proces miał znaczący wpływ, a 4 osoby odnotowały skutki uboczne (od apatii po duże wzburzenie).

Choć trudno to ocenić ze względu na zmieniającą się dziedzinę terapii, 11 osób odnotowało trwałe (trwające 3-4 miesiące) życiowe zmiany, które przypisywali Procesowi Wewnętrznego Spokoju. Jedna z osób opisała to w następujący sposób: „Jestem już nie tylko spokojna, ale opanowana i kontroluję swoje zachowania. Nie czułam tego nigdy przedtem". Inna osoba powiedziała: „Po raz pierwszy w życiu jestem skoncentrowana i nie śpieszę się tak...".

Osoby odnotowujące efekty uboczne odniosły się pozytywnie do indywidualnej pracy nad swoimi problemami.

Podsumowując, nie znam żadnego innego procesu, który przyniosłby takie rezultaty, w związku z tym zamierzam dalej wykorzystywać PWS w swoim warsztacie terapeutycznym.

9.4. STABILNOŚĆ PROCESU WEWNĘTRZNEGO SPOKOJU

Jak już powiedzieliśmy, szacujemy, że około 55% populacji klientów terapii uzyska Stan Wewnętrznego Spokoju (lub lepszy) po jednokrotnym zastosowaniu procesu w grupie. Czym jednak jest długofalowa stabilność procesu? Podejrzewamy, że odsetek całkowitej populacji klientów, którzy uzyskają stan *i utrzymają go bez jego podtrzymywania* jest bliski 40%. To są jednak nasze oszacowania oparte na znikomej liczbie danych. Trudno obserwować naszych badanych przez dłuższy czas. Niestety, dr MacQuarrie ma również ten sam problem i nie jest w stanie podać więcej informacji na temat długofalowej stabilności proces. Wiemy na pewno, że pierwsi badani utrzymali stan od momentu zastosowania pierwszej wersji procesu cztery lata temu bez konieczności jego podtrzymywania. Ludzie mają tendencję do uznawania Stanu Wewnętrznego Spokoju za coś tak zwyczajnego, że po kilku tygodniach nie zdają sobie już sprawy z tego, że są w tym stanie, co zniekształca wyniki samooceny.

Byliśmy jednak także świadkami, jak niektórzy z naszych klientów wychodzili z tego stanu, gdy dopadał ich jakiś bieżący „poważny kryzys". Ale co ciekawe, z grupy badanych przez nas osób prawie wszyscy odzyskali stan, gdy tylko ich obecny problem został uzdrowiony przy zastosowaniu terapii mocy. Można powiedzieć, że Stan Wewnętrznego Spokoju staje się ich stanem „wyjściowym" – co oznacza, że nie powracają oni do przeciętnej świadomości po uzdrowieniu aktualnego problemu.

Zarówno nasi klienci, jak i klienci dra MacQuarrie zostali poinstruowani, by skontaktować się z nami, gdyby po przeprowadzeniu procesu pojawiły się jakieś nieoczekiwane problemy – jak dotąd nikt się nie zgłosił. Podczas procesu u niektórych osób mogą pojawić się pewne mało istotne (moim zdaniem) problemy. Wiążą się one z uprzednio tłumionymi traumami, które uległy aktywacji i wystąpiły w trakcie procesu w postaci symptomów fizycznych lub emocjonalnych. Powinny z czasem ustąpić, lecz jeśli tak się nie stanie, zalecamy ich uzdrowienie w indywidualnej sesji, najlepiej za pomocą szybko działającej metody EFT.

9.5. OSOBISTA RELACJA WYDARZEŃ PO PROCESIE WEWNĘTRZNEGO SPOKOJU

Jak już wcześniej wspominałem, gdy po raz pierwszy stworzyliśmy Proces Wewnętrznego Spokoju, mieliśmy fantastyczną okazję, by go wypróbować na grupie stu ochotników w Ozark Research Institute (ORI). Choć tamta pierwsza wersja zadziałała tylko w przypadku 30% osób, miło było czytać e-maile od uczestników z opisem ich doświadczeń, takich jak w przedstawionym poniżej liście Patricii, która podzieliła się z nami obserwacją skutków procesu w jej życiu. Zauważcie, że większość ludzi w ogóle nie zauważa nowego stanu, gdyż polega on przede wszystkim na braku emocjonalnej reakcji na materiał z przeszłości. Uznałem jednak, że ta relacja może pokazać bardziej radykalne reakcje osoby, która nigdy wcześniej nie przeżyła podobnego stanu do PWS i nie potrafiła go rozpoznać na podstawie naszego opisu.

LIST PATRICII VANDERBERG

Drogi Grancie,

Serdecznie pozdrawiam! Brałam udział w twoich zajęciach w ORI czwartego dnia, byłam jedną z tych sfrustrowanych osób, które rano były wszystkim zirytowane, a po południu promieniały szczęściem po przeprowadzeniu przez ciebie sesji eksperymentalnej. Spałam w narożniku pokoju przez prawie półtorej godziny i nie byłam w stanie wyjść na światło dzienne. Tego wieczora spałam najgłębszym i najbardziej spokojnym snem od bardzo dawna — nie spałam tak od wielu lat. Było to doświadczenie szczególnie głębokie, zważywszy moją wrażliwość oraz fakt, że zazwyczaj regularnie budzę się 2-3 razy w ciągu nocy, lekko śpię i płytko oddycham.

Następnego ranka obudziłam się całkowicie spokojna, skoncentrowana i uspokojona. Były to uczucia zupełnie odmienne od niepokoju i lęku, który towarzyszył mi zwykle w chwilach przebudzenia. Czułam się szczęśliwa w taki głupi, lekki sposób, jakbym była na haju. Czułam ogromny kontrast, gdyż nie wiedziałam, czym jest stan szczytowy i nie mogłam zrozumieć przez cały tamten poranek, o czym mówiłeś. Byłam tak podekscytowana, że to widać, i pewien pełen żaru młody człowiek spytał mnie podczas przerwy, czy kiedykolwiek doświadczyłam radości, na co odpowiedziałam, że nie jestem pewna, i że nie wiem, czym są owe doświadczenia szczytowe.

Następnego wieczora również miałam spokojny sen i obudziłam się zregenerowana i wróciłam samolotem do domu bez większych problemów.

Trzeciego dnia po leczeniu na twoich zajęciach, poszłam do Sylwii, by popracować nad kluczowymi traumami związanymi z poczęciem i odbyć szamańską podróż. Gdy mnie poprosiła o ustalenie intencji na tę podróż, opowiedziałam jej co nieco o ORI i o swoich przeżyciach, i poprosiłam o zajęcie się tą główną traumą, którą identyfikowałam jako lęk i opuszczenie, a która była przyczyną mojej wrażliwości. Sylwia i ja leżałyśmy na podłodze, a towarzyszyły nam dźwięki bębnów, grzechotek i głęboki oddech...

Następnego dnia poszłam na masaż olejkami i parą wodną, w którym wykorzystano olejki sandałowca i różany do chłodzenia. W drodze powrotnej do domu, do Concord zauważyłam, że byłam w stanie dostrzec wszystkie szczegóły na liściach drzew, barwy kwiatów wydawały się żywsze, zaś moja perspektywa uległa poszerzeniu.

Tak wyglądały moje doświadczenia 3–4 dni po twojej sesji w ORI. Uruchomiły one najwyraźniej głębszy proces uzdrawiania mojej wrażliwości na poziomie chemicznym i przyniosły jaśniejszą i głębszą obecność w procesie życia. Chciałabym ci bardzo podziękować, gdyż jestem przekonana, że twoja sesja była punktem zwrotnym w moim życiu. Pracujesz nad czymś bardzo ważnym i mogę osobiście to potwierdzić. Mam nadzieję, że będziesz z całą energią kontynuował tę pracę. Skorzysta na tym wielu ludzi.

Bardzo, bardzo dziękuję.
Pozdrowienia,
Patricia Vandenberg

9.6. WPROWADZENIE DO BROSZURY ZAWIERAJĄCEJ OPIS PROCESU WEWNĘTRZNEGO SPOKOJU

Poniżej przedstawiamy opis procesu PWS w formie broszury, którą rozdajemy uczestnikom naszych warsztatów. I ponieważ opis procesu przeznaczony jest dla osób, które nie miały możliwości przeczytania tej książki, pojawią się tu niektóre informacje, z którymi czytelnik już się spotkał.

Czy jest coś, o czym osoba prowadząca sesję powinna wiedzieć?

– Przede wszystkim, na naszych stronach www.peakstates.com jest dostępne nagranie wideo procesu stosowanego na ochotnikach.

– Po drugie, zalecałbym osobom, które planują zastosować proces na innych, by nauczyły się używania techniki EFT – możecie jej potrzebować, by komuś pomóc w przypadku wystąpienia nadzwyczajnych objawów.

– Po trzecie, zawsze istnieje możliwość, że nowe techniki (takie jak ten proces) mogą ujawnić u niektórych osób nieprzewidziane problemy. Zalecałbym by osoby, które poddadzą się procesowi pod waszym nadzorem, podpisały oświadczenie o odpowiedzialności, a także – jeśli jesteście laikami – upewnijcie się, że znacie osobę przeszkoloną w dziedzinie leczenia traum, do której możecie wysłać uczestników, u których pojawią się jakieś problemy w trakcie procesu. Poza tym, proces jest zrozumiały i – zgodnie z wynikami dotychczasowych testów – bezpieczny.

– Po czwarte, na pewno musicie wyjaśnić, że proces nie działa u każdego – nie wywołujcie w uczestnikach zbyt dużych oczekiwań i ewentualnych późniejszych frustracji, gdyż któregoś dnia chcielibyśmy opracować bardziej skuteczną wersję, którą znów będziemy chcieli na kimś przetestować!

Jak powiedziałem, możecie swobodnie kopiować materiał i rozdawać innym pod warunkiem przestrzegania kilku spraw, które przedstawiłem na początku tego rozdziału. Powodzenia!

PROCES WEWNĘTRZNEGO SPOKOJU

INSTYTUT BADAŃ NAD STANAMI SZCZYTOWYMI

Wersja 1.0, 4 listopada 2002 r.
Copyright © 2003 by Grant McFetridge

Witamy w Instytucie Badań nad Stanami Szczytowymi!

Na początku pokrótce omówimy teorię i zastosowania procesu. Opracowując ten proces chcieliśmy, by był możliwie najprostszy. W związku z tym musieliśmy zaakceptować fakt, że nie zadziała on u każdego. Obecna procedura, której opis trzymacie w ręku, sprawdza się w 1/2 do 2/3 przypadków. Oznacza to, że na sto osób – 50 do 66 z nich uzyska faktycznie pełen Stan Wewnętrznego Spokoju. Osoby, którym to się nie uda, mogą potrzebować więcej czasu lub indywidualnej uwagi, a w niektórych przypadkach nie możemy im pomóc przy zastosowaniu tej prostej procedury.

Na stronie naszego Instytutu www.peakstates.com dostępne jest nagranie wideo Procesu Wewnętrznego Spokoju, które obejmuje to, co zawiera niniejsza broszura. Pierwsze 30 minut poświęcono teorii procesu, zaś w ciągu następnych 90 minut przedstawiamy zastosowanie procesu w grupie. Nagranie opracowaliśmy w taki sposób, aby można je było zastosować jako domowe wideo z ćwiczeniami – po prostu należy postępować zgodnie ze wskazówkami. Taka forma pracy może wielu osobom wydać się wygodniejsza (nagranie można kupić za pośrednictwem naszej strony internetowej www.peakstates.com).

POTENCJALNE RYZYKO!

Po trzech latach testowania procesu na dużych grupach osób, nie odkryliśmy żadnych nadzwyczajnych problemów wiążących się z jego stosowaniem. Jednak zawsze istnieje ryzyko związane z nowymi procedurami, jeśli nie jesteście w stanie zaakceptować wszystkich konsekwencji stosowania tego procesu, musicie w tym momencie odstąpić od wzięcia w nim udziału. Stosując proces, przyjmujecie na siebie ryzyko, i nie jesteśmy prawnie odpowiedzialni za wasz wybór i za wszelkie konsekwencje będące jego wynikiem.

Zidentyfikowaliśmy trzy trudne doświadczenia, których powinniście być świadomi.

1. Proces ten z samej swej natury przywołuje przykre uczucia i doznania w ciele – należy tego oczekiwać. Objawy te powinny ustąpić po zastosowaniu EFT (Techniki Emocjonalnej Wolności). Jeśli macie problem i uczucia te nie ustępują sugerujemy, aby albo przyjrzeć się procesowi EFT na stronie www.emofree.com, albo poszukać terapeuty, który zna tę technikę. W każdym razie uczucia, które muszą wypłynąć podczas procesu i których nie da się wyeliminować za pomocą EFT w końcu ustąpią bez leczenia, choć wtedy możecie nie osiągnąć korzyści z procesu albo nie uzyskacie Stanu Wewnętrznego Spokoju.

2. Choć zdarza się to rzadko, dzięki zastosowaniu procesu możecie uzyskać nawet lepsze i bardziej radykalne stany świadomości. Są to stany związane z lepszym zdrowiem i dobrostanem, mogą one jednak przynieść doświadczenia i zdolności, których nigdy wcześniej nie mieliście. Zazwyczaj po kilku dniach osoby przyzwyczajają się do bycia w tych nowych stanach.

3. Niektóre osoby, które z powodzeniem uzyskały Stan Wewnętrznego Spokoju, mogą później ten stan utracić. Powrót do „przeciętnej" świadomości może zostać odebrany jako coś trudnego i nieprzyjemnego aż do momentu ponownego oswojenia się z tą sytuacją. W momencie powrotu do poprzedniego rodzaju świadomości osobom może towarzyszyć uczucie depresji bądź irytacji. Powtórzenie procedury i zastosowanie pozostałych sugestii zawartych w tej broszurze zazwyczaj przywraca utracony stan. Ponieważ stale wprowadzamy do procesu jakieś udoskonalenia, udostępniamy je na naszej stronie internetowej www.peakstates.com.

DODATKOWE INFORMACJE

Aby uzyskać więcej informacji, zapraszamy na naszą stronę internetową www.peakstates.com, gdzie będziemy was informować na bieżąco o publikacji lub powstaniu nowych procedur.

Dziękujemy za udział w naszej pracy!
Wszystkiego dobrego,

Grant McFetridge i zespół Instytutu Badań nad Stanami Szczytowymi
Listopad 2002 r.
Hornby Island, Kolumbia Brytyjska, Kanada

www.peakstates.com

SZCZYTOWE STANY ŚWIADOMOŚCI

JAK ROZUMIEĆ SZCZYTOWE STANY ŚWIADOMOŚCI

Zauważyliście, że istnieją ludzie, którzy wydają się szczęśliwi, zdrowsi, którzy osiągają sukcesy i lepiej znoszą dole i niedole życia, niż wy? Według obecnego paradygmatu psychologicznego, ludzie ci mieli lepsze dzieciństwo, przeżyli mniej traum, mają lepsze dziedzictwo genetyczne, lepszych przyjaciół, i tak dalej. Według tego modelu, wszystko sprowadza się do dwóch rzeczy – lepszych genów i lepszego otoczenia. Ostatnio doszedł trzeci element: lepsza opieka prenatalna. Choć są to ważne elementy, jednak podstawowy powód, dla którego niektórzy mają fantastyczne życie niezależnie od okoliczności, jest całkowicie pomijany przez obecny paradygmat współczesnej psychologii.

W latach 60. Abraham Maslow zidentyfikował momenty, w których ludzie czują się znacznie lepiej. Nazwał te chwile „doświadczeniami szczytowymi". Okazuje się, że owe doświadczenia szczytowe można przeżywać w sposób ciągły. Określamy te długotrwałe wspaniałe doświadczenia mianem „szczytowych stanów" świadomości. Osoby żyjące w tych cudownych stanach przez większość czasu lub ciągle, to osoby wyjątkowe. O różnicy decyduje nie ich osobowość, ale stan, w którym są! Do tej pory zidentyfikowaliśmy ponad 40 głównych stanów szczytowych oraz szereg różnych podstanów i połączeń stanów. Każdy z nich jest znacznie lepszy od przeciętnej świadomości. Bez nich ludzie w głębi serca nie czują tak naprawdę, że warto żyć, i spędzają dany im czas w sposób ogólnie przyjęty w danej kulturze. A to oznacza, że nie dostają tego, czego chcą, gdyż nasza kultura nie uznaje istnienia tego rodzaju stanów. Każdy ze stanów charakteryzuje się swoistymi fundamentalnymi cechami – dla każdej osoby takimi samymi.

STANY SZCZYTOWE I UZDRAWIANIE PSYCHOLOGICZNE

W ciągu ostatnich kilku lat wynaleziono kilka potężnych i szybko działających metod uzdrawiania, nazwanych wspólnym mianem „terapii mocy". Procesy te zmieniają dziś sposoby uzdrawiania psychologicznego na całym świecie. Wykorzystanie tych lub innych form terapii pozwala usunąć określone, zidentyfikowane problemy. Podstawowy proces Uzdrawiania Całym Sercem (WHH) jest jedną z takich form terapii i można nauczyć się go za darmo z naszej strony internetowej www.peakstates.com. WHH jednak opracowano z myślą o zupełnie innym celu – pracowaliśmy nad znalezieniem odpowiedzi na pytanie, jak osiągnąć trwałe szczytowe stany świadomości. Zamiast próbować uzdrawiać ludzi, by mogli normalnie funkcjonować, tak naprawdę jako uzdrowiciele i terapeuci chcielibyśmy wprowadzić ludzi w stany świadomości, w których nie tylko będą wolni od większości ludzkich problemów, ale będą także żyli wyjątkowej jakości życiem. By użyć przenośni, większość ludzi żyje w piekle z wbitymi w siebie widłami, które istnieją od tak dawna, iż mamy wrażenie, że to norma. Terapie mocy umożliwiają ich wyciągnięcie, co – oczywiście – jest bardzo pożyteczne, ale ludzie nadal zostają w piekle. Chcieliśmy znaleźć sposób, by przenieść ludzi z piekła do nieba na Ziemi.

Jeśli będziecie chcieli lepiej poznać prace Instytutu, a nawet ulepszyć lub odkryć nowe procesy, zalecamy poznanie tych „terapii mocy" (szczególnie podstawowego procesu WHH), tak abyście mogli zrozumieć ludzką psychikę oraz fundamentalne narzędzie badawcze, które stosujemy w pracy nad projektem stanów szczytowych. Większość naszej pracy w dziedzinie szczytowych stanów świadomości opiera się właśnie na tym materiale. Bardziej zaawansowaną wiedzę, wciąż niedostępną na stronie internetowej, można znaleźć w naszej książce *Szczytowe stany świadomości* (tomy I do III).

RODZAJE STANÓW SZCZYTOWYCH

Istnieją dwie odrębne grupy stanów szczytowych. Grupa najbardziej istotna dla treści tej broszury ma związek z fuzją różnych mózgów w systemie trójni mózgu. Gwoli wyjaśnienia – mózg podzielony jest na trzy główne odrębne biologicznie części – na umysł, serce i ciało. Mało kto wie, że w przypadku większości ludzi mózgi te są oddzielone i mają indywidualne samoświadomości. By podać przykład z codziennego doświadczenia – na pewno przypominacie sobie sytuację, w której ktoś wam się bardzo podobał (reakcja mózgu ciała), kogo nie lubicie (reakcja mózgu serca) i czuliście się tą sytuacją zdezorientowani (reakcja mózgu umysłu).

W przypadku pewnej klasy stanów szczytowych dochodzi do „fuzji" – czyli połączenia i scalenia – tych świadomości, co oznacza, że mózgi tracą swoje indywidualności i stają się jednolitą świadomością. To, które mózgi się łączą i do jakiego stopnia, określa szereg różnych stanów. By wyjaśnić różne rodzaje stanów połączenia mózgów, można wykorzystać do tego „diagram Perry" – to kolumna kół ilustrujących poszczególne mózgi, których nakładanie się i wzajemny od siebie dystans określa stopień fuzji świadomości mózgów. Poniżej przedstawiamy pokrótce opisy kilku owych stanów fuzji mózgów. Pierwszy na liście to stan, który ma przynieść Proces Wewnętrznego Spokoju, ale czasem (choć rzadko) może się zdarzyć, że wystąpią inne stany, w związku z tym ich opisy również przytaczamy.

STAN WEWNĘTRZNEGO SPOKOJU (fuzja mózgów umysłu i serca) – jednostka odczuwa głęboki spokój, niezależnie od przeżywanych uczuć, stąd nazwa stanu. Ponadto, traumy z przeszłości nie są już odbierane tak emocjonalnie, jak kiedyś. Emocjonalne reakcje są dyktowane przez obecne okoliczności, a nie przez traumy z przeszłości. Co ciekawe, gdy przeprowadza się uzdrawianie (np. w procesie WHH) i na koniec uzyskuje się tymczasowe uczucie harmonii, spokoju i lekkości (*calm, peace and lightness* – CPL), jest to chwilowe doświadczenie tego właśnie (albo nawet lepszego) stanu.

STAN ŚCIEŻKI PIĘKNA (żywotność) – ten synergiczny stan obejmuje Stan Wewnętrznego Spokoju oraz dodatkowo przynosi uczucie „żywotności". Wszystko wydaje się mieć w sobie jakieś piękno, stąd nazwa stanu. Nie ma negatywnych sądów o ludziach, a wiedza o prawdach duchowych jest oczywista. „Hałasy" i „paplanina umysłowa" w głowie mijają.

STAN PODSKÓRNEGO SZCZĘŚCIA (fuzja mózgów ciała i serca) – ten stan daje trwałe uczucie szczęścia, które nie przemija bez względu na przeżywane uczucia. U mężczyzn jest to uczucie szczęścia, zaś u kobiet jest to raczej uczucie miłości.

STAN KOMUNIKACJI MÓZGÓW – jednostka jest w stanie komunikować się pomiędzy umysłem, sercem i ciałem, jak gdyby mózgi te były trójką dzieci rozmawiających ze sobą wewnątrz tej osoby.

STAN PUSTEJ WEWNĘTRZNEJ PRZESTRZENI (fuzja mózgów umysłu-serca-ciała) – wnętrze ciała sprawia wrażenie, jakby było z powietrza, ale nadal jest otoczone skórą. Wszelkie działania przychodzą bez wysiłku. W niektórych przypadkach jednostka ma uczucie zanikania także granic skórnych (choć jest to kolejny stan niezwiązany z fuzją mózgów).

STAN WEWNĘTRZNEGO ŚWIATŁA – poczucie, jakby wnętrze ciała i głowy było wypełnione jasnym (białym lub złotym) światłem.

Stany szczytowe, które nie mają związku z fuzją mózgów, omawiamy w tomie II *Szczytowych stanów świadomości*. Jeśli jesteście zainteresowani tym tematem, możecie także przeczytać krótkie opisy tych stanów na stronie www.peakstates.com.

STAN WEWNĘTRZNEGO SPOKOJU
PROCES INDUKOWANIA

CO DAJE STAN WEWNĘTRZNEGO SPOKOJU

W Stanie Wewnętrznego Spokoju klient reaguje emocjonalnie tylko na obecną sytuację. Oznacza to, że wszelkie traumy z przeszłości przestają być odczuwane jako traumatyczne, niezależnie od tego, jak bardzo by się próbowało przywołać uczucia z przeszłości. Osoba odczuwa głęboki spokój i harmonię, a emocje odczuwane są adekwatnie do tego, co jej się przydarza – nie ma już emocjonalnych „aktywatorów". Ponieważ większość codziennych problemów powstaje zazwyczaj w wyniku aktywacji przeszłego emocjonalnego materiału traumatycznego, który „wypływa" w teraźniejszości, łatwo sobie wyobrazić, jak poprawiłoby się funkcjonowanie każdego z nas, gdybyśmy znaleźli się w tym stanie – zwłaszcza osób cierpiących na problemy emocjonalne. Tak więc, zamiast uzdrawiać po kolei pojedyncze problemy emocjonalne, można zastosować Proces Wewnętrznego Spokoju, który wyłącza je *wszystkie* w tym samym momencie – zdajecie sobie sprawę z ogromnego znaczenia zastosowania tej metody w praktyce terapeutycznej! Podejrzewamy, że również niektóre problemy zdrowotne spowodowane przez traumy minęłyby, gdyby klient znalazł się w tym stanie (cały czas prowadzimy badania nad tym zagadnieniem). Napiszcie nam o uzyskanych przez was rezultatach, a my umieścimy tę informację na naszej stronie internetowej www.peakstates.com.

Zmiany zachodzące w momencie wejścia w Stan Wewnętrznego Spokoju nie są uznawane przez klientów za kłopotliwe lub niezwykłe, gdyż cechą charakterystyczną stanu jest brak problemów, a nie pojawienie się – jak w przypadku innych stanów – dodatkowych nowych doświadczeń i zdolności. Zdobyliśmy już wystarczająco bogate doświadczenie, by móc stwierdzić, że stan ten właściwie nie wywołuje skutków ubocznych.

DLACZEGO PROCES DZIAŁA

Co powoduje wystąpienie Stanu Wewnętrznego Spokoju? W tym stanie mózgi umysłu i serca łączą się w jedną świadomość. Okazuje się, że Stan Wewnętrznego Spokoju jest obecny u ludzi od chwili narodzin, jeśli poczęciu nie towarzyszyła żadna trauma. Niestety, regresja do traumy tego zdarzenia rozwojowego w celu wywołania stanu jest trudna i czasochłonna, co uniemożliwia zwykłemu terapeucie przeprowadzenie takiego procesu w warunkach gabinetu terapeutycznego i w rozsądnych ramach czasowych. Zamiast tego opracowaliśmy wersję „na skróty", która nadal może wywołać u wielu osób Stan Wewnętrznego Spokoju. Niestety, szybkość i łatwość stosowania procesu odbywa się kosztem liczby osób, które uzyskają ten stan. Dodatkowo, ponieważ w procesie stosowane są terapie mocy w celu uwolnienia traumy związanej z poczęciem, jego wadą – pomimo szybkości i prostoty – jest możliwość „odwrócenia" procesu w którymś momencie w przyszłości.

Co oznacza ów „skrót"? Polega on na przejściu do krytycznego momentu w tym etapie rozwojowym (czyli poczęciu) i podaniu instrukcji biologicznej (czyli co ma się zdarzyć w tamtym momencie) jako zdania, które w tym przypadku po polsku brzmi „Połączcie siły w chwale". Wiem, że zdanie to brzmi dziwnie i dość religijnie – ale właśnie w takim brzmieniu najlepiej pasuje do tego biologicznego procesu. Aby proces był szybszy i bardziej dokładny, zawiera także wizualizację i oprawę muzyczną. Muzyka ta przypomina muzykę, którą można „usłyszeć" podczas poczęcia na poziomie duchowym, a wizualizacja przypomina proces, który występuje w tym zdarzeniu rozwojowym. Niektóre osoby rzeczywiście słyszą „prawdziwą" muzykę i widzą „rzeczywiste" doświadczenie, które stara się przedstawić wizualizacja. Zrozumienie przyczyn powstawania stanów szczytowych oraz sposobu, w jaki odkryliśmy konkretne zdarzenia rozwojowe (w tym zdania, utwory muzyczne i wizualizacje) nie należy do zakresu tego podręcznika. Jest on przedmiotem zaawansowanego szkolenia Uzdrawiania Całym Sercem (WHH), prowadzonego w Instytucie Badań nad Stanami Szczytowymi. Klient ma powtarzać zdanie (lub go wysłuchiwać) w trakcie wizualizacji i słuchania muzyki. To umieszcza klienta z powrotem w traumie we właściwym momencie (generalnie bez udziału świadomości), zaś emocjonalne i fizyczne symptomy, które wystąpiły podczas poczęcia, zaczynają być odczuwane w ciele. By wyeliminować symptomy traumy, zalecamy stosowanie terapii meridianowych, takich jak EFT.

KROKI PROCESU WEWNĘTRZNEGO SPOKOJU

ODPOWIEDZIALNOŚĆ

Jeśli czytasz tę broszurę i stosujesz ten proces sam, tym samym wyrażasz zgodę na przedstawione niżej warunki dotyczące odpowiedzialności. Jeśli pracujesz z klientami, sugerujemy, by proces rozpocząć od uzyskania pisemnej zgody na przejęcie odpowiedzialności. Klient musi z całą jasnością wiedzieć, że to nowy, eksperymentalny proces i że nie ma podstaw historyczno-badawczych, by określić jego długofalowe skutki i konsekwencje. Klient musi być gotów przejąć całkowitą odpowiedzialność za wszystkie skutki procesu, mimo że nie wiemy do końca, jakiego rodzaju mogą to być skutki, ani jak je naprawić. Klient musi rozumieć, że ty – i tym samym Instytut – nie jesteś odpowiedzialny za konsekwencje wynikłe ze stosowania tego procesu. Choć testowaliśmy ten proces i nie napotkaliśmy żadnych nadzwyczajnych problemów, nie oznacza to jednak, że ani tobie, ani twojemu klientowi nic nieoczekiwanego się nie przydarzy.

KROK 1. WYBIERZ PRZESZŁE EMOCJONALNE TRAUMY „WSKAŹNIKOWE"

Wybierz trzy-cztery główne traumy emocjonalne z przeszłości, które łatwo odczuwasz. ZAPISZ JE, gdyż możesz zapomnieć, na czym polegały. Oceń natężenie bólu, które odczuwasz teraz, gdy o nich myślisz, w skali od 0 (brak bólu) do 10 (maksymalny możliwy ból). Wielkości te będą wskazywały na to, do jakiego stopnia wszedłeś w stan. Gdy po procesie wchodzi się w stan całkowicie, ocena traum „wskaźnikowych" wynosi 0. Generalnie jest tak, że wraz ze stopniowym wchodzeniem w stan oceny traum spadają. Zauważcie, że nie chcemy, byście używali EFT ani TAT na samych wspomnieniach traum – chcemy, byście wybrali traumy, które będziecie mogli wykorzystać jako narzędzia pomiaru, aby sprawdzić, czy weszliście w stan. Ból odejdzie, podobnie jak wszystkie pozostałe traumy, które wybraliście.

KROK 2. ZACZNIJ ODTWARZAĆ ODPOWIEDNIE UTWORY MUZYCZNE

Utworem muzycznym odpowiednim dla tego kroku jest pierwsza część V Symfonii Beethovena (choć szukamy jeszcze lepszego utworu). Ten akurat utwór jest bardzo ważny, toteż nie zastępujcie go niczym innym. Wybór innego utworu nie pomoże (chyba że będziecie mieli wyjątkowe szczęście), a prawdopodobnie zakłóci proces. Utwór ten należy odtwarzać ciągle przez cały proces – bardzo pomaga w przywołaniu uczuć i przyspiesza działanie procesu. Niekiedy klient może stwierdzić, że muzyka mu przeszkadza, ale zazwyczaj to oznacza, że materiał traumatyczny związany z poczęciem dochodzi do świadomości i należy się spodziewać takiej reakcji. Czasami wskutek negatywnych doświadczeń kulturowych, jak np. przymusowa asymilacja grup mniejszościowych do kultury zachodniej, klienci mogą odrzucać utwór. Wyjaśnijcie, na jakiej zasadzie utwór ten został wybrany i że można wybrać inny utwór z innej kultury, jeśli tylko ktoś wie, jak to zrobić.

KROK 3. WIZUALIZACJA

W momencie uruchomienia procesu spróbujcie dokonać wizualizacji łańcucha z dużymi ogniwami o średnicy około 30 cm, biegnącego pionowo przez ciało. Niech klient wyobrazi sobie, że łańcuch ten łączy się i rozłącza w ciele. Łańcuch przypomina trochę duże pierścienie, które magik łączy i rozłącza podczas magicznej sztuczki. Okazuje się, że taka wizualizacja wygląda jak obraz, który ma miejsce na pewnym poziomie świadomości, i duży odsetek klientów będzie w stanie to dostrzec, gdy to się będzie działo. Gdy proces dobiegnie końca, łańcuch będzie połączony i klient, który potrafił dostrzec pierścienie zauważy, że nie może wyobrazić sobie rozłączania ogniw. Ta część procedury nie ma podstawowego znaczenia – jeśli zapomnieliście o wizualizacji, proces powinien nadal dobrze działać.

KROK 4. WYMÓW WYMAGANE ZDANIE

Podczas wykonywania procedury należy stale powtarzać proste zdanie: „Jednoczcie siły w chwale". Nie zmieniajcie słów – powtarzanie ich w tej postaci ma podstawowe znaczenie. Zdajemy sobie sprawę, że po jakimś czasie czynność ta staje się nudna, ale zdanie i muzyka to kluczowe elementy procesu.

KROK 5. ZASTOSUJ EFT

Wykorzystajcie technikę EFT, by uzdrowić uczucia i wrażenia, które pojawią się w trakcie przeprowadzania procesu (choć równie dobrze sprawdzi się tu jakakolwiek terapia meridianowa). Należy po prostu powtarzać stale zdanie podczas dotykania punktów meridianowych w trakcie słuchania muzyki oraz – jeśli potraficie – wizualizacji (proces dotykania punktów pokazano na nagraniu wideo, można się go także nauczyć z podręcznika EFT, dostępnego na stronie www.emofree.com). Jeśli przeprowadzacie proces w grupie, niech każdy ich dotyka i powtarza zdanie w tym samym momencie. Jeśli nie odczuwacie żadnych zmian w doznawanych uczuciach lub wrażeniach podczas przeprowadzania procesu, być może powinniście wykonać wszystkie kroki EFT. Jeśli ich nie znacie, przejrzyjcie podręcznik lub poszukajcie osoby praktykującej EFT. Odkryliśmy, że jeśli ktoś inny dotyka punktów zamiast ciebie w trakcie wykonywania procesu, zwiększa to szanse na skuteczność EFT – konieczność pamiętania punktów, w które należy uderzać, może odciągnąć uwagę od wrażeń i uczuć, które powinny się pojawić. Jeśli robicie proces sami, najpierw wypróbujcie EFT na sobie samym w odniesieniu do innych problemów, aż do momentu, gdy czynność ta nie zacznie was odciągać od tego, co próbujecie uzdrowić.

KROK 6. URUCHOM PROCES

Procedura procesu prawie na pewno sprawi, że będziecie odczuwać dyskomfort – emocjonalny i fizyczny. To nie jest problem – to oznacza, że proces działa! Należy wtedy celowo skoncentrować się na odczuwaniu dyskomfortu, bólu i emocji, zamiast ich unikać. Do eliminacji uczuć należy zastosować EFT, wtedy pojawią się kolejne uczucia, które znów trzeba wyeliminować, i tak dalej – aż do momentu, gdy przestają się one pojawiać. Proces nie zadziała, jeśli będziecie skutecznie ignorować jakiekolwiek pojawiające się symptomy. Zauważcie, że niektóre osoby starają się wyjaśnić pojawiające się doznania tym, co dzieje się w pomieszczeniu. Na przykład możecie mieć wrażenie, że muzykę źle wybrano, że jest za głośna, albo że musicie wyjść, bo macie coś do załatwienia, i tak dalej. Takie myśli mogą was oszukać i zablokować działanie procesu, gdyż przestaniecie się koncentrować na odczuciach.

KROK 7. SPRAWDŹ POSTĘPY

Po kilku rundach z odegraniem utworu, sprawdźcie, czy wasza ocena traum spadła do zera. (Pamiętajcie, NIE myślcie o waszych traumach wskaźnikowych podczas procesu, gdyż może się okazać, że przez przypadek uzdrowiliście te kilka traum. Jeśli nie znajdujecie się w Stanie Wewnętrznego Spokoju, wszystkie pozostałe traumy będą nadal bolesne).

KROK 8. KONTYNUUJ AŻ DO MOMENTU BRAKU KOLEJNYCH ZMIAN

Ogólnie rzecz biorąc, proces trwa przynajmniej 30 minut, może potrwać nawet do 4 godzin. Należy kontynuować proces nawet w momencie, gdy wskaźniki traum spadną do zera. W przypadku większości ludzi nadal będą dokonywać się zmiany. Należy kontynuować czynności EFT przez przynajmniej kilka serii wraz z kolejnymi zmianami we wrażeniach cielesnych, dobrze jest też odsłuchać jeszcze raz utwór muzyczny, gdy przestaną się pojawiać dalsze zmiany. *Zbyt krótki czas trwania procesu to najczęstszy błąd.* Ponieważ uczucia traumatyczne związane z poczęciem towarzyszyły wam przez całe życie, wrażenia traumatyczne obecne w ciele uważacie za normalne, toteż nie zdajecie sobie sprawy, że pojawiają się symptomy, które należy nadal eliminować aż do ich ustąpienia. Kilka godzin dotykania punktów meridianowych rozłożonych na kilka sesji powinno dobrze zadziałać, a w rzeczywistości mogą być nawet konieczne, by doszło do pełnej przemiany. Kontynuowanie później tych czynności zmniejsza prawdopodobieństwo wypadnięcia ze stanu.

JEŚLI PROCES NIE DZIAŁA

Co się dzieje, jeśli ty (lub klient) przemyśleliście to, byliście podekscytowani możliwościami, chcieliście przetestować proces, ale proces nie zadziałał? Często możecie czuć, że posiadacie jakiś wewnętrzny defekt, że jesteście skazani na to, by żyć pozbawionym tego, co mają inni ludzie. TO NIEPRAWDA! Te i inne *stany szczytowe są przyrodzonym prawem każdej osoby*, a powód, dla którego dana osoba ma dany stan lub go nie ma, nie ma nic wspólnego z wewnętrzną zdolnością lub zasługami. Może mieliście pecha i gromadziliście doświadczenia życiowe, które blokują ten stan i sytuacja wymaga głębszego rozeznania, by odkryć, co jeszcze trzeba uzdrowić. Być może musicie poczekać, aż opracujemy lepsze procedury. Tak czy owak, istnieją inne powody, dla których dane osoby nie mają stanów szczytowych i Instytut nieustannie prowadzi badania nad tym zagadnieniem.

Co jakiś czas odwiedzajcie stronę www.peakstates.com i sprawdzajcie, czy pojawiły się ulepszenia i aktualizacje tej techniki. Sugerujemy także, byście zapisali się na nasz sporadycznie publikowany *newsletter*, w którym informujemy o pojawieniu się nowego materiału. Ponadto, jeśli was to interesuje, istnieje grupa e-mailowa osób stosujących proces Uzdrawiania Całym Sercem (WHH), który szczególnie dobrze sprawdza się w uzdrawianiu traum poprzedzających narodziny, takich jak trauma poczęcia. Możecie zapisać się do tej grupy, wchodząc do zakładki strony poświęconej procesowi WHH. Poniżej zamieszczamy listę konkretnych rad, które mogą pomóc.

- Spróbujcie nałożyć mieszankę olejków eterycznych – z mięty pieprzowej i jagód jałowca – na punkt „karate" podczas wykonywania procesu. Punkt ten znajduje się na brzegu dłoni i jest jednym z punktów EFT (uważajcie tylko, by olejek nie dostał się do oczu, bardzo piecze!).

- Może ktoś powinien wam pomóc z uderzaniem w punkty, być może powinniście wykonać pełen proces EFT (możecie poprosić osobę praktykującą EFT, by wam pomogła).

- Wypróbujcie inną terapię mocy poza EFT, jak np. Tapas Acupressure Technique (TAT), Be Set Free Fast (BSFF), Eye Movement Desensitization and Reprocessing (EMDR), itp.

- Być może zignorowaliście uczucia w ciele podczas tapowania. EFT nie zadziała, jeśli nie skoncentrujecie się na sobie i pojawiających się emocjach.

- Być może zapomnieliście o uderzaniu w punkty podczas procesu. Wypowiadanie zdania, słuchanie muzyki oraz wizualizacja dają tylko dostęp do traumy poczęcia – to EFT ją eliminuje.

- Jeśli twoim językiem ojczystym nie jest angielski, być może musicie przetłumaczyć zdanie. To może nie zadziałać, gdyż tłumaczenie może nie być wystarczająco dokładne.

- Możecie mieć traumę „dominującą". W takim przypadku istnieje jakiś główny problem w waszym życiu, który nie pozwala wam wejść w stan. Taka sytuacja wymaga dalszej pracy z jakąkolwiek techniką uzdrawiania, by wyeliminować problem. Na szczęście Proces Wewnętrznego Spokoju nie poszedł na marne – stan pojawi się w momencie wyeliminowania traumy. Innymi słowy, powrócicie do Stanu Wewnętrznego Spokoju w momencie uzdrowienia głównych traum, zamiast tkwić w stanie przeciętnej świadomości, do którego się przyzwyczailiście.

- Niektóre osoby nadal nie będą reagować na proces. Być może potrzebują pracy ze specjalistą, który pomoże im uzyskać bezpośredni dostęp do traumy poczęcia. To czasami działa i jako dodatkową premię przynosi także Stan Ścieżki Piękna – choć zazwyczaj to coś innego w ich życiu blokuje wystąpienie stanu (na stronie www.peakstates.com będziemy publikować aktualizacje dotyczące ulepszania procesu).

- Różne organizacje prowadzą procesy wywołujące stany szczytowe, choć zazwyczaj są one tymczasowe. Jeśli Proces Wewnętrznego Spokoju nie powiódł się (lub jeśli chcecie dodać kolejne stany szczytowe), możecie wypróbować przedstawione poniżej inne procedury. Na naszej stronie www.peakstates.com publikujemy linki do technik, które według naszej wiedzy sprawdziły się przynajmniej u niektórych osób. Prawdopodobnie najłatwiejszym i najprostszym procesem jest technika, której uczy Jacquelyn Aldana w swojej książce *The 15 Minute Miracle*. W przyszłości opublikujemy kolejne procesy stanów szczytowych. Możecie to sprawdzić, zaglądając na stronę internetową lub zapisując się na nasz *newsletter*.

ODZYSKIWANIE STANU WEWNĘTRZNEGO SPOKOJU

W przypadku większości osób, które weszły w Stan Wewnętrznego Spokoju podczas procesu, będzie on względnie stabilny. Inni mogą z tego stanu wyjść na krótkie okresy w momencie wystąpienia sytuacji stresowej, ale wrócą do stanu, gdy tylko sytuacja ta minie i gdy się nieco zrelaksują. Jednak niektóre osoby wychodzą ze stanu i do niego nie wracają. Opuszcza ich spokój, powraca traumatyczna przeszłość i wracają do tego, co było przedtem. Może to być problemem, gdyż osoby te wiedzą, że miały szansę przeżyć życie w lepszy sposób i nie czują się dobrze, wracając do tego, co było. Dla tych osób mamy kilka rad.

- Przeprowadźcie EFT lub WHH, albo kombinację obu procesów w związku z problemem, który wytrącił was ze stanu. Prawdopodobnie wrócicie do niego, gdy problem zostanie rozwiązany.

- Powtórzcie Proces Wewnętrznego Spokoju. Jeśli proces znów zadziała, wyszliście ze stanu prawdopodobnie dlatego, że działanie uzdrawiające EFT zostało cofnięte lub też proces trwał zbyt krótko. Mogło tak być dlatego, że oddychaliście w sposób, który odwrócił działanie EFT (o właściwym sposobie oddychania możecie przeczytać w książce Gaya Hendricksa *At The Speed of Life*). Innym sposobem odwrócenia działania EFT jest zetknięcie z substancją, na którą reaguje wasze ciało, zwane „toksyną energetyczną" (pomoc w tym zakresie znajdziecie u osoby praktykującej EFT lub w podręczniku Gary Craiga).

- Skoncentrujcie się na negatywnych osądach dotyczących was samych lub innych osób, które pojawiły się w momencie, gdy wyszliście ze stanu. Koncentracja na ich odpuszczeniu lub zastosowanie terapii mocy, by to zrobić, zazwyczaj szybko przywróci Stan Wewnętrznego Spokoju.
To najbardziej skuteczna metoda powrotu do Stanu Wewnętrznego Spokoju.

PODZIĘKOWANIA

Przełom niezbędny do opracowania tego procesu jest wynikiem pełnej poświęcenia pracy następujących osób: Granta McFetridge'a, Wesa Gietza, dr Deoli Perry, dr Marie Green oraz dr Mery Pellicer. Chcielibyśmy także podziękować wszystkim ochotnikom, dzięki którym przez te wszystkie lata mogliśmy przetestować nowe pomysły.

SUGEROWANA LEKTURA I STRONY INTERNETOWE

▲ Grant McFetridge, *Peak States of Consciousness* (tom I i II), Institute for the Study of Peak States Press, 2004.

▲ Gary Craig, *Emotional Freedom Techniques: The Doorway to the New Healing Highrise: The Manual (third edition)*, 1999 – egzemplarz książki dostępny jest na stronie: www.emofree.com.

Rozdział 10

SZCZYTOWE STANY ŚWIADOMOŚCI – PODEJŚCIE OPARTE NA WYBORZE
15-MINUTOWY CUD

Jacquelyn Aldana

SŁOWO WSTĘPNE – Grant McFetridge

Miałem ogromną przyjemność poznać Jacquelyn kilka lat temu i bardzo cieszy mnie jej udział w pracy nad tą książką. Jej praca to najlepszy przykład podejścia „świadomego wyboru" osiągania stanów szczytowych. W ramach tego podejścia podejmujemy decyzję odczuwania cech pożądanego stanu i działamy tak, aby to zrealizować. Z naszego punktu widzenia proces ten łączy kilka stanów – jest to przynajmniej Stan Podskórnego Szczęścia oraz mocne połączenie z Gają, które Jacquelyn obejmuje pojęciem „Życie".

W niniejszym rozdziale Jacquelyn opisuje swój proces i sposób podejmowania decyzji o chęci uzyskania szczytowego stanu świadomości oraz radzi, jak utrzymać ten stan przy zastosowaniu prostych kroków wspomagających. Nazwa procesu – 15-minutowy Cud – dokładnie oddaje ilość czasu potrzebną na ten proces w ciągu dnia (jest on tak skuteczny, że warsztaty organizowane przez Jacquelyn oferują gwarancję zwrotu pieniędzy). Jacquelyn satysfakcjonuje nie tylko osiągnięcie wspaniałego samopoczucia – pokazuje nam też, jak wykorzystać ten stan, by marzenia i pragnienia zaistniały w fizycznej rzeczywistości. W rzeczy samej, zdolność do ich zaistnienia jest wpleciona w jej metodę uzyskiwania stanów szczytowych. Jacquelyn jasno pokazuje, że realizacja naszych pragnień wymaga właściwego stanu świadomości (lub innymi słowy – odpowiednich wrażeń uczuciowych).

Jacquelyn jest pionierką, a owoce jej pracy pokazują nam prostą, łatwą w użyciu metodę, jak żyć 24 godziny na dobę przez 7 dni w tygodniu w stanach świadomości, które przyniosą nam niebo na ziemi. Jej procesy objęły też najnowsze formy terapii, takie jak EFT, by jeszcze bardziej pomóc ludziom uzyskać i utrzymać stan, w którym żyje sama Jacquelyn. To niezwykle ekscytujący czas, gdyż stale dokonujemy nowych odkryć i możliwe są syntezy różnych metod.

Rzecz jasna, objętość tego rozdziału nie pozwala nam na pełne omówienie procesu. W tym celu odsyłamy was do dobrze napisanych i łatwych w czytaniu książek: *The 15-Minute Miracle Revealed, Miracle Manifestation Manual* oraz *Shortcuts to Miracles*. Chciałbym także gorąco polecić wspaniałe Playshops (zabawowe warsztaty) – jak je czule nazywa Jacquelyn – na które można zapisać się na stronie internetowej www.15MinuteMiracle.com.

10.1. JAK POWSTAŁ 15-MINUTOWY CUD

Jacquelyn Aldana jest jedną z najszczęśliwszych osób, jakie można poznać, i to nie dlatego, że jej życie zawsze wyglądało „jak z obrazka". Jej biologiczni rodzice porzucili ją, gdy była bardzo mała. Przez większość życia cierpiała z powodu niskiej samooceny i jak większość ludzi przeżyła wiele wzlotów i upadków. I co zadziwiające, największym błogosławieństwem jej życia były chwile, gdy musiała jednocześnie stawić czoło trzem największym wyzwaniom jej życia: jej mąż, Ron, umierał na złośliwą postać nowotworu, ich 20-letnie małżeństwo rozpadało się, a rodzinna firma okazała się finansową katastrofą.

W momencie, gdy Jacquelyn całkowicie się poddała i uwolniła przywiązanie do jakiegokolwiek możliwego wyniku poczuła, jak spływa na nią uczucie spokoju i dobrostanu. Tego samego dnia coś ją tknęło, by zapisać kilka słów na kartce papieru – i później to co zapisała, stało się! Coś drgnęło! Nagle zaczęła doświadczać serii nieprawdopodobnych zdarzeń – jedno po drugim! To tak, jakby zaczęła czerpać z nieograniczonego źródła cudów: Ron całkowicie wrócił do zdrowia (obecnie promienieje zdrowiem), ich rozsypujące się małżeństwo zamieniło się w piękną, dojrzałą relację, firma rodzinna dokonała zwrotu o 180 stopni i zaczęła rozkwitać.

Jacquelyn nie tylko odkryła sposób na uzyskanie dostępu do cudów w swoim życiu, znalazła także metodę, by innym było łatwo przyciągać i tworzyć duże cuda w ich własnym życiu. Jacquelyn jest przekonana, że proces, który nazywa 15-minutowym Cudem, został jej przekazany jako dar niebios, którym powinna podzielić się z ludźmi na całej planecie. Nazwała go tak, gdyż jego wykonanie zabiera dziennie zaledwie 15 minut. Wydaje się, że działa cuda nawet w przypadku osób, które tylko z nim eksperymentują. Rezultaty bywają często tak niezwykłe i potrafią zmienić całe życie, że większość ludzi określa je mianem CUDÓW!

10.2. JAK KAŻDY DZIEŃ MOŻE BYĆ WSPANIAŁYM DNIEM

Czy przeżyliście kiedyś taki NIEZWYKŁY dzień, kiedy mieliście poczucie, że mógłby nigdy się nie skończyć? Jeden z tych dni, gdy wszystko w magiczny sposób układało się w logiczną całość niezależnie od tego, co i jak byście zrobili? Czy nie byłoby idealnie, gdyby istniał sposób, by takie dni zdarzały nam się częściej? Wyobraźcie sobie, jak byłoby wspaniale. Zazwyczaj jednak idziemy przez życie myśląc, że nie mamy żadnej kontroli nad tymi sprawami – że niektóre dni są po prostu lepsze od innych. Prawda? NIEPRAWDA!

Ucieszy was wiadomość, że owe cudowne dni możecie przywoływać tak często, jak macie na to ochotę. W książce *The 15-Minute Miracle Revealed* przyrzekam pokazać wam, jak przeżywać owe wspaniałe chwile dzień po dniu. Tak naprawdę będziecie w stanie robić „te i nawet WIĘKSZE rzeczy", stosując się do kilku prostych reguł. Wystarczy zrozumieć działanie kilku uniwersalnych praw, by cieszyć się działaniem w harmonii z nimi. Wiemy, że to wszystko brzmi zbyt dobrze, by było prawdziwe, więc nie wierzcie nam na słowo. Postępujcie zgodnie z instrukcjami podanymi w tej książce i zobaczcie, co się stanie. Nie zdziwcie się jednak, gdy ludzie zaczną was pytać, czemu jesteście szczęśliwi, pełni energii i bardziej wydajni niż zazwyczaj. A potem sami będą chcieli wiedzieć, jak to osiągnąć!

Na kilku następnych stronach piszemy, o co chodzi w 15-minutowym Cudzie. Możecie odkryć sposób konsekwentnego przyciągania i świadomego tworzenia pożądanej jakości Życia. Możecie się nauczyć, jak sprawić, by każdy dzień był wspaniały i jak łatwo doświadczyć najwyższego celu istnienia. Przygotujcie się na przygodę, która sprawi, że spojrzycie na Życie z trwogą i zadziwieniem. Przygotujcie się na to, że zakochacie się – zakochacie się w Życiu i we wszystkim, z czym się ono wiąże (przede wszystkim w was samych). Życie was absolutnie uwielbia i jest gotowe odpowiedzieć na każde wasze pragnienie. Wystarczy odkryć, co tak naprawdę was uszczęśliwia – a reszta jest względnie prosta. Życie chce, byście całkowicie cieszyli się waszym pobytem na Ziemi, ponieważ każdy z was jest boskim stworzeniem, z którego Stwórca jest bardzo zadowolony!

10.3. CZY JESTEŚ W NURCIE ŻYCIA

Jeśli potraficie odpowiedzieć „tak" na każde z siedmiu przedstawionych poniżej pytań, z dużym prawdopodobieństwem odniesiecie korzyści z 15-minutowego Cudu. Wykonanie tego prostego procesu na kartce papieru zabierze mniej niż 1% waszego czasu (około 15 minut), a zdziała on cuda w przypadku każdego, kto z radością zacznie z nim eksperymentować[*]. Sprawdźcie, na ile z tych pytań odpowiecie pozytywnie.

---

[*] Najszybszym i najprostszym sposobem opanowania tego prostego procesu jest zastosowanie książek i „prezentów" zawartych w Deluxe Miracle Starter Kit. Szczegóły można znaleźć w książce www.15minutemiracle.com.

– Czy jest coś, za co możecie być dzisiaj wdzięczni?
– Czy możecie określić, jak lubicie się czuć – i dlaczego?
– Czy chcielibyście wzmocnić wasze zdolności intuicyjne?
– Czy jesteście gotowi na to, by wyższa moc wam pomagała?
– Czy jesteście gotowi na to, by uwolnić negatywne emocje?
– Czy jesteście gotowi, by być miłym dla siebie i innych?
– Czy umiecie marzyć i bawić się w swej wyobraźni do momentu, gdy macie wrażenie (nawet jeśli trwa ono tylko kilka chwil), że już żyjecie waszym wymarzonym życiem?

SKĄD WIADOMO, ŻE JESTEŚMY W NURCIE ŻYCIA

Oto lista stwierdzeń osób idących z biegiem Życia. Zaznaczcie stwierdzenia, które opisują sposób, w jaki czujecie się przez większość czasu.

- Praca wydaje mi się zabawą!
- Mam nieograniczone zasoby energii!
- Jestem „na szczycie świata"!
- Nie mam świadomości upływu czasu!
- Autentyczność i wierność sobie – oto co, czuję!
- Coś popycha mnie do realizowania własnych marzeń!
- Życie jest wesołe, porywające i nagradzające!
- Stale myślę o pozytywnych możliwościach!
- Mam poczucie większego szczęścia, niż kiedykolwiek wcześniej!
- Wszystko układa się bez większych problemów!
- Odczuwam nieustanną wdzięczność!
- Chcę mieć swój pozytywny wkład w życie na planecie!
- Po prostu „wiem", że jestem na właściwej drodze!
- Teraz uważam, że tak zwane wyzwania to możliwości w przebraniu!
- Mam wrażenie, że we wszystkim, co robię, towarzyszy mi boska pomoc!
- Czuję siłę, pewność siebie, klarowność i energię do wykonywania mojej misji!
- Jestem w stanie podejmować decyzje szybciej i pewniej!
- Odczuwam euforię i pasję, robiąc to, co mam do zaoferowania!
- Odczuwam znacznie większą pewność siebie i zaangażowanie!
- Czuję, że jestem na właściwym miejscu i we właściwym czasie. To po prostu historia mojego życia!
- Mogę pozostać w nurcie Życia niezależnie od okoliczności!

Liczba zaznaczonych stwierdzeń: ....

Im więcej stwierdzeń udało wam się zaznaczyć, tym w większym stopniu znajdujecie się (teraz) w biegu Życia.

10.4. W ODNIESIENIU DO SŁOWA „ŻYCIE"...

Gdy w tym rozdziale używam słowa Życie, mam na myśli to, co uważam za Nieskończony Byt, Boską Jednię, Stwórcę Wszechrzeczy. Dla mnie Życie jest równoznaczne z Bogiem, Duchem Świętym, Gają, Alfą i Omegą. Moim zdaniem nie ma nic większego, wspanialszego i potężniejszego niż ŻYCIE!

10.5. WEJŚCIE DO NURTU ŻYCIA

Na trzy lata przed odkryciem 15-minutowego Cudu moje życie przypominało powtórki złych filmów w telewizji przy słabym odbiorze sygnału. I dokładnie w momencie, gdy myślałam, że gorzej już być nie może, okazywało się, że może! Gdy nagle wpadłam na prosty sposób wprowadzania cudów do mojego życia dzięki potędze myśli i modlitwy, byłam przekonana, że znalazłam lampę Alladyna. A gdy zaczęłam poświęcać codziennie 15 minut na pisanie miłosnego listu do życia, wszystko zaczęło się układać łatwo, bez wysiłku, jak za dotknięciem magicznej różdżki! Dopiero później zrozumiałam, że wszystkie te niesamowite wydarzenia były tylko produktami ubocznymi procesu poszukiwania „trwałej radości". Gdy stale podejmowałam wysiłki, by stać się „najszczęśliwszą osobą, jaką znam", wszystko inne samo o siebie zadbało bez żadnego wysiłku z mojej strony.

    Choć ten intrygujący proces często tworzy w naszym życiu pomyślne dla nas „zbiegi okoliczności" i przynosi cudowne rzeczy materialne, rzeczywista wartość 15-minutowego Cudu polega na tym, że prowadzi on do powstania boskiej więzi między tobą a wyższą mocą, tobą i twoją wielkością, tobą i Życiem (innymi słowy, między tobą a Tobą!). Gdy to się dzieje, rzeczy nagle układają się same. To pewnie dlatego tak wielu ludzi kojarzy tego rodzaju doświadczenia z cudami. Najlepsze w tym wszystkim jest to, że owe cuda mogą się przydarzyć TOBIE (gdy, rzecz jasna, jesteś gotowy i chcesz ich doświadczyć).

    Pozwólcie, że zaoszczędzimy wam mnóstwa czasu i energii, które zużylibyście pchając, ciągnąc, walcząc, płynąc pod prąd, biegnąc w górę wzgórza i próbując kontrolować okoliczności. Oddajcie wasze zmartwienia, wątpliwości i obawy Wyższej Mocy i zaufajcie temu, że Życie odkryje przed wami swój największy plan w idealnym dla was momencie. Różnica między zaufaniem a kontrolą polega na tym, że zaufanie jest jak wynajęcie zespołu ekspertów do wykonania danej pracy, zaś kontrola polega na próbach zrobienia wszystkiego samemu. Dopóki nie porzuciłam potrzeby kontrolowania mojego życia na każdym kroku, wszystko w życiu kontrolowało mnie samą! Musiałam wreszcie poddać się „szefowi Wszechświata", by zamienić stres na spokój umysłu. Mamy nadzieję, że historie sukcesu, które opisujemy na kolejnych stronach, zainspirują was, podniosą na duchu i zachęcą do tego samego.

10.6. DLACZEGO TO, CO MYŚLIMY I MÓWIMY, MA ZNACZENIE

Choć istnieje na świecie wiele różnych języków, ten który może poprawić nasze życie to „Uniwersalny Język Życia". By go opanować, powinniśmy wybierać stuprocentowo pozytywne słowa. Równie istotne jest, byśmy myśleli w stuprocentowo pozytywny sposób, nawet jeśli angażujemy się w „rozmowę z samym sobą" w zaciszu naszych umysłów. Ten czysto pozytywny język opiera się na uniwersalnym prawie, znanym jako Prawo Magnetycznego Przyciągania, które działa w każdej sekundzie każdego dnia, czy jesteśmy tego świadomi, czy nie. Gdy zrozumiemy, jak działać w zgodzie z tym niezmiennym prawem, Życie staje się prostsze. Gdy go jednak nie znamy, Życie rzuca nam kłody pod nogi. Prawo to mówi: „To co myślimy – jest tym, co sprowadzamy do naszego życia, a to, czym napełniamy nasze myśli – wypełnia nasze życie". Innymi słowy, cokolwiek myślimy, o czymkolwiek mówimy, co obserwujemy czy sobie wyobrażamy, jest tą samą rzeczą, którą (świadomie lub nie) przyciągamy do siebie! Co więcej, Życie interpretuje wszystko, co myślimy lub mówimy, zupełnie dosłownie, toteż musimy uważać na nasz sposób wysławiania się, by przyciągnąć to, czego naprawdę pragniemy.*

CO ROBIĄ SZCZĘŚLIWI LUDZIE
- Zawsze dostrzegają WSPANIAŁOŚĆ w każdej osobie, którą spotykają.
- Dostrzegają PIĘKNO i KORZYŚCI Życia, NIEZALEŻNIE od okoliczności.
- DOCENIAJĄ wszystko, co już MAJĄ, zanim poproszą o JESZCZE.
- W KAŻDEJ chwili znajdą coś, co można KOCHAĆ i PODZIWIAĆ we WSZYSTKIM i we WSZYSTKICH.
- Pozwalają sobie na odczuwanie WSZYSTKICH emocji, tak że mogą wybrać, które chcą ZATRZYMAĆ, a które UWOLNIĆ.
- Postrzegają Życie z TRWOGĄ i ZADZIWIENIEM, jak małe dzieci, które bez cienia wątpliwości WIEDZĄ, że wszystko naprawdę jest MOŻLIWE.
- Przyjmują WSZYSTKIE aspekty Życia, zarówno pozytywne, jak i negatywne, gdyż KONTRAST to niezwykle UŻYTECZNE NARZĘDZIE. Dzięki temu, że zwyczajnie wiedzą, czego NIE CHCĄ, mogą lepiej określić swoje PREFERENCJE. Czy może być coś łatwiejszego?
- Całkowicie UWALNIAJĄ i pozwalają odejść rzeczom, które nie służą im w żaden pozytywny sposób – są to takie rzeczy, jak: opór, niechęć, potępienie siebie i innych, lęk oraz przywiązanie do określonych wyników (gdy się je uwolni, one uwalniają CIEBIE!).

---

* Aby dobrze opanować ten język i używać go płynnie, możecie zapisać się na poziom 1 Miracle Mastery Playshop. Jeśli wolicie uczyć się w zaciszu domowym, znakomitym materiałem będzie zestaw Deluxe Miracle Starter Kit (zob. strona internetowa).

- ZACHOWUJĄ PRZESTRZEŃ dla siebie i innych, potrzebną do odzyskania równowagi w IDEALNYM MOMENCIE, z błogosławieństwem i korzyścią dla każdego. To jedna z najbardziej PEŁNYCH MIŁOŚCI i WSPIERAJĄCYCH rzeczy, które możemy zrobić dla siebie i innych.
- Kochają innych nawet wtedy, gdy inni kochają ich MNIEJ. Gdy inni robią coś, co można by uznać za rzecz OBRAŹLIWĄ, mówią sobie: „Oni po prostu nie znają teraz LEPSZEGO sposobu. Gdyby POTRAFILI działać lepiej, na pewno by to ZROBILI". Takie właśnie podejście nazywamy BEZWARUNKOWĄ MIŁOŚCIĄ w najlepszym wydaniu.

Jeśli podejmiesz INTENCJĘ NIEUSTANNEGO praktykowania tych zasad, możesz z powodzeniem stać się „najszczęśliwszą osobą, jaką znasz" oraz „nieodpartym magnesem przyciągającym cuda!".

NAJWAŻNIEJSZE TAJEMNICE ŻYCIA

- Zawsze, zawsze, zawsze w końcu masz rację!
- To, czym napełniasz swój umysł, wypełnia twoje życie.
- Zawsze dostajesz więcej tego, co naprawdę szczerze cenisz.
- To, na czym się koncentrujesz, zazwyczaj zyskuje w życiu większe rozmiary.
- Zwiększasz szanse realizacji celów, spisując je na kartce.
- Zawsze patrz, dokąd zmierzasz, ponieważ zawsze dojdziesz tam, gdzie kierujesz wzrok.
- Najszybszym sposobem wejścia w nurt Życia jest znalezienie czegoś (czegokolwiek), co można by docenić.
- Automatycznie zapraszasz więcej tego, o czym myślisz, co mówisz, co obserwujesz lub sobie wyobrażasz.
- Możesz poczuć się dobrze w tej chwili, przypominając sobie coś miłego z przeszłości.
- Możesz poczuć się dobrze w tej chwili, wyobrażając sobie coś, czego nie możesz doczekać się w przyszłości.
- Aby odczuwać radość i słodycz inspiracji, pozbądź się i uwolnij od wszelkiego potępiania.
- Jeśli chcesz z powodzeniem przebyć daną trasę, musisz pozbyć się strachu i oporu.
- Przywiązanie do wyników wywołuje lęk i zwątpienie, co tylko przynosi konieczność życia w braku.
- Jeśli chcesz doświadczyć spokoju i zadowolenia, musisz zrezygnować z nienawiści i urazy.

10.7. KROK WDZIĘCZNOŚCI

> *Cuda zdarzają się wszędzie i przez cały czas,*
> *jednak tylko osoby „pełne wdzięczności" są w stanie je dostrzec.*
> – Autor nieznany

Krok wdzięczności jest pierwszym krokiem 15-minutowego Cudu z bardzo konkretnego powodu – ponieważ sprawia, że wszystkie kolejne kroki zadziałają na naszą korzyść. Zamiast przygotowywania typowej „listy wdzięczności", krok ten każe nam jasno powiedzieć, czemu jesteśmy wdzięczni. Gdy rozważamy w ten sposób nasze błogosławieństwa, możemy tylko pogłębić nasze poczucie wdzięczności, dzięki czemu zdajemy sobie sprawę, jak wielkie mamy szczęście już teraz. Wdzięczność to magiczny pomost, który zaprowadzi nas do trwalszego poczucia radości, a radość jest kluczem do tego, by stać się „najszczęśliwszą osobą, jaką znamy".

Okazuje się, że 15-minutowy Cud najbardziej przyciąga osoby, które tęsknią i pragną odmiany w swoim życiu. Lecz większość z nich albo chce czegoś, czego nie ma, albo mają coś, czego nie chcą (lub jedno i drugie). Niestety, będąc w potrzebie i błagając o coś, nieświadomie przyciągają więcej tego, czego nie chcą – więcej braku, ograniczeń, nie-posiadania! By żyć bardziej zadowalającym życiem, radzimy przekształcić tęsknoty, pragnienia i potrzeby w uczucia wdzięczności i sukcesu.

WDZIĘCZNOŚĆ URATOWAŁA NASZE MAŁŻEŃSTWO

Stres związany z walką o powiązanie końca z końcem oraz utrzymanie Rona przy życiu przez trzy lata zaczął nas całkowicie przytłaczać. Wszystko w naszym życiu zaczęło się rozpadać, w tym nasze 20-letnie małżeństwo! Pewien znajomy uzdrowiciel zasugerował mi, bym udała się w jakieś spokojne miejsce i zapisała wszystko, za co ceniłam Rona. Trochę czasu upłynęło, nim pozbyłam się oporów i urazy, i byłam w stanie zapisać jakiekolwiek pozytywne słowa. Gdy jednak zaczęłam, napisałam kilka stron pełnych entuzjastycznych komentarzy o mężczyźnie, którego poślubiłam 20 lat temu. I choć nigdy mu tych zapisków nie pokazałam i nigdy ich nie przeczytał, kolejnego ranka Ron zwrócił się do mnie z ogromnym ciepłem i czułością. W rezultacie cała wrogość i obawy ustąpiły. 12 godzin po wykonaniu tego niewielkiego ćwiczenia, nasza „kulejąca" relacja została uzdrowiona, zaś miłość była silniejsza, niż kiedykolwiek wcześniej. To był prawdziwy cud, zważywszy fakt, że przez ostatnie osiem miesięcy niemal ze sobą nie rozmawialiśmy. Moim zdaniem wdzięczność jest tak niezbędna dla dobrego życia, jak tlen do oddychania!

WDZIĘCZNOŚĆ OCALIŁA RONOWI ŻYCIE

Gdy Ron cierpiał na raka, trudno mu było docenić COKOLWIEK. Wreszcie pewnego dnia lekarze stwierdzili, że może nie przeżyć kolejnej nocy i wtedy Ron postanowił, że zrobi coś inaczej. Ponieważ chciał jak najpełniej wykorzystać czas, który mu pozostał, świadomie odwrócił uwagę od śmierci, umierania i zniszczenia ku życiu i kochaniu każdej chwili. I wtedy stała się najbardziej niezwykła rzecz! Nie tylko przeżył tę noc, ale następnego dnia poczuł się lepiej. Gdy świętował kolejny wspaniały dzień, czuł się coraz silniejszy i miał coraz większą chęć do życia. Po kilku dniach zwolniono go ze szpitala. Ron robił 15-minutowy Cud codziennie przez trzy miesiące... a potem zgłosił się na badania. Lekarze byli zaskoczeni! Po serii testów nie znaleźli w jego ciele śladu raka. Stwierdzili, że jest całkowicie wolny od nowotworu! I choć lekarze nazwali to „samorzutną remisją", Ron i ja WIEMY, że to był prawdziwy cud!

ZAWSZE DOSTAJEMY WIĘCEJ TEGO, ZA CO JESTEŚMY WDZIĘCZNI

Rzeczy, za które odczuwamy MIŁOŚĆ i SZCZERĄ WDZIĘCZNOŚĆ w naturalny sposób rosną. Życie naśladuje moją ukochaną babkę, gdy ta podawała mi wieczorny posiłek. Jeśli doceniłam którąkolwiek z potraw, które z taką miłością przygotowywała, babcia zawsze dawała mi kolejną dokładkę. Życie robi dokładnie to samo – dba o to, byśmy dostawali WIĘCEJ tego, co KOCHAMY i co DOCENIAMY!

KORZYŚCI Z ODCZUWANIA WDZIĘCZNOŚCI

- ma wyłącznie pozytywne efekty uboczne,
- jest wspaniałą drogą na skróty do cudów,
- zalewa ciało endorfiną, która poprawia odporność organizmu,
- przywraca cię strumieniowi Życia z szybkością myśli,
- jest latarnią, która świeci najjaśniejszym światłem nawet w najczarniejszych godzinach,
- jest całkowicie legalnym sposobem, by wprowadzić się w „naturalny haj",
- przynosi cudowne uczucie „powrotu do domu",
- przynosi natychmiastowe poczucie dobrostanu,
- jest główną przyczyną „trwałej radości".

10.8. EFEKTY DZIAŁANIA 15-MINUTOWEGO CUDU

Oto kilka szczęśliwych historii, nadesłanych przez naszych czytelników i uczestników Warsztatu Cudów, którzy zastosowali proste zasady 15-minutowego Cudu. To tylko niewielka próbka opowieści, które dadzą wam pojęcie o tym, czego powinniście się spodziewać.

10.8.1. Zdrowie

Ron Aldana, któremu lekarze dawali niewielkie szanse na przeżycie, całkowicie powrócił do zdrowia i jest obecnie zupełnie wolny od nowotworu.

Stephanie Coffin, która cierpiała na bóle, skurcze i zmęczenie spowodowane stwardnieniem rozsianym przez ponad półtora roku, przezwyciężyła wszystkie symptomy tej choroby w ciągu zaledwie trzech tygodni.

Debba Boles, której przez ponad pięć lat towarzyszyły objawy depresji klinicznej i silne nastroje samobójcze, teraz jest wdzięczna za to, że żyje.

Laney Boyle, która przez ponad 32 lata cierpiała na średnio dwadzieścia osiem ataków migreny miesięcznie mówi, że częstość tych ataków radykalnie spadła.

Gemma Bauer, która przez ponad 10 lat cierpiała na chroniczne bóle spowodowane reumatoidalnym zapaleniem stawów. Teraz twierdzi, że jest znacznie szczęśliwsza i zdrowsza, niż kiedykolwiek przedtem. Ponadto osiągnęła idealną wagę, sylwetkę i wymiary.

10.8.2. Powołanie

Dr Kim Jameson, której wielkim marzeniem było otwarcie własnej praktyki oraz posiadanie uroczego, przytulnego domku na wsi, zrealizowała oba marzenia w tym samym czasie.

Carol Gibbons, którą zniechęciły powtarzające się okresy bezrobocia, znalazła ekscytującą pracę, która przeszła jej najśmielsze oczekiwania.

Debbie Voltura, której podobała się myśl o zarabianiu na życie śpiewaniem, została wynajęta przez Louise L. Hay, by muzyką inspirowała publiczność w całym kraju.

10.8.3. Dobrostan

Judy i Kenny Dotson, którzy tęsknili za harmonią w małżeństwie, ponownie zakochali się w sobie (codziennie praktykując 15-minutowy Cud).

Gayle Marie Bradshaw, która nie była w stanie przemawiać publicznie, występuje teraz z werwą i pewnością siebie przed każdą publicznością.

Lisa Racine, której Życie „rzucało kłody pod nogi", teraz cieszy się obfitością, pełnymi miłości relacjami rodzinnymi oraz promienieje zdrowiem.

Brent Carroll, który całkowicie zrezygnował z Życia, siebie samego i z Boga, teraz odczuwa wdzięczność za to, że żyje i uważa, że wszystko w Życiu jest cennym darem.

10.8.4. Powodzenie materialne

Alice Cabral, która poprosiła dokładnie o 625 dolarów, wygrała 626 dolarów na loterii, zanim minęła doba od jej udziału w pierwszych warsztatach (ów dodatkowy dolar to był koszt kupionego losu).

Glenda Dean, która pragnęła osiągnąć wyjątkowe wyniki sprzedaży w biznesie ubezpieczeniowym, szybko zrealizowała swoje marzenie i dodatkowo uzyskała 17 000 dolarów nieoczekiwanych dochodów.

Sheila i Arnold Estep, którzy pragnęli większej swobody finansowej, zostali multimilionerami w kilka dni po pierwszych warsztatach.

10.8.5. Co mają ze sobą wspólnego wszystkie te osoby?

– każda z nich praktykowała 15-minutowy Cud w formie pisemnej,
– wszyscy czuli się lepiej, gdy zaczynali zajmować się procesem,
– czuli się, jakby już mogli się cieszyć pożądanym aspektem życia,
– wszyscy pragnęli odczuwać większą RADOŚĆ z życia,
– wszyscy pragnęli odczuwać dobro płynące z Życia.

10.9. JAK STAĆ SIĘ „NIEODPARTYM MAGNESEM DLA CUDÓW"

Przyciąganie cudów jest prostsze, niż myślicie. Czuję się uprawniona do takiego stwierdzenia, gdyż stałam się „nieodpartym magnesem przyciągającym cuda" w momencie, gdy całe moje życie przewróciło się do góry nogami. To właśnie Z POWODU tych wyzwań odkryłam niewiarygodnie prosty sposób podniesienia poziomu energii i wejście do „nurtu Życia". PONIEWAŻ mój mąż umierał na raka, PONIEWAŻ nasze 20-letnie małżeństwo leżało w gruzach i PONIEWAŻ omal nie zbankrutowaliśmy, poddałam się i poprosiłam o pomoc! Wszystko zaczęło się pewnego dnia, gdy wykrzyczałam Życiu prosto w twarz: „Albo pokażesz mi sposób, jak mam doświadczać więcej radości w życiu, albo zabierz mnie stąd właśnie w tej chwili!".

Innymi słowy, zupełnie nie byłam przywiązana do jakichkolwiek wyników! Chwilę później coś mnie natchnęło, aby napisać kilka zdań na kartce papieru i... to sprawiło, że mój mąż całkowicie odzyskał dobre samopoczucie, nasze małżeństwo na powrót można było określić „byciem w niebie", a nasz biznes stanął na nogach niemal w ciągu nocy! To co wtedy zapisałam, to był zarys magicznego procesu, który nazywam 15-minutowym Cudem. Poniżej przedstawiamy pięć najważniejszych elementów, dzięki którym każdy może nieodparcie przyciągać cuda do swojego życia.

1. WYRAŹ JASNO swoje marzenia i pragnienia, i zapisz je.
2. POCZUJ WDZIĘCZNOŚĆ za to, co JUŻ masz i czego doświadczasz, zanim poprosisz o więcej.
3. MYŚL, MÓW i WYOBRAŻAJ SOBIE tylko to, czego CHCESZ.
4. OBSERWUJ, jak się CZUJESZ w każdej chwili (czy są to uczucia komfortu czy dyskomfortu).
5. Niech chęć zostania „najszczęśliwszą osobą, jaką znasz" stanie się twoją STAŁĄ INTENCJĄ.

10.10. KLUCZ DO SPEŁNIENIA

Najszybszym i najprostszym sposobem przekształcenia życzeń w rzeczywistość jest świadome odczuwanie wdzięczności za to, co JUŻ się ma, zanim poprosi się o więcej. To klucz do sukcesu i osobistego spełnienia. Skoncentrujcie się na tym, co DZIAŁA w waszym życiu i co JEST W PORZĄDKU na świecie, niezależnie od tego, jak drobna lub nieznacząca miałaby to być rzecz. Wkrótce więcej rzeczy zacznie się układać przy niewielkim (lub żadnym) wysiłku z naszej strony. Ponieważ wyrażając wdzięczność, trudno doświadczać negatywnych emocji, jest to też wspaniałe narzędzie do zastosowania, gdy chcemy szybko poczuć się lepiej!

10.11. KROK TWORZENIA WIZJI (*TELL-A-VISION*)

> *Wszystko, o co w modlitwie prosicie, stanie się wam, tylko wierzcie, że otrzymacie.*
> – Ewangelia według św. Marka, 11, 24

Ponieważ mogę być, mogę zrobić i mieć absolutnie WSZYSTKO, widzę jak JUŻ cieszę się następującymi rzeczami:

– mam mnóstwo CZASU na to, by cieszyć się rzeczami, które uwielbiam robić!
– jestem w stanie zarabiać na dostatnie życie robiąc coś, co SPRAWIA MI PRZYJEMNOŚĆ!
– moje ciało jest w lepszej formie, niż było KIEDYKOLWIEK w całym moim życiu!

Bawcie się dobrze, wyjeżdżając na „twórcze wakacje" w wyobraźni, których koszty zostały już opłacone. Pozwól umysłowi bawić się, gdy będzie rozważać rozmaite pozytywne możliwości, jakie oferuje przyszłość. Najszybszym sposobem przyciągania cudów do waszego życia jest wyobrażenie sobie, że wasze marzenia i życzenia już się spełniły. Rozkoszujcie się uczuciem wdzięczności i zadowolenia, tworząc idealne życie na „placu zabaw" waszej wyobraźni. Ten innowacyjny krok zaprasza was do budowania marzeń „z szybkością myśli", a tym samym sprawia, by pojawiały się w waszym życiu rzeczy, które przekroczą wasze najśmielsze oczekiwania. Wszystko, co możecie zwizualizować w wyobraźni ma potencjał zaistnienia w waszym życiu, toteż poświęcajcie odpowiednio dużo czasu na wasze marzenia i pragnienia. Pamiętajcie... „Trzeba mieć marzenie, by mogło stać się rzeczywistością".

Eksperymentujcie z fascynującymi zasadami pozytywnego oczekiwania. Uwierzcie w waszym sercu, że wasze życzenia zostały wysłuchane (nawet jeśli jeszcze nie ma na to fizycznych dowodów). To naprawdę najpotężniejszy składnik w przepisie na celowe tworzenie, ponieważ zmusza podświadomy umysł do zrealizowania świadomych pragnień. Tylko pomyślcie – jeśli możecie z powodzeniem przeprogramować komputer (wasz podświadomy umysł), możecie także z powodzeniem zmienić „wydruk" waszego życia. To, co możecie uzyskać w ciągu zaledwie kilku minut, dni lub tygodni za pomocą tego kroku, często wymaga kilku lat powtarzania afirmacji!

Zdecydujcie tylko, czego chcecie, i przywołajcie owo pragnienie, doświadczając tego cudownego U-C-Z-U-U-U-C-I-A, gdyby tak się stało. Koncentrujcie się tylko na tym, co sprawia, że się uśmiechacie, śmiejecie i czujecie pełną więź z Życiem – te wspaniałe uczucia uruchamiają wody dobrostanu, które płyną do was szerokim strumieniem!

Musicie tylko wiedzieć, czy jesteście gotowi być, co jesteście gotowi robić i mieć. Zadaniem Życia jest zadbanie o wszystkie szczegóły (kto, kiedy, dlaczego, gdzie i jak). Tym samym skoncentrujcie się na tym, czego chcecie, a resztę zostawcie tej samej wspaniałej Potędze, która stworzyła wszelkie stworzenie. Ponieważ jest bardzo prawdopodobne, że o cokolwiek poprosicie, to otrzymacie, zadbajcie o to, by zaprosić to „coś" zgodnie z waszym dobrostanem. Inaczej mówiąc zażądajcie, by rzeczy przyszły do was w odpowiednim momencie i w sposób, który was zachwyci – inaczej możecie otrzymać to, czego chcecie, ale w NIEWŁAŚCIWYM momencie lub w NIEWYGODNY dla was sposób. Jak mawiał Walt Disney osobom, które marzyły o tym, by ich twórcze idee zostały zrealizowane: „Jeśli możecie o tym pomarzyć, możecie to także zrobić!".

Ron zawsze mi powtarza: „Życie jest jednym wielkim płótnem – nałóż tyle farby, ile ci się podoba". Amerykański miliarder Donald Trump mawia: „Ponieważ i tak musimy myśleć, najlepiej jest myśleć z rozmachem!". Ponieważ możecie być, robić i mieć absolutnie wszystko, co tylko przyjdzie wam do głowy, co wybieracie teraz? Jak wygląda wasze największe marzenie? Co decydujecie wziąć z przeszłości i przenieść do przyszłości? Spójrzcie na rzeczy takimi, jakimi mogą być – nie ograniczajcie się do tego, co jest teraz. Wizualizacja pozwala wam doświadczyć wszystkiego, czego pragniecie, w zaciszu waszych własnych umysłów. Ponieważ wszystkie wspaniałe realizacje zaczynają się od wyobraźni radzimy, by bawić się nią tak często, jak tylko się da. Według Alberta Einsteina, największego geniusza XX wieku, „wyobraźnia jest ważniejsza niż wiedza!".

Wyobraźcie sobie przez chwilę, że jesteście reżyserami, producentami i gwiazdami własnego programu telewizyjnego. Powiedzcie mi wszystko o sobie i o tym, co dzieje się w waszym życiu. Odpowiadając na poniższe pytania, możecie nakreślić barwny obraz słowny, by opisać „życie waszych marzeń". Opracujcie własne deklaracje, które będą odzwierciedlały to, czego pragniecie, tak jakby to już się stało. Pisząc lub mówiąc w pierwszej osobie, w czasie teraźniejszym, możecie znacznie wzmocnić skuteczność tego kroku.

Przykłady deklaracji
 – Jestem zdecydowanie NAJSZCZĘŚLIWSZĄ osobą, jaką znam.
 – Cieszę się wieloma strumieniami STAŁYCH DOCHODÓW!

W oparciu o własne marzenia odpowiedzcie pełnymi zdaniami na następujące pytania w pierwszej osobie, w czasie teraźniejszym.
 – Jak ogólnie się czujesz?
 – W jakim żyjesz dostatku?
 – Co robisz ze swoim powołaniem?
 – Jak teraz wygląda twoje życie uczuciowe?
 – Z czego jesteś najbardziej dumny i podekscytowany?
 – Co z rzeczy, które robisz, przynosi ci największą satysfakcję?
 – Jakie jest twoje najnowsze i największe osiągnięcie?
 – Jak wygląda twoje zdrowie fizyczne, psychiczne i emocjonalne?
 – Co dobrego ludzie o tobie mówią?
 – Co robisz, by przyczynić się do dobrostanu innych ludzi?

GRATULACJE!
Właśnie staliście się „nieodpartym magnesem przyciągającym cuda"!

Absolutnie UWIELBIAM „krok tworzenia wizji", ponieważ pozwala mi stworzyć poczucie „nieba na ziemi". Gdyby spojrzeć na rzeczywistość przez pryzmat wyobraźni – nagle problemy znikają, przeszkody się rozpadają, zguby się znajdują, chorzy zdrowieją, ciemność staje się światłem, a chropowate miejsca zostają wygładzone. Wyobraźnia to potęga, którą posiadamy wszyscy i która pozwala nam dostrzec harmonię, jedność i piękno w rzeczach – to coś, co łączy nas z Boskością i wywołuje uczucie trwogi i zadziwienia. Ale najważniejsze, że poprzez to, „co WYDAJE SIĘ być" wyobraźnia pozwala nam zobaczyć pozytywne możliwości tego, „co MOŻE być".

> *Wyobraźnia to NAJPOTĘŻNIEJSZE słowo w słowniku.*
> *To magiczna lampa, która oświetla nasz umysł.*
> *Ona rzuca światło na znakomite pomysły.*
> *Ona rozprasza mroki.*
> *To samo serce twórczego myślenia.*
> – Wilferd A. Peterson

PIĘTNAŚCIE PROSTYCH SPOSOBÓW, BY NADAĆ ŻYCIU CUDOWNY CHARAKTER

- Koncentruj się przede wszystkim na tym, czego CHCESZ doświadczyć.
- Zaobserwuj, jak wspaniale się czujesz, gdy wyrażasz wdzięczność.
- Wyobrażaj sobie Życie takim, jakim wolałbyś, żeby wyglądało, przez co najmniej 15 minut dziennie.
- Odczuwaj wdzięczność za wszystko, co JUŻ masz, zanim poprosisz o więcej.
- Naucz się współpracować z prawami natury, które rządzą jakością twojego życia.
- Zdecyduj, czego chcesz doświadczyć; następnie zrób krok w bok i pozwól Życiu zająć się szczegółami.
- Pojmij Prawo Magnetycznego Przyciągania, które mówi: „To, o czym myślisz, jest tym, co wywołujesz w życiu".
- Uwolnij urazy – trzymanie się ich to jak picie trucizny i oczekiwanie, że umrze kto inny.
- Pozwól Życiu konsekwentnie i z obfitością napełnić twoją czarę tak, byś potem ty mógł pomóc innym napełnić ich naczynia.
- Pamiętaj, by przyjąć postawę proaktywną: bycie DLA czegoś znacznie cię wzmocni i przyniesie rozwiązania.
- Zaakceptuj innych takimi, jakimi są, całkowicie uwalniając chęć ich osądzania i kontrolowania.
- Zapisz swoje cele na kartce papieru, a wtedy prawdopodobnie osiągniesz je szybciej i łatwiej.
- Rozpoznaj, jak lubisz się czuć, i poproś o więcej tego rodzaju uczuć.
- Naśladuj pozytywne cechy, jakie podziwiasz u ludzi, którym się udało.
- Stwórz określoną intencję przed podjęciem działania.

10.12. CZĘSTO SPOTYKANE BLOKADY OGRANICZAJĄCE REALIZACJĘ PRAGNIEŃ

10.12.1. Dlaczego samo „pozytywne myślenie" nie wystarcza

Choć powodzenie z pewnością zaczyna się od pozytywnego myślenia, zawsze trzeba w końcu podjąć jakieś pozytywne DZIAŁANIE, by doprowadzić do uzyskania pozytywnych WYNIKÓW. Ostatecznym etapem osobistego spełnienia jest jednak uzyskanie stanu pozytywnego BYCIA. Wielu naszych klientów mówi nam, że uważali siebie za osoby o pozytywnym sposobie myślenia do momentu, gdy zaczęli zwracać uwagę na sposób wyrażania się. Byli zaskoczeni, gdy zdali sobie sprawę, że często mówią o tym: 1) czego NIE lubią, 2) czego NIE chcą, 3) czego się najbardziej OBAWIAJĄ. Gdy już poznali „uniwersalny język Życia" (język czysto pozytywny), wkrótce zdali sobie sprawę, że należy myśleć i mówić więcej o tym, czego CHCĄ, zamiast tak bardzo koncentrować się na tym, czego NIE chcą. Gdy tylko zaczęli kierować uwagę wyłącznie na to, co WOLELI przeżyć, nagle Życie stało się o wiele ciekawszą grą. Pozytywna orientacja nie tylko daje wyższe dywidendy, ale jest także sposobem, by osiągnąć więcej, robiąc mniej! Czy jest coś bardziej doskonałego?

10.12.2. Dlaczego afirmacje nie zawsze działają

Afirmacjom, choć mają dużą moc, często nie udaje się oszukać podświadomości i zmusić jej do uwierzenia w coś, gdy dowody wskazują na coś zupełnie przeciwnego. Większość ludzi potrzebuje jakiegoś pomostu do wiarygodności, zanim afirmacje przyniosą jakąkolwiek korzyść. Choć słowa „jestem" i „to jest" mają ogromną moc, często zapraszają Wewnętrznego Krytyka do zabawy waszym kosztem. Dla przykładu, jeśli masz nadwagę i nieatrakcyjną sylwetkę i powtarzasz sobie ciągle: „Mam doskonałe ciało i idealną wagę", Wewnętrzny Krytyk pewnie podszepnie: „Ach, tak? Spoglądałaś ostatnimi czasy w ogóle w lustro? Bądź realistką!". Jeśli jednak nieco zmienić to stwierdzenie na: „Uwielbiam, gdy mam doskonałe ciało i idealną sylwetkę", Wewnętrzny Nauczyciel pewnie ci powie: „Jak zawsze z radością ofiaruję ci WIĘCEJ tego, co kochasz, Wspaniała. Pozwól mi pokazać ci sposób uzyskania szczupłego ciała w przyjemny i łatwy sposób". Choć brzmi to głupio, osobom praktykującym takie właśnie podejście Życie przyniosło ogromne korzyści. Nie zmieniając niczego w afirmacji poza poprzedzeniem jej frazą „Uwielbiam, gdy..." jedna z uczestniczek naszych warsztatów straciła ponad 16 kilogramów w niecałe 10 tygodni!

10.12.3. Dlaczego pisanie dziennika czasami przynosi odwrotne skutki

Kilku z naszych czytelników stwierdziło: „Wiernie pisałam/em dziennik przez wiele lat i jeśli coś się zmieniło, to tylko tyle, że moje życie stało się jeszcze trudniejsze!" Dzieje się tak z pewnego bardzo logicznego powodu. Jeśli piszemy, jak bardzo wszystko jest ZŁE, niestety (na nasze nieszczęście) przyciągamy osoby, miejsca i rzeczy, których najbardziej nie znosimy. Jedyny moment odwołania się do czegoś o negatywnym charakterze jest wtedy, gdy chcę to uwolnić i puścić. Akt pisania to wspaniałe, potężne narzędzie, by określić to, czego pragniemy. Gdy jednak wykorzystujemy je, by dać upust naszej wrogości, staje się narzędziem wewnętrznego sabotażu, a to z pewnością „zabija" w nas radość. Innymi słowy, wszystko ZA czym jesteś – daje ci moc, a wszystko, PRZECIWKO CZEMU jesteś – osłabia cię. Dlatego tak ważne jest dokonywanie mądrych wyborów podczas pisania. W starożytnych czasach ludzie znad Nilu byli przekonani, że poprzez pisanie tworzy się rzeczy. Jeśli tak jest, co chcesz dziś stworzyć w swoim życiu?

10.12.4. Dlaczego tradycyjna terapia nie zawsze bywa skuteczna

Choć często tradycyjna terapia ma dużą wartość, czasem zmusza nas do koncentrowania się na rzeczach, które NIE działają, a tylko nas rozstrajają, na sprawach, przez które ponownie doświadczamy lęku i bólu. Ponieważ „wszystko, na czym się KONCENTRUJEMY z UCZUCIEM, WZRASTA", nadmierna koncentracja na negatywnych aspektach Życia sprawia, że przyciągamy dokładnie te rzeczy, których NIE CHCEMY! Jeśli na przykład pozwolimy, by nieszczęśliwe dzieciństwo zdominowało nasze myśli, gdy już jesteśmy dorośli, dosłownie ograbiamy się z radości, którą Życie tak bardzo pragnie nas obdarować. Gdy rozpamiętujemy to, „co jest w naszym życiu nie tak", mimo woli sprawiamy, że coraz więcej jego aspektów przestanie działać! Dlatego powinniśmy zrozumieć siłę mocy, którą posiadamy. Gdy zaczniemy koncentrować się na naszych błogosławieństwach, przyciągniemy WIĘCEJ błogosławieństw. Gdy przeniesiemy naszą uwagę na to, „co jest w porządku na świecie", zaczynamy cieszyć się lepszą jakością życia. Jeśli jesteście gotowi żyć życiem, jakie kochacie i kochać życie, jakim żyjecie, zachęcamy was, byście poczuli wdzięczność za wszelkie dobro w Życiu, które już jest waszym udziałem, i rozkoszowali się pozytywnymi możliwościami, które czekają na to, by je odkryć. Poświęcajcie tylko 1% uwagi na to, czego nie chcecie, i 99% uwagi na to, czego byście chcieli – oto klucz do nieustannego poczucia szczęścia. Jak się okazuje – miłość, szczęście i śmiech to najlepsza terapia, gdyż dzięki nim czujemy się wspaniale, a mają one tylko pozytywne skutki uboczne!

10.12.5. Dlaczego dostawanie tego, czego chcemy, nie zawsze daje nam szczęście

Kiedyś zwykłam myśleć: „Gdybym tylko mogła mieć wszystko, czego pragnę, WTEDY byłabym szczęśliwa". Dopiero w 1995 roku (gdy z szybkością myśli Życie przyniosło mi wszystko, o co prosiłam) zdałam sobie sprawę, że nie o to chodziło! Czułam się tak, jakbym poszła do ulubionej restauracji, zamówiła wszystko z karty dań i próbowała zjeść wszystko za jednym zamachem. Choć wszystkie te rzeczy były pyszne, całość mnie radykalnie przytłoczyła. To jak próbować zaspokoić pragnienie, pijąc z hydrantu! I choć otrzymałam wszystko, co chciałam, już tego nie chciałam. Wtedy właśnie doznałam inspiracji, by zażądać od Życia rzeczy następującej: „Proszę przynoś mi tylko to, co w danym momencie mi najlepiej posłuży, w najbardziej odpowiedni sposób wyrażający najwyższe dobro dla Całego Życia Wszędzie. Zamiast otrzymywania zawsze wszystkiego, czego chcę, spraw bym chciała tego, co otrzymuję". Pozwalając Życiu w ten sposób odsłonić Jego wielki plan, jestem szczęśliwsza i bardziej zadowolona.

10.12.6. Dlaczego bogaci się bogacą, a biedni ubożeją

Zastanawialiście się kiedyś, czemu niektórzy ludzie odnoszą w życiu sukcesy – cieszą się pełnymi miłości relacjami, dobrym zdrowiem i bogactwem, zaś inni napotykają tylko przytłaczające wyzwania w jednej lub kilku dziedzinach? Mówiąc jaśniej – zastanawialiście się, czemu czujecie się czasami absolutnie niezwyciężeni, a innym razem macie poczucie, że jesteście bezwolnymi ofiarami okoliczności?

By rozwiązać tę zagadkę, musimy najpierw się dowiedzieć, w jaki sposób nieświadomie przyciągamy to, czego nie chcemy, by lepiej zrozumieć, jak świadomie przyciągnąć to, czego pragniemy. Ta świadomość przyniesie nam bezcenny dar, cenniejszy niż całe złoto w Fort Knox. Gdy po raz pierwszy dotarło do mnie, jak uzyskałam MOJĄ tak zwaną „działkę w życiu", byłam zszokowana i zaskoczona! Gdy będziecie czytać następny akapit, możecie być początkowo zupełnie zadziwieni, a gdy będziecie czytać dalej, odkryjecie, że WY też posiadacie moc tworzenia szczęśliwszego, pełniejszego życia i przynoszącego większe nagrody, niż kiedykolwiek wam się wydawało!

Oto szokująca nowina: to MY jesteśmy twórcami NASZYCH doświadczeń. MY jesteśmy tymi, którzy przyciągają i tworzą to, czego nie chcemy oraz to, czego chcemy! Wszystko, czego doświadczamy, opiera się na tym, o czym POSTANAWIAMY myśleć, mówić, co postanawiamy obserwować i wyobrażać sobie. To, w co wierzymy, ma ogromny wpływ na to, jak wygląda nasze życie. Wszystko, czemu mówimy „tak", zapraszamy do naszego życia (oj, tak).

Podobnie wszystko, czemu mówimy „nie", RÓWNIEŻ zapraszamy do naszego życia (ojoj). Innymi słowy, czemukolwiek poświęcamy naszą uwagę (czy jest to coś, czego chcemy lub czego nie chcemy), będzie to rzecz, o której urzeczywistnienie mniej lub bardziej świadomie prosimy. Gdy wreszcie zdacie sobie sprawę, że „energia płynie tam, gdzie biegnie wasza uwaga", poczujecie zachętę, by koncentrować się wyłącznie na tym, czego pragniecie!

To prawda! Nasze myśli mają moc tworzenia rzeczywistości – dobrej i złej, chcianej i niechcianej! Nie sugerujemy rzecz jasna, że każdy celowo przyciąga i tworzy niepożądane doświadczenia. Jeśli o to chodzi, większość z nas rzadko kiedy jest świadoma tego, w jaki sposób przyciąga pozytywne okoliczności do swojego życia. Jeśli zaniedbamy świadome decydowanie o naszych życiowych preferencjach, jesteśmy skazani na życie w braku. Na cokolwiek kierujemy naszą uwagę, to właśnie powołujemy do istnienia. Tym samym w naszym dobrze pojętym interesie leży, by weszło nam w krew wizualizowanie sobie pozytywnych możliwości Życia zamiast rozmyślania o rzeczach, które nas martwią. Jeśli stan tego „co jest" nam się nie podoba, należy przesunąć uwagę i jasno wyobrazić sobie „życie naszych marzeń". Przede wszystkim najważniejsze jest wyobrażanie sobie, że nasze prośby zostały wysłuchane. Oto złoty klucz otwierający drzwi do cudownych manifestacji rzeczy w życiu. Ponieważ możemy przyciągnąć jakość życia, która odpowiada jakości naszych myśli, możemy świadomie tworzyć korzystne warunki w naszym życiu. Możemy wykorzystać potęgę naszych myśli, słów, uczuć i wyobraźni, by celowo poprawić jakość naszego życia. Oznacza to, że NIE jesteśmy ofiarami oraz że NIC nie ma nad nami mocy bez naszej zgody.

To ekscytujące zdać sobie sprawę, że większość uwarunkowań w naszym życiu to zazwyczaj wyraz naszych myśli, uczuć i przekonań. Powtórzmy – o czymkolwiek myślimy i o czymkolwiek mówimy, jest to rzecz, o której urzeczywistnienie prosimy!

Dlaczego zatem „bogaci się bogacą"? Być może dlatego, że mają tendencję do koncentrowania się na dostatku i czyniąc to, przyciągają więcej obfitości. Dlaczego „biedni ubożeją"? Może jest to wynik ich przytłaczającego poczucia niedostatku, które sprawia, że koncentrują się na ubóstwie. Niestety ich ograniczające przekonania sprawiają, że nieświadomie przyciągają to, czego najbardziej się obawiają, co przynosi im kolejne braki i ograniczenia. Gdy czujemy się czymś przytłoczeni, dobrze wtedy pamiętać, że lęk oznacza „zapomnienie, że wszystko jest w porządku" i że to tylko stan przejściowy!

Gdy jesteśmy pozytywnie skoncentrowani, w naturalny sposób przyciągamy obfitość wszelkiego dobra do naszego życia. Gdy jednak jesteśmy skoncentrowani negatywnie, z większym prawdopodobieństwem dostrzeżemy obfite dowody braku i ograniczeń. Oba scenariusze są znakomitym dowodem na działanie prawa magnetycznego przyciągania. Pamiętajcie... niezmienne prawo wszechświata zawsze działa. To, jak go doświadczacie, jest wynikiem tego, na czym się koncentrujecie. Poświęćcie trochę czasu na koncentrowanie się na swoich pragnieniach takich, jak: obfitość, równowaga, zdrowie, szczęście, harmonia, spokój, zabawa, dostatek, miłość, piękno i trwała radość. I przyjrzyjcie się temu, co zaczniecie w magiczny sposób przyciągać i tworzyć!

SUGEROWANA LEKTURA I STRONY INTERNETOWE

PRACE JACQUELYN ALDANY

▲ Warsztaty i informacje dotyczące możliwości zamówienia książek Jacquelyn Aldany znaleźć można na stronie www.15MinuteMiracle.com.

▲ Jacquelyn Aldana, *The 15-Minute Miracle Revealed*, Inner Wisdom Publications, Los Gatos CA, 2003.

▲ Jacquelyn Aldana, *Miracle Manifestation Manual II*, Inner Wisdom Publications, Los Gatos CA, 2003.

▲ Jacquelyn Aldana, *Make Room For Miracles*, Inner Wisdom Publications, Los Gatos CA, (publikacja wkrótce).

▲ Jacquelyn Aldana, *Shortcuts to Miracles*, Inner Wisdom Publications, Los Gatos CA, 2003.

INNI AUTORZY STOSUJĄCY PODOBNE PODEJŚCIE

▲ Lynn Grabhorn, *Excuse Me, Your Life is Waiting: The Astonishing Power of Feelings*, Hampton Roads, 2000.

▲ Lynn Grabhorn, *Excuse Me, Your Life is Waiting Playbook*, Hampton Roads, 2000.

Rozdział 11

SZCZYTOWE STANY ŚWIADOMOŚCI – PODEJŚCIE MEDYTACYJNE
BIOFEEDBACK MÓZGU

James Hardt

SŁOWO WSTĘPNE – Grant McFetridge

Pierwszy raz usłyszałem o Jimie w jego artykułach napisanych jeszcze w latach siedemdziesiątych. Byłem wtedy studentem college'u, fascynowały mnie możliwości ludzkiego mózgu. Jim właśnie tym się zajmował, prowadząc ekscytujące prace nad mało w owym czasie znanymi ścieżkami duchowymi zen i jogi. Moje życie potoczyło się trochę w innym kierunku, toteż poznaliśmy się dopiero w 1996 roku na jednej z konferencji poświęconych psychologii transpersonalnej w Asilomar, w Kalifornii. Jim wygłosił wykład dotyczący biofeedbacku mózgu (biologicznego sprzężenia zwrotnego mózgu), po którym udało nam się porozmawiać. Wspomniał, że był świadkiem zjawiska całkowicie wykraczającego poza nasze przekonania kulturowe – połączenia świadomości i wspomnień ludzi w momencie synchronizacji ich fal mózgowych[1]. Ja także myślałem o skutkach połączenia świadomości w ramach treningów szamańskich, ale nie liczyłem na zrozumienie tego zjawiska ze strony twardej nauki Zachodu. Byłem bardzo podekscytowany faktem, że pracę, którą podejmowałem, można zrozumieć z zachodniego punktu widzenia – zawsze miło będę wspominać tę chwilę.

Spotkaliśmy się później kilkakrotnie w ciągu kolejnego dziesięciolecia. Spotkania te były krótkie, ale za każdym razem z naszych odmiennych podejść wynikało coś użytecznego i fascynującego dla zagadnienia wyjątkowego zdrowia psychicznego i fizycznego. W ubiegłym roku miałem okazję poznać kilku ekspertów od biofeedbacku mózgu, gdy nasz Instytut podjął próbę znalezienia sposobu określania stanów szczytowych przy wykorzystaniu

---

[1] Dr Hardt określa to zjawisko mianem *shared feedback*™ (wspólnego sprzężenia zwrotnego), które występuje w momencie, gdy dwie osoby (lub więcej) przechodzą trening sprzężenia zwrotnego fal mózgowych (*brain wave feedback*) w tym samym czasie i w tym samym pomieszczeniu, dzięki czemu mogą słyszeć własne tony oraz tony innych osób i widzieć własne wyniki oraz wyniki „pozostałych" osób.

sygnałów fal mózgowych. Ku mojemu zdziwieniu, eksperci nie mieli pojęcia, o czym mówię, nie wierzyli również, że jest to możliwe. Zrozumiałem wtedy, jak bardzo wyjątkowe i przełomowe były prace Jima.

Jesteśmy zaszczyceni jego udziałem w powstawaniu tej książki (dodatkowe informacje poza materiałem zamieszczonym w tej książce oraz możliwości odbycia treningów można znaleźć na stronie www.biocybernaut.com).

11.1. WPROWADZENIE

W rozdziale tym zajmiemy się analizą powiązań między szczytowymi stanami świadomości a falami mózgowymi, znanymi jako elektroencefalogram lub EEG. Ponadto poruszymy niezwykle istotną kwestię kontekstu kulturowego, w którym wykonujemy nasze prace badawcze nad stanami szczytowymi oraz wyjątkowymi zdolnościami i umiejętnościami, jakie stany te przynoszą. W historii Zachodu ludzie obdarzeni zdolnościami i umiejętnościami dostępnymi w stanach szczytowych oraz ludzie badający stany szczytowe znajdowali się zwykle w znacznej mniejszości w stosunku do głównego nurtu kulturowego. Ponadto brakowało dobrych technik indukowania stanów szczytowych, toteż mało kto w ogóle o nich słyszał, a jeszcze mniej osób miało okazję podjąć próbę ich uzyskania. Rzadko kiedy ludzie o zdolnościach szczytowych stanowili więcej niż drobny ułamek danej populacji kulturowej. Oznacza to, że korzyści wynikające ze stanów szczytowych nie były w przeszłości dostępne i nie mogły przyczyniać się do rozwiązywania problemów i rozwoju jednostki w tych kulturach. To się jednak zmieni.

W naszych czasach na scenę wkracza nowy gracz – nauka i technologia badania fal mózgowych. Technologia pomiaru fal mózgowych jest w stanie zweryfikować różnice pomiędzy stanami szczytowymi a zwykłymi stanami świadomości, demonstrując podstawowe różnice w falach mózgowych. Technologia sprzężenia zwrotnego fal mózgowych może pomóc ludziom, którzy nie posiadają niektórych fal mózgowych z natury, by je szybko rozwinąć, a także osiągnąć stany szczytowe powiązane z owymi zmienionymi falami mózgowymi. Dzięki nauce i technologii, które są w stanie *zweryfikować* i *wywołać* stany szczytowe przy wykorzystaniu przekonań dominującego paradygmatu w nauce i technologii, możemy pokonać opór przed zmianami.

Szczytowe stany świadomości można rozrysować, otrzymując obraz fal mózgowych adeptów dzięki zastosowaniu odpowiednio złożonych technik pomiaru tych fal. Mało kto spośród osób zainteresowanych stanami szczytowymi docenia to narzędzie. Ogólnie rzecz biorąc, proste pomiary nie wystarczą do tego zadania, gdyż mózg jest tak wysoce złożony, że nasze wysiłki poznania go z naukowego punktu widzenia muszą być również skomplikowane. Niektóre dane opierają się na technikach i technologiach specyficznych dla pracy Biocybernaut Insitute, nie wykorzystywanych przez innych badaczy. Prowadziliśmy długofalowe badania w USA i w Indiach nad wyjątkowymi osobami reprezentującymi obrazy fal mózgowych, które mogłyby wywołać alarm wśród wielu badaczy oraz licencjonowanych i certyfikowanych ekspertów. Takie niezwykłe wzorce fal mózgowych często prowadzą do natychmiastowego zdiagnozowania patologii, podczas gdy w rzeczywistości ich przyczyną są zaawansowane stany duchowe.

Opiszemy także, w jaki sposób neurofeedback (biologiczne sprzężenie zwrotne fal mózgowych – *brain wave biofeedback*) można z powodzeniem stosować do czynnej interwencji. Przy odpowiednim przeszkoleniu z neurofeedbacku jednostka może uzyskać dostęp i uzdrowić traumy blokujące uzyskanie szczytowych stanów świadomości. Określone stany można bezpośrednio osiągnąć przy zastosowaniu biofeedbacku, jeśli tylko nie ma przeszkadzających w tym traum. Opisujemy i zestawiamy ze sobą technologię i metodologię Instytutu z innymi technologiami i metodologiami stosowanymi w tej dziedzinie.

11.2. PODSTAWOWE ZAŁOŻENIA BIOFEEDBACKU FAL MÓZGOWYCH

Jedna z podstawowych obserwacji w pracy nad biofeedbackiem mózgu opiera się na założeniu, że istnieje związek między określonymi wzorcami fal mózgowych a konkretnymi zdolnościami i umiejętnościami. Zależność ta ma podstawowe znaczenie we wszystkich technologiach opartych na falach mózgowych, które są stosowane do pomiaru i treningu stanów szczytowych. Najbardziej fundamentalna zasada tego powiązania, którą nazywam *zasadą psychofizjologiczną*, brzmi:

Każde doświadczenie (świadome lub nieświadome), które przydarza się nam jako ludzkiej istocie, przeżywamy tylko dlatego, że mamy określone, choć złożone, wzorce podstawowej aktywności mózgu.

Z tego wynika wszystko pozostałe. W rezultacie jedynym sposobem zmiany doświadczeń lub zdolności jest zmiana podstawowej aktywności mózgu. Jeśli aktywność mózgu ustępuje, tracimy pewne doświadczenia i zdolności żywej ludzkiej istoty. Śmierć mózgu to przyjęta medyczna definicja śmierci. Serce może się zatrzymać, można je nawet usunąć jak podczas operacji przeszczepu, ale dopóki działają urządzenia dotleniania i krążenia krwi, możemy nadal żyć i przeżywać. Gdy jednak przestaje funkcjonować mózg, tracimy doświadczenia i zdolności żywego człowieka.

W oparciu o zasadę psychofizjologiczną działają *aksjomaty biofeedbacku*. Pierwszy aksjomat brzmi: *Przebieg każdego procesu w mózgu, umyśle lub w ciele, co do którego można udzielić dokładnej, natychmiastowej i sensownie brzmiącej informacji zwrotnej, można nauczyć się kontrolować.*

Zasada psychofizjologiczna oraz pierwszy aksjomat biofeedbacku oznaczają, że:

– Aktywność EEG mózgu jest powiązana ze wszystkimi doświadczeniami, w tym z traumami po stronie negatywnej oraz korzystnymi stanami szczytowymi po stronie pozytywnej.

Oznacza to także, że:

– Zmiana aktywności mózgu, szczególnie w zakresie EEG, zmienia doświadczenia traumy i stanów szczytowych.

Rozbudowując drugi punkt widzimy, że odpowiednie zmiany w aktywności mózgu pozwalają jednostce uzdrowić traumy z przeszłości, a w momencie uzdrowienia tych traum jednostka ma ułatwiony dostęp do tych zmian w aktywności mózgu, które zmieniają stan subiektywny jednostki (fenomenologię) w coś, co wiele osób nazywa stanem szczytowym. Tych stanów jest dużo, mają rozmaite właściwości i bardzo różne fenomenologie.

Stąd wynikają kolejne aksjomaty biofeedbacku, w tym twierdzenie, że rozwój kontroli może wymagać dużej ilości ćwiczeń – a jej efekty mogą być ograniczone przez potrzeby ciała. Dla przykładu, obniżenie rytmu serca do jednego uderzenia dziennie prawdopodobnie jest w większości przypadków niezgodne z utrzymaniem życia i zdrowia. Gdy mowa o zasadzie psychofizjologicznej oraz aksjomatach biofeedbacku, musimy zrozumieć, że stosują się w pełni do zwykłych istot ludzkich, nawet jednostek posiadających wiele stanów szczytowych. Mogą jednak nie mieć zastosowania względem jednostek oświeconych, które przekroczyły prawa fizjologii oraz zasadę psychofizjologiczną. Na przykład Ram Dass opisał pewne wydarzenie, w którym jego guru, Neem Karoli Baba, spożył kiedyś dużą dawkę arszeniku, która normalnie zabiłaby dziesięciu mężczyzn, i wszystkie kobiety otaczające guru zaczęły zawodzić i płakać: „Och, Babaji, nie opuszczaj nas". Guru roześmiał się tylko i powiedział: „Gdzież miałbym odejść?". I nic złego mu się nie stało – jego świadomość wyszła poza zasadę psychofizjologiczną.

HISTORIA JIMA

Moja pasja i biofeedback fal mózgowych

Chciałbym poświęcić chwilę i opowiedzieć wam historię moich odkryć dotyczących relacji pomiędzy technologią fal mózgowych a stanami szczytowymi. Historia zaczyna się w 1968 roku, gdy trzykrotnie byłem podmiotem badania sprzężenia zwrotnego fal mózgowych alfa (*alpha feedback*) w laboratorium Joe Kamiyi. Owe trzy pierwsze sesje odbyły się (w ramach bieżących badań) dzień po dniu, z których każda była 50-minutowym procesem rzeczywistego feedbacku. Technik laboratoryjny przyczepiał elektrody do skóry głowy, uszu i ziemi, prowadził mnie do pokoju z ograniczoną ilością dźwięku i światła, a sam monitorował działanie sprzętu w przyległym pokoju. Instrukcje podawano lub informowano o zakończeniu sesji przez interkom.

Jednak czwarta sesja była inna. Ponieważ podczas formalnych sesji eksperymentalnych zaintrygował mnie ton przypominający świergot, który miał odzwierciedlać aktywność mojego mózgu, wróciłem do laboratorium, ale okazało się, że nie zaplanowano żadnych dalszych eksperymentów, toteż poprosiłem dziewczynę dyrektora laboratorium, by mnie „podłączyła" i by pozwolono mi zbadać sygnały na własną rękę. Pani technik zgodziła się, przyczepiła mi elektrody, poprowadziła do pokoju badań i wyszła, zamykając drzwi. Następnie uruchomiła sprzęt elektroniczny i – o czym nie wiedziałem – poszła na górę, zająć się innym projektem, ponieważ i tak nie generowałem żadnych danych do bieżących badań laboratorium. Zapomniawszy o tym, że zostawiła mnie w „komorze badań", wyszła na lunch z resztą zespołu. Podczas lunchu (trzy godziny później) nagle sobie uświadomiła, że nie sprawdziła, co się dzieje z badanym. Wszyscy w pośpiechu pognali do laboratorium. Wpadli przejęci do pokoju, przerywając – niestety – ostatni etap mojej niesamowitej przygody.

Siedziałem w ciemnym, dźwiękoszczelnym pomieszczeniu, gdzie nie miałem wiele do roboty poza słuchaniem dźwięku. Dźwięk ten wybrzmiał i próbowałem go zignorować, ale udawało mi się to tylko na ułamek sekundy, a potem moja uwaga znów koncentrowała się na tym tonie. Wtedy ton malał jak balonik, z którego moja świadoma uwaga spuściła powietrze. Jednak ten ułamek sekundy był kluczem do zrozumienia zagadnienia. Nieco przedłużając każde z wybrzmień zauważyłem, że moje wyniki się poprawiają, toteż ciągnąłem to dalej. Nie wiedziałem wtedy jeszcze, co z tego doświadczenia wyniknie. Gdyby nie udało mi się utrzymać odwróconej uwagi od impulsu dźwiękowego, ów impuls natychmiast znacznie by się zmniejszył.

Ten rodzaj niemal natychmiastowego feedbacku przyspieszył najtrudniejszy proces – uczenia się samoświadomości, który trwałby lata i z mniejszym powodzeniem. W momencie gdy wyniki zaczęły się poprawiać, a głośny ton utrzymywał się przez dłuższe odcinki każdego dwuminutowego przedziału, zacząłem zauważać dziwne uczucie lekkości. Gdy moje ciało osunęło się na krzesło i podłogę, uczucie ciśnienia ustąpiło miejsca uczuciu łagodnego dotyku. Gdy to „zauważyłem", skoncentrowałem się i zacząłem zastanawiać się nad tym zjawiskiem, natychmiast zostałem przywołany do świadomości tonem, który się uspokajał i łagodniał. Dowiedziałem się więc kolejnej rzeczy – *myślenie refleksyjne lub analityczne przeszkadzało w procesie wprowadzania się w stan alfa!*

Ta informacja ogromnie mi pomogła, ponieważ do tego momentu nie zdawałem sobie sprawy, że przyjmując nastawienie „nie zauważania", zawieszałem myślenie racjonalne i analityczne. Dotarło do mnie, że tak naprawdę byłem świadom impulsów dźwiękowych, gdy nie zwracałem na nie uwagi. Prawdziwa praca polegała na *byciu świadomym, ale nie koncentrowaniu się* na impulsach dźwiękowych, kiedy wykorzystywałem analityczny tryb świadomości. Pewna część mnie, owe centrum ego, które zwykle zajmowało się *robieniem rzeczy* (z powodzeniem lub bez), nagle się zrelaksowało. Obserwowałem, jak unoszę się nad krzesłem stojącym pośrodku pokoju, który wypełnił z kolei głośny dźwięk sprzężenia zwrotnego alfa. Unoszę się nad krzesłem? Unoszę się!??? Moje rozluźnione oddzielenie ulotniło się i „wylądowałem" w racjonalnej i analitycznej świadomości, jakbym obudził się ze snu. Rzecz jasna, gdy to się stało – poziom głośności dźwięku gwałtownie spadł, wiedziałem więc, że czuwałem, że nie przysypiałem ani nie spałem, gdy zacząłem się „unosić". Gdybym zasnął lub choć tylko przysypiał, brakowałoby głośnego tonu (wskazującego na intensywny stan alfa), który znikł w momencie, gdy się „obudziłem" w racjonalnej świadomości.

„Unosiłem się nad krzesłem" – byłem zdumiony. Zdałem sobie od razu sprawę, że moja koncentracja umysłu nad tym, co się działo sprawiała, że to coś się kończyło, toteż natychmiast powróciłem do owego zdystansowanego nastawienia i ton zaczął przybierać na sile. Wkrótce znów spoglądałem spod sufitu w dół na moje ciało, choć nie jestem w stanie wyjaśnić, jak mogłem cokolwiek widzieć w kompletnej ciemności. To nie był zwyczajny sposób widzenia.

Bałem się coś z tą fascynującą sytuacją zrobić, gdyż nauczyłem się, że konceptualizacja sytuacji, w której się znalazłem, ściągnie mnie na dół, obniży poziom dźwięku i pogorszy moje wyniki. Toteż unosiłem się i obserwowałem, starając się odegnać ciągłą pokusę oceniania, spekulowania, analizowania, rozumowania, gratulowania (zwłaszcza to ostatnie było trudne). Po serii szczególnie dużych wzrostów wyników, przy których poczułem się wyjątkowo lekko, łagodnie, jasno i czysto, wpadła mi do głowy pewna ulotna, dumna myśl (pozwoliłem, by przemknęła mi przez głowę): „Rany, jestem całkiem niezły". I bum! Wpadłem z powrotem do stanu normalnej świadomości – konceptualizacja ściągnęła mnie na dół. Gdy starałem się odzyskać pozbawiony zainteresowania stan alfa i głośny ton, zauważyłem rosnące wdzieranie się zapotrzebowania mojego organizmu na tlen. Nie oddychałem. Żyłem wystarczająco oddzielony od mojego ciała fizycznego tak, że zabrakło świadomości, która kierowałaby procesami oddychania.

Czułem pokusę zanurzenia się w ten stan ekstazy. Mój wzrok biegł śladami skierowanymi w dół, które – jak sobie wyobrażałem – po pierwszym zanurzeniu powinny zacząć wznosić się ku górze. Ale ku mojemu zdumieniu zauważyłem, że ślady prowadziły nieubłaganie w dół, wchodziły i znikały w najczarniejszej dziurze, jaką widziałem w życiu. Owa czerń spowijała wszystko niczym płyn zalewający ślady i brzegi tego rozlewiska.

Gdy zacząłem zmierzać w dół w kierunku tej wszechobejmującej czerni, ja-moje ego zrozumiało dzięki przebłyskowi intuicji, że jeśli tam wejdę, dojdzie do rozpadu ego i że nie będzie dłużej mogło kontrolować. Toteż ego powiedziało mi Wielkie Kłamstwo i wypełniło mój umysł ostrzegawczą myślą, że jeśli tam wejdę, nigdy nie wyjdę, przestanę istnieć. Ponieważ miałem dyplom z fizyki oraz podstawowe wykształcenie protestanckie, nie miałem pojęcia o doświadczeniach mistycznych, rozpadzie ego, transcendencji, i tak dalej... głupio uwierzyłem w samolubne ostrzeżenia ego... i spanikowałem. Mój umysł wypełnił bezgłośny krzyk lęku i niechęci... i rzecz jasna stan alfa natychmiast zniknął, zniknął też ton feedbacku, a ja wróciłem do osoby-która-siedziała-na-krześle w laboratorium Joe Kamiyi.

Przez resztę popołudnia opowiadałem w kółko o mojej przygodzie. Przez dwa kolejne dni czułem się lekko i pogodnie, i wcale nie byłem pewien, czy dotykam gruntu, który pozostawał jakieś 60 cm pod podeszwami moich butów. Cztery miesiące później byłem nadal poruszony realnością tego, co mi się przytrafiło, usłyszałem także, że podobne rzeczy mają niekiedy miejsce podczas medytacji, toteż zacząłem chodzić na kurs raja joga, by przygotować się na kolejne spotkanie z „nieujawnionym", czego tak się obawiałem i unikałem wskutek mojej niewiedzy i braku gotowości.

Doświadczenie to było tak głębokie, że poświęciłem całe moje zawodowe życie na próby stworzenia technologii, która w najbardziej skuteczny sposób byłaby w stanie przekazać to doświadczenie innym. Zależało mi też na prowadzeniu naukowych badań nad tym procesem, by go zrozumieć i ocenić pod względem dopasowania metod i zakresu korzystnych wyników tak, by został uznany przez zawodową społeczność naukową. W ramach tych poszukiwań, które trwają od 30 lat, najpierw znalazłem osoby, które posiadają wrodzoną zdolność kontrolowania fal mózgowych (wbrew konwencjonalnym przekonaniom), a następnie opracowałem i zoptymalizowałem technologię oraz metodologię, które pozwalają uzyskać wielowymiarowe korzyści, będące wynikiem wolicjonalnej kontroli nad działaniem centralnego systemu nerwowego.

11.3. HISTORIA METODY BIOFEEDBACKU MÓZGU

Pod koniec lat 60. i na początku 70. bardzo dużo mówiło się o możliwościach tego rodzaju treningu mózgu. Jednak złe technologie i nieznajomość wymaganych protokołów treningowych (które muszą być rygorystycznie przestrzegane) doprowadziły do wielu niepowodzeń wśród osób badających stan alfa. Z powodu tej niewiedzy większość wczesnych badań nad sprzężeniem zwrotnym fal mózgowych nie przyniosła żadnych rezultatów w postaci zwiększenia poziomu stanu alfa u dobrowolnych uczestników.

Nowa naukowa podstawa dla biofeedbacku powstała w kwietniu 1962 roku, a zapoczątkował ją raport dra Joe Kamiyi (mojego dawnego nauczyciela, a późniejszego kolegę i współautora prac), że ludzie są w stanie nauczyć się wolicjonalnego kontrolowania fal mózgowych. Trening biofeedbacku fal mózgowych popularyzowano jako metodę relaksacji, pobudzającą kreatywność umysłową. Badania nad medytacją z punktu widzenia fal mózgowych dowiodły, że osoby medytujące mogą sprawować skuteczną kontrolę nad własnymi falami mózgowymi, zaś biofeedback fal mózgowych miał umożliwiać „natychmiastowe" doświadczenie zen. Spekulacje zaczęto mylić z twierdzeniami i pod koniec lat 60. temat był burzliwie omawiany w mediach. Owo popularne zainteresowanie i skłonność do powielania przesadzonych i niesprawdzonych twierdzeń wywołały burzę w konserwatywnych środowiskach medycznych, psychiatrycznych i psychologicznych. Ich członkowie oraz inni strażnicy *status quo* nie byli zadowoleni z tego, co można było usłyszeć o neurofeedbacku.

W rezultacie część znanych naukowców zaczęła prowadzić badania nad biofeedbackiem fal mózgowych alfa, by obalić spopularyzowane twierdzenia. Wielu z nich nie znało dobrze bogatej literatury klasycznej i badań naukowych nad falami mózgowymi i psychofizyką, szczególnie prac dotyczących psychofizyki fal alfa. W rezultacie, w prowadzonych przez nich badaniach nie zastosowano niczego, co choćby przypominało optymalny projekt lub ergonomiczną technologię feedbacku.

Okazało się, że bez właściwego zrozumienia przyczyn naturalnego wzrostu i słabnięcia rytmów alfa trudno przeszkolić ludzi, by podnosili swój stan alfa, co sprawiło, że większości badaczy stanu alfa w latach 70. nie udało się nauczyć osób badanych podnoszenia aktywności tych fal. To z kolei przyniosło szereg publikacji stwierdzających, że feedback alfa nie działa. Niektóre z tych prac sugerowały wręcz, że ludzie posiadali wrodzoną niezdolność do kontroli aktywności alfa. Większość badaczy nie wiedziała, że przyczyną ich niekompletnych odkryć była nieergonomiczna technologia feedbacku i niewłaściwe protokoły treningowe, w dodatku właściwie wszyscy przechodzili proces za krótko. W raportach brakowało także korzyści związanych z uzyskaniem stanu alfa. Jeśli korzyści te wynikają z podwyższonego stanu alfa, to brak wzrostu alfa oznacza brak jakichkolwiek korzyści.

Niektóre osoby z kulturalnego establishmentu być może poczuły ulgę, gdy okazało się, że feedback alfa nie działa, zważywszy trudności w zwalczaniu poglądów ruchu związanego ze środkami psychodelicznymi, znanych ówcześnie pod hasłem „kontrkultury". Popularne przekonanie, że feedback alfa to elektroniczna technologia rozszerzania i transformacji świadomości zostało skontrowane przez istniejący consensus tak zwanych ekspertów. Stwierdzono: „Fal mózgowych *nie da się* wolicjonalnie kontrolować". W rezultacie ruch związany z biofeedbackiem fal mózgowych alfa musiał w połowie lat 70. zejść do podziemia, a o większości treningów fal mózgowych zapomniano jako o kolejnym kaprysie psychedelicznych lat 60.

Jednak nie dało się owego dużego entuzjazmu wśród klinicystów i publiczności dla „biofeedbacku" zamknąć w butelce. Energia i entuzjazm zostały zablokowane przez negatywne wyniki badań ekspertów, toteż wszystkie siły skierowano na prowadzenie biofeedbacku na *nie*-mózgowej aktywności ciała. Biofeedback stał się synonimem peryferyjnych modalności napięcia mięśni (nauka rozluźniania mięśni), temperatury ciała (nauka rozgrzewania rąk i nóg) oraz reakcji elektrodermalnych (nauka zmiany elektrycznych reakcji skóry indukowanych przez płytkie lub przelotne emocje).

Biofeedback fal mózgowych był postrzegany jako fałszywa nadzieja lub gorzej – jako fałszywy rozgłos (do czasu mojego artykułu w „Science" z 1978 roku) toteż mało kto w USA interesował się moimi pracami. Prawie każdy był przekonany do oficjalnej linii myślenia, według której biofeedback fal mózgowych nie działa i że ludzie nie mogą zwiększać poziomu aktywności alfa. Zamknięty dżin nadal tkwił w butelce do 1989 roku, gdy Gene Peniston (współpracujący z Kulkowskim) opublikował artykuł, w którym wykazał że najgorszych alkoholików, nieuleczalnych szumowin z systemu opieki nad weteranami można wyleczyć z alkoholizmu w 80% przypadków przy wykorzystaniu treningu biofeedbacku fal mózgowych dla EEG alfa i teta. Korek wyskoczył z butelki i dżin wydostał się na zewnątrz. Wkrótce powstało Towarzystwo Regulacji Neuronowej, którego działalność poświęcona jest biofeedbackowi fal mózgowych. Jednak większość ludzi chciała wykorzystać nową technologię do leczenia chorób objętych programem ubezpieczenia zdrowotnego, a mało kogo interesowały zagadnienia stanów szczytowych i paranormalnych zdolności, które przynoszą niektóre stany.

11.4. STANDARDOWY BIOFEEDBACK MÓZGU I JEGO OGRANICZENIA

Choć wkrótce dojdzie do dużych przemian, gdy ludzie ponownie odkryją potęgę i zakres treningu biofeedbacku fal mózgowych, większość obecnie prowadzonych prac dotyczy przede wszystkim peryferyjnych modalności: temperatury skóry, napięcia mięśni oraz przewodzenia elektrycznego (lub oporu) skóry. Peryferyjne modalności działają skutecznie jedynie w przypadku niektórych symptomów. Niestety są nieskuteczne, gdy mają działać centralnie, na sam mózg. To ogranicza biofeedback do leczenia symptomów, a nie przyczyn.

Ponieważ potencjalnych praktyków biofeedbacku fal mózgowych do niedawna ograniczał brak odpowiedniego sprzętu, a także brak wiedzy na temat odpowiednich protokołów treningowych, biofeedback nadal stosuje się przede wszystkim w zakresie peryferyjnych modalności. Dokładniej mówiąc, większość badaczy nie zdaje sobie sprawy ze znaczenia krótkiego (poniżej 350 ms) czasu reakcji pomiędzy sygnałem fali mózgowej a audiotonowym feedbackiem oraz jakże ważnej konieczności odbywania długotrwałych sesji. Biofeedback pozostał według oficjalnej wykładni interesującą ciekawostką o ograniczonym znaczeniu i ubogich możliwościach zastosowania. W rezultacie nie cieszy się estymą wśród lekarzy.

11.5. BIOCYBERNAUTYCZNY PROGRAM HARDTA A STANDARDOWY BIOFEEDBACK

W intensywnym Treningu Alfa Jeden Instytutu Biocybernautycznego wykorzystuje się najnowsze wzmacniacze i filtry służące do analizy EEG, które dają słyszalny feedback w czasie rzeczywistym. Dodatkowo przeprowadza się szczegółowy wywiad i analizę nastroju. Instytut oferuje szkolenia zaawansowane zarówno w zakresie wszystkich fal mózgowych i ich kombinacji, jak też w zakresie dzielonego/wspólnego feedbacku i treningu spójności.

1. Instytut Biocybernautyczny opracował protokoły treningowe oraz zaawansowany sprzęt, co jest rezultatem 30 lat badań naukowych.
2. Wykorzystujemy integrację czasu i amplitudy (zamiast czasu procentowego nad pewnym progiem), zatem w naszym treningu sięga się głębiej (nie stosujemy prostego sposobu włączania/wyłączania feedbacku, często spotykanego w innych systemach).
3. Nasze okresy treningowe są optymalizowane na poziomie dwóch minut każda (prawie wszystkie pozostałe systemy stosują okresy za długie lub za krótkie).
4. Nasze sesje treningowe trwają przynajmniej jedną, dwie lub więcej godzin neurofeedbacku dziennie (prawie wszystkie pozostałe protokoły są za krótkie).
5. Nasze serie treningowe zaczynają się od intensywnego siedmiodniowego Treningu Alfa Jeden (inne programy treningowe są za krótkie).
6. Nasze programy treningowe są bardzo intensywne – zajmują większą część dnia. Obejmują wstęp (1 dzień), testowanie stanowiące punkt odniesienia, wzmocniony feedback, testy nastroju (skale), przesłuchanie po sesji, odczyt wykresu EEG, analiza wyników oraz omówienie skali nastrojów.
7. Nasze treningi prowadzone są przez trenerów posiadających dyplom naukowy, Certyfikat Towarzystwa Biofeedbacku oraz Certyfikat Biocybernautyczny.
8. Wykorzystujemy najnowsze wzmacniacze i filtry EEG, które są najczulsze z istniejących obecnie filtrów.
9. Niektóre systemy polegają na synchronizacji fal mózgowych (FFR, efekt binauralny) zamiast na feedbacku. Metoda ta nie jest ani tak skuteczna, ani

tak naturalna jak proces Biocybernautyczny, gdyż synchronizacja wzmacnia częstotliwości zewnętrzne. W procesie biocybernautycznym można zaufać procesom własnego mózgu i odnaleźć własne częstotliwości (Instytut Biocybernautyczny był w stanie pomóc przynajmniej jednej szkolonej osobie odwrócić trudności umysłowe wywołane systemem synchronizacji).
10. Biocybernautyczny feedback ma przyjemne brzmienie dla ucha, wykorzystuje instrumenty muzyczne z 5.1 Sound Systems zamiast prostych technologii audio feedbacku.
11. Nasz feedback jest multimodalny, a modalności są stosowane we właściwy sposób we właściwym czasie. Niektóre systemy treningowe stosują feedback o jednej modalności lub też mieszają modalności w sposób szkodliwy dla wzmocnienia fal mózgowych (najczęściej używając wizualnego feedbacku przy otwartych oczach).
12. Trening biocybernautyczny obejmuje analizę skali nastrojów wraz z jej omówieniem (systemy domowe opierają się tylko na samych urządzeniach, bez kontaktowania się z ludźmi).
13. Trening biocybernautyczny jasno oddziela trening tłumienia od treningu wzmacniania, by uczyć skuteczniej (niektóre systemy przeplatają tłumienie ze wzmacnianiem).
14. Trening biocybernautyczny przeprowadza się z zamkniętymi oczami (gdy ludzie otwierają oczy, stan alfa zazwyczaj ulega stłumieniu) – niektóre systemy opierają się na feedbacku wizualnym (z otwartymi oczami) zamiast na feedbacku dźwiękowym (z zamkniętymi oczami).
15. Instytut Biocybernautyczny stosuje indywidualnie podłączane elektrody przy wykorzystaniu żelów wysokiej jakości w celu uzyskania maksymalnej czułości (niektóre systemy stosują nieskuteczne systemy elektrodowe).
16. Instytut Biocybernautyczny oferuje we wszystkich treningach spójną analizę w celu poprawy spójności fal mózgowych (wiele innych systemów całkowicie pomija ten aspekt).
17. Instytut Biocybernautyczny nie wykorzystuje żadnych komunikatów działających na podświadomość lub autohipnotycznych (niektóre inne systemy mylą treningi z komunikatami). Wyniki uzyskane w trakcie treningu Instytutu są głębokie i fundamentalne.

Procesy biofeedbacku mózgu mogą przynieść następujące rezultaty:
– poprawę zdolności i umiejętności, i cieszenie się nimi,
– poprawę klarowności i skuteczności myślenia,
– przywrócenie wzorców fal mózgowychz młodości, co pozwala odwrócić niektóre efekty starzenia,
– budowanie dobrej samooceny i wiary w siebie,
– poprawę emocjonalnego i fizycznego dobrostanu,

- wyższą świadomość duchową,
- większą skłonność do przebaczenia i nieprzywiązywania się,
- rozwój naturalnej intuicji i zdolności rozwiązywania problemów,
- zdolność do zachowania spokoju i koncentracji pod presją,
- wyższą wydajność i bardziej twórcze działania przy niższym poziomie stresu,
- korzyści z wyższej produktywności.

Treningi pozwalają pogłębić własną świadomość, a następnie uzdrowić często nieświadome emocje negatywne, takie jak smutek, gniew czy lęk.

11.6. BIOFEEDBACK FAL MÓZGOWYCH A SZCZYTOWE STANY ŚWIADOMOŚCI

W ramach jednego rozdziału, a nawet w ramach całej książki, nie sposób omówić wszystkich możliwych stanów świadomości. Przypomnijmy, że buddyści opisują ponad 150 stanów występujących na drodze do oświecenia. Każdy z nich, rzecz jasna, ma własne wzorce aktywności mózgu. Zmiany w aktywności w niektórych stanach są subtelne i nie zauważyłby ich nawet wykwalifikowany specjalista kliniczny zajmujący się EEG, szczególnie jeśli zmiany te występują przede wszystkim w głębokich strukturach podkorowych. By odczytać zmiany w aktywności mózgu w głębszych jego częściach niezbędna jest technologia magnetoencefalografii (MEG). MEG jest w stanie wejrzeć w głąb mózgu do 6-7 cm pod powierzchnię, toteż jest w stanie dokonać pomiaru i dostarczyć odpowiednich danych dotyczących aktywności mózgu w części korowej i podkorowej. W wielu przypadkach wykrycie owych subtelnych zmian wymaga także zastosowania potężnego komputera. Z drugiej strony, zmiany w aktywności mózgu innego rodzaju, powiązane ze zmianami innych stanów, są dość oczywiste nawet dla średnio wykwalifikowanego obserwatora EEG.

Ponieważ nie urodziliśmy się z „instrukcją obsługi" naszego mózgu, sami musimy ją opracować. Zważywszy podobieństwo ludzi między sobą, to co odkryjemy jako wzorzec stanu szczytowego u jednej osoby będzie z dużym prawdopodobieństwem powtarzać się u innej. Musimy jednak uwzględnić duże różnice pomiędzy osobami prawo- i leworęcznymi, jak również zmiany rozwojowe w aktywności fal mózgowych dziecka oraz zmiany w aktywności mózgu związane z wiekiem u starszych osób dorosłych (które można odwrócić przy zastosowaniu odpowiedniego treningu sprzężenia zwrotnego fal mózgowych). Jeśli jednak wziąć grupę sześciu bardzo utalentowanych osób o identycznej „ręczności", którzy w sposób wiarygodny przejawiają te same zachowania – czy to o charakterze fizycznym, umysłowym, emocjonalnym, duchowym czy psychicznym – będę w stanie dokonać odpowiedniego pomiaru aktywności mózgów tych osób i na podstawie około 200 parametrów zdobyć odpowiednie dane, by stworzyć wielowymiarową mapę aktywności ich mózgów. Mapę tę można następnie wykorzystać podczas treningu u innych, mniej utalentowanych osób, skierowanego na powstanie takich samych lub podobnych zachowań przy zastosowaniu opatentowanych algorytmów tak, by ich wzorce aktywności mózgu przypominały aktywność mózgu osób utalentowanych. Potrzebujemy około sześciu „mistrzów" lub ekspertów, by uzyskać wystarczająco wiarygodne dane umożliwiające opracowanie wielowymiarowych map mózgu, które można wykorzystać w treningu wyzwalającym konkretny talent u innych.

Mózg uczy się pełnego wzorca szybciej niż jego elementów, toteż im pełniej możemy przedstawić stan mózgu „mistrzów", tym szybciej i łatwiej inne osoby będą w stanie nauczyć się powielać te wzorce mistrzostwa w pewnej umiejętności lub zdolności, w tym zdolności do uzyskiwania cennych szczytowych stanów umysłu. Powierzchniowe EEG nie przynosi obrazu całej aktywności mózgu, toteż niektóre stany szczytowe będą wymagały czegoś więcej niż tylko zgodności wzorców określonych za pomocą powierzchniowego EEG. Dowiedziono, że przy zastosowaniu dużej ilości elektrod (powiedzmy na przykład 121) oraz potężnych komputerów przetwarzających dane *offline* (nie w czasie rzeczywistym) można określić szczegóły elektrycznej aktywności w całym mózgu. Choć wyniki takie mogą mieć zastosowanie w celach diagnostycznych, nie nadają się do feedbacku, który powinien działać w czasie rzeczywistym. Patent *System and Method N° 4 928 704* Instytutu Biocybernautycznego dotyczący feedbacku fal mózgowych określa, że feedback musi być dokładny, natychmiastowy i możliwy do przyjęcia. „Natychmiastowy" oznacza w czasie poniżej 350 milisekund. W przypadku dłuższych czasów proces uczenia się zostaje osłabiony, zaś feedback robi wrażenie „mętnego" oraz niepowiązanego z fenomenologiczną rzeczywistością osoby poddanej treningowi.

11.7. MOŻLIWOŚCI KONTROLOWANIA STANÓW FAL MÓZGOWYCH

Każde doświadczenie wymaga określonego działania ze strony mózgu. Wybór i kontrola nad doświadczeniem jest tak samo łatwa, jak wybór i kontrola nad działaniami mózgu. Większość ludzi jest w stanie kontrolować aktywność mózgu w wystarczającym stopniu, by iść spać i obudzić się wtedy, gdy trzeba. Osoby posiadające wyjątkowe zdolności umysłowe po prostu posiadają dodatkowe subtelne możliwości samoregulacji działań mózgu.

Zrozumienie i kontrola tych subtelnych funkcji mózgu otwiera nowe obszary umiejętności, zdolności i spełnienia. Przypomina to zwyczajną naukę bardziej skutecznego wykorzystywania własnego bio-komputera, zaś rezultaty takiej nauki przekraczają najśmielsze oczekiwania (podobnie osoba dwuwymiarowa nie jest w stanie wyobrazić sobie życia w świecie trójwymiarowym). Najpierw należy przyjąć nowe spojrzenie na ludzki umysł, nowy punkt widzenia, by zrozumieć jego implikacje.

Daną osobę uznaje się za „utalentowaną", jeśli potrafi włączyć odpowiednie fale mózgowe, by poradzić sobie z każdą sytuacją. Dobra wiadomość jest taka, że nie trzeba urodzić się z daną zdolnością. Dysponujemy obecnie technologią i metodą treningową, która pozwala każdej osobie nauczyć się umiejętności zmiany fal mózgowych, zależnie od wymogów sytuacji.

Jak zobaczymy później, osoby twórcze posiadają naturalną zdolność przyjmowania innego stanu mózgowego (wysokiego stanu alfa) podczas pracy nad problemem. Owa zdolność do przyjmowania odmiennego stanu mózgu pozwala im wejść w nowy stan, idealny dla pracy twórczej. Bez tej zdolności zmiany aktywności mózgu osoba pozostaje nietwórcza. Zdolność świadomej, wolicjonalnej kontroli nad aktywnością mózgu to jedno, druga ważna rzecz to doświadczanie subtelnych różnic oraz wiedza, jakich zmian dokonać w określonej sytuacji.

11.8. „UZDRAWIANIE PSYCHIKI" A SZCZYTOWE STANY ŚWIADOMOŚCI

Należy pamiętać o istnieniu pewnych warunków wstępnych, pozwalających uzyskać tego rodzaju stany fal mózgowych i powiązane z nimi stany fenomenologiczne. Najpierw musi dojść do uzdrowienia psychicznych blokad, w przeciwnym razie jednostka nie będzie w stanie utrzymać fal mózgowych powiązanych z owymi zaawansowanymi stanami. W obecnej postaci trening neurofeedbacku w Instytucie Biocybernautycznym obejmuje formalną pracę nad przebaczeniem, która jest kluczowym elementem programów treningowych nad falami mózgowymi alfa jeden i theta jeden. Skomputeryzowane narzędzia pomiaru nastrojów określają stłumione i nieświadome negatywne emocje, następnie trener pokazuje osobie poddanej treningowi, jak wykorzystać technologię neurofeedbacku do takiej głębokiej pracy wewnętrznej. Uczestnik treningu otrzymuje polecenie znalezienie własnej metody osobistego przebaczenia, dzięki której podejmie pracę nad psychicznymi urazami oraz nad negatywnymi emocjami gniewu, wrogości, lęku, smutku, nieszczęścia i depresji. Jeśli uczestnik nie jest w stanie lub nie chce podjąć pracy nad własną psychiką, lub też jeśli uczestnik jest „przywiązany" do gniewu lub jednej z negatywnych emocji, nie będzie w stanie uzyskać wysokiej amplitudy długotrwałej aktywności fal alfa, spójnych w obu półkulach. Jeśli nie jesteście gotowi na taką pracę, drzwi do wyższych stanów pozostaną dla was zamknięte. Biocybernautyczny neurofeedback wiąże się z głęboką pracą osobistą, która otwiera umysł i serce na możliwości, jakie dają stany szczytowe.

11.9. STANY MEDYTACYJNE A BIOFEEDBACK FAL MÓZGOWYCH

Japońscy naukowcy Kasamatsu i Hirai prowadzili badania nad mnichami zen ze szkół Soto i Rinzai. W przypadku każdego mnicha mistrz zen (*roshi*) określał stopień jego rozwoju duchowego. Co ciekawe, żaden z nich nie mógł uzyskać „zaawansowanego" stopnia w rozwoju duchowym, jeśli nie spędził na codziennej praktyce medytacji zazen co najmniej 21 lat. Następnie każdemu z mnichów przypięto elektrody EEG i zmierzono fale mózgowe występujące podczas praktykowania medytacji zazen. Najpierw okazało się, że im wyższa ocena stopnia rozwoju duchowego mnicha przyznana przez mistrza zen, tym więcej fal alfa występowało w zapisie EEG. Potem dostrzeżono dalsze subtelne różnice i niuanse. Wraz z przejściem ze stopnia „początkującego" do „średniozaawansowanego" i potem do „zaawansowanego", natężenie fal alfa nie tylko rosło, ale też ulegało rozprzestrzenieniu. W grupie najbardziej zaawansowanej, u wszystkich mnichów, którzy praktykowali codzienną medytację przez okres dłuższy niż 21 lat, zauważono wszystkie te zmiany oraz wystąpienie fal theta w przedniej części głowy (F3 i F4 w międzynarodowym systemie 10-20 występowania fal EEG).

Identyczny wzorzec zmian alfa i theta uzyskują regularnie uczestnicy programu alfa jeden w Instytucie Biocybernautycznym. Dzięki technologii i metodologii Instytutu cały proces trwa nie 21 lat, ale siedem dni. Dzięki danym z badań nad 17 praworęcznymi niemedytującymi uczestnikami w wieku od 20 do 64 lat, którzy przeszli przez siedmiodniowy trening alfa jeden, możemy zauważyć identyczne wzorce fal mózgowych z falami zaawansowanych mnichów zen. Zmiany te polegają na zwiększeniu amplitudy fal alfa, ich rozprzestrzenianie się, spowolnienie częstotliwości fal alfa oraz pojawienie się czołowych fal theta. Wiemy, że technologia Instytutu pozwala przyspieszyć proces medytacji i uzyskać wzorce fal mózgowych i powiązanych z nimi stanów umysłu typowych dla najbardziej zaawansowanych praktyków medytacji zen.

11.10. WIDZENIE PSYCHICZNE I UZDRAWIANIE PSYCHICZNE

W ramach pracy na UCSF prowadziłem badania nad grupą osób o zdolnościach parapsychicznych. Niektórzy odznaczali się umiejętnościami jasnowidzenia i zdolnością widzenia przyszłości. Inne osoby posiadały zdolności stawiania diagnoz medycznych, a niektórzy potrafili taką diagnozę postawić na odległość bez fizycznej obecności pacjenta. U niektórych owe parapsychiczne zdolności uzdrawiania pacjentów działały niekiedy na wiele kilometrów. Wszystkie te osoby wyróżniały wyjątkowe obrazy fal mózgowych o częstym występowaniu fal theta, a nawet fal delta. Podczas czynności „uzyskiwania dostępu", „widzenia" lub „uzdrawiania", liczba fal theta i delta rosła, niekiedy radykalnie. Gdyby którąkolwiek z tych osób przebadano za pomocą techniki znanej obecnie jako QEEG (*Quantitative EEG*, ilościowe EEG), w ramach której fale mózgowe są rejestrowane i porównywane ze zbiorem danych osób „normalnych", uznano by je za „dewiantów" i podjęto by próby „naprawienia" ich skrzywionych mózgów i doprowadzenia do stanu „normalności".

Ostatnio przytrafiła nam się ciekawa historia, która była udziałem utalentowanego programisty, biorącego udział w treningu alfa. Człowiek ten był ekspertem w dziedzinie projektowania baz danych i obdarzony był wyjątkowym talentem do tworzenia nowych, potężnych programów. Wziął udział w badaniu, do którego zatrudniliśmy technika znającego się na technice QEEG, toteż mogliśmy przyjrzeć się wynikom treningu alfa „oczami" technik i metod analitycznych QEEG dzięki obrazom QEEG zarejestrowanym przed i po siedmiodniowym treningu alfa jeden.

Ów uczestnik początkowo przypominał Spocka ze *Star Treka*. Był niezwykle racjonalny i dużo zainwestował w rozwój swego ogromnego potencjału intelektualnego – tym zresztą zarabiał na utrzymanie siebie i rodziny. Jednak w trakcie treningu alfa zaczął doświadczać czegoś, co moglibyśmy określić mianem przeżycia mistycznego. Arthur Deikman opisał pięć cech doświadczenia mistycznego: (1) intensywne poczucie realności, (2) niezwykłe doznania, (3) zjawiska transcendentne, które przychodzą spoza wymiaru pięciu zmysłów, (4) doświadczenie jedni z całością rzeczywistości, (5) niezdolność do opisania go słowami. Ów utalentowany projektant komputerowych baz danych zaczął doświadczać owych silnych doznań, które zawierały elementy wszystkich pięciu kategorii doświadczenia mistycznego. W pewnym momencie jego racjonalny umysł przestraszył się, że owe nowe zjawiska będą tak silne i tak częste, że nie będzie w stanie ich „wyłączyć" – toteż próbował to zrobić. Rzecz jasna, zjawiska natychmiast ustąpiły, zaś uczestnik był jeszcze bardziej zakłopotany faktem, że nie mógł od razu ich ponownie przywołać. Oto jedna z istotnych lekcji treningu fal mózgowych: przytrafia ci się tylko tyle, ile możesz w danym momencie znieść.

Choć mężczyzna ten dopiero zaczął przywoływać pewne aspekty doświadczenia mistycznego, jego zrozumienie natury rzeczywistości uległo dogłębnej zmianie. Był w stanie wziąć udział w kolejnych treningach alfa, by uzyskać zdolność odkrywania owych nowych wymiarów rzeczywistości. Zanim to się stało, poddaliśmy go badaniu QEEG dzień po zakończeniu siedmiodniowego treningu alfa jeden. Obrazy QEEG wysłaliśmy następnie do analizy ekspertom od interpretacji tego typu danych. Tydzień później odebrałem telefon od pewnego przerażonego lekarza, który stwierdził czołowe działanie fal delta w pierwotnym obrazie QEEG, co sugerowało występowanie guza mózgu. Dodał on bardzo przejętym tonem, że aktywność owych fal nasiliła się tak bardzo w ciągu tygodnia (podczas którego przeprowadzono trening alfa), że musi to być przypadek bardzo agresywnego, niebezpiecznego i szybko rozwijającego się nowotworu. Ów lekarz i specjalista od QEEG prosił, bym jak najszybciej skontaktował się z tą osobą i zasugerował jej tomografię komputerową, by sprawdzić, czy nowotwór da się zoperować, a jeśli nie – osoba powinna natychmiast poddać się naświetlaniom i chemioterapii.

Starałem się posłusznie i możliwie w najłagodniejszy sposób przekazać owe alarmujące informacje utalentowanemu programiście, który od razu poddał się serii badań tomografii komputerowej. Badania nie wykazały absolutnie *nic*. Człowiek ten był całkowicie wolny od jakichkolwiek nowotworów.

Aktywność fal delta, która tak się nasiliła w obszarze czołowym, wiązała się z początkami doznawania głębokich doświadczeń mistycznych, które zostały uznane przez lekarza i specjalistę od QEEG za tak duże odchylenie, że zaczął rozważać usunięcie tej części mózgu lub zniszczenie jej radioterapią.

Powyższy opis jest jednym z wielu przykładów powszechnego braku rozumienia idei stanów szczytowych nie tylko przez laików, ale także przez szerokie grono specjalistów w dziedzinie badań nad aktywnością mózgu.

11.11. PROFIL FAL MÓZGOWYCH KUNDALINI[2]

Historia tego odkrycia sięga pewnego treningu, któremu chcieliśmy poddać jednego z mistrzów zen i jego przyjaciela (JH), który nie praktykował medytacji zen. Mistrz nie mógł wziąć udziału w badaniu i JH przyszedł sam. JH był spokojnym, skromnym człowiekiem. Był istnym mięczakiem – w grupie dwóch osób nie zauważylibyście go. A jednak koncern IBM bardzo chciał przyjąć go do pracy. Kiedyś pracował dla IBM, a obecnie przebywał na trzyletnim płatnym urlopie, gdyż koncern liczył na to, że JH po upływie tego okresu zdecyduje się wrócić i podjąć pracę. Byliśmy ciekawi, dlaczego tak zwykły, łagodny i skromny człowiek był dla swojej firmy tak cenny.

Poznaliśmy jego historię. Pracował w IBM jako pracownik średniego szczebla w Marsylii (Francja). Było lato i któregoś dnia utknął w jednym owych koszmarnych francuskich korków, podczas których wszyscy ciągle trąbią, wysiadają z samochodów i dochodzi do rękoczynów. I oto w tym upale, hałasie i bólu ów człowiek przeżył doświadczenie przebywania poza ciałem – jego ciało astralne oddzieliło się od ciała fizycznego. Ów mężczyzna latał wokoło, kończył bójki i pomagał innym się uspokoić. To doświadczenie całkowicie go zmieniło.

[2)] Szczegółowy opis kundalini czytelnik znajdzie w książce Gopi Krishny pt. *The Evolutionary Energy in Man*, Shambala, 1971.

I nagle ów pracownik średniego szczebla uzyskał ogromną moc, która została szybko dostrzeżona i wykorzystana przez IBM. Zanim JH odszedł na urlop, dokonywał dla IBM cudów. Na przykład, firma chciała otworzyć fabrykę w jakimś kraju azjatyckim, która miała wytwarzać niektóre produkty. JH pojechał sam do tego kraju, znalazł działkę, wynegocjował jej zakup, znalazł wykonawców, którzy podjęli się budowy obiektu, wynegocjował kontrakty budowlane, uzyskał wszystkie pozwolenia, nadzorował budowę, a następnie wynajął i wyszkolił pracowników niezbędnych do funkcjonowania nowego obiektu. Sprowadził niezbędny sprzęt, co znów wiązało się z rozmowami z urzędami regulacyjnymi zajmującymi się tego rodzaju importem; następnie kazał nowym pracownikom zainstalować sprzęt produkcyjny, a jednocześnie znalazł, zatrudnił i przeszkolił menedżerów lokalnych, którzy mieli kierować działalnością fabryki. Po czym przekazał IBM kompletny obiekt, wydajnie wytwarzający odpowiednie produkty. Nic dziwnego, że koncern był gotowy dać JH trzyletni płatny urlop w nadziei (i tylko tyle – nadziei), że pod koniec tego okresu ów cenny pracownik wróci do firmy. A nie był wcale do tego zobowiązany.

Zatem ów niezwracający na siebie uwagi i sprawiający wrażenie mięczaka człowiek posiadał niesamowitą moc. Jednak na początku, przez kilka pierwszych dni treningu, jego fale mózgowe wcale nie przedstawiały się wyjątkowo. W obszarze potylicy, w kanałach O1 i O2, występowały pewne fale alfa, ale cechowały się raczej niskimi amplitudami, choć był on w stanie je rozciągnąć i utrzymać profil fal alfa przez kilka sekund. Jednak pozostałe sześć kanałów (C3, C4, T3, T4, F3, F4) miało bardzo niskie amplitudy fal alfa i były one przerywane. Dzień trzeci przyniósł nam jednak ogromną niespodziankę. Nagle, ni stąd ni zowąd, w owych pozostałych sześciu kanałach doszło do wybuchu aktywności rytmicznych fal delta o bardzo wysokiej amplitudzie. JH czasami doświadczał skurczu całego ciała tuż przed wystąpieniem fal delta lub w momencie ich ustępowania, czasami zaś nie. Ponieważ mężczyzna otrzymywał czterokanałowy feedback alfa z miejsc korowych O1, O2, C3 i C4, brakowało odbicia tonów owej niezwykłej aktywności fal delta, które nie przechodziły przez filtry alfa. Pod koniec dnia rozmowa z nim nie przyniosła żadnych wskazówek co do natury tej niezwykłej synchronicznej aktywności delta o wysokiej amplitudzie. Dwa obszary potyliczne O1 i O2 nadal wykazywały zwyczajną skromną aktywność fal alfa w trakcie tych niezwykłych epizodów z falami delta. Już samo to nadawało się do rejestru rekordów: fale *alfa i delta współwystępowały w budzącym się mózgu*. Większość neurologów powiedziałaby, że to niemożliwe i że gdyby zobaczyli obraz poligraficzny, byliby przerażeni i stwierdziliby, że to niebezpieczny i patologiczny symptom (i jak się później okazało, pewien neurolog z Harvardu był wstrząśnięty takim obrazem badania EEG).

Gdy pokazaliśmy JH jego obrazy poligraficzne, co było istotną częścią rozmowy po każdej sesji treningu, nie podał nam żadnych użytecznych informacji, zwyczajnie wzruszył ramionami i nic nie powiedział. Nie chciałem, by najbardziej niesamowity obraz fal mózgowych odszedł w zapomnienie bez wyjaśnienia tego zjawiska, toteż powiedziałem asystentce Maureen: „Naprawimy to jutro. Mamy 16 głośników w sali treningowej i możemy wyemitować dowolną kombinację fal mózgowych do któregoś lub wszystkich głośników. Zazwyczaj wykorzystujemy w treningu alfa jeden cztery głośniki, ale jutro włączymy dodatkowe sześć urządzeń. Każdy z sześciu kanałów EEG, które wykazywały aktywność fal delta przyniesie feedback z jakiejkolwiek ich aktywności, która może wystąpić w którymś z tych kanałów. Jeśli zrobi jutro to, co zrobił dzisiaj, podskoczy z wrażenia, ponieważ ta aktywność fal delta była bardzo silna i przełoży się na bardzo głośne dźwięki. Za każdym razem, gdy powtórzy ten wyczyn, zostanie natychmiast ogłuszony przez głośne dźwięki i przestanie wzruszać ramionami i opowiadać nam, że nie ma pojęcia, co robi w trakcie badań".

I tak zrobiliśmy. Powiedzieliśmy mu, jakie są nasze zamierzenia i poprosiliśmy, by zwrócił uwagę i zapamiętał, co robił, jeśli owe dodatkowe sześć głośników zaczęłoby emitować wyjątkowo głośne dźwięki. I czwartego dnia JH znów zaktywował owe potężne fale delta synchronicznie w sześciu obszarach mózgu, podczas gdy O1 i O2 nadal wykazywały niewielką aktywność fal alfa. Gdy to zrobił, głośniki delta zaczęły emitować bardzo głośne dźwięki.

Gdy sesja dobiegła końca i zacząłem wywiad z JH, moje pierwsze pytanie brzmiało: „Co zrobiłeś, gdy głośniki delta zaczęły emitować te potężne dźwięki?". JH podniósł głos na nieco wyższy ton i powiedział: „Och, to wtedy zacząłem czuć przypływ kundalini". Byłem zaskoczony i zachwycony. Przez siedem lat uczyłem się jogi i praktykowałem medytację yogananda, także wiele słyszałem i czytałem o potężnej energii kundalini. Wykrzyknąłem: „Dlaczego mi nie powiedziałeś, że doświadczasz kundalini?". JH wzruszył ramionami i mruknął: „Nie wiedziałem, że wiesz, co to jest". Nie powiedział mi wielu rzeczy, ale chociaż to, że pojawienie się u niego owej niezwykłej mocy (tak cennej dla IBM) zbiegło się z pojawieniem się energii kundalini, a to z kolei zaczęło się wraz z doświadczeniem przebywania poza ciałem podczas owego koszmarnego sześciogodzinnego korka w Marsylii.

Dopiero wiele lat później przedstawiłem dane obrazu fal mózgowych kundalini JH na konferencji naukowej. Wybrałem coroczną Winter Brain Conference Roba Kalla. Gdy skończyłem opowiadać tę historię i pokazałem nagłówki obrazów EEG, dr Gary Schwartz z Harvardu i Yale (a obecnie z Arizona State University) podszedł do mnie i opowiedział mi pewną historię. W czasach, gdy był jeszcze profesorem psychologii na Harvardzie, przyszedł do niego pewien student. Powiedział mu, że praktykował jogę kundalini i nalegał, by Gary zbadał obraz jego fal mózgowych. Gary był na tyle wnikliwym człowiekiem, że przystał na tę prośbę. Wynikiem badań był obraz EEG niezwykle podobny do obrazu przedstawionego przeze mnie na konferencji. Spytałem Gary'ego, co zrobił z wynikami swojego badania. Powiedział mi, że przestraszył się wiedząc, że według konwencjonalnej wiedzy jednoczesna aktywność fal alfa i delta w mózgu w stanie czuwania jest niemożliwa. Pokazał więc ów „niemożliwy" obraz EEG koledze, który był neurologiem na Harvardzie. Ów neurolog też się przestraszył i ostrzegł Gary'ego: „Niech on tego więcej nie robi na urządzeniach Uniwersytetu". Poprosił Gary'ego o pożyczenie owego obrazu poligraficznego, by mógł go pokazać kolegom z Wydziału Neurologii i... potem zgubił wyniki. To typowy przykład postępowania świata nauki w obliczu anomalii.

Gdy wysłuchałem historii Gary'ego, kilka osób zebrało się wokół nas i zdałem sobie sprawę, że za chwilę będzie miało miejsce ostatnie wydarzenie wieczoru. Miała nim być dyskusja panelowa, w którym uczestniczyliśmy Gary i ja. Spytałem Gary'ego, czy byłby gotów opowiedzieć wszystkim uczestnikom historię, którą właśnie opowiedział mnie. Gary nigdy o tym nie wspominał na żadnym wydarzeniu naukowym, był tym dość podenerwowany i odniósł się do pomysłu niechętnie. Zachęcałem go jednak i ku mojej radości w końcu zgodził się opowiedzieć swoją historię publicznie. Wyniknęło z tego wiele pożytecznych rzeczy. Po pierwsze, mocno zweryfikowało realność i prawdziwość wyjątkowego obrazu poligraficznego, który właśnie pokazałem podczas mojego odczytu oraz rzuciło jasne światło na zbyt rozpowszechnione metody, którymi posługuje się główny nurt nauki z odbiegającymi od normy danymi: niszczy je, cenzuruje, utajnia, gubi. Stany szczytowe, nawet wysoko cenione przez takich gigantów, jak IBM, wywołują przerażenie u neurologów i innych „strażników bram", „arbitrów rzeczywistości" i „cenzorów anomalii i niezwykłości". My wszyscy, którzy jesteśmy zainteresowani i którzy badamy stany szczytowe, musimy mieć tego świadomość. Nie wolno nam udawać, że prowadzimy badania nad tymi zjawiskami w ogrodzie Edenu. Powinniśmy dzielić się spostrzeżeniami na temat wyjątkowych zjawisk, które fascynują wszystkie osoby podzielające to zainteresowanie, a także być gotowi na wzajemną szczerość i otwartość w stosunku do szerszej publiczności, do której chcielibyśmy dotrzeć.

11.12. FALE MÓZGOWE A OSOBOWOŚĆ

Przyjrzyjmy się związkom pomiędzy zmianami obrazu EEG a zmianami w osobowości. W 1973 roku ukończyłem analizę pewnego badania, w którym poddano treningowi dwie grupy mężczyzn w wieku studenckim: o wysokim i niskim poziomie niepokoju. Wykorzystałem walijską skalę niepokoju, stanowiącą pierwszy czynnik MMPI (*Minnesota Multiphasic Personality Inventory*, test do badania osobowości), a badani mężczyźni znajdowali się w górnych i dolnych 10% tej skali. Zauważyłem, że gdy mężczyźni w grupie o wysokim poziomie niepokoju podnosili poziom fal alfa, ich niepokój spadał. Niepokój i fale alfa były silnie i negatywnie skorelowane, ale tylko w przypadku grupy o wysokim poziomie niepewności. W grupie o niskim poziomie tej cechy, wzrost fal alfa wiązał się z poczuciem bycia „na haju" lub w stanie wyższej świadomości. Mężczyźni o niskim poziomie niepokoju odnotowali związane ze stanem alfa uczucia latania, unoszenia się, światła, lekkości i ogromnej przestrzeni, a niektórzy osiągali wraz ze wzrostem poziomu alfa tak przyjemne stany, że przeżywali spontaniczne orgazmy, gdy siedzieli sami, w bezruchu, w cichym i ciemnym pokoju. Znalazłem wtedy pierwszy mocny dowód na to, że feedback fal mózgowych może przenieść ludzi ze stanu dysfunkcyjności do stanu hiperfunkcjonalności i że trzeba przejść przez określone stadia. Wydawało się, że *nikt nie mógł osiągnąć stanów szczęścia dopóki nie rozwiązał dysfunkcji osobowości*, co było możliwe dzięki treningowi alfa, który wtedy rozwijałem, testowałem, dopracowywałem i ulepszałem. W 1978 roku opublikowałem artykuł w czasopiśmie „Science" na temat zmian w cechach i stanach niepokoju, które zostały wywołane przez wyuczone zmiany w aktywności EEG fal alfa.

Niektóre stany są złożone i cechują się wieloma różnymi rodzajami aktywności mózgu w wielu jego obszarach, inne zaś są na tyle proste, że zmiany w aktywności alfa EEG w jednym lub kilku obszarach mózgu mogą znacząco przesunąć te stany. Dzięki wielu różnym testom osobowości przeprowadzonym na uczestnikach treningu alfa, dwukrotnie przed sesją i przynajmniej raz po sesji, udało mi się zebrać dane pozwalające określić pewne korelacje, a może związki przyczynowe, między aktywnością mózgu wykazaną w EEG a wymiarami osobowości określanymi przez uznawane i powszechnie stosowane testy osobowości, jak MMPI, *Myers-Briggs Type Inventory* (MBTI), *Personality Orientation Inventory* (POI), *Clyde Mood Scale* (CMS), *Multiple Affect Adjective Check List* (MAACL) oraz *Profile of Mood States* (POMS). Jak się domyślacie czytając tę listę, niektóre testy mierzyły cechy osobowości, które były przez wielu psychiatrów i psychologów uznawane za stabilne w dorosłym okresie życia. Inne wymiary, określane mianem nastrojów lub stanów umysłu, były uznawane za czasowo zmienne i podlegające nagłym zmianom. Co intrygujące, zarówno cechy jak i stany wykazywały zmiany skorelowane ze zmianami w aktywności mózgu, które wywoływałem u badanych (lub które oni wywoływali sami u siebie) za pomocą coraz bardziej skutecznej technologii programów treningu feedbacku fal mózgowych.

11.13. TRAUMATYCZNY MATERIAŁ A TRENINGI INSTYTUTU BIOCYBERNAUTYCZNEGO

Wydarzeniem, które sprawiło, że treningi Instytutu Biocybernautycznego różnią się od innych systemów, było wprowadzenie istotnej zmiany w sposobie prezentacji wyników skali nastrojów uczestnikom treningu, a było to możliwe dzięki zmianom w programach komputerowych administrowania i naliczania punktów w tych skalach. Informacje dotyczące opóźnionej reakcji uczestnika na każdy element skali nastrojów udawało się już rejestrować z dokładnością do jednej setnej sekundy. Do owej zdolności programów dodałem obliczenia statystyk opisowych dla każdej reakcji. Nagle uczestnik i trener mogli poznać subtelne szczegóły wzorców reakcji uczestnika. Do tego doszło testowanie istotności statystycznej reakcji. Wkrótce zauważyłem, że niektóre wzorce statystyczne wskazywały na odmienne części umysłu, które były pełne nieuświadomionego (toteż głęboko schowanego) gniewu, lęku, poczucia winy, smutku i innych.

Mając nowe narzędzia, mogłem działać tak, jakbym posiadał zdolności telepatyczne lub parapsychiczne, z tą wszakże dodatkową zaletą, że moje spostrzeżenia miały oparcie w pomiarze danych mających naukowe uzasadnienie w odpowiedziach uczestników. Gdy tylko udało się zidentyfikować głęboko schowane bloki emocjonalne uczestnika dzięki wykorzystaniu nowych skomputeryzowanych skal nastrojów, często docierały one szybko do świadomości. I w momencie uświadomienia sobie bloku emocjonalnego szybko pojawiała się możliwość przepracowania „ciężaru" tej emocji następnego dnia treningu.

Uzmysłowienie sobie jakiegoś silnego problemu emocjonalnego podczas treningu alfa najpierw blokowało lub tłumiło fale alfa, zaś tony feedbacku znikały, a wyniki spadały. Jednak później uczestnicy stawali przed wyzwaniem odkrycia nowych sposobów odnoszenia się do własnego doświadczania tej emocji oraz wydarzeń, które za nią stały. Uczestnicy mogli rozwijać się poprzez swój lęk, gniew, poczucie winy lub smutek znacznie szybciej niż nam się wcześniej wydawało – jest to jedno z kluczowych doświadczeń rozwojowych procesu biocybernautycznego.

Co to znaczy rozwijać się poprzez taką emocję, jak na przykład gniew? Wszyscy wiemy, że tłumienie gniewu nie ma sensu. Takie zachowanie prowadzi do ataków serca, wrzodów, nieszczęścia i nagłych napadów złości. Z drugiej strony „wyrażanie" gniewu też się nie sprawdza – jeśli ktoś praktykuje wyrażanie gniewu, zazwyczaj wchodzi mu to w krew, zbyt dobrze mu idzie i przybiera formę publicznego „wyrzucania śmieci". W takim przypadku trzeba dotrzeć do źródła doświadczenia gniewu w umyśle i nauczyć się przyjmować nowy punkt widzenia dotyczący tego doświadczenia.

W procesie biocybernautycznym uczestnicy otrzymują codzienne oceny emocji dokonywane przez skomputeryzowane skale nastrojów w ramach pogłębionych wywiadów z wysoko wykwalifikowanymi trenerami, których zadaniem jest pomóc uczestnikom uświadomić sobie ukryte i uśpione emocje. Gdy istnienie owych emocji zostanie wyniesione do poziomu świadomości, uczestnik może zacząć wykorzystywać proces treningu fal mózgowych, by uzyskać kontrolę nad własnymi procesami emocjonalnymi.

Gdy osoba otrzymuje feedback aktywności mózgu, może się zmienić, spojrzeć na siebie bardziej obiektywnie i uczciwie, wziąć za siebie większą odpowiedzialność, zwiększyć zakres swoich wyborów oraz uwolnić się w pewnym stopniu od uwarunkowań kulturowych. Wszystkie te zmiany mogą mieć zaskakujące i korzystne konsekwencje. Przy odpowiednim treningu aktywności mózgu jednostka może poprawić swoje umiejętności i zdolności, a także nauczyć się, jak doświadczać życia w nowy sposób (odczuwać szczęście, chęć życia, zadowolenie) oraz jak pozbyć się niepożądanych starych doświadczeń (takich jak niepokój, depresja czy paranoja).

I rzeczywiście, ludzie mogą nauczyć się, jak zmienić cechy własnej osobowości, zmieniając aktywność mózgu, podobnie jak można zmienić charakterystykę komputera, instalując nowy system operacyjny. Mogą też nauczyć się, jak regulować prawie każdy proces zachodzący w ich umyśle i ciele. Osoba dysponująca takimi zdolnościami wykracza dalece poza zakres istniejących norm kulturowych.

SUGEROWANA LEKTURA I STRONY INTERNETOWE

▲ Bogatą listę przełomowych artykułów można znaleźć na stronie internetowej Instytutu Biocybernautycznego dr Hardta – www.biocybernaut.com. Laikom sugerujemy lekturę poniższych pozycji.

▲ Doug Boyd, *Conversations with a Cybernaut* (publikacja wkrótce).

▲ Barbara Brown, *New Mind, New Body: Bio Feedback: New Directions for the Mind*, HarperCollins, 1974 – jedna z pierwszych wizjonerek w tej dziedzinie i jedna z pierwszych osób, które dostrzegły możliwość przemiany ludzkości dzięki biofeedbackowi.

- James V. Hardt, *Pathways of the Mind: In the Master's footsteps with technology* w „Nous Letter: Studies in Noetics", Vol. 2 (1), str. 26–29, 1975.
- James V. Hardt, *Alpha EEG Feedback: Closer Parallel with Zen Than Yoga*, w „Proceedings of the Association for Applied Psychophysiology and Biofeedback", 24th Annual Meeting, Los Angeles, CA, March 25–30, 1993a.
- James V. Hardt i R. Gale, *Creativity Increases in Scientists Through Alpha EEG Feedback Traning*, w „Proceedings of the Association for Applied Psychophysiology and Biofeedback", 24th Annual Meeting, Los Angeles, CA, March 25–30, 1993b.
- James V. Hardt, *An Example of the Kundalini Experience Viewed Through Multi-Channel EEG*, w „Proceedings", FutureHealth's Key West Conference, EEG '96, Key West, FL, Feb. 8–13, 1996.
- James V. Hardt, *The Ultimate Peak Performers: Alpha Feedback Training for US Army Green Berets* w „6th Annual Winter Conference on Brain Function/EEG, Modification & Training", sponsored by FutureHealth, Vol. 6, Palm Springs, California, February 6–9, 1998.
- James V. Hardt, *Brain Energy Training: A Technology and Method for Spiritual Growth (the Biocybernaut Process)* w ISSEEEM, Boulder, CO, czerwiec, 2000.
- Peter Russell, *The Global Brain Awakens: Our Evolutionary Next Step*, HarperCollins, 1983
– wizjoner o nowoczesnym spojrzeniu na mistyczną wizję świata Teilharda de Chardin dotyczącą kulminacji rozwoju ludzkiego.

Rozdział 12

SZCZYTOWE STANY ŚWIADOMOŚCI
INDYWIDUALNE RELACJE

12.1. WPROWADZENIE

Nasza praca nad szczytowymi stanami świadomości dotyczy zwyczajnych ludzi, żyjących na swój niezwykły i wspaniały sposób. W tym rozdziale przedstawiamy przykłady życiowych doświadczeń kilku osób (przytaczając ich własne słowa), którzy żyją lub żyli w stosunkowo trwałych stanach szczytowych. Jako że mamy niewiele miejsca, zamieszczamy opisy tylko kilku stanów, jakich mogą doświadczać ludzie. I chociaż kilka relacji dotyczy stanów, które wprowadzamy dopiero w tomie II, chcieliśmy dać wam przedsmak tego, co jest przed wami.

Jednocześnie próbujemy w tym rozdziale odpowiedzieć na kluczowe pytania, jakie zadają sobie nasi studenci w związku ze szczytowymi stanami świadomości. Czy w ogóle chcę mieć szczytowy stan świadomości? Jak ważne są szczytowe stany, zwłaszcza że trzeba w nie włożyć dużo wysiłku i czasu? Który stan szczytowy chciałbym mieć, a może wszystkie? Jak stany szczytowe mogą wpłynąć na moje codzienne życie? Jak mój nowy stan szczytowy może wpłynąć na ludzi z mego otoczenia, zwłaszcza najbliższych? Czy posiadanie stanu szczytowego miałoby wpływ na moje zdrowie fizyczne? Czy stan szczytowy zmieniłby sposób, w jaki żyję?

Niektóre osoby, których relacje zamieszczamy w tym rozdziale, miały stan szczytowy przez całe życie, i ich opisy pokazują, jak inaczej może wyglądać codzienność, kiedy dorastamy w odmiennym stanie świadomości. Pokazują też, jaki wpływ na nasze dzieci miałoby zapewnienie im stanu szczytowego. Jedni osiągnęli stan szczytowy w późniejszym okresie swego życia, niektórzy biorąc udział w jednym z naszych treningów. Niektórzy są w pomniejszych stanach, inni mają całkowicie nowe postrzeganie i umiejętności. Mamy nadzieję, że to, co przeczytacie w tym rozdziale, będzie dla was inspiracją.

12.2. STAN ŚCIEŻKI PIĘKNA OD LAT MŁODZIEŃCZYCH

Rene, obecnie 60-letni mężczyzna, jest inżynierem. We wczesnych latach swojego życia szukał i znalazł sposób (właściwie przez przypadek) na nieustanne przebywanie w Stanie Ścieżki Piękna. Pracowałem dla niego przez kilka lat i muszę przyznać, że był najbardziej inspirującym menedżerem jakiego miałem – podobała mi się praca w atmosferze, jaką tworzył. Oto, co mi powiedział...

OPOWIEŚĆ RENE

Jak to jest być w stanie szczytowym? To jak normalna rzeczywistość, tylko mniej zaśmiecona. To tak samo, jak praktykujący zen doświadczają normalnej rzeczywistości – kilkadziesiąt centymetrów nad ziemią. Życie toczy się ze wszystkimi swoimi bólami i cierpieniem, problemami do rozwiązania i rozczarowaniami, ale biegnie dalej. Mimo walki i porażek, zawsze jest ta świadomość, że życie zwykle daje drugą szansę, że zawsze jest nowy dzień, i że wszystko, co się zdarza nie jest końcem, ale częścią trwającego procesu lub doświadczenia.

Spójrz na życie w ten sposób (użyjmy oklepanej, ale pasującej metafory): płyniesz w łodzi pośrodku nieskończenie szerokiej rzeki, znosi cię prąd, z wieloma bystrzami, których poziom trudności jest ci nieznany. Łódź może się przewrócić, możesz być wyrzucony na brzeg lub się utopić. Ale załóżmy, że dowiedziałeś się czegoś wcześniej – przez wszystkie bystrza da się przepłynąć, jeśli tylko w siebie wierzysz. Wtedy – nieznana rzeka staje się tylko ćwiczeniem, które trzeba uważnie wykonać.

Nie czuję się w tym wyjątkowy lub odosobniony, ale wiem, że wielu (być może większość) ludzi nie patrzy na życie tak, jak ja. W jaki sposób zacząłem patrzeć na nie w ten sposób? Jak dowiedziałem się tego o rzece? Myślę, że wiele doświadczyłem, zanim zdałem sobie sprawę z dwóch rzeczy – po pierwsze, warunkiem życia w tym wszechświecie jest to, że zawsze na nas działa wiele sił, po drugie, jest tylko jedna siła, którą możemy nauczyć się kierować – my sami. Mówię „nauczyć", gdyż sam musiałem porzucić wszystkie te idee, w duchu których jesteśmy wychowywani – dotyczących uzyskiwania pomocy od innych, kiedy jesteśmy w kłopotach (kiedy indziej prosimy o pomoc?), czyli od rodziców, przyjaciół, aniołów, Boga. Nie chodzi o to, że nie mogą nam czegoś poradzić lub że nie powinniśmy słuchać tych rad. Ale tylko od nas samych zależy, jakiego dokonamy wyboru i czy będziemy żyć dalej. I dalszym logicznym wnioskiem było to, że jeśli oni nie mogli mi pomóc, to z pewnością nie mogłem ich winić za nic, co mi się przytrafiło.

Problemem bycia w stanie szczytowym (jeśli takowy w ogóle istnieje) jest to, że akceptujesz całkowicie fakt, iż *jesteś jedyną osobą odpowiedzialną za siebie samego*. Dobrą stroną tego jest to, że przestajesz winić innych za swoje życie i że możesz przeżyć je tak, jak chcesz.

12.3. POŁĄCZENIE Z GAJĄ I STWÓRCĄ W PÓŹNIEJSZYM ŻYCIU

Wayne Ngan jest dobrze znanym garncarzem, żyjącym na wyspie w Kolumbii Brytyjskiej, w Kanadzie. Nauczał w Kanadzie i Chinach i jest rozkosznym starszym panem, który uwielbia rozmawiać z innymi. Chętnie opowiedział o swoim stanie szczytowym, który osiągnął w młodym wieku, i jaki to miało wpływ na jego życie. Nie zawsze miał ten stan. Jego wczesne lata były trudne i naznaczone bólem, jako że dorastał w Chinach, w wielkiej biedzie. Nigdy nie skończył szkoły, męczył się, żeby nauczyć się angielskiego, kiedy jego ojciec wyemigrował do Kanady, jego palec jest wykręcony od bicia i ledwie zna własnego ojca. Jako chłopiec był zawstydzany w szkole i przez najbliższe otoczenie za swoją niezdolność do przystosowania się.

Historia Wayne'a jest ważna również ze względu na to, że jego stan oraz sposób w jaki go osiągnął odzwierciedla to, co Jacquelyn Aldana opisuje w rozdziale 10. I jego rada jest podobna.

Oto spisana rozmowa, jaką przeprowadziłem z Waynem w jego domu. Mam nadzieję, że spodoba się wam to krótkie spotkanie, tak jak i mnie się podobało.

Czego chcesz, żeby ludzie czytający ten artykuł, nauczyli się od ciebie?

Kiedy pojawiłem się tutaj, usiadłem na tym pustym parkingu i spytałem samego siebie: „W jaki sposób będę żył?" To nie tylko parking. To ty i to, co wiesz i co masz w sobie, i ciężka praca, dzięki której osiągniesz harmonię. Teraz mam ogród, staw, dom.

Ogród staje się twoim obrazem. Kiedy patrzysz na staw, widać odbicie w wodzie. Widać pływające robaczki, światło się przesuwa. To niesamowite widzieć to wszystko. Być tu i teraz, patrzeć na staw. Możesz patrzeć dokładniej, szukać alchemii przemiany. Ćwierkanie ptaków, szum wiatru – to naturalna muzyka. Mógłbyś komponować muzykę, malować. To jest nieskończone, kiedy nie czujesz stresu. Twój byt musi być wolny, żeby środowisko naturalne ci pomogło. Wszystko jest częścią ciebie i to jest ekscytujące.

Widzisz małą białą kropkę na tym robaczku? W pamięci wiesz, że ma oczy i skrzydła, ale w tej chwili, widzisz jego ruch – jest jak gwiazda w kosmosie. Mozesz ująć jego niesamowite linie w sztukę. Jego cień można przekształcić w rzeźbę, wodę w warstwę szkła. Sztuka, rzeźba jest wszędzie. Możesz zrobić tak wiele, nawet pisząc opowiadanie dla dzieci.

Mógłbyś opowiedzieć o swoim wewnętrznym doświadczeniu, żebyśmy mogli określić twój stan?

Ostatnio przez kilka dni źle się czułem. Poprosiłem wyższy byt, by oczyścił mój układ krwionośny. Po kilku dniach zacząłem się czuć dobrze.

Kiedy jesteś gotowy pytać, w najbardziej uczciwy i właściwy sposób, wyższe byty wkraczają do akcji.

Kilka lat temu miałem operację na otwartym sercu. Przez to miałem doświadczenie „wewnętrznego Chrystusa". Byłem poza czasem, przestrzenią, której nie można było zmierzyć.

Ważę 57 kg. Mógłbym się zamienić w małą kupkę popiołu. Jednak jestem czymś innym. Jeśli rozbijesz tę kupkę popiołu, ona staje się niczym, czego nie możesz zobaczyć, lub skałą, której nie możesz zmierzyć. Jak można zmierzyć twoją duszę, ducha, miłość? I to wszystko trzyma wszystko razem – oddychające, istniejące, esencję życia. Nauka może dojść tylko do tego punktu.

Na przykład, jeśli ktoś dzwoni w środku nocy, jesteś oszołomiony. Potem bierzesz się w garść, powracasz stamtąd, gdzie byłeś i odpowiadasz. Widzieć tę świadomość i to, jak działa nasz wewnętrzny byt, jest niezwykłe.

Możesz opowiedzieć o doświadczeniu wewnętrznego Chrystusa?
Dało mi to poczucie bezpieczeństwa. Fizyczne otoczenie może być uciążliwe, będąc opisową częścią życia. W stanie wewnętrznego Chrystusa skupiasz się na wewnętrznym sercu, na tym, kim jesteś, oraz na tym, co zawiera w sobie wszystkie rzeczy. Wykraczasz poza substancję. Jesteś połączony ze wszystkimi ludźmi, naturą, roślinami, oceanami, kwiatami, gwiazdami, galaktyką. I właśnie to czyni owo doznanie ekscytującym.

Czy poradziłbyś innym, żeby szukali tego, co ty masz? Czy jest to tak ważne, żeby dążyć do tego bez względu na wszystko?
Niektórzy ludzie przechodzą przez system edukacji. Po czym pracy, którą tak bardzo chcieli zdobyć, nie ma lub też wszystko rozpada się z innych powodów. Nie mają kontaktu z tym, kim naprawdę są. Kiedy znajdziesz własną pasję, dar od życia, możesz pracować nad jego rozwijaniem. Potem masz więcej, masz poczucie bezpieczeństwa, twoje życie wydaje się być wygodniejsze we wszechświecie, gdyż przybywasz ze środka tego, kim jesteś.

Wiedza jest zimną, niesatysfakcjonującą częścią życia i takie jest współczesne życie. Człowiek jest szybkim komputerem, wszystko tam jest, jesteś połączony z wszechświatem. Nie potrzebujesz żadnych narzędzi, jesteś bezpośrednio połączony. Jest więcej tajemnicy, piękna, całości.

Dzisiejsze czasy skupiają się na interesach, kontroli jak w rządzie, komputerach, które wszystkim rządzą. Ludzie zapominają o własnym ciele, duszy.

Czy zawsze tak z tobą było?
Nie jestem dobrze wykształcony. Skończyłem dziewiątą klasę z tróją ze sztuki (śmiech). Nie pasowałem do normalnego systemu, więc musiałem znaleźć

własną drogę. Jako chłopiec radziłem sobie w trudnych sytuacjach, łowiłem rękami ryby. Teraz mogę to przekształcić w harmonię. To jest wewnętrzne, gdyż musiałem dostać się do głębszego poziomu.

Dzieci znajdujące się w trudnych sytuacjach mogą popełnić samobójstwo. Nie urodziliśmy się po to, żeby umrzeć, ale żeby żyć. Wybranie życia przekształca smutek w sztukę, w życie, tajemnicę.

Kiedy masz możliwości finansowe, nie musisz trzymać się koncepcji, że życie jest ciężkie. Możesz to łatwo zmienić w życie, znaleźć wewnętrznego Chrystusa, przekształcić to w harmonię ze wszystkimi rzeczami.

Moim zdaniem harmonia wiąże się z byciem połączonym z naszym wewnętrznym bytem. Jeśli nie jesteś połączony z tym wewnętrznym ciepłem, harmonia jest zbyt odległa. Kiedy pozostajesz w kontakcie z samym sobą, pojęcie harmonii nabiera znaczenia.

Ludzie z Zachodu skupiają się na Chrystusie, chudym ciele, które zostało ukrzyżowane. Buddyści czczą grubego Buddę, ale prawdziwy duch, prawdziwa dusza jest poza pojęciem grubego czy chudego. Nie umierasz tak jak gwiazda, tak jak woda, którą pijemy, jak powietrze, którym oddychamy, to rodzaj bezczasowej rzeczy. Praca może odciągać cię od tego, co jest prawdziwe.

Nie możesz zabić „Chrystusa", gdyż to jest sposób bycia. Fizyczne ciało może zostać zabite, ale to co jest prawdziwe, znajduje się poza tym. To, co jest poza ciałem Chrystusa to światło. Trzyma wszystko w całości. Nie znika wraz ze śmiercią.

Kiedy zamkniesz oczy, czy widzisz w sobie światło?
Tak. Kiedy zamkniesz fizyczne oko widzisz, że wszystko jest energią. Wyłączasz „telewizor" i wewnętrzna wizja toczy się dalej w sposób, gdzie nie ma substancji czy wagi. Ekscytuje mnie taki rodzaj wizji. Kiedy zamkniesz oczy, wyostrzają ci się pozostałe zmysły. Kiedy to się dzieje, zmienia się twoja świadomość. Po czym przekształcasz to w swoją sztukę. Przekształcasz to w swoją wewnętrzną harmonię. To jest inny sposób widzenia. Czasem to, w jaki sposób widzi nasze fizyczne oko, może być rozpraszające.

Czy jest coś specjalnego, co chciałbyś powiedzieć czytelnikom?
Dobrze jest znać wcześnie swoją pasję, zwłaszcza jak się jest dzieckiem. Kiedy ją odkryjesz, możesz pracować w tym kierunku. Rodzice nie wiedzą, jak prowadzić swoje dzieci, pracują tak ciężko. Potem to zadanie przejmują szkoły i wypychają cię jak zwierzę. Twoje „ja" zostaje zepchnięte w nicość, tracisz własny byt i pasję. Trudno jest uciec z pudła, w które cię wkłada szkoła, i to pudełko tkwi potem w twojej podświadomości.

Wydaje mi się, że robienie tego, co się chce, wymaga odwagi, gdyż zazwyczaj to się nie opłaca – dlatego robię tak wiele rzeczy (śmiech).

Przeszedłem przez tak wiele upokorzeń i dramatów w życiu. Zmusiły mnie do odnalezienia własnej wewnętrznej prawdy. Mam wystarczająco dużo czasu, żeby odkryć mój własny wszechświat i to, co mi pasuje.

12.4. STAN WEWNĘTRZNEGO SPOKOJU PO UZDROWIENIU TRAUMY METODĄ WHH

Jenny Heegel uczestniczyła w warsztatach WHH kilka lat temu. Stosując WHH uzdrowiła traumę, dzięki czemu weszła w stosunkowo trwały stan szczytowy. Początkowo była zaniepokojona, gdyż nie czuła żadnych traum, nad którymi mogłaby pracować. Ulżyło jej, gdy dowiedziała się, że to jest normalne dla osoby w Stanie Wewnętrznego Spokoju. Od tych warsztatów minęło kilka lat, a jej stan się nie zmienia.

Dziękuję Mary,

...Rozmawiałam z kilkoma przyjaciółmi po spotkaniu Kursu Cudów (Course in Miracles) o mojej nowej „wolności" i wspaniałym życiu, miłości, itd. Opowiedziałam, jak na warsztatach Radykalnego Wybaczania (Radical Forgiveness) Pameli dowiedziałam się, że sami kreujemy nasze życie. Pod koniec naszego spotkania, zaczęła mnie boleć dolna część pleców (od kwietnia zeszłego roku, co jakieś 3 miesiące bardzo mnie bolą plecy). Tego wieczora miałam iść na koncert Indigo Girls i bardzo chciałam, żeby ból przeszedł. Zadzwoniłam do Alana, żeby szybko zrobił mi Reiki, a kiedy zaczął, zaczęłam płakać. Rozłączyłam się i zaczęłam proces WHH, EFT i pracowałam nad kilkoma traumami, ale ból nie ustępował. Poszłam na koncert i następnego dnia spotkałam się z ludźmi z grupy WHH. Alan i ja wspieraliśmy siebie nawzajem metodą WHH, ale ból nadal mi dokuczał.

Nie widzę obrazów, ale potrafię odczuwać, tak więc pracuję z różnymi traumami dzięki myślom i odczuciom. Ból pleców okazał się być bólem przy porodzie i narodzinach. Czy to nie dziwne, że tak łatwo doszłam do tej emocji? Pamela wspomniała, że doświadczam różnych stanów szczytowych. Nie jestem pewna, gdzie teraz się znajduję...

Alan chciał, żebym ci powiedziała, iż wygląda na to, że moje ADD zniknęło – mogę skupić się na pracy, nawet jeśli wokół mnie jest wielki hałas (piekło kabiny). Nie denerwuje mnie hałas tak, jak kiedyś. Ostatnio grałam na pianinie i potrafiłam czytać nuty, i grać, i CZERPAĆ RADOŚĆ z grania – brzmiało to pięknie (a kiedy brałam lekcje, to była katorga). Umiem skupić się na konkretnym zadaniu w pracy, jestem spokojna i cierpliwa. Nadal ogryzam paznokcie, ale od czasu warsztatów mi nie krwawiły.

Dziękuję,
Jenny

(Kilka dni później...)

> Dziękuję Mary,
>
> Nie wiem, co się stało z materiałem dotyczącym mojego ADD. Bardzo mnie to niepokoiło. Obecnie nie czuję intensywnego strachu, złości lub smutku, chyba że „w niego wejdę" za pomocą WHH.
>
> Poszłam z przyjaciółmi na kolację i jeden z nich słownie zaatakował drugiego. Kiedyś byłabym zażenowana i próbowałabym ułagodzić sprawę. Teraz nie czułam się za to odpowiedzialna, po prostu ich obserwowałam i zdałam sobie sprawę, że obydwaj cierpią. I kochałam ich.
>
> Z trudem mogę sobie przypomnieć, jaka byłam 3 tygodnie temu. Ten stan jest tak uwalniający. Będę uważna, jeśli chodzi o „zżerające" emocje i dam ci znać, co się będzie działo.
>
> Przesyłam Ci światło i miłość,
> Jenny

12.5. STAN PUSTEJ WEWNĘTRZNEJ PRZESTRZENI I WEWNĘTRZNEGO ŚWIATŁA TRWAJĄCY OD NARODZIN

Susanne jest 22-letnią kobietą, która od narodzin przebywa w Stanie Pustej Wewnętrznej Przestrzeni i Wewnętrznego Światła. Jest to docelowy stan procesu opisanego w rozdziale 8 i prostszej wersji opisanej w tomie II. Możliwe, że Susanne ma również inne stany. Z naszej perspektywy jest wyjątkowo zrównoważoną i radosną osobą. Żyje życiem, które można określić jako magiczne. Trzeba to zobaczyć, żeby uwierzyć w jej kreatywność, wdzięk, poczucie pomagania i umiejętność sygnalizowania swoich pragnień. Jako osoba dorosła rzadko, jeśli w ogóle, doświadcza bólu lub uszkodzeń fizycznych, nawet takich jak zadraśnięcie.

Jej relacja opisująca to, jak doświadcza życia, jest szczególnie ważna. Pokazuje, jak kształtuje się osobowość, kiedy stan ten jest podstawą. Jako że jest on stosunkowo rzadki, jej relacja jest tym bardziej niezwykła. Większość danych, jakie mamy na temat tego stanu, pochodzi od osób, które zdobyły go w późniejszym życiu bądź na naszych warsztatach.

Chcieliśmy wiedzieć, jakie mogą być potencjalne wady tego stanu, żeby ludzie, którzy rozważają jego osiągnięcie, mogli ocenić jego wpływ na życie osobiste. Sam byłem ciekaw, jak ona żyje wśród osób o przeciętnej świadomości, jak radzi sobie z takimi sprawami, jak np. znalezienie partnera, itd.

Była na tyle uprzejma, żeby napisać kilka słów o swoich codziennych doświadczeniach, które zamieszczamy poniżej.

Doświadczenie ciała
Jeśli chodzi o doświadczenie ciała... kiedy siedzę i po prostu doświadczam spokoju mojego ciała... jest tam światło... i pustka lub ogromna przestrzeń... zależnie od zinterpretowania tego, czego ja doświadczam...

Zdrowie fizyczne
Jestem zdrowa... moje ciało jest silne... mój układ immunologiczny jest niesamowicie mocny (nawet podczas ciągłych podróży do krajów trzeciego świata byłam zdrowa)... i jestem piękna...

Miałam bardzo niewiele uszkodzeń, chorób czy bólu – miewałam infekcje ucha na przestrzeni lat od 2. do 6. roku życia (3 do 5 razy w roku). Pamiętam kilka typowych obtarć kolana, zadrapania i guzy jako dziecko... I miewałam infekcje gardła w wieku 7-14 lat (od 2 do 3 razy w roku)... wszystkie bolały, ale szybko się leczyły. Mam poczucie, że reaguję dość łagodnie na ból... i właściwie to lubiłam lody na patyku i specjalne leczenie, które przechodziłam podczas choroby... co jeszcze... teraz łapie mnie przeziębienie raz na 3 lata... i to chyba wszystko.

Ocena
Uwielbiam widzieć, że mam tę samą wewnętrzną esencję co inna dusza. Nie uważam siebie za inną od reszty. Często nie zdaję sobie sprawy z tego, że ktoś mnie ocenia. Wierzę, że niewielu ludzi powiedziałoby mi w twarz to, co o mnie myśli. Kiedy ktoś ze mną rozmawia, uwielbiam zagłębiać się w to, czego ta osoba doświadcza. Uwielbiam możliwość wzrastania, którą ktoś chce ze mną dzielić... rzadko oceniam innych.

Wyzwania
Uwielbiam wyzwania... dają mi możliwość ujawnienia tego, co kiedyś było schowane. Podoba mi się to, jak mogę dzięki nim się rozwijać. Często czuję się piękniejsza i jaśniejąca po tym, jak konfrontuję się sama ze sobą i korzystam z możliwości, by pogłębić realność wewnątrz... Miałam niewiele wyzwań w życiu. Te, które się pojawiają, wydają się być ograniczone w porównaniu z nieskończonymi błogosławieństwami życia.

Aspekt materialny
Uwielbiam materialną stronę życia... Mam wszystko i nie mam nic. Materialne wizje, które pojawiają się w mojej świadomości, wydają się w magiczny sposób pojawiać również w rzeczywistości. W tej chwili posiadam minimum. Moje materialne potrzeby w cudowny sposób urzeczywistniają się tuż przede mną, jeśli jestem gotowa na to, żeby tak się stało. Czuję, że materialny aspekt życia pojawia się w naturalnej kolejności wydarzeń dla mnie...

Pieniądze
Uwielbiam pieniądze... Mam wszystko i zarazem nic. Jeśli chodzi o finanse, pojawiają się w idealnym momencie, by spełnić swój cel w danej chwili. Jestem świadoma, że należy mieć równowagę finansową i mieć priorytety w wydawaniu pieniędzy. Nie inwestuję pieniędzy w coś nowego, jeśli nie jestem pewna, że będę wkrótce miała napływ gotówki. Lubię pieniądze i wiem, że zasługuję na ich obfitość w tym życiu...

Praca
Uwielbiam pracować. Nie wiem, czy to moja praca przychodzi do mnie, czy ja do niej. Mam wrażenie, że to się dzieje równocześnie. Po prostu jestem duszą, która występuje naprzód, kiedy jest gotowa pracować, i praca się wtedy pojawia. Zdaje się wypełniać elementy układanki, których brakuje innym, żeby mogli urzeczywistnić swoje osobiste wizje. Często sprawiam, że pewne rzeczy się dzieją... i wydarzają się w bardzo przyjemny sposób. Jestem prowadzona do doświadczeń związanych z pracą... a wszystkie mają kreatywny, duchowy lub serdeczny wymiar. Nawet jeśli nie mogę robić tego sama, zazwyczaj jest ktoś, kto mi pomoże. To, jak żyję, to moja praca. Kreatywna praca, która przynosi pieniądze, wydaje się nieistotna w porównaniu ze wspanialszą pracą, która ma miejsce w każdym momencie naszego życia...

Wady stanu, w którym jestem
Minus tego stanu... nie jest dla mnie minusem... podczas gdy inni mogą czuć brak połączenia ze mną... ja czuję połączenie z nimi... inni mają swoje własne drogi do przebycia (niektóre mogą być pełne bólu i cierpienia)... nie czuję się winna, że mają takie życie. Wierzę, że to czego oni doświadczają jest tym, czego powinni doświadczyć... i że to ma znaczenie dla całości... pozory i oceny mogą być mylące. Czuję, że ma miejsce i wydarza się coś o wiele większego... i każdy z nas musi odbyć całą podróż, żeby zrozumieć to, co ma zrozumieć.

Czuję, że staję się podobna do innych w momencie, gdy zaczynam myśleć, że jestem inna...

12.6. STAN PUSTEJ WEWNĘTRZNEJ PRZESTRZENI I UMIEJĘTNOŚCI SZCZYTOWE PO PROCESIE OPISANYM W TOMIE II

Pamela Black brała udział w naszych warsztatach kilka lat temu. Przeszła przez proces Stanu Pustej Wewnętrznej Przestrzeni, opisany w tomie II, i jej stan świadomości i umiejętności diametralnie się zmieniły. Mimo że niektóre ze zmian dotyczących umiejętności (których osiągnięcie nie było naszym celem) po jakimś czasie zniknęły, inne (w momencie pisania tej książki) pozostały (w rozdziale 9 wyjaśniliśmy, dlaczego tak się czasem dzieje, kiedy stosujemy podejście wywoływania stanów szczytowych oparte na uzdrawianiu traumy). Pamela odkryła również, że jeśli stan znika, może do niego powrócić.

Jednym z ważnych powodów, dla którego warto zdobyć Stan Pustej Wewnętrznej Przestrzeni, jest diametralne polepszenie umiejętności szybkiego uzdrawiania traum bez wysiłku. Pamela uzdrawia rzeczy, których osoba o przeciętnej świadomości nie byłaby w stanie uzdrowić lub przynajmniej miałaby z tym ogromne trudności. Poniższy tekst pochodzi z e-maili, które Pamela wysłała do dr Mary Pellicer, razem z materiałem uzupełniającym.

Cześć,
Chciałam wam opisać ostatnie 24 godziny mojego życia i moją próbę przyzwyczajenia się do tego nowego stanu. Mary, jeśli chodzi o twoje pytanie, to tak – czuję się „rozprzestrzeniona". Czuję, że nie kończę się na swoim ciele/skórze, rozprzestrzeniam się dość daleko na różną odległość (od rozmiarów domu do Marsa) i „mój obszar" przesuwa się siłą woli, kiedy przesuwam swoją uwagę. Przez większość czasu jednak, kiedy na tym się nie skupiam, jestem rozmiarów domu. Jeśli chodzi o skórę, czasem czuję ją intensywniej niż inni (jak Stan Pustej Wewnętrznej Przestrzeni), ale wydaje się być czymś innym od rozprzestrzenienia. Rozprzestrzenienie czuję przez cały czas, pustkę i brak poczucia skóry częściowo. Sprawdzę, czy przychodzą i odchodzą jednocześnie (powiązane ze sobą).

Kiedy wracałam do domu „czułam" żyjącą energię nawierzchni drogi, inną od energii pasa rozdzielczego lub nasypu. Zrobiłam eksperyment – czy przewidzę, w którą stronę droga skręci – w prawo czy w lewo. Miałam 50% szansy, że będę mieć rację. To było niesamowite – zgadywałam 40 razy, a pomyliłam się tylko 3 razy. We wszystkich 3 przypadkach „bardzo się starałam" wyczuć chodnik. W momencie, kiedy podeszłam do tego na luzie lub zapomniałam o tym, okazywało się, że mam rację.

W drodze wchodziłam w Stan Pustej Wewnętrznej Przestrzeni i wychodziłam z niego. Pozostawałam jednak świadoma przejeżdżających ciężarówek, czułam je w moim polu, czułam kiedy ktoś był nieuważny i robił nagłe/niebezpieczne ruchy. Ale wbrew temu, czego oczekiwałam, nie czułam innych kierowców. To było bardziej wyczuwanie pola energetycznego i nagłego ruchu w nim w momencie, gdy pojawiał się w nim duży obiekt, prowadzony przez nieharmonijną energię (intencja kierowcy, nieuwaga lub coś innego). Bardzo dziwne. Zrozumiałam wtedy, co planeta musi w nas (ludziach) wyczuwać, skoro jesteśmy nieuważni, źli i beztroscy.

Czułam nawierzchnię drogi, mój samochód stopił się z nią, kiedy „my" prowadziliśmy (ponieważ jeżdżę szybko i lubię uczucie dodatkowej przyczepności). Byłam świadoma istnienia Księżyca prawie w pełni i niesamowitych chmur na ogromnym jasnym niebie (Stan Wielkiego Nieba). Mogłam wyciągnąć rękę i czuć puszyste wierzchołki drzew. Kiedy dojechałam do Atlanty i jechałam moimi ulubionymi ulicami, czułam (słyszałam?) drzewa, które witają mnie w domu (z pewnością mnie znają!) i to było tak urocze i niespodziewane, że prawie płakałam ze szczęścia. Jechałam bardzo wolno podziwiając, jak pięknie są skąpane w świetle księżyca. Byłam również świadoma istnienia małych stworzeń w zaroślach.

Gdy wróciłam do domu, dostałam emaila od znajomego, który miał dość negatywny wydźwięk. W skali SUDS określiłabym swoją reakcję na 3 (tydzień temu byłoby to 8 – nie pozwoli mi siebie całować, wyobrażacie to sobie? – ale pracowałam nad tym przez weekend), więc nadal byłam w stanie CPL. Zrobiłam „standardowy TAT", po czym zrobiłam proces z pokoleniami (z talią kart i sztuczką wywoływania Stanu Pustej Wewnętrznej Przestrzeni) i poziom spadł do 1/2 (wiem, że to nie 0, ale była czwarta nad ranem i byłam w podróży). Spałam 4 godziny, wstałam, czułam się wspaniale, zrobiłam proces WHH, żeby dokończyć to, co robiłam dzień wcześniej. Weszłam w ciało jajeczka, w moment tuż przed poczęciem, przerobiłam lęk: „Boże, mam tylko 24 godziny, szybko, szybko", potem automatycznie wskoczyłam w stan „małej drobinki" przed poczęciem, odczuwając strach (jednak nadal pod tym wszystkim, odczuwając CPL). Przerobiłam stan „drobinki", otaczając ją (jednocześnie będąc w niej, jakby otaczając się samą sobą) i wywołując uczucie pustki. Potem zaczęłam rosnąć, aż byłam w Nieskończoności, odzyskałam Stan Pustej Wewnętrznej Przestrzeni tak mocno, jak wtedy, gdy po raz pierwszy skończyliśmy ćwiczenia i „udałam się na Marsa".

Postanowiłam sprawdzić, czy nie ma różnicy w jasności, więc nie tylko zamknęłam oczy i przykryłam je dłońmi, ale przyłożyłam twarz do poduszki, żeby mieć pewność, że dobrze to odczytuję, jednak starałam się nie dotykać oczu, jako że nacisk zmienia jasność. Odkryłam, że jeśli dałam sobie czas, powiedzmy 5 minut, zamiast 30 sekund, wszystko stało się jaśniejsze pod powiekami. Wydaje mi się, że poziom jasności był mniej więcej około 5-6 poziomu, ale chyba wzrósł do 6-7. Skala jasności jest dla mnie trudna, każdy z nas ma inne poczucie liczb, więc chcę zdobyć jakieś fotograficzne testy odcieni szarości, z którymi będę mogła pracować i wysłać ci, żebyś mi powiedziała, czym dla ciebie charakteryzuje się np. liczba 7 lub 10 lub 3 w skali. Będę nadal to sprawdzać, ale wydaje mi się, że dzięki czekaniu określenie jest prawdziwsze niż szybkie zerknięcie.

Mam wizytę u okulisty w poniedziałek i dam ci znać. Obudziłam się dziś rano i spanikowałam, gdyż przez chwilę myślałam, że spałam w soczewkach, rzeczy nie były do końca wyraźne, ale dużo wyraźniejsze niż przedtem, tak jak je pamiętam. Ale kiedy zakładam soczewki, także są wyraźne, więc jestem trochę zagubiona (i prawdopodobnie zdrowieję)."

(Następnego dnia Pamela śmieje się z tego, co najczęściej się zdarza po usuwaniu „skorupy" – potrzeba sprzątania i wyrzucania starych rzeczy)

Mary, to naprawdę jest spaczona rzeczywistość.

Wróciłam wczoraj do domu i dzisiaj rano, po 4 godzinach snu, czyszczę kuchenkę (ze wszystkiego) i łapię się na tym, że nucę piosenkę.

To jest chore.
Czy jest tego więcej?
Pamela

(Dwa tygodnie później)

Relacja z mojego Stanu Pustej Wewnętrznej Przestrzeni: nie jestem pewna, czy go dobrze utrzymuję. Wchodziłam i wychodziłam z pewnej przenikalności (czuję w pewnym stopniu skórę, choć jestem wciąż rozprzestrzeniona), jako że w odniesieniu do niektórych rzeczy nachodziły mnie pewne emocje. Wiem, że pojawia się następna trauma do uzdrowienia i jestem bardzo wdzięczna, bo chciałam mieć stan, z którego mogłabym dalej czyścić to, co zostało jeszcze do czyszczenia. I jestem bardzo wdzięczna, że ta emocja jest o wiele lżejsza, niż byłaby tydzień temu i że pod spodem zawsze jest warstwa CPL (calm, peace, lightness). Być może właśnie o to ci chodzi, kiedy mówisz, że emocje podczas stanu szczytowego są inne. Może naprawdę utrzymuję stan szczytowy, wydobywając traumy do uzdrowienia i znów wskoczę w całkowity stan szczytowy, gdy je rozwiążę.

Jeszcze raz zastosowałam TAT/cofanie się w czasie ze względu na sprawę pokoleniową (jakbym kartkowała książkę z obrazkami), zastosowałam technikę „wizualizacji i wypełniania jej światłem" i szybko rozwiązałam kilka spraw.

Na koniec chciałam dać feedback Tobie i Mary, żebyście przygotowali jakiś rodzaj kompendium na temat stanów i informacji, czego można się po nich spodziewać dla tych z nas, którzy w nie wpadają i funkcjonują, nie wierząc w to, co się dzieje. Dzięki temu nie będziecie musieli odpowiadać na milion pytań od każdego z osobna.

Moje stany nie utrzymują się przez cały czas, ale teraz jest całkiem inaczej, gdyż wydaje się to być logicznym następnym krokiem z miejsca, w którym byłam. Naprawdę dziękuję, słowa są tu nieadekwatne.

Największa sprawa, jaką uzdrowiłam podczas warsztatów, dotyczyła lęku/bezpieczeństwa. Wiem, że jest więcej traum z tym związanych, ale różnica między kiedyś a dziś jest OGROMNA. Nie chodzi o to, że odczuwałam strach każdego dnia lub często, ale była gdzieś ukryta powściągliwość związana z życiem i granice, których już nie czuję. A ukryta radość, którą zaczęłam częściej odczuwać, teraz towarzyszy mi zawsze.

Po dwóch tygodniach nadal czuję wdzięczność za waszą pracę. Nie da się jej wyrazić słowami.

Pamela

12.7. STAN PEŁNI PO SESJACH REBIRTHINGU

Nemi Nath jest australijskim rebirtherem i poniższa relacja opisuje jej odkrycie na temat tego, co wywołuje Stan Pełni. Pochodzi ona z artykułu na temat traumy łożyskowej (można go także przeczytać na stronie internetowej Nemi: www.breathconnection.com.au). Dziękuję pani Nath za to, że pozwoliła mi zamieścić swoją historię w tej książce.

Całkowita Pełnia: historia indywidualnego przypadku

Po raz pierwszy natknęłam się na moją „traumę łożyskową" podczas swojej pierwszej sesji rebirthingowej, która dotyczyła moich narodzin. Widziałam, że coś zostało wyrzucone do emaliowanego wiadra, ale nie wiedziałam, co to jest. Zaczęłam zastanawiać się, czy to nie było łożysko, lecz – ponieważ czułam się z tym czymś tak związana i bardzo mnie bolało, gdy widziałam, jak ląduje w wiadrze – stwierdziłam, że to musiał być mój nieżywy, usunięty bliźniak, o którym nikt nigdy nie wspominał.

To wiadro pojawiało się wiele razy w późniejszych sesjach i za każdym razem czułam tak samo wielki ból oddzielenia, który pozostawał nierozwiązany. Często zastanawiałam się, czy chodziło o łożysko, ale odrzuciłam tę myśl/uczucie, gdyż wierzyłam, że łożysko było częścią matki, w końcu po niemiecku nazywa się Mutterkuchen („ciasto matki"). Intensywność mojego uczucia w stosunku tego „bytu" potwierdziła moje przekonanie, że to musi być coś więcej niż łożysko, które w 1947 roku nie było niczym więcej niż tylko pozostałością po narodzinach, którą należy usunąć.

Symptomy mojej traumy łożyska

Po rozmowie z Shivam Rachaną (autorką książki *Narodziny w nowym świetle. Lotosowy poród*), przez pół dnia zastanawiałam się, jakie mogą być symptomy mojej traumy łożyska/przecięcia pępowiny. Byłam pewna, że symptomy by występowały (moja pępowina została przecięta od razu). Zdałam sobie więc sprawę z tego, że obecność tych symptomów muszę przypisywać czemu innemu. Wtedy dość znane uczucie strachu pojawiło się dokładnie w środku mojego brzucha. Stawało się tak intensywne, iż wiedziałam, że muszę dać sobie przestrzeń i ciszę, by zbadać to doświadczenie. Używając świadomego połączonego oddechu, natychmiast weszłam w ten moment w macicy, kiedy czułam, że łożysko i ja to jedność. Łożysko znów stało się częścią mnie, zewnętrznym organem, który spełniał bardzo szczególną funkcję podczas przejścia od wszechświata poprzez mojego ojca i poprzez ciało mojej matki do mojego samodzielnego istnienia... Czułam się cała i kompletna, jak nigdy wcześniej... Stwierdziłam, że moja sesja dobiegła końca.

Jednak po kilku minutach uczucie strachu powróciło, tym razem bardziej przesunięte na prawo od miejsca, gdzie odczuwałam je wcześniej. Kiedy pozwoliłam swojej świadomości wejść w nie, zdałam sobie sprawę z istnienia dwóch części mnie samej. Jedna to byłam ja, z którą zazwyczaj się identyfikowałam, a druga to byłam trochę mniejsza ja, z którą też się czasem identyfikowałam, ale nigdy nie zobaczyłam jej oddzielenia tak dokładnie jak teraz. Z łatwością mogłam się przemieszczać z jednej do drugiej. Mniejsza wydawała się być bezcielesna i odczuwałam ją jak sen na jawie. Z większą zazwyczaj się identyfikowałam i poprzez którą żyłam w mojej świadomości na jawie.

Łożysko także ma uczucia

Zauważyłam, że uczucie strachu pochodzi od mniejszej części i postanowiłam tam zostać, żeby w pełni tego doświadczyć. Odkryłam, że moje łożysko się bało. To uczucie strachu było inne niż uczucie strachu w innej części mojego ciała. Trudno to opisać. Zdawało się, że łożysko było oddzielnym bytem, ze swoją własną inteligencją (wcześniej myślałam, że to bliźniak), i miało swoje uczucia, oddzielne od tych doświadczanych przez dziecko. Miało własną traumę oddzielenia ode mnie, dlatego strach powrócił po tym, jak zintegrowałam „swój" lęk. Zauważyłam również, że to uczucie umiejscowione było w dwóch różnych miejscach w moim brzuchu, jak wspomniałam wyżej.

Narodziny eterycznego ciała

Teraz przypomniałam sobie niektóre rzeczy z tego, co mówiła Rachana, a mianowicie - o funkcji łożyska. Po tym, jak pępowina całkowicie wyschła w kilka dni po porodzie... eteryczne ciało dziecka cały czas obejmuje łożysko o wiele dłużej niż czas fizycznego przepływu pomiędzy łożyskiem a dzieckiem, i że ten eteryczny przepływ jest zakłócony i niekompletny przez odcięcie pępowiny, zanim odłączy się od pępka samo z siebie w naturalny sposób. Eteryczne ciało, niewidoczne dla normalnego fizycznego oka, jest główną częścią nas, tak jak atmosfera jest częścią Ziemi. Nadal czułam, że moje eteryczne ciało ma dwie części na skutek wczesnego przecięcia pępowiny. Jedna była wewnątrz drugiej, jak mały balon w środku dużego, a moim zadaniem było połączenie ich w jedność.

Połączenie mojego eterycznego i fizycznego ciała

Ta część sesji zajęła mi dużo czasu, upłynęła ponad godzina, zanim byłam w stanie wstać. Pomogłam sobie, trzymając małą miękką poduszkę przy sobie, żeby łatwiej czuć mniejszą część. Proces połączenia nie był czymś, co mogłam świadomie „zrobić". Wysłałam modlitwę, prosząc o to i to się rozpoczęło. Wrażenia tego procesu miały naturę fizyczną. Poczułam w brzuchu gorąco, które rozprzestrzeniło się aż do mojej szyi. Obydwie części mnie musiały zrezygnować ze swoich oddzielnych tożsamości. Mówiłam do mniejszej części i zachęcałam ją, mówiąc, że będzie potem większa, dużo większa i dodawałam sobie odwagi w ten sam sposób. To było boskie i pełne miłości rozpływanie się w sobie samej, prawdziwej Mnie, kochałam się sama ze sobą.

Były też zabawne momenty. Miałam uczucie, że moja głowa wystaje nad dwoma bąblami, które uczestniczyły w procesie połączenia. Co jakiś czas moja głowa wślizgiwała się do „alchemii" bąbelków i proces zatrzymywał się, dopóki moja głowa znów nie znalazła się nad „wodą". To uczucie, że moja głowa znajduje się nad wodą nadal mi towarzyszy, jak piszę ten artykuł. Pomogła mi w kontynuacji procesu połączenia, który trwał dalej, nawet po skończeniu sesji.

Czego się nauczyłam

Rezultaty sesji trwały i nadal trwają (trzy miesiące po tym wydarzeniu, kiedy piszę ten artykuł). Codziennie widzę, że moje postrzeganie rzeczywistości jest inne, bo teraz postrzegam otoczenie i samą siebie z perspektywy Pełnego Ja. Nie da się opisać tego komuś, kto nie przeszedł przez proces ponownego zjednoczenia łożyska. Nawet jeśli nazywamy coś całością, nie jest to całością, nasz język nie ma słowa na określenie czegoś, co jest „bardziej całe, bardziej pełne". Ja to nazwę całkowitą pełnią. „Pełny" wydaje się mieć inne znaczenie niż kiedyś. Moja energia ciała wydaje się czystsza, bardziej wyrównana i mniej zaśmiecona, tak jakbym zmieniła kilka mebli na jeden, który łączy w sobie funkcje wszystkich poprzednich. Jestem w trwałym stanie radości, jestem nieustannie zakochana w samej sobie, a moje serce jest pełne ciepła. Wierzę, że to jest ten stan ogromnej kosmicznej radości, który we wschodnich filozofiach określany jest jako naturalny stan bycia. Teraz, rok po tamtym doświadczeniu, owo połączenie z moją radością jest wciąż nietknięte, nawet w intensywnych i pełnych emocji sytuacjach. Żal mi tego, czego mi brakowało i czuję smutek, kiedy myślę o wszystkich ludziach, którzy nadal nie czują się całkowitą pełnią.

Jako rebirther/trener w nowy sposób postrzegam prawdziwą przyczynę traumy oddzielenia i porzucenia, która wynika z przecięcia pępowiny. Widzę, jak to odbija się na wszystkim, co robimy i na naszej zdolności do tworzenia związków. Rozstanie się z łożyskiem w naturalny sposób oznacza nauczenie się, jak kończyć rzeczy, jak odchodzić, jak dokończyć coś, jednocześnie zachowując pełnię i iść dalej. Chodzi o wiedzę, kiedy iść/odejść i kiedy rozpocząć coś nowego. Chodzi o czucie się pełnym i wychodzenie naprzeciw drugiej osoby w pełni i niezależności, z pełnym sercem, które chcemy jej dać.

12.8. SPONTANICZNE DOŚWIADCZENIE UTRATY GRANIC CIAŁA I POŁĄCZENIA ZE STWÓRCĄ

Poniżej zamieszczamy zapis rozmowy z Kate Sorensen o jej doświadczeniu połączenia się z kolumną białego światła, prowadzącą do Stwórcy i utraty granic ciała (stany te opisane są w tomie II). Kate opisuje swoje doświadczenie (a miała wtedy 22 lata), jak to się stało i jak się po tym wydarzeniu czuła. Mimo że po kilku tygodniach Kate wróciła do codziennej świadomości, zamieściliśmy jej słowa, gdyż bardzo dobrze opisują ten stan.

Jest jeszcze inny powód, dla którego zamieściliśmy relację Kate. Jej historia ukazuje jeden z problemów, który łączy się ze zdobyciem głównych stanów szczytowych, a mianowicie: co się dzieje, jeśli z jakiegoś powodu je utracisz? Ludzie, którzy zostają wytrąceni ze stanu szczytowego, zwłaszcza istotnego, zdają sobie sprawę co stracili i czują się, jakby „byli wykopani z nieba". Walczą, czasem desperacko i beznadziejnie, aby odzyskać to, co utracili. Kate przez 20 lat próbowała wrócić do tego stanu ze sporadycznymi sukcesami. Poszukiwanie tego stanu ukształtowało w dużej mierze jej życie i wybór pracy – jest założycielką Trauma Relief Services, dyrektorem Traumatic Incident Reduction Association i zorganizowała pierwszą konferencję dotyczącą psychologii energetycznej. Świetnie opisuje, jak przydarzył się jej ów stan szczytowy i jak to odczuwała później.

HISTORIA KATE

Pojechałam z Sarasoty do Miami, aby wziąć udział w wieczornym programie dotyczącym kobiecych praktyk sufi. Oznaczało to również śpiewanie imion Boga i innych rzeczy po arabsku (wiele dźwięków samogłosek, które rezonują w różnych czakrach), w wyższej tonacji, niż do tego jestem przyzwyczajona. Robiliśmy również różne wizualizacje i medytacje – pamiętam jedną, nieznaną mi, dotyczącą Marii, matki Jezusa. Dwa miesiące wcześniej upadłam na głowę na autostradzie i miałam dwa razy zapalenie płuc. Szybko zrobiłam oczyszczanie jako część terapii. Następnego dnia nie czułam się na siłach, więc zostałam sama i jadłam bardzo dietetycznie. Po południu położyłam się, żeby odpocząć, zdrzemnęłam się i miałam sny, których teraz nie pamiętam. Znalazłam się potem w szarawym miejscu przypominającym sześcian. Mój ojciec milcząc stał przede mną, po lewej stronie, a moja mama po prawej.

Moja matka mówiła bez przerwy. Tak naprawdę, opisywała mi różnymi słowami wszystkie przekonania, jakie miała: „To jest rzeczywistość, musisz ją brać taką, jaka jest, tylko to istnieje. Mówię ci, jak jest, wszyscy to wiedzą i ty także musisz to zaakceptować". Słuchałam jej i zaczęłam czuć się przytłoczona. Moja głowa się pochylała, a ja czułam się coraz cięższa. Moja świadomość stawała się coraz bardziej zmętniała i przyćmiona, kiedy brałam to, co ona mi dawała. Nagle, skądś wzięłam siłę, by stanąć wyprostowana. Spojrzałam jej w oczy i powiedziałam „NIE". To „NIE" nie było szczególnie głośne, ale było ogromne, namacalne, mocne, prawdopodobnie pochodziło z przestrzeni mojego gardła/serca. Wywędrowało ze mnie do mojej matki. Kiedy jej sięgnęło, zamarła. Zaczęłam się czuć winna, myśląc: „Nie powinnam mówić do swojej matki w ten sposób. Co będzie, jeśli ją zraniłam, co, jeśli ją zabiłam?". Ale zanim całkiem pogrążyłam się w mojej winie, poczułam wibracje energetyczne, przypływ energii, podchodzącej do góry od moich stóp. Szła przez moje nogi, ciało i na zewnątrz przez głowę.

W momencie gdy energia eksplodowała do góry, moja świadomość została wyniesiona do góry razem z nią, poza głowę. Spojrzałam w dół na całą scenę i zobaczyłam moje ciało z dłońmi skrzyżowanymi na klatce piersiowej, pochylone do przodu. Przez chwilę pomyślałam: „Lepiej tam zostanę i zaopiekuję się moim ciałem, może upaść". Potem pomyślałam: „Pozwolę moim rodzicom się tym zająć, lubią to robić." Wtedy poczułam się uwolniona i zmieciona do góry z wielką falą białego światła, które było powiększeniem tej samej fali energii, ale cała sceneria zniknęła. Byłam świadoma jedynie kolumny oślepiającego białego światła, przesuwającego się do góry i w dół w tym samym czasie. Kiedy teraz na to patrzę, wydaje mi się, że miało to coś wspólnego z Wymiarem Stwórcy. Wydająca brzęczący dźwięk kolumna była jak zjawisko związane z Bogiem. Nie mogę powiedzieć, że to był Bóg, ale było to chyba najbliższe Bogu, czego ja, jako człowiek, mogłam doświadczyć.

Razem z białym światłem rozlegało się ogromne wycie, brzęczący dźwięk, który wydawał się ruszać do środka ze wszystkich kierunków dokoła mnie. Kiedy doszły do środka, wśród wycia rozległ się nagle potężny głos, który wypowiedział słowa: „TYLKO BÓG JEST WIECZNY". Potem wszystko przeszło w coś, czego nie jestem w stanie opisać, być może weszłam w pole jasności i klarowności, nie jestem pewna.

W końcu stałam się świadoma mojego ciała w pokoju, w Miami i otworzyłam oczy. Wszystko było inne: jaśniejsze, ciche, klarowne, żywe i piękne. Czułam się bardzo, bardzo dobrze, czułam spokojną radość. Moje ciało zdawało się nie mieć żadnej gęstości, nie było żadnych bloków w środku, żadnego oporu w moim ciele, wszystko wydawało się zjednoczone z przepływem energii. Moje emocje wypływały ze mnie i poruszały się wolno bez jakiegokolwiek przywiązania. Po chwili ludzie wrócili do domu i zauważyłam miejsca, w których przepływała energia, a także miejsca turbulencji, gdzie była utknięta. Moje poczucie tego wszystkiego miało charakter bardziej kinestetyczny niż wizualny, ale bardzo jasny. Czułam się, jakbym wyczuwała intencje wszystkich, czułam energię, jakbym „patrzyła za zasłonę" tam, gdzie istniały prawdziwe intencje. Czasem te intencje były w zgodzie z tym, co ludzie mówili i robili, kiedy indziej były inne. Wtedy, gdy ludzie próbowali robić dwie rzeczy naraz, mogłam powiedzieć kilka słów, odnosząc się do tego konfliktu i oni go rozwiązywali lub ja mogłam je rozwiązać dzięki mojej intencji. Tylko ruszanie ciałem wystarczało, by zmienić energię całej sytuacji.

Będąc w tym stanie, w jakiś sposób wiedziałam, co stanie się w przyszłości, np. co ludzie powiedzą, zanim naprawdę to zrobili, kiedy ktoś się pojawi, itp. Czułam, że poszerzyło się moje postrzeganie tak, jakbym wyczuwała rzeczy przez ściany – nie były mi przeszkodą zwyczajne granice wzroku i dźwięku. Dużo mocniej odczuwałam teraźniejszość niż zazwyczaj. Szybko przyzwyczaiłam się do tego i miałam poczucie łaski. Granica ciała zniknęła.

Byłam szczęśliwie połączona z moim ciałem, ale czułam się lekko, moje ciało było formą w całym polu energetycznym świata, zarówno świecie widocznym i tym, co można nazwać światem subtelnych energii.

Stan ten trwał przez 2-3 tygodnie, podczas których miałam wiele niesamowitych przygód. Często wydarzały się małe cuda. Postanowiłam rzucić szkołę, niespodziewanie dobrze się bawiłam z rodzicami podczas świąt, podczas których wydawało mi się, że zachowywali się inaczej niż zazwyczaj. Wróciłam na Florydę, mając za przyjaciół dwóch byłych chłopaków, wspaniałych ludzi, z którymi chciałam pozostać w przyjaźni. Byli do siebie nastawieni bardzo niechętnie i w stosunku do mnie też, a ja czułam się winna. Pamiętam jak patrzyłam na ich nieszczęśliwe twarze i czułam, jak opuszcza mnie uczucie lekkości, tak jak balon spadający z nieba. Byłam bardzo pogubiona we wszystkich swoich przekonaniach na temat seksu/płci i bycia tym, czego ludzie oczekują. Czułam, że utknęłam. Nie tylko straciłam światło, ale czułam się nieszczęśliwa. Miałam uczucie, że znów zamykam się w skorupie, poruszam się we mgle, mimo że walczyłam z tym i opierałam się temu. Podejrzewam, że miało to związek z aktywacją wcześniejszych rzeczy połączoną z moimi osądami odnośnie siebie samej. Zgodziłam się z tym, co mówiła mi mama: „Tak, nie jestem wystarczająco dobra, jestem mała, do chrzanu, nie mogę utrzymać siły, zobacz, jakiego narobiłam bałaganu". Nie potrafiłam sobie poradzić z problemami dotyczącymi związków, że ludzie czasem chcą różnych rzeczy, które do siebie nie pasują.

Prawdopodobnie to nie był przypadek, że ten przełom zdarzył się po okresie 5-miesięcznych skrupulatnych codziennych duchowych praktyk: m.in. jogi, świadomego oddychania i śpiewania niektórych imion Boga po arabsku, podczas których wydłuża się dźwięki samogłoskowe, a one wibrują w czakrach serca, gardła, „trzeciego oka" i korony.

12.9. PODSUMOWANIE

Rozdział ten jest jedynie próbką przedstawienia różnorodności doświadczeń i stanów, na które się natknęliśmy podczas wielu lat naszej pracy. Mimo że dla ludzi, którzy ich doświadczyli, zmiany były bardzo nowe i diametralnie różne od dotychczasowych, żadne z nich nie chciałoby zrezygnować z tego, kim jest teraz. Mamy nadzieję, że stanie się to inspiracją dla waszych nadziei na lepsze i zadowalające życie.

Jeśli mielibyście ochotę poznać więcej relacji dotyczących stanów i doświadczeń szczytowych oraz przydatnych książek źródłowych, odsyłam was na stronę internetową Exceptional Human Experience Network autorstwa Rhei White – www.ehe.org.

Dodatek A

INDEKS SZCZYTOWYCH STANÓW ŚWIADOMOŚCI

A.1. LICZBA STANÓW

Do tej pory zidentyfikowaliśmy ponad 40 różnych szczytowych stanów świadomości oraz szereg podstanów i stanów wynikających z połączenia kilku z nich. Ten obszar wiedzy wymaga dalszych badań, gdyż czasem trudno stwierdzić, czy dana osoba znajduje się w stanie osobnym czy w stanie wynikającym z połączenia kilku stanów (niestety nie występują one razem z podpisami, jak w filmie).*

Przedstawiona niżej lista ma charakter wstępny i z całą pewnością nie jest kompletna – inaczej mówiąc nie zawiera wszystkich możliwych stanów. Sporządziliśmy ją zgodnie z naszą najlepszą wiedzą. Ponadto określenie kluczowych zdarzeń rozwojowych dla każdego ze stanów wymaga dalszych badań – mamy co robić przez kolejne kilka lat... Chociaż wiele z podanych poniżej stanów ma związek z zagadnieniami omawianymi w tomie II, przedstawiamy je już teraz, by czytelnik miał pojęcie o zakresie zdefiniowanych przez nas stanów. Oto zidentyfikowane przez nas główne rodzaje stanów.

- Stany trójni mózgu i stopień ich fuzji
- Połączenie z Gają, świadomością planetarną
- Połączenie ze Stwórcą (poziom świetlistej samoświadomości)
- Połączenie ze świadomością gatunku ludzkiego
- Połączenie z Wymiarem Świętości
- Połączenie z Pustką
- Połączenie z ponaddusza (związane z przeszłymi żywotami)
- Stany związane z komórką macierzystą
- Stany granic ciała
- Stany wewnętrznej i zewnętrznej świadomości
- Inne stany.

---

* Najnowszy wykaz szczytowych stanów świadomości znajduje się w tomie II oraz na stronie internetowej Instytutu: www.peakstates.com.

A.2. KONWENCJA NAZEWNICZA

Jak wspomnieliśmy we Wstępie do niniejszego tomu, nadawanie nazw stanom jest trudne. Jeśli dany stan ma już dobrze znaną nazwę, staramy się jej używać, na przykład w przypadku Ścieżki Piękna. Zdajemy sobie sprawę, że może to prowadzić do problemów w sytuacji, gdy nasza definicja nie pokrywa się dokładnie z definicją innych osób, jednak mamy nadzieję, że w przyszłości nazwy i definicje zostaną dokładnie ustalone wraz ze wzrostem liczby osób pracujących ze stanami szczytowymi. Przykładem potencjalnie kontrowersyjnej nazwy stanu może być Stan Świadomości Chrystusowej. W przypadku innych stanów staraliśmy się jako nazwę przyjąć najbardziej zauważalną cechę charakterystyczną tego stanu. Niektóre z nich mają różne cechy charakterystyczne dla mężczyzn i dla kobiet, i w takiej sytuacji uznaniowo wybieraliśmy wersję męską, jak w przypadku Stanu Podskórnego Szczęścia.

Opisując stan składający się z dwóch (lub więcej) różnych stanów, łączyliśmy ich nazwy, podając w pierwszej kolejności stan trójni mózgu (jeśli występuje), i nazywając go połączeniem stanów. Jeśli stan wynikający z połączenia stanów ma już znaną powszechnie nazwę, wtedy ją stosujemy. Warto jednak zauważyć, że niektóre stany po połączeniu przynoszą inne efekty niż poszczególne stany składowe z osobna – wtedy nazywamy go stanem synergicznym. Na przykład takim stanem jest Stan Ścieżki Piękna, któremu nadaliśmy już funkcjonującą nazwę, a cechą dodatkową, która nie występuje w przypadku stanów składowych, jest „żywotność".

A.3. OSZACOWANIA CZĘSTOŚCI WYSTĘPOWANIA

Omawiając poszczególne stany, podajemy także nasze oszacowania dotyczące prawdopodobieństwa ich wystąpienia w ogólnej populacji, oraz liczbę osób, które przynajmniej doświadczyły tego stanu na tyle, by go świadomie zapamiętać. Oszacowania te oparliśmy na populacji rasy kaukaskiej w Ameryce Północnej. Niestety liczby te mogą być niedokładne ze względu na problemy z pomiarem i niewielkie grupy osób badanych (w tomie II omawiamy stosowane przez nas techniki pomiaru), podajemy je jednak, by dać czytelnikowi pogląd co do ich względnej rzadkości. Nie byłbym zaskoczony, gdyby dane były 10-krotnie lub 100-krotnie niższe w przypadku rzadziej występujących stanów! Podejrzewamy, że nasze oszacowania są nadmiernie optymistyczne, tj. że danego stanu doświadczyło mniej ludzi niż podajemy. Kolejnym problemem są oszacowania dotyczące osób, które doświadczyły stanu tylko częściowo.

Wszystkie te trudności sprawiają, że pojawia się wiele różnych pytań, na które będzie można udzielić odpowiedzi wraz z postępami w badaniach i opracowaniem lepszych narzędzi pomiaru.

– Czy obejmować osoby, które „wpadały" i „wypadały" z danego stanu (kwestia stabilności stanu), a jeśli tak, przez jaki czas powinni znajdować się w danym stanie, aby zaliczyć ich do grupy posiadającej dany stan?
– Na jakim poziomie odrzucać osoby, które doświadczyły stanu tylko częściowo?
– Jak stworzyć zewnętrznie weryfikowalne i powtarzalne sposoby pomiaru, na które zgodziliby się niezależni badacze spoza Instytutu?
– Jeśli odsetki danych osób będziemy mierzyć przy wykorzystaniu samodzielnego raportowania, jak zmierzyć kompletność danego stanu pod względem jego cech charakterystycznych?
– Czy dysponujemy dokładną listą cech charakterystycznych dla każdego stanu?

Jak wspomnieliśmy w rozdziale 4, oszacowanie częstości występowania można wygenerować teoretycznie w oparciu o prawdopodobieństwo przebycia każdego ze zdarzeń rozwojowych przy odpowiednim natężeniu traumy, blokującym wystąpienie stanu szczytowego po narodzinach. Nie prowadziliśmy testów na dużą skalę, które mierzyłyby prawdopodobieństwo pomyślnego przejścia przez określone zdarzenie rozwojowe. Jednak możliwe byłoby wyliczenie takiego prawdopodobieństwa, np. mierząc u osób pracujących z poleceniami/komendami Gai galwaniczną reakcję skórną (korzystając ze specjalnego sprzętu GSR), aby ocenić wystąpienie i stopnień natężenia traumy. Posiadając tego typu dane, można byłoby wyliczyć ogólne oszacowania częstości wystąpienia każdego stanu szczytowego. Wyniki można by wykorzystać do dodatkowej weryfikacji rzeczywistych pomiarów występowania stanów w ogólnej populacji jak również do prognozowania wystąpienia traumy w nieznanym etapie rozwojowym w przypadku braku zgodności dwóch wielkości.

Inny problem wiąże się z potwierdzeniem, czy dana osoba rzeczywiście doświadczyła danego stanu szczytowego lub ten stan posiada. Przy przeprowadzaniu ankiet odkryliśmy, że niektóre osoby nie znajdujące się w danym stanie podawały, że posiadały jego cechy. A działo się tak dlatego, ponieważ byliśmy zmuszeni do używania zwykłych słów, by opisać aspekty stanu, których te osoby nigdy wcześniej nie doświadczyły i nieprawidłowo „przekładały" je na sobie znane doświadczenia (więcej o tej kwestii i metodach stosowanych do pomiaru stanów piszemy w tomie II).

Wykonanie dokładniejszych pomiarów mogłoby przynieść wykorzystanie sprzętu używanego do biofeedbacku mózgu (możliwości tej metody omawiamy w rozdziale 11 i w tomie II), co pozwoliłoby dokonać oszacowań, których moglibyśmy być bardziej pewni. Mamy nadzieję, że w przyszłości uda się znaleźć techniki umożliwiające osiąganie w naszej pracy bardziej powtarzalnych i weryfikowalnych pomiarów.

DYSFUNKCYJNE STANY ZWIĄZANE Z SYSTEMEM WIELU MÓZGÓW
(tom I)

Uwaga: Stany te nazywamy w oparciu o przyczyny, które je wywołują, a nie o ich dominujące cechy charakterystyczne, gdyż nie jesteśmy pewni, czy w przypadku niektórych osób owe cechy nie są powiązane z odpowiednią traumą. Istnieją wszystkie możliwe kombinacje stanu zamknięcia mózgów, ale podajemy tylko te, z którymi bezpośrednio się zetknęliśmy. Są to stany dysfunkcyjne, gdyż wiążą się z utratą określonych możliwości danego mózgu, choć sprawiają, że dana osoba czuje się lepiej niż zazwyczaj.

STAN ZAMKNIĘCIA MÓZGU UMYSŁU

- **Cechy charakterystyczne:** niezdolność do formowania ocen i dokonywania wyborów; osoba ma uczucie spokoju i wyciszenia, nawet w przypadku frustracji związanej z niemożnością dokonania wyboru.
- **Przyczyna:** wyłączenie się mózgu umysłu.
- **Komentarz:** brak znanego nam popularnego określenia.
- **Częstość występowania:** nieznana.

STAN ZAMKNIĘCIA MÓZGÓW UMYSŁU I SERCA

- **Cechy charakterystyczne:** wrażenie, że ciało jest z powietrza, pozbawione granic, jednak dolne części brzucha odczuwa się jako „pełne", podobnie jak po obfitym posiłku; brak zdolności odczuwania emocji i formułowania ocen.
- **Przyczyna:** wyłączenie się mózgów umysłu i serca.
- **Komentarz:** może być znany w tradycji sufickiej jako stan „Bezcennej Perły".
- **Częstość występowania:** nieznana.

STAN *SAMADHI* (ZAMKNIĘCIA SERCA I CIAŁA)

- **Cechy charakterystyczne:** wszechobejmujące uczucie spokoju, bezczasowości i niemal brak potrzeby tlenu do oddychania.
- **Przyczyna:** wyłączenie mózgów serca i ciała.
- **Komentarz:** mógłby być nazwany stanem zamknięcia serca-ciała.
- **Częstość występowania:** nieznana, ale niska.

STAN ZAMKNIĘCIA MÓZGU SERCA

- **Cechy charakterystyczne:** niezdolność do odczuwania emocji; wrażenie, że inne osoby to tylko przedmioty.
- **Przyczyna:** wyłączenie mózgu serca.
- **Komentarz:** prawdopodobnie główna przyczyna zachowań socjopatycznych.
- **Częstość występowania:** nieznana.

STAN POD-PRZECIĘTNEJ ŚWIADOMOŚCI

- **Cechy charakterystyczne:** niezwykle skomplikowane życie, prowadzone poniżej normy.
- **Przyczyna:** brak komunikacji między mózgiem ciała a mózgiem splotu słonecznego; brak występowania innych stanów szczytowych.
- **Komentarz:** występujący wśród klientów gabinetów psychoterapeutycznych oraz u klientów z wieloma trudnościami rozwojowymi.
- **Częstość występowania:** nieokreślona.

STANY SZCZYTOWE ZWIĄZANE Z SYSTEMEM WIELU MÓZGÓW (tom I)

STAN PRZECIĘTNEJ ŚWIADOMOŚCI

- **Cechy charakterystyczne:** życie w lęku (często subtelnym); całkowicie pod wpływem emocji innych ludzi; reaktywność.
- **Przyczyna:** brak połączenia lub przynajmniej komunikacji między mózgiem ciała a mózgiem splotu słonecznego; świadomości trójni mózgu nie komunikują się ze sobą; mózg Buddy (korony) jest zazwyczaj połączony z mózgiem umysłu.
- **Komentarz:** brak jakichkolwiek stanów szczytowych.
- **Częstość występowania:** bardzo wysoka.

STAN WEWNĘTRZNEGO SPOKOJU

- **Cechy charakterystyczne:** permanentne uczucie spokoju nawet w sytuacji odczuwania innych, często bolesnych emocji; traumy z przeszłości nie obciążają osoby emocjonalnie.
- **Przyczyna:** połączenie mózgów umysłu i serca.
- **Komentarz:** podstan Stanu Ścieżki Piękna.
- **Częstość występowania:** nieokreślona.

SYNERGICZNY STAN ŚCIEŻKI PIĘKNA
(Beauty Way, nazywany również Walking In Beauty)

- **Cechy charakterystyczne:**
  - Spokój, wyciszenie i fizyczne uczucie lekkości.
  - Przeszłość nie ma charakteru traumatycznego – wspomnienia są pozbawione emocji.
  - Uczucie, że jest się w pełni żywym, wszystko wokół również tętni życiem.
  - Wszystko jest w pewien sposób piękne, nawet śmieci.
  - Prawdy duchowe wydają się oczywiste.
  - Brak snów.
  - Brak podskórnego uczucia lęku.
  - Życie całkowicie teraźniejszością.
  - Brak napięcia – jak dziecko w okresie wakacji.
  - Śpiew ptaków wydaje się bardziej żywy.
  - Brak przejmowania emocjonalnego bólu innych ludzi.
  - Brak automatycznego słuchania „ekspertów" przy odrzuceniu własnej wiedzy.
  - Po odpowiednim przeszkoleniu możliwość wykonywania różnych szamańskich form działania.
  - Cichy umysł, tzn. brak głosów lub szeptów w tle.
- **Przyczyna:** połączenie Stanu Wewnętrznego Spokoju (fuzja mózgów umysłu i serca) wraz z ograniczonym połączeniem ze Stwórcą; powoduje u osoby nieświadomą decyzję o pozytywnym charakterze sposobu postrzegania świata; stany składowe współdziałają synergicznie, tworząc nową jakość...
- **Komentarz:** istotny stan w szamanizmie oraz ważny dla zdrowia fizycznego i psychicznego; lepszym sposobem opisania stanu byłoby słowo „żywotność", które stosuje Harville Hendricks, wybraliśmy jednak bardziej znane określenie Ścieżka Piękna – Beauty Way (stan ten jest dobrze opisany w książce Eckharta Tollego *Potęga teraźniejszości*).
- **Częstość występowania:** według oszacowań stan ten wraz ze Stanem Wewnętrznego Spokoju występuje względnie stale u około 8% ogólnej populacji; dodatkowe 14% jest w stanie rozpoznać ten stan.

STAN PODSKÓRNEGO SZCZĘŚCIA

- **Cechy charakterystyczne:** podstawą wszystkich uczuć jest poczucie szczęścia, które istnieje cały czas, nawet gdy osoba doświadcza trudnych uczuć, takich jak smutek lub złość; u kobiet bardziej dominuje stałe uczucie miłości, choć szczęście jest cały czas obecne.
- **Przyczyna:** fuzja mózgów serca i ciała.

- **Komentarz:** nie chroni przed odbieraniem przeszłości jako emocjonalnie traumatycznej.
- **Częstość występowania:** permanentnie u około 9%, kolejne 12% potrafi rozpoznać stan.

STAN WIELKIEGO NIEBA

- **Cechy charakterystyczne:** świat wydaje się ogromny, a gdy spoglądamy w niebo – wydaje się gigantyczny; granice cielesne znikają, szczególnie nad głową.
- **Przyczyna:** fuzja mózgów ciała, umysłu i Buddy (korony); uczucie ogromu nieba pochodzi z cielesnego uczucia względnego dystansu między obiektami i własnym ciałem.
- **Komentarz:** nie jestem pewien, czy dokładnie przeanalizowałem ten stan, traktujcie go jako możliwy rezultat zupełnie innego zjawiska – wymaga dalszych badań.
- **Częstość występowania:** nieokreślona.

STAN KOMUNIKACJI MÓZGÓW

- **Cechy charakterystyczne:** wszystkie mózgi komunikują się ze sobą, wchodząc w interakcje jak członkowie dysfunkcjonalnej rodziny.
- **Przyczyna:** świadomości wszystkich mózgów „dotykają się" nawzajem w komunikacji.
- **Komentarz:** użyteczny stan przejściowy, jednak nie tak cenny i znaczący jak stan fuzji; w diagramie Perry koła ilustrujące poszczególne mózgi lekko zachodzą na siebie.
- **Częstość występowania:** u 12% osób występuje permanentnie, dodatkowe 23% jest w stanie rozpoznać stan.

STAN GŁĘBOKIEGO SPOKOJU

- **Cechy charakterystyczne:** głębsze, spokojniejsze uczucie niż w Ścieżce Piękna; uczucie równowagi i braku irytacji; wrażenie, jakby fizyczne serce znajdowało się niżej w ciele; uczucie większej lekkości; nie ma odczucia braku wysiłku, ale jest lepiej niż w przypadku normalnej świadomości; mózgi są świadome siebie nawzajem, potrafią komunikować się bezpośrednio, a dana osoba jest ich wszystkich świadoma.
- **Przyczyna:** świadomości mózgów nakładają się na siebie, ale brak pełnej fuzji; brak uczucia pustki w ciele.
- **Komentarz:** stan przejściowy, docelowo nie dążymy do jego uzyskania.
- **Częstość występowania:** nieokreślona.

STAN PUSTEJ WEWNĘTRZNEJ PRZESTRZENI

- **Cechy charakterystyczne:** ciało wewnątrz skóry odczuwa się, jakby było puste; wszystkie części ciała wydają się mieć pewną „ciągłość"; emocje mają charakter raczej poznawczy niż afektywny.
- **Przyczyna:** fuzja wszystkich mózgów.
- **Komentarz:** brak połączenia czakr; brak połączenia mózgów z Wymiarem Świętości.
- **Częstość występowania:** stale u około 7% populacji, kolejne 12% potrafi rozpoznać stan.

STAN PEŁNI

- **Cechy charakterystyczne:** najbardziej dokładnym słowem na określenie tego stanu jest słowo „pełnia" i jest ono spontanicznie używane przez osoby, które ten stan uzyskują – to poczucie bycia kompletnym, bez jakiegokolwiek braku; muzyka jest wtedy odbierana w szczególnie żywy sposób.
- **Przyczyna:** fuzja „energii" lub „świadomości" łożyska i ogonka plemnika z pozostałymi mózgami trójni.
- **Komentarz:** uczucie pełni istnieje niezależnie od stanu fuzji pozostałych mózgów.
- **Częstość występowania:** nieokreślona.

STANY ZWIĄZANE ZE STWÓRCĄ (Tom II)

STAN ŚWIADOMOŚCI STWÓRCY

- **Cechy charakterystyczne:** możliwość bezpośredniej „rozmowy" ze Stwórcą i przeniesienie świadomości na ten poziom istnienia w dowolnym momencie.
- **Komentarz:** powiązany ze stanem Światła Stwórcy.
- **Częstość występowania:** bardzo rzadki (stan jest względnie trwały u 0,003% populacji, dodatkowe 0,01% potrafi go rozpoznać).

STAN ŚWIATŁA STWÓRCY

- **Cechy charakterystyczne:** wewnętrzne światło może w niektórych przypadkach wychodzić poza granice ciała; ma bardziej intensywny, biały kolor, inny niż w widmie światła słonecznego.

- **Przyczyna:** ograniczone połączenie ze Stwórcą; prawdopodobnie ma związek z kulami światła od Stwórcy, wchodzącymi do naszego ciała w momentach niektórych zdarzeń rozwojowych.
- **Komentarz:** w stanie Wymiaru Świętości jasna biel jest zmieszana z fluorescencyjną czernią – ludzie opisują to „światło" jako intensywne lub naładowane energią, często mają wrażenie, jakby przyszło z góry; może być wykorzystywane w regresji, jak w „przeglądzie życia" lub w doświadczeniu bliskim śmierci; występują różne stopnie ostrości.
- **Uwaga:** (stan klasyfikowany także w ramach kategorii wewnętrznego światła).
- **Częstość występowania:** nieokreślona.

STANY ZWIĄZANE Z GRANICAMI CIAŁA LUB „SKORUPĄ" (tom III)

STAN BEZ SKÓRY

- **Cechy charakterystyczne:** brak uczucia występowania skórnej granicy; wydarzenia w życiu nie powodują utraty perspektywy, nie mają osobistego charakteru, przynajmniej na początku; stan generalnie spotykany w ramach Stanu Pustej Wewnętrznej Przestrzeni, gdy całe ciało sprawia wrażenie, jakby było wypełnione powietrzem.
- **Przyczyna:** stan jest wynikiem usunięcia pokoleniowej „skorupy" ego w warstwie skóry i innych mniej istotnych warstwach.
- **Komentarz:** najbardziej oczywista warstwa wiąże się z traumami pokoleniowymi – to ją nazywamy „skorupą", gdyż jest raczej nieprzepuszczalna; warstwa ta może zyskać dużą przepuszczalność, co odczuwa się jakby ją usunięto, choć tak naprawdę nie jest; w Stanie Pustej Wewnętrznej Przestrzeni granica sprawia wrażenie nieco „spalonej".
- **Częstość występowania:** nieokreślona.

STANY ZWIĄZANE Z PUSTKĄ (tom II)

STAN POŁĄCZENIA Z PUSTKĄ

- **Cechy charakterystyczne:** poczucie ostatecznej pustości Pustki, poza wszelkim fizycznym doświadczeniem; towarzyszy temu uczucie wiedzenia, kim się jest naprawdę.

- **Komentarz:** osiągamy ten stan podczas fuzji z Pustką w trakcie usuwania „skorupy" na poziomie skóry; Pustka ta w innych tradycjach może być określana mianem Nieskończoności albo Tao, jednak słowo „pustka" najlepiej opisuje doświadczanie tego stanu.
- **Częstość występowania:** bardzo niewielka (szacujemy, że 0,005% względnie trwale posiada ten stan, zaś kolejne 0,02% potrafi go rozpoznać).

STANY ZWIĄZANE Z GAJĄ (tom II)

STAN KOMUNIKACJI Z GAJĄ

- **Cechy charakterystyczne:** zdolność komunikowania się z Gają za pośrednictwem jednego lub więcej mózgów (tj. poprzez uczucia cielesne, odczucia, wizje lub też słyszenie); w najlepszym przypadku osoba odbiera jasny przekaz informacji na każdym poziomie.
- **Przyczyna:** pełne połączenie z Gają to stan naturalny; owo połączenie blokuje trauma związana z niezrozumianymi komunikatami Gai.
- **Komentarz:** Tom Brown Jr nazwał ten stan Stanem Wewnętrznego Widzenia, prawdopodobnie dlatego, że sam komunikował się z Gają za pośrednictwem komunikatów; zmieniliśmy tę nazwę, gdyż była myląca odnośnie stosowania innego stylu komunikacji wykorzystywanego przez inny mózg, a także dlatego, że kojarzył się ze zdolnością oglądania własnych organów wewnętrznych.
- **Częstość występowania:** nieokreślona.

STAN BOGA/BOGINII

- **Cechy charakterystyczne:** poczucie bycia esencją kreatywności.
- **Przyczyna:** kompletne i całkowite połączenie z Gają – stan głębszy niż zwykła komunikacja z Gają.
- **Komentarz:** mózgi trójni mogą indywidualnie zdecydować się na nawiązanie tego połączenia; gdy jest ono doświadczane poprzez wszystkie mózgi, osoba odbiera siebie jako Boga/Boginię lub jako „Brahmę, twórcę światów".
W przypadku, gdy owo połączenie mózgi nawiązują osobno, towarzyszą temu odmienne uczucia – na przykład mózg ciała odbiera tę więź w sposób bardzo seksualny, podobnie jak w przypadku procesu tworzenia, jakim jest reprodukcja.
- **Częstość występowania:** bardzo niewielka (wg szacunków 0,035% posiada stan względnie trwale, kolejne 0,17% potrafi rozpoznać stan).

STAN ŚWIATA WEWNĄTRZ CIAŁA

- **Cechy charakterystyczne:** rzeczy z otoczenia sprawiają wrażenie znajdujących się wewnątrz ciała; ludzie doświadczają siebie jako obiekty, na których koncentrują uwagę (np. zwierzęta lub rośliny).
- **Komentarz:** opis ten jest często spotykany w literaturze szamańskiej; może należeć do grupy podstanów związanych ze Stanem Przestrzenności, ale najprawdopodobniej jest stanem świadomości Gai.
- **Częstość występowania:** bardzo niewielka (0,01% posiada stan względnie trwale, kolejne 0,025% potrafi go rozpoznać).

STAN REGENERATYWNEGO* UZDRAWIANIA

- **Cechy charakterystyczne:** stan ten daje zdolność uzdrawiania praktycznie każdej rzeczy w ciągu kilku minut.
- **Przyczyna:** stan zablokowany wskutek śmierci łożyska, traum pokoleniowych i innych czynników.
- **Komentarz:** naszym zdaniem jest to zdolność do uzdrawiania w wyniku silnego połączenia z Gają.
- **Częstość występowania:** nieokreślona, ale bardzo niewielka.

STANY ZWIĄZANE Z WYMIAREM ŚWIĘTOŚCI (tom II)

PODSTAN ŚWIĘTOŚCI CIAŁA

- **Cechy charakterystyczne:** część ciała lub całe ciało emanuje uczuciem świętości.
- **Przyczyna:** częściowe połączenie z wymiarem świętości, prawdopodobnie w wyniku osłabienia „udawanych" tożsamości trójni mózgu; u jednej osoby stan wystąpił w sytuacji fuzji mózgu splotu słonecznego i mózgu serca.
- **Komentarz:** podstan pełnego Stanu Wymiaru Świętości.
- **Częstość występowania:** nieokreślona.

---

* (przypis od redakcji) Wprowadzamy nazwę „regeneratywny", ponieważ istniejące w języku polskim słowa „regenerujący" i „regeneracyjny" w znaczeniu „odtwarzający" nie oddają w pełni cech, jakie przynosi ten stan.

STAN WYMIARU ŚWIĘTOŚCI

- **Cechy charakterystyczne:** świadomość, że każdy mózg jest fizyczną ekspresją wielkich, świętych bytów, które wyglądają jak totemy w wymiarze szamana, miejscu świetlistej czerni; jednostka, jako zbiór owych bytów totemicznych, doświadcza siebie jako niewielkiego ciała ludzkiego, czuje się wyjątkowo święta; mózgi mogą być połączone lub osobne, jednostka przypisuje „byty" odpowiednim mózgom.
- **Przyczyna:** doświadczenie siebie w wymiarze świętości poprzez porzucenie tożsamości mózgów i przesunięcie centrum świadomości w kierunku „totemicznych" bytów we fluorescencyjnej czerni.
- **Komentarz:** lepszym określeniem byłaby pewnie „święta nicość" lub „święta jaźń totemiczna"; istnieje też prawdopodobieństwo, że w tradycji jogicznej stan ten określany jest mianem *Akashic Records*.
- **Częstość występowania:** bardzo niewielka (stan posiada względnie trwale 0,005% populacji, kolejne 0,01% potrafi go rozpoznać).

STAN SYNERGICZNY ŚWIĘTOŚCI CIAŁA I ŚWIATŁOŚCI MÓZGÓW

- **Cechy charakterystyczne:** ciało odbierane jest jako święte, a przy zamkniętych oczach pojawia się poczucie spoglądania we fluorescencyjną czerń.
- **Przyczyna:** identyczna jak w przypadku obu stanów z osobna.
- **Komentarz:** czerń jest częściowym wglądem w wymiar świętości; ten synergiczny stan sprawia, że Stan Światłości Mózgów odbiera się w nieco inny sposób – światło bowiem staje się fluorescencyjną czernią.
- **Częstość występowania:** nieokreślona, ale bardzo niewielka.

STAN SYNERGICZNY WYMIARU ŚWIĘTOŚCI I ŚWIATŁOŚCI MÓZGÓW

- **Cechy charakterystyczne:** ciało wydaje się święte, jednostka postrzega siebie jako złożoną z obrazów totemicznych, zaś przestrzeń wewnątrz to świetlista czerń.
- **Przyczyna:** identyczna jak w przypadku obu stanów z osobna.
- **Komentarz:** połączenie stanów sprawia, że Stan Światłości Mózgów odbiera się w nieco inny sposób – światło bowiem staje się fluorescencyjną czernią.
- **Częstość występowania:** nieokreślona, ale bardzo niewielka.

Stany związane z wymiarem świętości można łączyć z innymi stanami związanymi z trójnią mózgu. Nazwy takich stanów tworzymy, zestawiając ze sobą nazwy osobnych stanów. Poniżej przedstawiamy kilka takich stanów.

POŁĄCZENIE STANÓW ŚWIĘTOŚCI CIAŁA I PEŁNI

- **Cechy charakterystyczne:** uczucie, jakby się było Bogiem, całe ciało jest odczuwane jako intensywnie święte; uczuciom tym towarzyszy uczucie pełni.
- **Przyczyna:** połączenie ograniczonego połączenia z Wymiarem Świętości i Stanu Pełni trójni mózgu.
- **Częstość występowania:** nieokreślona.

POŁĄCZENIE STANÓW PUSTEJ WEWNĘTRZNEJ PRZESTRZENI, ŚWIĘTOŚCI CIAŁA I ŚWIADOMOŚCI PRZEPŁYWU

- **Cechy charakterystyczne:** identyczne jak w przypadku każdego stanu z osobna; brak wysiłku.
- **Przyczyna:** fuzja mózgów w jedną złotą kulę; fuzja czakr w jeden dysk; ograniczone połączenie z Wymiarem Świętości.
- **Częstość występowania:** nieokreślona.

POŁĄCZENIE STANÓW PEŁNI, PUSTEJ WEWNĘTRZNEJ PRZESTRZENI I ŚWIĘTOŚCI CIAŁA

- **Cechy charakterystyczne:** ciało wydaje się puste, pełne i święte jednocześnie; ograniczone połączenie z Wymiarem Świętości.
- **Częstość występowania:** nieokreślona.

STANY WEWNĘTRZNEJ I ZEWNĘTRZNEJ ŚWIADOMOŚCI
(tom II)

Dwa stany z tej grupy to zdolności szczytowe. Jesteśmy zdania, że są one wynikiem określonego stanu szczytowego – do momentu sprawdzenia, jaki to może być stan, określamy je mianem zdolności szczytowych. Należy się spodziewać, że gdy tylko to odkryjemy, nazwa stanu i nazwa zdolności będą te same.

ZDOLNOŚĆ WEWNĘTRZNEGO WIDZENIA

- **Cechy charakterystyczne:** widzenie, odczuwanie i poruszanie się wewnątrz własnego ciała i ciał innych osób.
- **Przyczyna:** nieokreślona.
- **Komentarz:** to zdolność szczytowa, prawdopodobnie jakiś podstan; należy do podzbioru zdolności świadomości komórkowej; nazwa niestety koliduje

z określeniem stosowanym przez Toma Browna Jra do opisu zdolności komunikacji z Gają – być może alternatywnym wyborem mogłoby być określenie „wewnętrzna koncentracja".
- **Częstość występowania:** bardzo niewielka (stan ten posiada względnie trwale 0,025% populacji, kolejne 0,03% potrafi go rozpoznać).

ZDOLNOŚĆ ŚWIADOMOŚCI KOMÓRKOWEJ

- **Cechy charakterystyczne:** świadomość każdej komórki ciała, ale bez wrażenia bycia wewnątrz i dotykania ich.
- **Przyczyna:** nieokreślona.
- **Komentarz:** prawdopodobnie stan sam w sobie.
- **Częstość występowania:** bardzo niewielka (zdolność tę posiada względnie trwale 0,01% populacji, kolejne 0,06% potrafi ją rozpoznać).

STAN ŚWIATŁOŚCI MÓZGÓW

- **Cechy charakterystyczne:** rozproszone, „miękkie" jasne światło wewnątrz ciała, doświadczane w dowolnym miejscu, na którym mózgi trójni skupiają swoje centrum świadomości; uczucie braku granic ciała i podobieństwa do promieni słonecznych.
- **Przyczyna:** światło, które posiadają mózgi trójni w sytuacji niezakłóconej samoświadomości.
- **Komentarz:** stan ten umożliwia dokonanie regresji w dowolnym momencie; użyteczny w przypadku innych celów, takich jak łączenie się ze świadomością innych osób; gdy stan ten doświadczany jest razem ze Stanem Wymiaru Świętości lub Stanem Świętości Ciała, czerń z Wymiaru Świętości nabiera charakteru jasnej fluorescencji, a nie lekkiej świetlistości – intensywność światła może być różna, stan pełny daje światło o dużej ostrości.
- **Częstość występowania:** 90% populacji jawi się jako ciemne przez 90% czasu, 10% populacji jest w 50% jasne przez 50% czasu, 0,5% populacji jest w pełni jasne przez 90% czasu, 0,5% populacji jest w pełni jasne przez 100% czasu.

STAN ŚWIATA WEWNĄTRZ CIAŁA

- **Cechy charakterystyczne:** najbardziej zauważalną cechą jest możliwość doświadczania siebie jako dowolnej rzeczy (np. jak zwierzę lub roślina), na której skupi się swoją uwagę; rzeczy w otoczeniu sprawiają wrażenie, jakby znajdowały się wewnątrz ciała.
- **Komentarz:** opisy stanu często można znaleźć w literaturze szamańskiej; może być podstanem Stanu Przestrzenności.

- **Częstość występowania:** bardzo niewielka (stan posiada względnie trwale 0,01% populacji, kolejne 0,025% potrafi go rozpoznać).

STAN PRZESTRZENNOŚCI

- **Cechy charakterystyczne:** stan obejmuje różne doświadczenia: od braku reaktywności i emocjonalnej „przestrzenności" do głębszego doświadczenia bycia obserwatorem, którego świadomość łączy się z jasnoszarym medium rozpostartym w całym wszechświecie; na tym głębszym poziomie obiekty (jak np. ciało) pozostają w owym szarym medium i są trudno dostrzegalne.
- **Przyczyna:** prawdopodobnie zostaje utracony przy pierwszym skurczu podczas porodu.
- **Komentarz:** bardzo istotny stan dla uzdrawiania (zob. tom III).
- **Częstość występowania:** nieokreślona.

DOBRO I ZŁO (tom II)

WYBÓR MIĘDZY DOBREM A ZŁEM

- **Cechy charakterystyczne:** podczas stresujących wydarzeń, wybór (często subtelny) pomiędzy odczuwaniem dobra a odczuwaniem zła – z rezultatem w postaci wyboru rodzaju działania lub myśli.
- **Przyczyna:** wybór dokonywany przed porodem przez każdy mózg z osobna.
- **Komentarz:** tak naprawdę nie jest to stan, ale raczej określony z góry wybór.
- **Częstość występowania:** kontakt ze złem w jakimś zakresie – 95% ogólnej populacji (tylko 5% nigdy nie ma kontaktu ze złem); brak kontaktu ze złem lub kontakt przez maks. 1% czasu – zaledwie 8% ogólnej populacji.

STAN ŚWIADOMOŚCI CHRYSTUSOWEJ

- **Cechy charakterystyczne:** niewiarygodna miłość i siła, poczucie jakie w naszych wyobrażeniach musiał posiadać Jezus.
- **Przyczyna:** podejrzewamy, że chodzi o wybór dobra przez wszystkie mózgi (teza ta jednak wciąż nie została zweryfikowana).
- **Komentarz:** jestem zdania, że stan ten odczuwa się w sytuacji, gdy wszystkie mózgi wybrały dobro lub miłość; jednostka ma wrażenie, że jest miłością, a nie tylko ją odczuwa; może być stanem połączonym lub niezależnym stanem – nadal prowadzimy badania w tej dziedzinie.
- **Częstość występowania:** nieokreślona.

DOŚWIADCZENIE UZDRAWIAJĄCEJ PRZESTRZENI

- **Cechy charakterystyczne:** metafizyczne „miejsce", gdzie świadomość może się udać i stworzyć dowolną rzecz.
- **Przyczyna:** dostęp do doświadczenia jest blokowany przez traumę, która przydarzyła się mózgom przedkomórkowym tuż po opuszczeniu nieskończonej spirali.
- **Komentarz:** ten zbiór traum tworzy warunki, które predysponują mózgi do wyboru zła; zdanie określające to doświadczenie wybraliśmy z prac Toma Browna Jra – zwrot „obszar twórczy" lepiej do niego pasuje, zdecydowaliśmy się jednak pozostawić istniejące określenie.
- **Częstość występowania:** nieokreślona.

STANY ZWIĄZANE Z WEWNĘTRZNYM ŚWIATŁEM (tom II)

Istnieje kilka stanów, które wiążą się z doświadczaniem światła wewnątrz ciała (i poza nim). Obecnie znamy dwa takie stany i podejrzewamy, że istnieją jeszcze inne. Zidentyfikowanie, który z tych dwóch stanów się posiada – gdy ma się tylko jeden rodzaj wewnętrznego światła – nie jest łatwe, gdyż trudno owe wewnętrzne doświadczenia opisać słowami. By uprościć diagnozę stanu, zaczynamy od zapytania osoby, czy czuje się, jakby była „jasna wewnętrznie" lub też jakby posiadała „wewnętrzne światło". Następnie zadajemy kolejne pytania, by ustalić, o który stan chodzi.

Należy zauważyć, że ludzie w Stanie Świętości Ciała lub Wymiaru Świętości nie zawsze zdają sobie sprawę, że posiadają także Stan Wewnętrznego Światła – ich wnętrze bowiem wydaje im się fluorescencyjnie czarne. Jesteśmy zdania, że słowo „jasność" dobrze ujmuje tę cechę „jasnej ciemności" oraz bardziej typowe doświadczenie wewnętrznego światła, toteż często używamy go w identyfikowaniu stanów (w przyszłości może zmienimy nazewnictwo, gdy znajdziemy lepsze sposoby nazywania stanów, by uniknąć pomyłek).

Stany wewnętrznego światła przedstawiliśmy już w innych kategoriach, umieszczamy je tu ponownie w jednym miejscu, gdy ułatwić odnajdywanie ich w treści rozdziału.

STAN ŚWIATŁOŚCI MÓZGÓW

- **Cechy charakterystyczne:** rozproszone, „miękkie" jasne światło wewnątrz ciała, doświadczane w dowolnym miejscu, na którym mózgi trójni skupiają

swoje centrum świadomości; uczucie braku granic ciała i podobieństwa do promieni słonecznych.
- **Przyczyna:** światło, które posiadają mózgi trójni w sytuacji niezakłóconej samoświadomości.
- **Komentarz:** stan ten umożliwia dokonanie regresji w dowolnym momencie; użyteczny w przypadku innych celów, takich jak łączenie się ze świadomością innych osób; gdy stan ten doświadczany jest razem ze Stanem Wymiaru Świętości lub Stanem Świętości Ciała, nadaje czerni z wymiaru świętości charakter jasnej fluorescencji, a nie lekkiej świetlistości – intensywność światła może być różna, stan pełny daje światło o dużej ostrości.
- **Częstość występowania:** 90% populacji jawi się jako ciemne przez 90% czasu, 10% populacji jest w 50% jasne przez 50% czasu, 0,5% populacji jest w pełni jasne przez 90% czasu, 0,5% populacji jest w pełni jasne przez 100% czasu.

STAN ŚWIATŁA STWÓRCY

- **Cechy charakterystyczne:** wewnętrzne światło może w niektórych przypadkach wychodzić poza granice ciała; ma bardziej intensywny, biały kolor, inny niż w widmie światła słonecznego.
- **Przyczyna:** ograniczone połączenie ze Stwórcą; prawdopodobnie ma związek z kulami światła od Stwórcy, wchodzącymi do naszego ciała w momentach niektórych zdarzeń rozwojowych.
- **Komentarz:** w stanie Wymiaru Świętości jasna biel jest zmieszana z fluorescencyjną czernią – ludzie opisują to „światło" jako intensywne lub naładowane energią, często mają wrażenie, jakby przyszło z góry; może być wykorzystywane w regresji, jak w „przeglądzie życia" lub w doświadczeniu bliskim śmierci; występują różne stopnie ostrości.
- **Uwaga:** (stan klasyfikowany także w ramach kategorii wewnętrznego światła).
- **Częstość występowania:** nieokreślona.

POZOSTAŁE STANY

STAN WEWNĘTRZNEJ HARMONII

- **Cechy charakterystyczne:** ciało emanuje uczuciem harmonii.
- **Przyczyna:** nieokreślona.
- **Częstość występowania:** nieokreślona.

STAN EKSTAZY

- **Cechy charakterystyczne:** wrażenie stałego dopływu endorfin.
- **Przyczyna:** wydaje nam się, że jest to stan, o którym pisał suficki nauczyciel Rumi.
- **Częstość występowania:** stan występuje względnie trwale u 1,5% populacji, dodatkowe 3% potrafi go rozpoznać.

STAN WEWNĘTRZNEGO ZŁOTA

- **Cechy charakterystyczne:** wnętrze ciała wydaje się przybierać barwę jasnego złota podczas wewnętrznej wizji; w przypadku fuzji mózgów powstała kula ma kolor złoty.
- **Komentarz:** nie jesteśmy pewni, jaki jest cel tego stanu, jednak alchemicy uznawali ten stan za ważny; ludzie pracujący intensywnie nad rozwojem wewnętrznym w końcu osiągają ten stan; stan ten może mieć coś wspólnego z przeszłymi żywotami lub świadomością gatunku.
- **Częstość występowania:** nieokreślona.

STAN DOSTĘPU DO PRZESZŁYCH ŻYWOTÓW

- **Cechy charakterystyczne:** możliwość dostępu do przeszłych (lub przyszłych) żywotów, albo do tych z problemami, lub wedle woli; wszystkie przeszłe i przyszłe żywota łączą się z obecnym.
- **Przyczyna:** ta zdolność/stan jest blokowana przez traumę związaną z owulacją.
- **Komentarz:** inne żywota także mogą mieć dostęp do obecnego (zob. rozdział 7).
- **Częstość występowania:** nieokreślona, ale niekiedy występuje przez krótki okres w niektórych terapiach.

STAN ŚWIADOMOŚCI PRZEPŁYWU

- **Cechy charakterystyczne:** wrażenie przepływu energii od tyłu do przodu ciała, jakby jej źródłem było powietrze owiewające osobę z tyłu.
- **Przyczyna:** fuzja wszystkich czakr w jeden dysk zlokalizowany w okolicy splotu słonecznego.
- **Komentarz:** stan doświadczany jest nieco inaczej przez osoby w Stanie Przeciętnej Świadomości niż w Stanie Pustej Wewnętrznej Przestrzeni (zob. rozdział 7).
- **Częstość występowania:** nieokreślona.

Dodatek B

CHRONOLOGIA WYDARZEŃ ROZWOJOWYCH

Poniżej przedstawiamy wydarzenia rozwojowe (opisane szerzej w tomach I, II i III) ułożone w porządku chronologicznym (więcej na temat tych wydarzeń czytelnik znajdzie w książkach i na stronach internetowych podanych na końcu rozdziału 4). Obok niektórych zdarzeń znajdują się oznaczenia odnoszące się do miejsca, gdzie można znaleźć ich opis. I tak: (tn) oznacza odwołanie do „tomu n", zaś (rn) – odwołanie do „rozdziału n" w tym tomie. Podajemy również poważne problemy, które mogą wystąpić na każdym etapie.

WYDARZENIE ROZWOJOWE	POTENCJALNE TRAUMY
9 MIESIĘCY PRZED NARODZINAMI MATKI, KTÓRA JAKO ZAPŁODNIONE JAJECZKO ZAGNIEŻDŻA SIĘ W MACICY SWOJEJ MATKI (BABCI)	
Przedkomórkowe mózgi trójni oddzielają się od „nieskończonych spirali" (każdy mózg od swojej spirali) zaraz po implantacji zapłodnionego jajeczka (czyli mamy) w macicy jej mamy (czyli babci) (t II).	• Trauma separacyjna związana z oddzieleniem od spirali i od innych mózgów.
Przejście przez granicę spirali (t II).	
Dostęp do Uzdrawiającej Przestrzeni (t III).	
Powstaje „torba" wokół przedkomórkowej świadomości ciała (t III).	• „Torba" pobiera traumy pokoleniowe – widać je w postaci srebrnych drobin pływających w cieczy.
Koalescencja przedkomórkowych mózgów jajeczka: serce, a potem umysł, wchodzą do ciała w okolicy wyrostka robaczkowego (r 6).	• W tym momencie powstają warunki/ predyspozycje do przyszłych „kradzieży dusz" (t III).

Podczas koalescencji rozwija się „sieć" meridianów (r 7).	
Podczas koalescencji czakry zakotwiczają się w sieci meridianów – tworzą pojedynczą kulę czakr (r 7).	

DALSZY ROZWÓJ PRZEDKOMÓRKOWEGO JAJECZKA (WKRÓTCE PO KOALESCENCJI)

Przedkomórkowe jajeczko wchodzi do „fontanny" i nabiera złotej barwy (r 8).	

NARODZINY MATKI (OPUSZCZENIE ŁONA BABCI)

	• Potencjalna trauma jajeczka podczas narodzin mamy.

9 MIESIĘCY PRZED NARODZINAMI OJCA, KTÓRY JAKO ZAPŁODNIONE JAJECZKO ZAGNIEŻDŻA SIĘ W MACICY SWOJEJ MATKI (BABCI)

W przypadku przedkomórkowych mózgów plemnika mają miejsce podobne wydarzenia jak w przypadku jajeczka (opisane powyżej).	• Główna różnica polega na dodatkowych czakrach i innych funkcjach niektórych przedkomórkowych mózgów.

POWSTANIE PLEMNIKA W JĄDRACH OJCA, KRÓTKO PRZED ZAPŁODNIENIEM

Plemnik rozwija się. Komórki pielęgnacyjne go ochraniają.	• Często występują urazy będące wynikiem uderzeń ogonków innych plemników.
Przejście plemnika przez nasieniowody doświadczane jak podążanie pierwotną ścieżką Indian amerykańskich (r 7).	

1 DZIEŃ PRZED POCZĘCIEM, W CIELE MATKI

Jajeczko dojrzewa.	

Kokon pajęczyny, w którym jajeczko jest transportowane, ulega rozpuszczeniu.	
Wokół jajeczka powstaje powłoka komórek, które je odżywiają (r 7, t II).	
Owulacja – jajeczko jest wyrzucone z jajnika.	• Zjawisko podobne do porodu, może stanowić podłoże późniejszej traumy porodowej.
Ruch w dół jajowodu.	• Wydzielenie zapachu przyciągającego plemniki. • Potencjalne uszkodzenia mechaniczne podczas przejścia. • Potencjalne uszkodzenia chemiczne od toksycznej matki.
Ejakulacja u ojca podczas stosunku.	• Potencjalne uszkodzenia podczas ejakulacji wskutek zderzeń ze sobą wielu plemników. • Potencjalny konflikt ze spermą innych ojców.
KILKA MINUT PRZED POCZĘCIEM	
Jajeczko wybiera jasno świecący plemnik.	
Zdarzenie pozbawione traumy przypomina królewskie zaślubiny (r 6).	• Trauma może sprawić, że wybrany plemnik będzie czuł się konkurentem innych plemników.
Jajeczko wyciąga „ramiona", by przyciągnąć plemnik do obszaru swojego „serca".	• Częste urazy mechaniczne w wyniku zbyt mocnego uderzenia plemnika w jajeczko lub pod kątem.
POCZĘCIE	
Ogonek plemnika ulega oddzieleniu w okolicy odczuwanej w górnej części pleców.	• Trauma związana ze śmiercią świadomości ogonka plemnika. • Jeśli jajeczko zbyt wcześnie utwardzi zewnętrzną powłokę po wniknięciu

	plemnika, jego ogonek zostanie urwany zamiast prawidłowego oddzielenia.
Główka plemnika otwiera się i uwalnia chromosomy.	• Odczuwane jako śmierć.
Zewnętrzna powłoka plemnika wchłania się w ściankę jajeczka.	
Chromosomy poruszają się w jajeczku jak wiązki miedzianych drucików.	
Następuje połączenie czakr.	
Następuje połączenie komórkowych mózgów trójni jajeczka i plemnika (r 6, r 8).	
Do nowo powstałej zygoty wchodzi kula światła (t II).	

12 GODZIN PO ZAPŁODNIENIU – PIERWSZY PODZIAŁ KOMÓRKI

	• Może zostać odebrany jako kolejna trauma związana ze śmiercią.

6 DNI PO ZAPŁODNIENIU, ZAGNIEŻDŻENIE ZAPŁODNIONEGO JAJECZKA

Wejście do macicy.	• Odczuwane jak wrzucenie do wielkiej pustki albo jak wypadnięcie kolejki górskiej z toru.
Utrata powłoki komórek odżywczych otaczających zygotę (t III).	
„Główka" jajeczka zderza się ze ścianką macicy (r 6).	• Możliwa trauma związana z niemożliwością łatwego zagnieżdżenia lub zagnieżdżenia się w ogóle w dowolnym miejscu.
Rozwija się „brzuch" i wchodzi w ścianki macicy. Zygota uwalnia płyn do ścianki.	

Do ścianki macicy, a następnie do główki zygoty, wchodzi kula światła (t II).	• Potencjalna trauma, jeśli kula światła zostanie zatrzymana przez matkę i nie przejdzie do zygoty.

OD POCZĘCIA DO PORODU, W TRAKCIE ROZWOJU PŁODU	
Wiele różnych zdarzeń rozwojowych; niektóre z nich są związane ze stanami szczytowymi.	
W tym okresie mogą wystąpić różne poważne traumy.	• Traumy tworzą warunki dla późniejszych „kradzieży dusz" (t III). • Traumy związane z próbą ucieczki do Wymiaru, by uciec od traumy (t II).

DO SZÓSTEGO TYGODNIA PO POCZĘCIU	
Potwierdzenie większości ciąż. Pojawiają się poranne mdłości.	• Często w tym okresie podejmowane są próby usunięcia ciąży.
Do szóstego tygodnia zazwyczaj umiera „niezdiagnozowany" bliźniak.	• Trauma związana ze śmiercią bliźniaka może prowadzić do nostalgii, „tęsknoty za boskim domem" i jest odtwarzana w związkach.

7-9 MIESIĘCY PO POCZĘCIU	
Dziecko odczuwa kurczenie się przestrzeni w macicy. Matka zaczyna odczuwać dyskomfort – brakuje jej tchu przy poruszaniu się i wyraźnie odczuwa brak przestrzeni na oddech.	

PORÓD*	
Wybór między Dobrem a Złem krótko przed rozpoczęciem sekwencji porodu (t II).	

* Zobacz opisy etapów porodu w ramach systemu Podstawowych Matryc Perynatalnych – BPM I-IV, w pracy Stanislava Grofa *Przygoda odkrywania samego siebie*.

Zainicjowanie sekwencji porodu w momencie pojawienia się polecenia Gai, by „oddzielić się od matki" (t II).	• Zazwyczaj utrata stanu fuzji trójni mózgu oraz połączenia z Gają.
Dziecko przekręca się główką w dół i wkłada główkę do wchodu miednicy matki.	• Może w późniejszym życiu wywoływać zawroty głowy i uczucie nudności.
Zaczynają się skurcze. Występują ruchy głowy, moszczenie się w strukturach kostnych (BPM 2 w systemie Grofa).	• Dziecko czuje się bezbronne, nic nie może zrobić. • Intensywna złość na matkę. • Trauma gwałtu i trauma prekursora gwałtu. • Częstym symptomem jest zgrzytanie zębami.
Pierwszy skurcz (t II).	• Najbardziej intensywna trauma sekwencji porodowej. Niezamierzone oddzielenie od Stwórcy, od Wymiaru, od innych mózgów trójni oraz od wszystkiego innego. Wrażenie całkowitego unicestwienia. • Poważna trauma związana z pierwszym brakiem tlenu wraz z ograniczeniem przepływu krwi przez przeponę matki.
Drugi skurcz (r 7).	• Dokonanie wyboru między życiem a śmiercią. Zablokowanie połączenia z Gają. Wybór starzenia się i śmierci oraz długości życia (Wymiar Świętości).
Dalsze skurcze przy zamkniętej szyjce macicy.	• Sytuacja „bez powrotu" z pierwszej sekwencji perynatalnej Grofa. Zazwyczaj intensywna złość na matkę. Aktywacja traumy gwałtu u matki.
Szyjka macicy otwiera się i porusza (BPM 3 w systemie Grofa wraz ze stopniowym przesuwaniem się płodu przez kanał porodowy).	• Wrażenie utraty połączenia z matką – porzucenie. • Matka jest zdenerwowana przez 5-30 minut, odczuwa panikę, chce zmienić zdanie, nie wie co robi, nie umie tego zrobić, płacze. W położnictwie nazywa się to „stanem przejściowym". • Matka odczuwa bóle, zazwyczaj

	prosi o leki, które są ogromnym szokiem dla dziecka. • Dziecko często odczuwa radość, gdy zaczyna przesuwać się przez szyjkę macicy. Matka odczuwa ulgę.
Przesuwanie się przez kanał porodowy. Płód schodzi w dół oraz obraca główkę.	• Trauma związana z obracaniem główki, często urazy czaszki przy przechodzeniu obok dolnych partii kręgosłupa matki. • Może powodować słabą orientację w przestrzeni.
Ukoronowanie i poród (BPM 4 w systemie Grofa).	• Większość dzieci rodzi się twarzą do kręgosłupa matki. Kwestie związane z samooceną, gdy dziecko jest widziane po raz pierwszy. • Zazwyczaj lekarz przekręca główkę dziecka w niewłaściwy sposób! • W latach pięćdziesiątych pojawiało się mnóstwo żalu i kipiącej złości, wynikających z faktu, że pielęgniarki powstrzymywały poród do przybycia lekarza. • Często „śmierć głodowa" z braku tlenu w wyniku skurczenia się pępowiny. • Oślepiające światło i ból w oczach wraz z wystawieniem na działanie zimnego światła.
Dziecko opuszczając pochwę, pozyskuje granicę skórną („skorupę"), podobną do warstwy smoły (t II).	

DZIECKO POZA ORGANIZMEM MATKI

Pierwszy oddech.	• Często traumatyczny w wyniku zbyt wczesnego odcięcia pępowiny, jeszcze zanim krew spłynie z łożyska poprzez pępowinę do dziecka. • Chwilowe doświadczenie „prawdy" (t II) • Chwilowy dostęp do archeotypów (r 7)

Przecięcie pępowiny (przed lub po pierwszym oddechu).	• W szpitalach na Zachodzie dokonywane zbyt wcześnie – trauma związana z nieodpłynięciem krwi z łożyska i nieprzepłynięciem jej do dziecka przed przecięciem. • Wraz z przecięciem pępowiny następuje twardnienie „skorupy".
Nadal trwają skurcze macicy.	
Oddzielenia łożyska i trauma związana z jego śmiercią (r 6, r 8).	• Reakcją na śmierć łożyska jest utrata Stanu Pełni.
Dziecko często oddzielone od matki i przeniesione do innego pomieszczenia.	• Poważna trauma związana z uczuciem porzucenia i samotnością. • Często trauma związana ze zbyt ciasnym owinięciem w kocyk.

SŁOWNIK

BSFF (Be Set Free Fast) – odkryta przez Larry'ego Nimsa, „inna wersja" TFT, uwzględniająca tylko 3 punkty meridianowe; istnieje też technika nazywana Szybkim BSFF, w której proces jest wewnętrznie programowany, by zachodził wraz z pojawieniem się konkretnego słowa (wskazówki, hasła).

Coex (*condenced experience*, skondensowane doświadczenie) – termin rozpowszechniony przez dra Grofa, opisujący zjawisko w regresywnym uzdrawianiu, podczas którego odczuwane i powiązane ze sobą traumy (według pewnych powtarzających się wzorców) są razem aktywowane.

CPL (*Calm, Peace, Lightness*) – wyciszenie, spokój, lekkość) – końcowy etap uzdrawiania traumy, kiedy klient wchodzi w stan szczytowy (zazwyczaj tymczasowy).

CŚ (centrum świadomości) – centrum świadomości, które znajduje się w tym miejscu w ciele, w którym odczuwa się siebie; może znajdować się w konkretnym punkcie lub rozprzestrzeniać się zarówno wewnątrz, jak i na zewnątrz ciała.

Czakry – centra energetyczne, utożsamiane z różnymi obszarami ciała; „wyglądają" jak białe lub kolorowe kule; mogą być połączone w jeden biały dysk w okolicy splotu słonecznego (środka ciała).

Diagram Perry – narzędzie, dzięki któremu można zilustrować stopień połączenia świadomości poszczególnych mózgów (trójni mózgu) za pomocą kół reprezentujących owe świadomości.

Doświadczenie szczytowe – krótkotrwały stan szczytowy lub inne nadzwyczajnie pozytywne doświadczenie.

Dziury – „wyglądają" jak czarne dziury w ciele, a odczuwane są jak nieskończenie głęboki brak i pustka (spotykane w niektórych terapiach); spowodowane są fizycznym uszkodzeniem ciała.

EFT (*Emotional Freedom Technique* – Technika Emocjonalnej Wolności) – terapia polegająca na opukiwaniu punktów meridianowych w celu zlikwidowania emocjonalnego i fizycznego dyskomfortu; należy do terapii mocy i kategorii terapii „energetycznych" lub „meridianowych".

Focusing – metoda, której autorem jest dr Eugene Gendlin, wykorzystująca komunikowanie się ze świadomością ciała („poczucie czucia/wrażenia") w celu uwolnienia traumy.

Fuzja/stopienie – największy stopień połączenia dwóch lub więcej świadomości mózgów; w tym stanie stają się one jednym organizmem, „tracąc" swoje odmienne tożsamości, którymi zwykle charakteryzują się przed fuzją; w momencie stopienia się wszystkich mózgów ich świadomość jawi się jak złota kula umiejscowiona tuż pod pępkiem, która jest mniejsza, bardziej gęsta i mocniej odczuwana niż mózgi połączone (prawdopodobnie jest źródłem koncepcji „kamienia filozoficznego" i alchemii).

Gaja – biologiczna świadomość planety Ziemi; w niektórych stanach świadomości widziana jako spłaszczona strona wielkiej kuli lub budowli, z poziomymi i pionowymi liniowymi strukturami – nasz gatunek zajmuje jedną część tej struktury.

Ja – część nas samych, która doświadcza siebie jako „Ja jestem"; jest wieczna – to ta część nas, która jest we wszystkich naszych przeszłych żywotach, nazywana jest także duszą lub świadomą świadomością (samoświadomością).

Kinezjologia stosowana – opracowana dla kręgarstwa, używa zmieniającej się siły mięśni w celu testowania obecności różnych problemów i wrażliwości na toksyny; błędnie zakłada, że ciało nie jest samoświadome; opiera się na tej samej zasadzie, co testowanie mięśni lub praca z wahadełkiem.

Koalescencja (połączenie) – wydarzenie rozwojowe, w którym fizycznie oddzielne mózgi przedkomórkowe łączą się w jeden komórkowy organizm; zarówno w przypadku jajeczka, jak i plemnika wydarzenie to ma miejsce w embrionie rodzica (który jest przyszłą mamą/przyszłym tatą) krótko po implantacji w macicy babci, 9 miesięcy przed narodzeniem rodzica (mamy/taty).

Komendy Gai – instrukcje biologiczne Gai, kierowane do wszystkich żywych organizmów na planecie, we wszystkich etapach wydarzeń rozwojowych tych organizmów; komendy te – odpowiednie dla poszczególnych etapów – można wyrazić w różnych językach.

Kryzys duchowy – doświadczenie klasyfikowane zazwyczaj jako odnoszące się do duchowych lub mistycznych tradycji, odbierane przez człowieka jako traumatyczne lub przytłaczające i odczuwane jako stan kryzysowy.

Meridiany – kanały energetyczne w ciele człowieka; wykorzystywane w terapiach takich, jak akupunktura czy EFT.

Model wydarzeń rozwojowych – tłumaczy obecność lub brak stanów szczytowych, doświadczeń lub umiejętności, co wynika z przeżycia traumy, która miała miejsce przed narodzinami.

Mózg Buddy (korony) – przedczołowe płaty w mózgu; doświadczany jako postać Buddy umiejscowiona nad głową; zazwyczaj połączony z mózgiem umysłu.

Mózg ciała – mózg gadzi, znajduje się u podstawy czaszki; myśli gestaltowskimi (całościowymi) doznaniami ciała i doświadcza siebie w dolnej części brzucha (w japońskim języku znany jako „hara"); z tym właśnie mózgiem porozumiewamy się, wykonując test mięśni lub pracując z wahadełkiem.

Mózgi komórkowe (mózgi organelli) – samoświadome organelle w komórce plemnika, jajeczka lub zygoty, które później przekształcają się w wielokomórkowe mózgi płodu; równoznaczne z mózgami „organelli" lub „podkomórkowymi".

Mózgi przedkomórkowe – samoświadome mózgi w momencie, gdy są niezależnymi organizmami, a nie zostały jeszcze włączone do komórki jajeczka lub plemnika jako mózgi organelli.

Mózg łożyska – samoświadoma świadomość łożyska.

Mózg ogonka plemnika (kręgosłupowy) – samoświadoma świadomość ogonka plemnika.

Mózg serca – układ limbiczny lub mózg ssaczy; myśli sekwencjami emocji, doświadcza siebie w środku klatki piersiowej.

Mózg trójni – mózg składa się z trzech oddzielnych biologicznych mózgów, ukształtowanych w wyniku ewolucji: najstarszy R-complex/pień mózgu (mózg ciała), młodszy układ limbiczny (mózg serca) i najmłodsza kora nowa (mózg umysłu); każdy z nich jest samoświadomy, pełni inne funkcje i „myśli" (odpowiednio): doznaniami, uczuciami lub myślami.

Mózg umysłu – kora nowa lub mózg naczelnych; myśli myślami, doświadcza siebie w głowie.

OBE (*Out-of-Body Experience*, doświadczenie poza ciałem) – doświadczenie, kiedy centrum świadomości człowieka (CŚ) znajduje się poza jego fizycznym ciałem, zachowując jednak zdolności postrzegania.

Pamięci komórkowe – pamięci plemnika, jajeczka i zygoty; zawierają doznania, uczucia i myśli (w literaturze zwykle określana jest tylko pamięć świadomości ciała).

Perynatalny (okołoporodowy) – okres obejmujący ostatni trymestr ciąży, poród i pierwsze siedem dni życia po narodzinach dziecka.

Połączenie – ma miejsce, gdy dwie osoby (lub więcej) dzielą świadomości lub pamięci; wydaje się jakby osoba, łącząc się z inną, stawała się większa, by pomieścić drugą osobę; istnieje wtedy niebezpieczeństwo wystąpienia kradzieży duszy.

Połączenie mózgów – świadomości biologicznych mózgów mogą się łączyć w różnych kombinacjach; fuzja jest najwyższym poziomem połączenia.

Połączenie stanów – gdy osoba doświadcza dwóch lub więcej stanów szczytowych jednocześnie; cechami charakterystycznymi połączenia stanów są cechy poszczególnych stanów szczytowych.

Praca z oddechem – wykorzystywanie hiperwentylacji w celu ułatwienia uzdrawiania; istnieje wiele różnych procesów.

Praca z wahadłem – używanie wahadła lub różdżki w celu porozumienia się ze świadomością ciała (ten sam mechanizm co w testowaniu mięśni lub kinezjologii stosowanej).

Prenatalny – okres życia dziecka wewnątrz organizmu matki, począwszy od zapłodnienia, poprzez trzy stadia (trymestry) ciąży: zygoty, embrionu i płodu, aż do narodzin.

Przeciętna świadomość – osoba o przeciętnej świadomości nie żyje w szczytowych stanach świadomości – ma jedynie w pewnym stopniu połączony mózg splotu słonecznego z mózgiem ciała; najbardziej popularny stan u ludzi.

Przeszłe żywota – spotykane w niektórych terapiach doświadczenie życia z przeszłości lub przyszłości, w innym ciele i z inną osobowością.

Psychologiczne odwrócenie – metoda odkryta przez Rogera Callahana (twórcę metody TFT), która czasowo „odcina" mechanizm stawiania oporu procesowi uzdrawiania przez mózg ciała, a to z powodu jego jakiejś wcześniej dokonanej nielogicznej asocjacji – w terapiach energetycznych uzdrawianie jest wtedy blokowane (chyba że ów blok jest uzdrawiany), a w WHH opór ten powoduje, że klient nie chce się uzdrawiać, ale nie blokuje to bezpośrednio uzdrawiania.

Radykalne fizyczne uzdrawianie (regeneratywne uzdrawianie) – szczególny rodzaj fizycznego uzdrawiania, który trwa zaledwie kilka minut; dotyczy uszkodzeń, które nie leczą się w normalny sposób (np. blizny).

Skorupa (powłoka) – warstwa na poziomie skóry, która daje nam poczucie posiadania skóry i utrzymuje naszą świadomość w obrębie naszych ciał; może być odczuwana jako paląca lub bolesna.

Spirala – struktura w kształcie nieskończonej spiralnej platformy, po której schodzą w dół „przymocowane" do niej przedkomórkowe mózgi, które na końcu tej spirali oddzielają się od niej, aby przejść przez specjalną membranę i dostać się do przestrzeni („pomieszczenia"), gdzie odbywa się koalescencja, czyli zespolenie z innymi mózgami.

Stan niestabilny – to stan, którego utrzymanie wymaga zastosowania pewnej techniki lub wystąpienia określonych okoliczności zewnętrznych; odnosi się także do utraconego i nieodzyskanego stanu szczytowego.

Stan stabilny – stan utrzymujący się bez żadnego wysiłku lub stosowania określonej techniki; utrata stanu ma charakter tymczasowy i stan powraca, gdy usunie się czynnik powodujący jego utratę.

Stan synergiczny – dwa lub więcej stanów doświadczanych jednocześnie, które mają nowe cechy charakterystyczne lub inne od pojedynczych stanów.

Stan szczytowy – stan świadomości, który zapewnia takie doświadczenia i umiejętności, które nie są dostępne w przeciętnym stanie świadomości; odczuwany jako znaczne polepszenie przeciętnego stanu; może występować w połączeniu z innymi stanami i być doświadczany w różnych stopniach (istnieją również podstany).

Stan Wewnętrznego Spokoju – stan świadomości, gdzie emocjonalna przeszłość nie jest już odbierana jako traumatyczna; podstan Stanu Ścieżki Piękna (*Beauty Way*).

Stany szamańskie – stany, które są cenione w szamanizmie; zazwyczaj dotyczą ciała lub połączenia z Gają.

Struktury mózgu Buddy (korony) – wyglądają jak kable lub pojemniki wewnątrz ciała, mogą być odbierane jak filmowy motyw obcego implantu; tworzone przez mózg Buddy w momencie wystąpienia traumy; często powodują fizyczny ból.

Stwórca – „miejsce", które ludzie napotykają podczas doświadczeń bliskich śmierci; wygląda jak samoświadome jasne światło.

SUDS (Subjective Units of Distress Scale) – skala odczuwania dyskomfortu) – używana do określenia stopnia doświadczania bólu traumy; pierwotnie od 1 do 10, teraz od 0 (nie ma bólu) do 10 (najbardziej intensywny możliwy ból).

TAT (Tapas Acupressure Technique) – technika akupresury odkryta przez Tapasa Fleminga, pierwotnie używana do leczenia alergii, ale również skuteczna w przypadku traum; polecana w przypadku traum pokoleniowych.

Terapia mocy – wyrażenie stworzone przez dra Charlesa Figleya, określające niezwykle efektywne terapie, które usuwają symptomy wynikające z zespołu stresu pourazowego i innych traum.

Testowanie mięśni – komunikowanie się ze świadomością ciała przy użyciu siły mięśni jako wskaźnika; taki sam mechanizm jak w kinezjologii stosowanej, terminy te są czasem używane zamiennie.

TFT (Thought Field Therapy) – opukiwanie w terapii meridianowej; w ramach tej terapii odkryto zjawisko psychologicznego odwrócenia.

TIR (Traumatic Incident Reduction) – terapia mocy stosująca regresję.

Tożsamość „ja" – tożsamość, którą „udaje" każdy z biologicznych mózgów, że jest kimś lub czymś innym.

Trauma – chwila, w której przechowywane są doznania, emocje i myśli; zazwyczaj bolesne lub trudne doświadczenia (choć mogą być przyjemne); jest źródłem problemów, gdyż w nieodpowiedni sposób kieruje zachowaniem ludzi; trauma tworzy zespół stresu pourazowego.

Trauma pokoleniowa – problemy lub przekonania przekazywane z pokolenia na pokolenie; można ją uzdrowić.

Trauma przedkomórkowa – trauma przeżywana przez system biologiczny, który jest „prototypem" jajeczka lub plemnika, jeszcze przed uformowaniem się jajeczka lub plemnika w komórkę.

Umiejętność szczytowa – umiejętność, której nie posiada się w przeciętnym stanie świadomości.

WHH (Whole-Hearted Healing, Uzdrawianie Całym Sercem) – technika terapii regresywnej, która wykorzystuje doświadczenia bycia poza ciałem w uzdrawianiu traumy.

Wydarzenie rozwojowe – krótkotrwałe wydarzenie, podczas którego następują zmiany biologiczne, lub doświadczenie, przez które przechodzi rozwijający się organizm (plemnik, jajeczko, płód, niemowlę, dziecko, dorosły) jako część/etap procesu rozwoju, jak np. poczęcie, implantacja, pierwsze bicie serca.

Wymiar Świętości – doświadczanie siebie, gdy mózgi trójni częściowo lub całkowicie porzucają swoje udawane tożsamości; poczucie świętości wynika z połączenia mózgu z bezkresnym, bezczasowym, nieograniczonym miejscem fluorescencyjnej czerni, odczuwanej jako święte; stan, w który wchodzą szamani, by posiąść niezwykłe zdolności i percepcję, by móc uzdrawiać innych (dokładniejszy opis można znaleźć w książce Toma Browna Juniora – *The Vision*).

PUBLIKACJE WYDAWNICTWA INSTYTUTU BADAŃ NAD STANAMI SZCZYTOWYMI
(INSTITUTE FOR THE STUDY OF PEAK STATES PRESS)

The Basic Whole-Hearted Healing Manual (Third Edition),
Grant McFetridge i Mary Pellicer MD.

SZCZYTOWE STANY ŚWIADOMOŚCI

Tom I
*Szczytowe stany świadomości, teoria i zastosowania.
Przełomowe techniki osiągania wyjątkowej jakości życia,*
Grant McFetridge oraz Jacquelyn Aldana, James Hardt.

Tom II
*Peak States of Consciousness, Theory and Applications,
Acquiring Extraordinary Spiritual and Shamanic States,*
Grant McFetridge oraz Wes Gietz.

Tom III
*Peak States of Consciousness, Theory and Applications,
Applying Peak States to Research and Healing,*
Grant McFetridge (publikacja wkrótce).

The Basic Whole-Hearted Healing – Manual (Third Edition)
Grant McFetridge i Mary Pellicer M.D.
(A companion to *Peak States of Consciousness*, Volumes 1-3.)

The Basic Whole-Hearted Healing Workbook, Volume 1,
Paula Courteau.

Silencing the Voices: From Mind-Chatter to Schizophrenia,
Grant McFetridge (publikacja wkrótce).

Wszystkie pozycje można zamówić na stronie: www.PeakStates.com

www.ingramcontent.com/pod-product-compliance
Lightning Source LLC
Chambersburg PA
CBHW021819300426
44114CB00009BA/231